大城市化研究

新视角、新理论、新观点

宋迎昌 任杲 韩少秀 赵蕊◎著

Research on
Metropolization:

New Perspective, New Theory
and New Viewpoint

中国社会科学出版社

图书在版编目(CIP)数据

大城市化研究：新视角、新理论、新观点/宋迎昌等著．—北京：中国社会科学出版社，2021.5

ISBN 978 – 7 – 5203 – 7273 – 2

Ⅰ.①大… Ⅱ.①宋… Ⅲ.①城市化—研究—中国 Ⅳ.①F299.21

中国版本图书馆 CIP 数据核字(2020)第 180236 号

出 版 人	赵剑英
责任编辑	黄 晗
责任校对	王佳玉
责任印制	王 超
出　　版	中国社会科学出版社
社　　址	北京鼓楼西大街甲 158 号
邮　　编	100720
网　　址	http://www.csspw.cn
发 行 部	010 – 84083685
门 市 部	010 – 84029450
经　　销	新华书店及其他书店
印　　刷	北京明恒达印务有限公司
装　　订	廊坊市广阳区广增装订厂
版　　次	2021 年 5 月第 1 版
印　　次	2021 年 5 月第 1 次印刷
开　　本	710×1000　1/16
印　　张	27.5
字　　数	410 千字
定　　价	158.00 元

凡购买中国社会科学出版社图书，如有质量问题请与本社营销中心联系调换
电话：010 – 84083683
版权所有　侵权必究

目　　录

前　言 …………………………………………………………………（1）

第一编　大城市化理论研究

第一章　大城市化的概念界定及其内涵 …………………………（3）
　一　城市与大城市的概念 …………………………………………（3）
　二　城镇化与大城市化的概念 ……………………………………（6）
　三　大城市化相关概念辨析及其关系 ……………………………（8）

第二章　大城市化的发展趋势及其特征 …………………………（12）
　一　世界大城市化发展趋势及其特征 ……………………………（12）
　二　中国大城市化发展趋势及其特征 ……………………………（43）
　三　结论与思考 ……………………………………………………（47）

第三章　大城市化发展的"四阶段"理论假说 …………………（53）
　一　"四阶段"理论假说的含义 …………………………………（53）
　二　"四阶段"理论假说的学术意义 ……………………………（57）
　三　中国城镇化全景路线图 ………………………………………（59）

第四章　大城市化理论及相关热点问题探析 ……………………（63）
　一　当前城镇化过程理论的重新审视 ……………………………（63）
　二　大城市化引起的相关热点问题争鸣 …………………………（66）

第二编　大城市化实证研究
——基于世界主要国家和地区的城镇化数据

第五章　相关研究文献回顾 ……………………………………………（75）
  一　城市规模分布体系演化研究 ………………………………………（75）
  二　城市规模分布规律的研究 …………………………………………（76）
  三　城市规模与城市经济增长关系的研究 ……………………………（77）
  四　最优城市规模研究 …………………………………………………（78）
  五　前人研究不足及本研究的拓展 ……………………………………（81）

第六章　世界城镇化进程中的大城市化趋势 …………………………（82）
  一　历史时期的大城市发展 ……………………………………………（82）
  二　1950年后的世界大城市化发展趋势 ………………………………（86）
  三　大城市化率与城镇化率的关系分析 ……………………………（106）

第七章　中国城镇化进程中大城市化的特征事实 …………………（109）
  一　中国城镇化发展历程及阶段划分 ………………………………（109）
  二　中国城镇化进程中城市规模体系演进的特征事实 ……………（113）
  三　中国城镇化进程中的大城市化发展趋势 ………………………（119）

第八章　大城市化的驱动力研究 ………………………………………（122）
  一　驱动大城市规模空间扩张的动力机制理论分析 ………………（122）
  二　驱动大城市人口集聚的动力因素分析 …………………………（125）
  三　驱动大城市人口规模扩张的动力机制实证研究——基于
    国际视角 ……………………………………………………………（128）

第九章　主要研究结论 …………………………………………………（136）
  一　关于世界城镇化历史进程 ………………………………………（136）
  二　关于世界大城市化发展 …………………………………………（136）

三　关于城镇化率和大城市化率的关系 …………………………（137）
　四　关于中国大城市化发展 …………………………………………（137）
　五　关于大城市化驱动力问题 ………………………………………（138）

第三编　大城市化的形成机理研究
——以经济增长、城镇化与大城市化的互动关系为视角

第十章　相关研究文献回顾 ………………………………………（141）
　一　城镇化与大城市化研究现状 ……………………………………（141）
　二　经济增长带动城镇化与大城市化的研究现状 …………………（143）
　三　城镇化、大城市化促进经济增长的研究现状 …………………（145）
　四　经济增长、城镇化与大城市化互动关系研究现状 ……………（148）
　五　文献研究述评 ……………………………………………………（150）

第十一章　城镇化与大城市化的互动关系研究 …………………（152）
　一　城镇化与大城市化的互动关系探讨 ……………………………（152）
　二　向量误差修正模型构建与变量说明 ……………………………（154）
　三　中国城镇化与大城市化动态作用机制的实证分析 ……………（156）

第十二章　经济增长带动城镇化与大城市化进程的机制探讨 …（161）
　一　经济增长带动城镇化与大城市化进程的差异分析 ……………（161）
　二　中国居民消费结构变动分析 ……………………………………（164）
　三　中介效应模型构建与变量说明 …………………………………（176）
　四　中介效应模型的实证分析 ………………………………………（183）
　五　本章结论 …………………………………………………………（199）

第十三章　城镇化与大城市化促进经济增长的动因分析 ………（200）
　一　城镇化与大城市化推动经济增长的内在机制 …………………（200）
　二　城市全要素生产率内涵与测算 …………………………………（203）

三　城市规模与城市全要素生产率的模型构建 …………… (215)
　　四　城市规模与城市全要素生产率的实证分析 …………… (217)
　　五　本章结论 ……………………………………………… (228)

第十四章　经济增长、城镇化与大城市化动态关系研究 ……… (230)
　　一　经济增长、城镇化与大城市化的时序关系 …………… (230)
　　二　向量自回归模型构建与变量说明 ……………………… (232)
　　三　经济增长、城镇化与大城市化互动关系的实证分析 … (234)
　　四　本章结论 ……………………………………………… (239)

第十五章　主要研究结论 ……………………………………… (241)
　　一　关于相关文献回顾 …………………………………… (241)
　　二　关于城镇化与大城市化的互动关系 …………………… (241)
　　三　关于经济增长带动城镇化与大城市化进程的机制 …… (241)
　　四　关于城镇化与大城市化促进经济增长的动因 ………… (242)
　　五　关于经济增长、城镇化与大城市化三者之间的
　　　　动态关系 ……………………………………………… (242)

第四编　共享型城镇化理论研究及实践探索
——一个对大城市化研究的拓展

第十六章　相关研究文献回顾 ………………………………… (245)
　　一　引言 …………………………………………………… (245)
　　二　城镇化进程中城乡和地区差距问题的相关研究 ……… (247)
　　三　城镇化进程中共享的相关研究 ………………………… (250)
　　四　已有研究述评 ………………………………………… (253)

第十七章　中国共享思想提出的历史脉络 …………………… (254)
　　一　马克思主义理论中的共享思想 ………………………… (254)
　　二　党和国家历届领导人关于共享的重要论述 …………… (259)

三　本章结论 …………………………………………………… (265)

第十八章　中国城镇化进程中共享程度评价与分析 …………… (267)
一　研究思路与研究方法 ……………………………………… (267)
二　评价指标体系的构建 ……………………………………… (272)
三　数据来源与数据处理 ……………………………………… (281)
四　评价过程与结果分析 ……………………………………… (282)
五　本章结论 …………………………………………………… (309)

第十九章　城镇化进程中实现共享的国外经验与国内实践 …… (311)
一　城镇化进程中实现共享的国外经验 ……………………… (311)
二　城镇化进程中实现共享的国内实践 ……………………… (322)
三　本章结论 …………………………………………………… (338)

第二十章　中国城镇化进程中共享机制的构建 ………………… (340)
一　推进城镇化建设的相关机制 ……………………………… (340)
二　破除城乡二元结构的相关机制 …………………………… (344)
三　促进区域协调发展的机制 ………………………………… (351)
四　具有中国特色的共享机制 ………………………………… (353)
五　相关保障机制 ……………………………………………… (357)

第二十一章　中国城镇化进程中共享路径的探索 ……………… (359)
一　城镇化水平较高省份的共享路径 ………………………… (359)
二　城镇化水平居中省份的共享路径 ………………………… (363)
三　城镇化水平较低省份的共享路径 ………………………… (367)

第二十二章　主要研究结论 ……………………………………… (370)
一　关于相关文献回顾 ………………………………………… (370)
二　关于中国共享思想的起源与发展 ………………………… (370)
三　关于城镇化进程中共享程度评价结果 …………………… (371)

四　关于城镇化进程中实现共享的国内外探索 …………………（371）
　　五　关于城镇化进程中共享机制构建问题 ……………………（372）
　　六　关于城镇化进程中共享的分类施策问题 …………………（372）

第五编　应对大城市化挑战的策略

第二十三章　应对大城市化挑战的总体思路 ……………………（375）
　　一　大城市化带来的挑战 ………………………………………（375）
　　二　应对大城市化挑战的基本思路 ……………………………（377）
　　三　需要着重解决的相关重大问题 ……………………………（380）

第二十四章　应对大城市化挑战的若干对策建议 ………………（383）
　　一　特大城市限制人口数量的做法不可取 ……………………（383）
　　二　加强对超大城市的综合治理 ………………………………（387）
　　三　新时代要全面推进城市减贫工作 …………………………（391）
　　四　聚焦农民，积极应对农村收缩问题 ………………………（395）

结束语　未来研究问题展望 ………………………………………（402）

附录　本书作者近些年对大城市化相关研究论文一览 …………（404）

参考文献 ……………………………………………………………（407）

前　言

2011年中国城镇化率首次突破50%，达到51.3%，意味着中国进入城市型社会的门槛。这个阶段的标志是，城镇化加速度演变为减速度，农村人口城镇化的潜力下降，中小城市和小城镇向大城市的人口梯度转移在加大。大城市不仅仅日益成为人居中心，而且日益成为产业聚集中心、科技创新中心和文化创意中心。大城市凭借其巨大的聚集和扩散量能，推动了都市圈和城市群的形成和发展，在国民经济和社会发展中的作用越来越明显。

改革开放至今，有关大城市发展的争议从来也没有终止。在政府政策层面，改革开放初期，受粮食、棉花、油料等基本消费品供给能力的制约，国家鼓励农民"自带口粮"就地就近城镇化，曾经出现过"三分天下有其一"的乡镇企业与"遍地开花"式小城镇发展的盛况。后来，随着粮食等基本消费品供给能力的大幅度提高，中国逐步放开大城市对农民工进城的限制，有力地促进了大城市的发展。与此对应，中国城镇化发展方针由"控制大城市规模，合理发展中等城市，积极发展小城市"（1980年）、"严格控制大城市规模，合理发展中等城市和小城市"（1990年）调整为"坚持大中小城市和小城镇协调发展"（2002年）；《中华人民共和国国民经济和社会发展第十个五年计划纲要》指出，完善区域性中心城市功能，发挥大城市的辐射带动作用，走符合中国国情、大中小城市和小城镇协调发展的多样化城市化道路；《中华人民共和国国民经济和社会发展第十一个五年规划纲要》提出，要以特大城市和大城市为龙头，发挥中心城市作用，推动城市群发展；《中华人民共和国国民经济和社会发展第十二个五年规划纲要》指出，要以大城市为依托，以中小城市为重点，逐步形成辐射作用大的城市群；《中华人民共和国国民经济和社会发展第十三个五年规划纲要》提出，以城市群为主体形态、以城市综合承载能力为支撑、以体制机制创新为保障，加快新型城镇化步伐。可见，在国家政策层面，大城市的地位和作用逐步得到确认。在学术界，20世纪80年代开启了研究大城市问题的序幕。胡兆量（1984）探讨了大城市发展规律；孙淑清（1985）用统计数据说明世界大城市人口增长迅速的事实；胡兆量（1986）对大城市超前发展是统计规律、大城市发展的社会原因、大城市发展的阶段性与多样性、控制大城市发展的对策等问题进行研究；胡兆量（1987）对中国大城市发展的内在机制进行了探讨；等等。这些研究是在当时"控制大城市规模"的背景下展开的，他们对大城市的地位和作用给予正面肯定需要一定的勇气。其后，大城市研究陷入沉寂，20世纪90年代仅有零星数篇论文研究大城市问题，比如何兴刚（1992）对大城市城市化的潜力等级进行研究，试图说明还有一些大城市具备进一步推进城市化的潜力；周一星、孟延春（1998）对中国大城市的郊区化趋势进行了探讨；顾朝林、孙樱（1998）对中国大城市发展的新动向——城市郊区化进行了探讨；冯年华（1999）对一些学者呼吁放松对大城市规模控制的观点进行了反驳。进入21世纪，学术界对大城市问题研究重新活跃起来，霍海燕（2000）认为大城市发展与"大城市病"没有必然的因果联系，中国应及时调整城市发展战略方针，适当发展大城市；段小梅（2000）对中国控制大城市规模的一系列弊端进行研究；章日光（2003）提出未来10—20年是中国大城市向都市区过渡即都市区不断形成、发展乃至完善的关键时期，都市化将成为城市发展的主题，都市区也将成为中国城市规划的新领域；黄建富（2004）认为中国大城市发展滞后，今后应依靠市场化手段推进中国大城市的发展；原新、唐晓平（2006）认为都市圈化是一种新型的中国城市化战略；苏振兴（2006）以拉美国家在城市化进程中出现的教训为借鉴，指出在城市化发展过程中，必须防止因城市急剧扩大而带来的负面后果；何爱国（2011）认为启动大城市化进程应是中国现代化的理性抉择与现实选择；任杲、宋迎昌（2019）认为城市化与大城市化之间不仅存在长期均衡关系，而且还具有短期动态效应。总体来看，这段时期学术界对大城市发展多持正面看法，一些研究闪烁的学术思想具有启发价值，比如章日光（2003）对都市区大发展的预言成为现实，原新、唐晓平（2006）提出都市圈化的概念，并认为其是一种新型的中国城市化战略。但是，这些研究仍然停留在对大城市的地位和作用的肯定上，对大城市化理论进行系统研究的成果还不多见。很显然，近40年来，学术界对大城市化的理论研究还不够系统深入，关注的问题主要是"要不要发展大城市""发展或者不发展大城市的利弊""发展大城市还有没有潜力""发展大城市带来的问题怎样解决"等，对"大城市化是不是规律""大城市化的形成机理是什么""大城市化在城镇化进程中处于什么地位""大城市化是否是城镇化的必由之路""大城市化引起的诸多问题用什么战略思路去解决"等深层次理论问题还认知不足。

本书作者宋迎昌和三位博士生韩少秀、任杲、赵蕊是师生关系，最近几年围绕大城市化问题展开诸多研究，先后形成《城市规模结构变化及其调控思路研究》《经济增长、城市化与大城市化互动机制研究》《中国城镇化进程中的共享问题研究》三部博士学位论文，以及《中国城市化与大城市化的动态作用机制研究——基于向量误差修正模型的实证分析》《城乡融合发展的路径选择与政策思路——基于文献研究的视角》《改革开放40年中国城市化进程研究》《中国城市收缩状况评估——基于地级及以上城市市辖区数据的测算》《经济增长、城市化与大城市化——发达国家的发展实践及对中国的启示》等30多篇学术论文，在学术界产生了一定的影响。为了系统展示近些年对大城市化研究的主要成果，本书作者集体议定拟出版一部较为系统的学术著作，将三部博士学位论文的精华内容和宋迎昌近些年的若干代表性研究成果收录其中。可以说，本书是师生合作研究的成果。

本书的框架内容设计及写作分工是，前言由宋迎昌执笔；第一编《大城市化理论研究》由宋迎昌执笔，其中吸收了韩少秀、任杲博士学位论文中有关城镇化、大城市化概念界定的部分内容；第二编《大城市化实证研究——基于世界主要国家和地区的城镇化数据》由韩少秀主笔，并吸收任杲博士学位论文的部分研究内容（第七章）；第三编《大城市化的形成机理研究——以经济增长、城镇化与大城市化的互动关系为视角》由任杲执笔；第四编《共享型城镇化理论研究及实践探索——一个对大城市化研究的拓展》由赵蕊、任杲执笔；第五编《应对大城市化挑战的策略》由宋迎昌执笔；结束语由宋迎昌执笔。

本书以大城市化研究为书名，以新视角、新理论、新观点为副标题，从多个方面对大城市化进行系统研究。书中的新视角体现在：（1）将大城市化研究放在整个城镇化进程中考察，避免了将大城市化研究孤立起来，与城镇化研究相割裂，就大城市化论大城市化。（2）将大城市化和中小城市与小城镇化有机统一起来，并放在一个平台进行统一研究，避免了长期以来学术界将中小城市与小城镇发展和大城市发展对立起来并选边站的纷争，明确了二者之间具有相互衔接的关系。新理论体现在：(1) 构建了城镇化进程中的"四阶段"理论假说，并与城镇化进程"S型曲线"理论、城镇化周期发展理论和区域空间结构演变理论这三大理论之间形成合理衔接，极大地补充和完善了城镇化过程理论体系。（2）提出大城市化将推动国家或区域城市规模结构由"金字塔形—橄榄形—倒金字塔形"梯次演进的"三结构"理论假说，极大地丰富了城市规模结构演替理论，从而清晰地表征了大城市化发展导致的城市规模结构演替路线图。新观点体现在：(1) 大城市化与城镇化相伴而生，经过较长的孕育发展期，最终主导城镇化进程。（2）城镇化前半程（城镇化率60%以前）由中小城市和小城镇化主导，城镇化后半程（城镇化率60%以上）由大城市化主导，各自耗时100年左右，城镇化是一个长时期的结构转型过程，发达国家没有走完，发展中国家更没有走完，城镇化还在路上。(3) 经济增长导致的消费结构升级是城镇化进程中大城市化发展的经济动力，很好地阐释了大城市化的形成机理。（4）学术界对城镇化、大城市化、城乡一体化、城乡融合、乡村振兴等概念和战略存在种种争议，其实它们之间并没有本质的矛盾和冲突，如果放在大城市化理论平台上分析，这些所谓的矛盾和冲突其实并不存在，只不过针对不同时期强调的重点不同罢了。（5）提出了不同于主流观点的未来城镇化空间格局，2030年形成2个城市群、15个都市区、133个大城市的空间格局，未来50—100年形成的终极空间格局有可能是2大超级城市群、新增若干都市区和大城市，展示了中国城镇化未来发展的全景路线图，为各地新型城镇化建设提供了参考。

由于研究水平所限，本书一定存在不少问题，敬请学术界同行批评指正！

宋迎昌
2020年7月于北京

第一编 大城市化理论研究

* 执笔人：宋迎昌。

内容提要

本编的核心要义是进行大城市化理论创新，对城镇化理论研究来说，这是一个全新的研究课题，因为只有零星的前人研究成果具有启发价值，只有世界银行数据库的数据和联合国经济与社会发展事务部数据库的数据较为完整，其余所能依赖的只有作者多年的研究积累和合乎理性的逻辑推理。就科学标准而言，本编提出的理论更像是假说，需要更多的感兴趣者去进一步验证。

本编共有四章，分别是大城市化的概念界定及其内涵、大城市化的发展趋势及其特征、大城市化发展的"四阶段"理论假说、大城市化理论及相关热点问题探析。首先对大城市化相关概念进行界定，随后利用世界银行数据库资料和联合国经济与社会发展事务部数据库的数据对一些代表性国家城镇化进程中的大城市化趋势展开研究，在此基础上提出大城市化发展的"四阶段"理论假说，最后对大城市化理论及相关热点问题进行探讨。

本编提出的核心观点是：大城市化发展要经历四个阶段，即大城市化的孕育发展期—大城市化的聚集发展期—大城市化的扩散发展期—大城市化的聚集与扩散交互作用期；大城市化将推动城市规模结构由"金字塔形—橄榄形—倒金字塔形"梯次演进。

第一章 大城市化的概念界定及其内涵

一 城市与大城市的概念

(一) 城市的概念

古希腊哲学家亚里士多德曾说过:"人们为了生活,来到城市;为了更加美好的生活,聚居于城市。"可以说,这是城市最基本的内涵。城市经济学中常见的城市定义有以下三种:(1) 1984 年《中共中央关于经济体制改革的决定》指出,城市是中国经济、政治、科学技术、文化教育的中心,是现代工业和工人阶级集中的地方,在社会主义现代化建设中起着主导作用;(2) 刘明富 (1988) 将城市定义为居民集中居住的地域,其中绝大多数居民主要从事于工业、商业和服务行业。(3) 谢文蕙和邓卫 (1996) 认为城市是国家经济、政治、科学技术和文化教育的中心,是现代工业与第三产业集中的地方,在国民经济和社会发展中起主导作用。可见,城市是以经济职能为主,以政治、文化和交通职能为辅的非农产业和非农人口的集聚地。

(二) 大城市的概念

大城市是城市规模体系中的重要组成部分,通常依据某一指标对城市规模进行划分,达到一定标准以上的即为大城市。然而,学术界并未对此达成共识。这是因为随着经济社会的不断进步,城市发展呈现为一个动态演变的过程,且大城市是一个相对的概念,导致学者们会依据各自的研究问题及各国人口和土地等资源禀赋差异对大城市采取不同的划分标准。其中,以复合指标和单一指标的划分方法较为常见。复合指标主要含使用夜晚灯光密度结合光基础区域产值(R. Florida, C. Mellander, T. Gulden,

2009）和使用城市的人口、收入、消费和工作时间等综合指标（K. Desmet，E. Rossi-Hansberg，2013）两种方法。单一指标则通常借助城市居住人口数划分城市规模。

世界不同国家、地区对城市规模的划分标准不尽相同，随着城市规模的不断发展和城市形态的不断变化而不断调整变化。联合国区域发展中心（UNCRD）的标准为：2万人口以上的城市为中小城市，10万人口以上的城市为大城市，100万人口以上的城市为特大城市。显然，这一标准已明显不符合当代情形。

国内对各级城市的规模界定也在不断调整。1989年《中华人民共和国城市规划法》规定：大城市是指市区和近郊区非农业人口50万以上的城市；中等城市是指市区和近郊区非农业人口20万以上、50万以下的城市；小城市是指市区和近郊区非农业人口少于20万的城市。随着生产力的发展和城镇化进程的不断加速，大量农民进入城市，使得城市人口规模迅速增大，许多县级市的人口数量均突破50万，原有城市规模的划分标准不再适应现实的发展情况，因此该法于2008年1月1日废止。但是，同时施行的《中华人民共和国城乡规划法》并未对新的城市规模划分标准予以规定。2010年由中国中小城市科学发展高峰论坛组委会、中小城市经济发展委员会与社会科学文献出版社共同出版的《中小城市蓝皮书》对各级城市进行了定义。即：城区人口规模在50万以下的城市为小城市；50万—100万的城市为中等城市；100万—300万的城市为大城市；300万—1000万的城市为特大城市；1000万以上的为巨大城市。2014年，国务院印发《关于调整城市规模划分标准的通知》，对原有城市规模划分标准进行了调整，明确了新的城市规模划分标准。新的城市规模划分标准以城区常住人口为统计口径，将城市划分为五类七档，具体分类见表1.1。

表1.1　　　　　　　　中国城市规模划分标准变化

	分类标准
1989年《中华人民共和国城市规划法》对城市规模的划分标准	大城市：市区和近郊区非农业人口50万以上的城市
	中等城市：市区和近郊区非农业人口20万以上、50万以下的城市
	小城市：市区和近郊区非农业人口少于20万的城市

续表

	分类标准
2010 年《中小城市蓝皮书》对城市规模的划分标准	巨大城市：城区人口规模在 1000 万以上的城市
	特大城市：城区人口规模在 300 万—1000 万的城市
	大城市：城区人口规模在 100 万—300 万的城市
	中等城市：城区人口规模在 50 万—100 万的城市
	小城市：城区人口规模小于 50 万的城市

	分类标准	
2014 年，国务院印发《关于调整城市规模划分标准的通知》，明确了新的城市规模划分标准	超大城市：城区常住人口 1000 万以上的城市	
	特大城市：城区常住人口 500 万以上 1000 万以下的城市	
	大城市：城区常住人口 100 万以上 500 万以下的城市	300 万—500 万为 I 型大城市
		100 万—300 万为 II 型大城市
	中等城市：城区常住人口 50 万以上 100 万以下的城市	
	小城市：城区常住人口 50 万以下的城市	20 万—50 万为 I 型小城市
		20 万以下为 II 型小城市

资料来源：笔者根据相关文献资料整理。

目前国内外基本上将人口规模 100 万以上的城市界定为大城市，将人口规模 1000 万以上的城市界定为超大城市。但国内外对大城市的地域范围界定不同，国外研究在论及大城市时，大多指的是以大城市为核心包括其周边地区的大都市区的范围，可能有多个城市政府，覆盖多个城市行政辖区。而在中国，目前还没有形成统一的功能城市概念和边界界定，也没用相应的功能城市的统计数据。因此，在本书研究中，除特别说明，国外大城市指的是人口规模在 100 万以上的都市区；国内大城市指的是人口规模在 100 万以上的行政城市，包括大城市、特大城市、超大城市。因而，在对国内外大城市比较研究时，不能忽略这种差异。

从内涵上说，大城市不仅仅体现人口规模大，更体现区域功能强。何爱国（2011）从大城市的特征及重要性角度出发，给出大城市的定义如下：大城市不仅仅是企业、市场、商品密集的地方，同时也是人口、资本、科技、交通、教育等经济发展要素集聚的地方，更是制度创新与科技研发、管理、服务水平不断提升的策源地，是城乡交流、城市交流与国际交流的枢纽所在。可见，规模大、人口多，城市建设新以及经济体量大仅仅是大城市区别于中小城市的显性特点,其更深层次的内涵在于大城市相较于中小城市而言,拥有更强的辐射带动力、国际竞争力和科技创新力,能够通过巨大的集聚效应和扩散效应在区域和国家发展中起主导作用(任杲、宋迎昌,2018)。

二 城镇化与大城市化的概念

(一)城镇化的概念

城镇化涉及经济、社会和文化等方方面面,不同学科结合各自的研究领域,给出不同的城镇化定义。其中,人口学将城镇化视为人口由农村向城市(镇)的迁移过程;社会学认为城镇化即农村生活方式向城市(镇)生活方式的转变;地理学则把农村地区转变为城市(镇)地区的过程视为城镇化;经济学把农村经济向城市经济转型视为城镇化。兹将几种有代表性的城镇化经济学定义列举如下,见表1.2。

表1.2　　　　　　　　　城镇化的经济学定义

出处	定义
中国社会科学院城乡建设系(1999)	城市化是指人类社会进入工业社会时代,社会经济发展开始了农业活动比重逐渐下降而非农业活动比重逐步上升的过程
朱铁臻(2002)	城市化是伴随着经济增长、三次产业结构变化和社会变迁的一个发展过程,是经济生活空间的转移,是国民经济增长方式的转变,是生活模式变化的文明过程
简新华、何志扬、黄锟(2010)	城镇化是指第二、第三产业在城镇集聚,农村人口不断向非农产业和城镇转移,使城镇数量增加、规模扩大,城镇生产和生活方式向农村扩散、城镇物质文明和精神文明向农村普及的经济、社会发展过程
董利民(2011)	城市化不仅是农业人口转移为非农业人口、并向城镇集中的过程,而且是城镇在空间数量上的增多、规模的扩大,职能和设施完善以及城市的经济关系和生活方式广泛渗透农村的过程
《国家新型城镇化规划(2014—2020年)》	城镇化是伴随着工业化发展,非农产业在城镇集聚、农村人口向城镇集中的自然历史过程,是人类社会发展的客观趋势,是国家现代化的重要标志

资料来源:笔者根据相关文献资料整理。

综上所述，城镇化的显著特征为非农化，即人口的非农化与产业的非农化，以及经济关系和生活方式的非农化，是人口和资本等生产要素由乡村不断向城市（镇）集聚、城市文明不断普及的过程。

衡量城镇化水平的指标是城镇化率，即城镇常住人口数量占全部人口数量的比重。如无特殊说明，本书有关城镇化率的具体数据是按该方法核算的，特此说明。

（二）大城市化的概念

学术界主要从两个视角出发对大城市化的概念进行界定：

（1）从大城市化进程的表现形式出发。胡兆量（1986）指出大城市市中心和郊区人口普遍增长，以及大城市市中心人口减少、郊区人口增长都是大城市化的过程。饶会林（2008）、潘春跃（2011）、王晓玲（2013）以及陶小马和陈旭（2013）认为大城市化是指在城市化的早期和中期，各规模城市由小及大的历史趋势和发展过程，突出表现为城市规模越大，城市人口增长越快，大城市的绝对数量以及大城市人口数占总人口数的比重不断上升。

（2）从大城市化进程的内涵出发。何爱国（2011）认为大城市化不仅是指人口规模需要达到一定的标准，更重要的是城市的开放程度、与外界的交流度、市民对城市的归属与认同度，城市政府与社会团体的公共服务能力要达到一定的标准。王雅莉（2014）认为大城市化的内涵表现在城市规模经济的不断实现和城市空间及其要素容量的不断增长。

鉴于此，大城市化即劳动力和资本等生产要素由乡村、小城镇或中小城市向大城市的集聚过程，其实质是城市规模体系的演进与城市功能的升级。

衡量大城市化水平的指标是大城市化率，即大城市市区常住人口数量占一国或地区全部人口数量的比例。本书所指的大城市是广义上的大城市，涵盖市区常住人口超过100万以上的城市，包括100万—500万的大城市、500万—1000万的特大城市和1000万以上的超大城市。如无特殊说明，本书有关大城市化率的具体数据是按该定义核算的，特此说明。同时，本书所指的大城市化也是广义上的大城市化，特指人口由乡村、小城镇和中小城市向 100 万—500 万的大城市、500 万—1000 万的特大城市和 1000 万以上的超大城市不断聚集，并发生一系列结构和功能转型的过程。

三 大城市化相关概念辨析及其关系

（一）城市化

城市化与城镇化的英译名都是"Urbanization"，二者没有本质区别。因中国有小城镇发展的政策偏好，故政府文件一般将"Urbanization"译为城镇化，而学术界多采用"城市化"的译法。本书采用城镇化的提法，个别地方为尊重原作保留了"城市化"的提法，但并不意味着二者有内涵上的差别。

（二）中小城市和小城镇化

与大城市化相对应，中小城市和小城镇化指的是在城镇化进程中人口向中小城市和小城镇聚集的过程。衡量中小城市和小城镇化的指标是中小城市和小城镇的城市（镇）常住人口占全部人口的比重。由于本书并没有对此展开研究，故没有进行相应的数据测算。

（三）都市区化

都市区化指的是在城镇化进程中人口由大城市中心区向周边地区的中小城市和小城镇转移的过程。在这个过程中，大城市中心区与周边地区的中小城市和小城镇经济社会联系日益密切，并且形成了分工明确、功能互补、产业关联紧密、人口流动频繁的功能地域。都市区化是广义上的大城市化的有机组成部分，是以聚集为主的大城市化演进为以扩散为主的大城市化的产物。衡量都市区化的指标是都市区城市（镇）常住人口占一国或地区全部人口的比重。由于中国没有明确的都市区概念及其界定标准和人口统计数据，故本书并不对中国的都市区化率进行核算。本书提出"都市区化"概念，目的是与"以聚集为主的大城市化"概念相区别，表示大城市化进入了一个以扩散为主的新阶段。

(四) 城市群化

城市群是城镇化发展到高级阶段的产物，它至少包含三个及以上地理位置接近、城市功能互补、产业关联紧密、交通联系便捷、要素流动自由、同城化政策覆盖的都市区。城市群化指的是人口不断向城市群地区聚集的过程，既包括城市群外人口向城市群地区各级城市（镇）的聚集，也包括城市群内部大城市中心区人口向规模等级较低的外围城市（镇）迁移以及城市群内部规模等级较低的外围城市（镇）的人口向大城市中心区的聚集。城市群化是大城市化的有机组成部分，是都市区化发展到高级阶段的产物。衡量城市群化的指标是城市群的城市（镇）常住人口占一国或地区全部人口的比重。由于中国对城市群的界定范围较模糊，而且也没有权威性的统计数据，故本书并不对中国的城市群化率进行核算。本书提出"城市群化"概念，目的是与"以聚集为主的大城市化""以扩散为主的都市区化"概念相区别，表示城镇化进入了一个集聚与扩散交互作用、城乡高度融合发展的新阶段。

(五) 大城市化相关概念的关系

大城市化与中小城市和小城镇化一样，体现的都是"人往哪里去"的问题，因此它们都是城镇化的有机组成部分，对研究城镇化进程中城市规模结构变化有重要意义。大城市化又可细分为相互衔接的三个发展阶段，即以聚集为主的大城市化、以扩散为主的大城市化、聚集与扩散交互作用的大城市化（本编第三章还有详细论述）。

当前，学术界和社会上对城镇化相关概念的理解并没有统一的认识，导致实践中对各种概念的争议不断，因此有必要对各种相关概念进行辨析。

城镇化是农村人口向各级城市（含城镇）转移的过程，这个过程包含多重含义：一是职业的非农化，农业转移人口的职业由农业转变为第二、第三产业；二是居住的城镇化，农业转移人口的居住地由农村转变为城市（镇）；三是生活方式的城镇化，农业转移人口享受城市（镇）的基础设施和基本公共服务，有着城市（镇）居民的价值观和思维方式。城镇化的丰富内涵决定了城镇化是一个漫长过程，不可能一蹴而就。

城镇化的主体是人，动力是市场机制，而非政府行政推动。农民被动上楼的城镇化、强制农户转居的城镇化、圈占土地的城镇化、盲目造城的城镇化、调整行政区划的城镇化，都是偏离"人"这个城镇化主体的城镇化。"新型城镇化"就是针对这些现象而出现的概念，它强调"以人为核心"，力图让城镇化回归本质属性。

"中小城市和小城镇化""大城市化""都市区化""城市群化"的概念前面已有涉及，这里不再赘述。它们都是城镇化的有机组成部分，不可分割。如果说城镇化的前半程（城镇化率60%左右）主要是由中小城市和小城镇消化吸收农业转移人口，那么后半程主要是大城市、都市区、城市群消化吸收中小城市和小城镇的梯度转移人口。可见整个城镇化过程中，"中小城市和小城镇化""以聚集为主的大城市化""以扩散为主的都市区化""聚集与扩散交互作用的城市群化"像接力棒一样，不断将城镇化推向纵深，最终将乡村型社会转型为高度文明发达的都市型社会，这个过程历时200年之久。

如果说"城镇化""新型城镇化""中小城市和小城镇化""以聚集为主的大城市化""以扩散为主的都市区化""聚集与扩散交互作用的城市群化"都属于"城市（镇）范畴"概念，那么"城乡一体化""城乡统筹""城乡融合""乡村振兴"这些概念就属于"城乡关系范畴"概念。

"城乡一体化""城乡统筹"和"城乡融合"都是对城乡发展关系的认识，都是对"城乡分割发展"的否定，但是它们之间还存在细微的差别。笔者认为，"城乡一体化"强调的是目的和结果；"城乡统筹"强调的是手段，强调的是"政府主导"和"城市主导"；"城乡融合"强调的是过程和路径，强调的是"城乡平等""互促互动"和"全民参与"。三者谁也没有否定谁，只不过时代不同，强调的重点各不相同。改革开放初期，面对长期割裂的城乡关系，将"城乡一体化"作为发展目标彰显了当时的社会期盼；随着改革开放进程的推进，城乡差距日益凸显，发挥政府的主导作用，通过"以城带乡、以工促农"实现城乡共同发展成为城乡一体化发展的主要手段；进入新时代，面对复杂的国内外形势和城镇化发展进入新阶段，给城乡平等的发展权，发挥政府和市场两方面的积极性，促进城乡互动融合发展,成为城乡一体化发展的重要路径。"乡村振兴"是党的十九大报告提出的国家战略,总的要求是"产业兴旺、生态宜居、乡风文明、治理有效、生活富裕"。"乡村振兴"针对的是城镇化对乡村地区造成的负面影响,力图通过乡村振兴战略实现城乡融合发展。

如果说"城镇化""新型城镇化""中小城市和小城镇化""以聚集为主的大城市化""以扩散为主的都市区化""聚集与扩散交互作用的城市群化"这些概念注重的是"发展"和"效率",那么"城乡一体化""城乡统筹""城乡融合"和"乡村振兴"这些概念注重的就是公平和协调,犹如一个硬币的两个面,既要效率,又要公平。没有发展谈不上公平,即使公平,也只能是低水平的公平,不是我们追求的目标。同样,没有公平,谈不上高质量发展,而且也不可能持续发展。可见,上述概念谁也没有否定谁,在推进"城镇化"的过程中,不要忘了"城乡一体化""城乡统筹""城乡融合"和"乡村振兴";在"城乡一体化""城乡统筹""城乡融合"和"乡村振兴"过程中,不要否定了"城镇化"。

第二章 大城市化的发展趋势及其特征

一 世界大城市化发展趋势及其特征

(一) 世界大城市化发展趋势

1. 世界大城市化发展的总体趋势

根据世界银行数据库及联合国经济和社会事务部数据库的公开资料（下同），近70年来世界大城市的数量、大城市的人口数量、大城市人口数量占全部城市人口数量的比重和大城市化率均呈现增长的趋势，表明大城市化是当今世界城镇化发展的总体趋势（见表2.1、图2.1）。

表2.1　世界大城市化发展的总体趋势（1950—2030年）

年份	人口规模在100万及以上城市数量（个）	人口规模在100万及以上城市人口数量（万人）	人口规模在100万及以上城市人口数占全部城市人口数的比重（%）	大城市化率（%）
1950	77	18455	24	7.3
1955	85	22102	26	8.0
1960	105	27800	27	14.1
1965	127	34131	29	15.1
1970	144	40550	30	15.7
1975	162	47142	31	16.2
1980	197	56171	32	16.9
1985	224	64786	33	17.4
1990	270	76914	34	18.1

第二章 大城市化的发展趋势及其特征

续表

年份	人口规模在100万及以上城市数量（个）	人口规模在100万及以上城市人口数量（万人）	人口规模在100万及以上城市人口数占全部城市人口数的比重（%）	大城市化率（%）
1995	305	89299	35	19.0
2000	361	106526	37	20.3
2005	388	120924	38	21.2
2010	436	139584	39	22.3
2015	501	162541	41	23.3
2020	558	185223	43	—
2025	616	208093	44	—
2030	662	229169	45	—

注：表中"—"表示无法获得相关数据。

资料来源：根据世界银行数据库及联合国经济和社会事务部数据库公开资料整理。

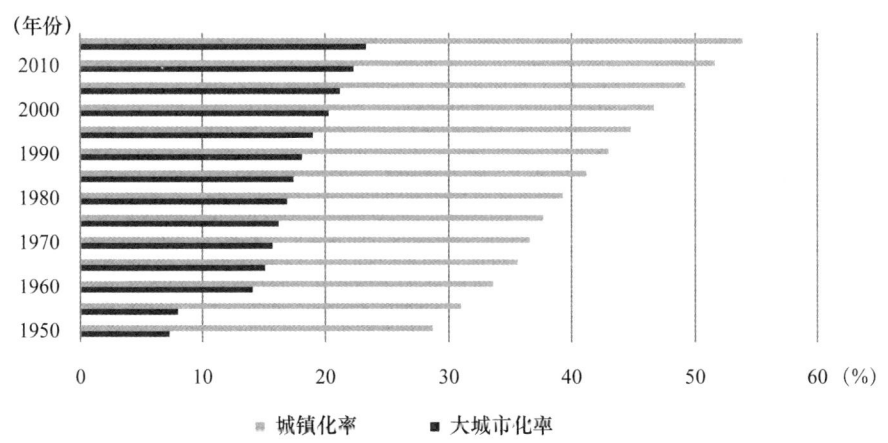

图 2.1 世界城镇化率和大城市化率变化（1950—2015年）

资料来源：根据联合国经济和社会事务部数据库资料整理。

2. 世界主要国家的大城市化发展趋势

选取美国、英国、日本、加拿大、澳大利亚、韩国作为发达国家代表，巴西、印度作为发展中国家代表，探讨其大城市化发展趋势。研究表明，不管是发达国家，还是发展中国家，均呈现出大城市化发展态势。说明大城市化是城镇化发展的普遍趋势,这种趋势得到世界主要国家城镇化实践的验证。

2.1 美国

美国作为当今世界经济实力最强大的城镇化先行国家,近70年来大城市化发展趋势十分明显(见表2.2),不论是人口规模在100万及以上城市数量、大城市人口数量,还是大城市人口数占全部城市人口数的比重和大城市化率,都呈现出普遍增长的态势。1990年美国人口规模在100万及以上城市人口数占全部城市人口数的比重为51%,如果以超过50%为判定依据,那么美国已进入大城市化主导的城镇化新阶段。

表2.2　　　美国大城市化发展的总体趋势(1950—2030年)

年份	人口规模在100万及以上城市数量(个)	人口规模在100万及以上城市人口数量(万人)	人口规模在100万及以上城市人口数占全部城市人口数的比重(%)	大城市化率(%)
1950	12	3849	38	25.3
1955	14	4520	40	26.7
1960	20	5761	45	38.7
1965	22	6470	46	39.8
1970	25	7368	47	41.6
1975	28	7915	49	41.2
1980	30	8451	50	41.1
1985	31	8984	49	41.6
1990	33	9705	51	42.1
1995	36	10749	52	42.8
2000	37	11715	52	43.8
2005	38	12396	52	44.1
2010	41	13386	53	44.5
2015	45	14545	55	45.5
2020	45	15199	55	—
2025	50	16390	56	—
2030	53	17384	58	—

注:表中"—"表示无法获得相关数据。

资料来源:根据世界银行数据库及联合国经济和社会事务部数据库资料整理。

第二章 大城市化的发展趋势及其特征　　15

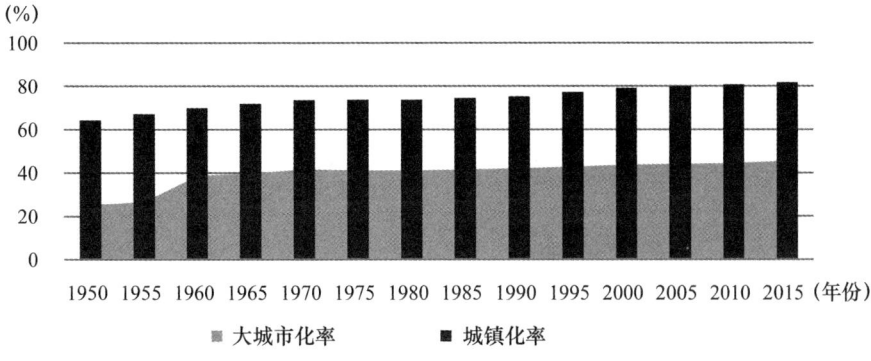

图 2.2　美国的城镇化率和大城市化率变化（1950—2015 年）

资料来源：根据联合国经济和社会事务部数据库资料整理。

2.2 英国

英国作为老牌资本主义国家和城镇化先行国家，近 70 年来其大城市化呈现出"U"形趋势（见表 2.3）。20 世纪 90 年代初是"U"形的谷底，这与英国第二次世界大战结束后一直致力于以疏解大城市人口为目的的抑制大城市化的国家政策有关。由于该政策带来经济增长乏力的消极后果（如英国 GDP 的世界排名下降，1950 年为第 2 位，1968 年为第 4 位，1975 年为第 5 位，1989 年为第 6 位）英国自 20 世纪 90 年代中后期逐步放松对大城市发展的控制，大城市化的趋势重新出现。英国的实践可以作为一种特例看待，不代表普遍趋势。

表 2.3　　　英国大城市化发展的总体趋势（1950—2030 年）

年份	人口规模在 100 万及以上城市数量（个）	人口规模在 100 万及以上城市人口数量（万人）	人口规模在 100 万及以上城市人口数占全部城市人口数的比重（%）	大城市化率（%）
1950	6	1784	45	35.6
1955	6	1784	45	34.9
1960	6	1785	43	31.4
1965	6	1746	42	29.7
1970	6	1701	39	28.3

续表

年份	人口规模在100万及以上城市数量（个）	人口规模在100万及以上城市人口数量（万人）	人口规模在100万及以上城市人口数占全部城市人口数的比重（％）	大城市化率（％）
1975	6	1679	38	27.0
1980	6	1663	37	26.1
1985	5	1544	35	25.8
1990	5	1532	34	25.5
1995	5	1558	34	25.6
2000	5	1591	35	25.7
2005	5	1670	35	25.8
2010	5	1763	35	26.1
2015	5	1861	36	26.5
2020	5	1953	36	—
2025	5	2025	36	—
2030	6	2184	37	—

注：表中"—"表示无法获得相关数据。

资料来源：根据联合国经济和社会事务部数据库及世界银行数据库资料整理。

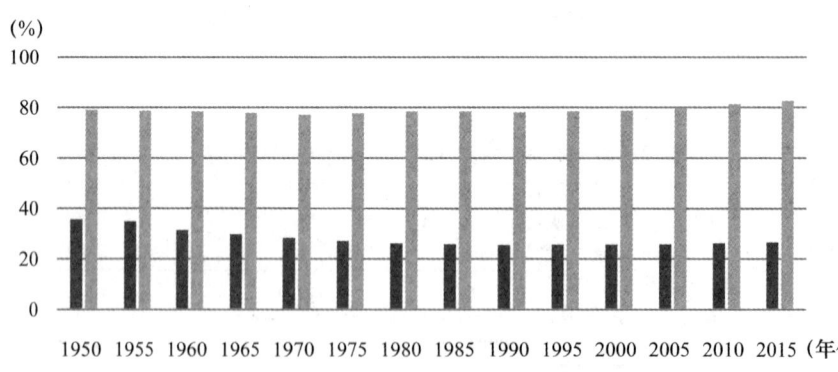

图2.3 英国的城镇化率和大城市化率变化（1950—2015年）

资料来源：根据联合国经济和社会事务部数据库资料整理。

2.3 日本

日本作为后起的资本主义发达国家，多年来一直走的是集中型城镇化道路，其大城市化发展态势在发达国家中独树一帜（见表2.4）。1950年大城市化率只有26.4%，2015年提高到63.9%。1955年日本人口规模在100万及以上城市人口数占全部城市人口数的比重达到54%，标志着日本进入了大城市化主导的城镇化新阶段。

表2.4　　日本大城市化发展的总体趋势（1950—2030年）

年份	人口规模在100万及以上城市数量（个）	人口规模在100万及以上城市人口数量（万人）	人口规模在100万及以上城市人口数占全部城市人口数的比重（%）	大城市化率（%）
1950	4	2192	50	26.4
1955	4	2738	54	31.1
1960	5	3533	61	40.6
1965	7	4635	70	47.5
1970	7	5337	72	51.8
1975	7	5993	72	54.3
1980	7	6363	73	55.3
1985	7	6680	73	56.1
1990	8	7160	76	58.2
1995	8	7441	77	59.3
2000	8	7522	76	59.3
2005	8	7799	71	61.0
2010	8	8068	70	62.7
2015	8	8336	71	63.9
2020	8	8441	71	—
2025	8	8387	71	—
2030	8	8253	71	—

注：表中"—"表示无法获得相关数据。

资料来源：根据联合国经济和社会事务部数据库及世界银行数据库资料整理。

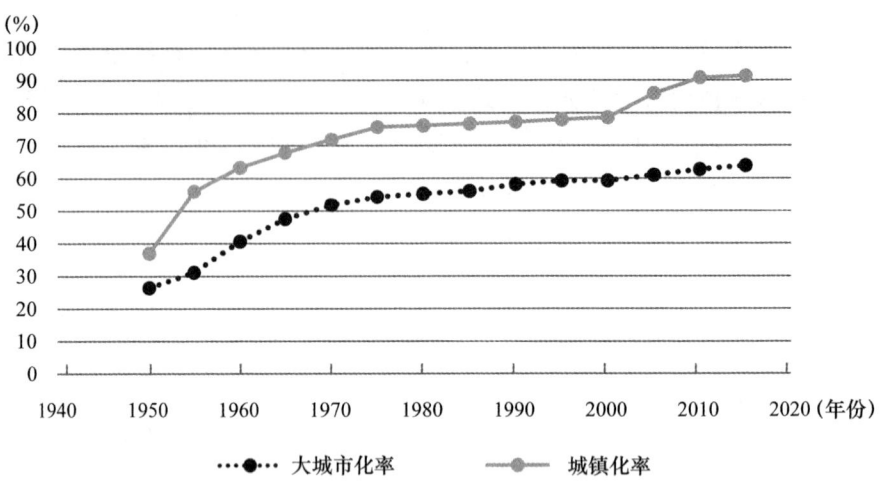

图 2.4　日本城镇化率和大城市化率变化（1950—2015 年）

资料来源：根据联合国经济和社会事务部数据库资料整理。

2.4 加拿大

加拿大作为经济最发达的 G7 成员国之一，虽然人口稀少，但是近 70 年来大城市化发展趋势十分明显（见表 2.5）。1950 年大城市化率只有 17.2%，此后大城市化率一直提升，2015 年达到 45.8%。2005 年人口规模在 100 万及以上城市人口数占全部城市人口数的比重达到 53%，标志着加拿大进入大城市化主导的城镇化新阶段。

表 2.5　　　　加拿大大城市化发展的总体趋势（1950—2030 年）

年份	人口规模在 100 万及以上城市数量（个）	人口规模在 100 万及以上城市人口数量（万人）	人口规模在 100 万及以上城市人口数占全部城市人口数的比重（%）	大城市化率（%）
1950	2	241	29	17.2
1955	2	302	29	19.2
1960	2	378	31	30.1
1965	2	447	31	33.0
1970	3	626	39	36.2
1975	3	671	38	36.2

第二章　大城市化的发展趋势及其特征

续表

年份	人口规模在100万及以上城市数量（个）	人口规模在100万及以上城市人口数量（万人）	人口规模在100万及以上城市人口数占全部城市人口数的比重（％）	大城市化率（％）
1980	3	708	38	36.7
1985	3	762	39	38.1
1990	3	852	40	39.7
1995	3	929	41	40.8
2000	4	1105	45	42.0
2005	6	1393	53	43.4
2010	6	1511	55	44.8
2015	6	1639	55	45.8
2020	6	1750	57	—
2025	6	1839	56	—
2030	6	1916	56	—

注：表中"—"表示无法获得相关数据。

资料来源：根据联合国经济和社会事务部数据库及世界银行数据库资料整理。

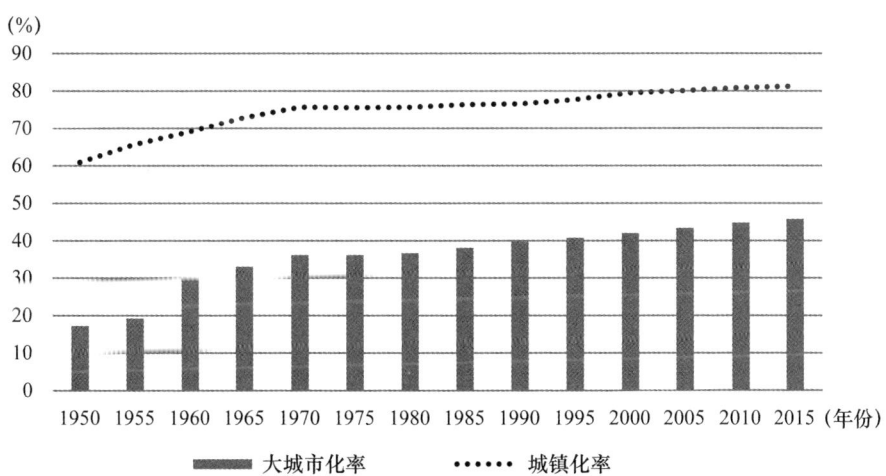

图2.5　加拿大城镇化率与大城市化率变化（1950—2015年）

资料来源：根据联合国经济和社会事务部数据库资料整理。

2.5 澳大利亚

与加拿大一样，澳大利亚也是地广人稀的发达国家。自1950年以来，澳大利亚的大城市化发展十分迅猛（见表2.6），在城镇化发展中已占据主导地位。1975年澳大利亚进入大城市化主导的城镇化新阶段。

表2.6　澳大利亚大城市化发展的总体趋势（1950—2030年）

年份	人口规模在100万及以上城市数量（个）	人口规模在100万及以上城市人口数量（万人）	人口规模在100万及以上城市人口数占全部城市人口数的比重（%）	大城市化率（%）
1950	2	302	48	36.5
1955	2	348	48	37.8
1960	2	399	48	54.2
1965	2	446	47	55.6
1970	2	539	49	62.6
1975	3	689	58	62.2
1980	3	723	57	62.1
1985	5	972	72	61.6
1990	5	1044	72	61.2
1995	5	1106	71	61.2
2000	5	1175	70	58.9
2005	5	1253	69	58.3
2010	5	1327	67	59.2
2015	5	1403	66	60.3
2020	5	1498	65	—
2025	5	1596	66	—
2030	5	1693	65	—

注：表中"—"表示无法获得相关数据。
资料来源：根据联合国经济和社会事务部数据库及世界银行数据库资料整理。

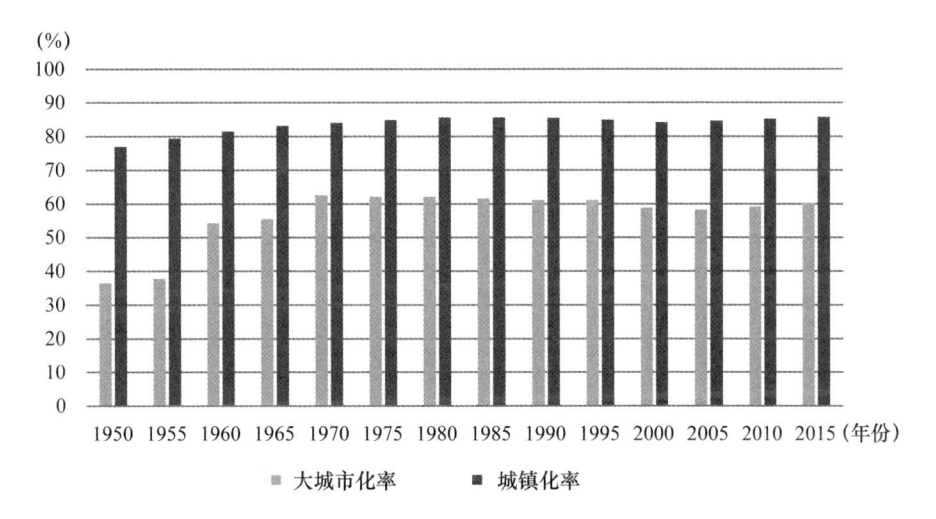

第二章 大城市化的发展趋势及其特征 21

图 2.6 澳大利亚城镇化率和大城市化率变化（1950—2015 年）

资料来源：根据联合国经济和社会事务部数据库资料整理。

2.6 韩国

作为"亚洲四小龙"之一，韩国在城镇化进程中也走的是集中型城镇化道路，其大城市化发展可以用"惊艳"来形容。1950 年大城市化率只有 4.9%，2015 年提高到 50%（见表 2.7）。1960 年人口规模在 100 万及以上城市人口数占全部城市人口数的比重达到 51%，标志着韩国进入了大城市化主导的城镇化新阶段。

表 2.7　韩国大城市化发展的总体趋势（1950—2030 年）

年份	人口规模在 100 万及以上城市数量（个）	人口规模在 100 万及以上城市人口数量（万人）	人口规模在 100 万及以上城市人口数占全部城市人口数的比重（%）	大城市化率（%）
1950	1	102	25	4.9
1955	2	260	50	12.1
1960	2	352	51	21.8
1965	2	482	52	25.3
1970	3	817	64	31.9

续表

年份	人口规模在100万及以上城市数量（个）	人口规模在100万及以上城市人口数量（万人）	人口规模在100万及以上城市人口数占全部城市人口数的比重（%）	大城市化率（%）
1975	3	1052	63	37.9
1980	4	1401	66	42.9
1985	4	1601	61	47.3
1990	6	2043	64	52.3
1995	7	2174	62	51.6
2000	7	2194	60	51.2
2005	8	2299	60	51.0
2010	8	2306	58	50.3
2015	9	2421	59	50.0
2020	9	2465	58	—
2025	11	2714	63	—
2030	11	2756	63	—

注：表中"—"表示无法获得相关数据。

资料来源：根据联合国经济和社会事务部数据库及世界银行数据库资料整理。

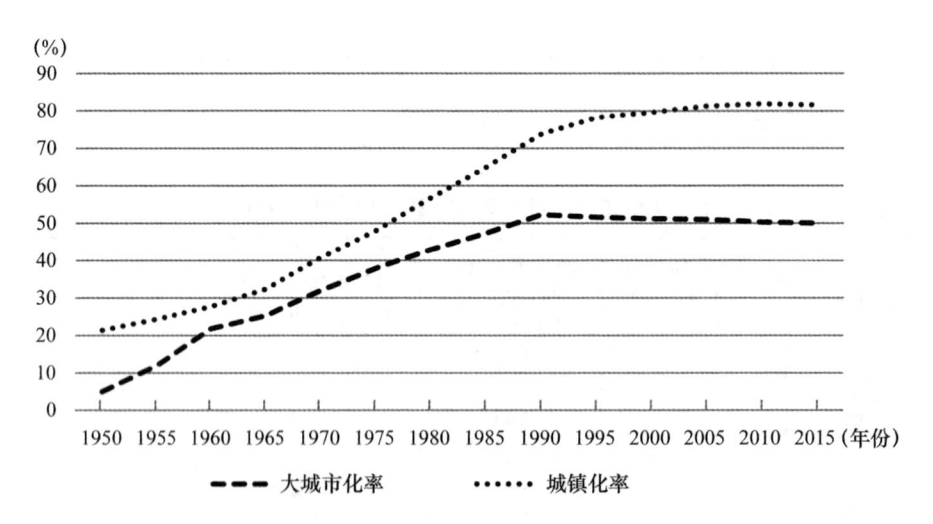

图2.7 韩国城镇化率和大城市化率变化（1950—2015年）

资料来源：根据联合国经济和社会事务部数据库资料整理。

2.7 巴西

作为"金砖国家"之一,巴西是发展中国家的代表。自1950年以来,其大城市化发展十分迅猛,人口规模在100万及以上城市数量、大城市人口数量、大城市人口数占全部城市人口数的比重和大城市化率都提高很快(见表2.8)。虽然大城市化趋势明显,但2030年前巴西将一直处于中小城市和小城镇化阶段。

表2.8 　　　巴西大城市化发展的总体趋势(1950—2030年)

年份	人口规模在100万及以上城市数量(个)	人口规模在100万及以上城市人口数量(万人)	人口规模在100万及以上城市人口数占全部城市人口数的比重(%)	大城市化率(%)
1950	2	536	27	10.0
1955	2	673	26	10.8
1960	3	954	28	21.4
1965	5	1453	34	24.2
1970	6	2000	37	27.8
1975	7	2533	38	30.8
1980	10	3445	43	34.2
1985	10	3868	41	34.8
1990	14	4784	43	36.0
1995	15	5438	43	37.2
2000	16	6151	43	38.6
2005	18	6820	44	39.1
2010	21	7645	46	40.0
2015	21	8219	46	41.2
2020	22	8782	47	—
2025	22	9177	48	—
2030	22	9495	48	—

注:表中"—"表示无法获得相关数据。
资料来源:根据联合国经济和社会事务部数据库及世界银行数据库资料整理。

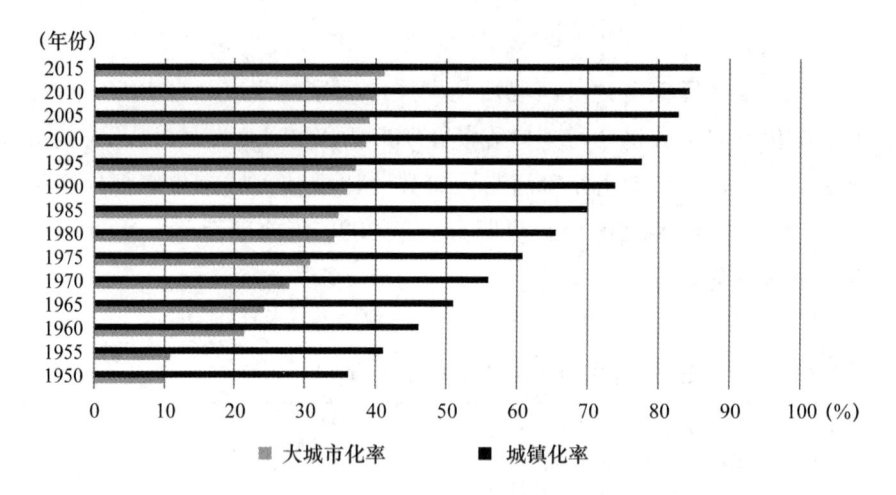

图 2.8　巴西城镇化率和大城市化率变化（1950—2015 年）

资料来源：根据联合国经济和社会事务部数据库资料整理。

2.8 印度

印度和中国同为人口大国，也是"金砖国家"之一。尽管印度的城镇化水平低于全世界的平均水平，但是其大城市化发展的趋势与世界是一致的。自1950 年以来，人口规模在 100 万及以上大城市数量、大城市人口数量、大城市人口数占全部城市人口数的比重以及大城市化率均呈现增长态势（见表 2.9）。与巴西一样，印度在 2030 年前将一直处于中小城市和小城镇化阶段。

表 2.9　印度大城市化发展的总体趋势（1950—2030 年）

年份	人口规模在 100 万及以上城市数量（个）	人口规模在 100 万及以上城市人口数量（万人）	人口规模在 100 万及以上城市人口数占全部城市人口数的比重（%）	大城市化率（%）
1950	5	1133	18	3.1
1955	6	1416	20	3.5
1960	7	1750	22	7.6
1965	8	2170	24	8.1
1970	9	2674	25	8.6
1975	10	3309	25	9.2
1980	10	3976	24	9.9

续表

年份	人口规模在100万及以上城市数量（个）	人口规模在100万及以上城市人口数量（万人）	人口规模在100万及以上城市人口数占全部城市人口数的比重（%）	大城市化率（%）
1985	13	5072	26	10.4
1990	23	7112	33	11.0
1995	24	8404	33	11.7
2000	34	10899	38	12.4
2005	41	13202	40	13.0
2010	49	15939	43	13.7
2015	58	19222	46	14.7
2020	62	22154	48	—
2025	65	25134	48	—
2030	69	28349	49	—

注：表中"—"表示无法获得相关数据。

资料来源：根据联合国经济和社会事务部数据库及世界银行数据库资料整理。

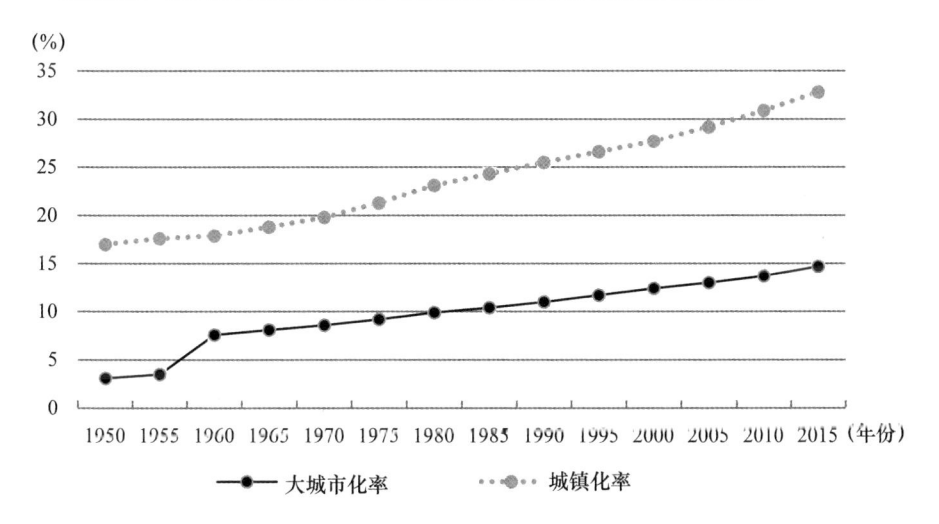

图2.9 印度城镇化率与大城市化率变化（1950—2015年）

资料来源：根据联合国经济和社会事务部数据库资料整理。

（二）世界大城市化发展特征

1. 世界大城市化发展的总体特征

由表2.10可知，1950年以来，世界大城市化发展的总体特征是：

（1）大城市人口数占全部城市人口数的比重不断攀升，但要进入大城市化主导的城镇化新阶段估计还要等到2040年后。（2）中小城市和小城镇人口数占全部城市人口数的比重不断下降，估计在2040年前将一直处于中小城市和小城镇化阶段，城镇化的主体形态是中小城市和小城镇。（3）人口规模在100万及以上人口的城市中，人口规模在100万—500万人口的城市占据主导地位，表明聚集发展仍然是当今世界城镇化的主流趋势。

表2.10　　　　世界城市人口在不同规模城市的分布变化　　　　单位：%

年份	人口规模在100万以下城市人口数占全部城市人口数的比重	人口规模在100万及以上城市人口数占全部城市人口数的比重	人口规模在100万—500万城市人口数占100万及以上城市人口数的比重	人口规模在500万—1000万城市人口数占100万及以上城市人口数的比重	人口规模在1000万及以上城市人口数占100万及以上城市人口数的比重
1950	76	24	70.8	16.7	12.5
1955	74	26	61.6	26.9	11.5
1960	73	27	63.0	22.2	14.8
1965	71	29	62.1	24.1	13.8
1970	70	30	60.0	26.7	13.3
1975	69	31	61.3	22.6	16.1
1980	68	32	59.4	25.0	15.6
1985	67	33	57.6	24.2	18.2
1990	66	34	58.8	20.6	20.6
1995	65	35	60.0	17.1	22.9
2000	63	37	56.8	18.9	24.3
2005	62	38	52.6	21.1	26.3
2010	61	39	53.9	20.5	25.6
2015	59	41	51.2	19.5	29.3
2020	57	43	48.9	18.6	32.5
2025	56	44	50.0	18.2	31.8
2030	55	45	48.9	20.0	31.1

资料来源：根据世界银行数据库资料整理。

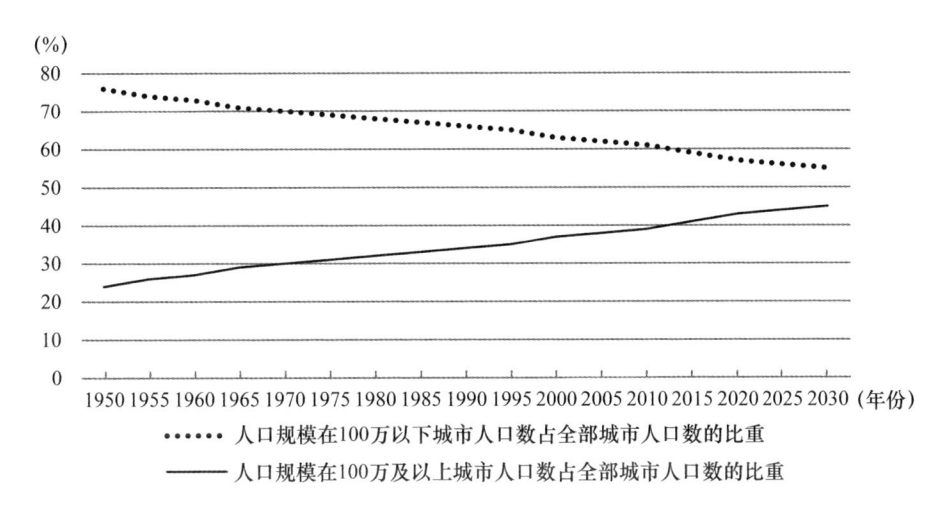

图 2.10　世界城市人口在不同规模城市的分布变化（1950—2030 年）

资料来源：根据世界银行数据库相关资料整理。

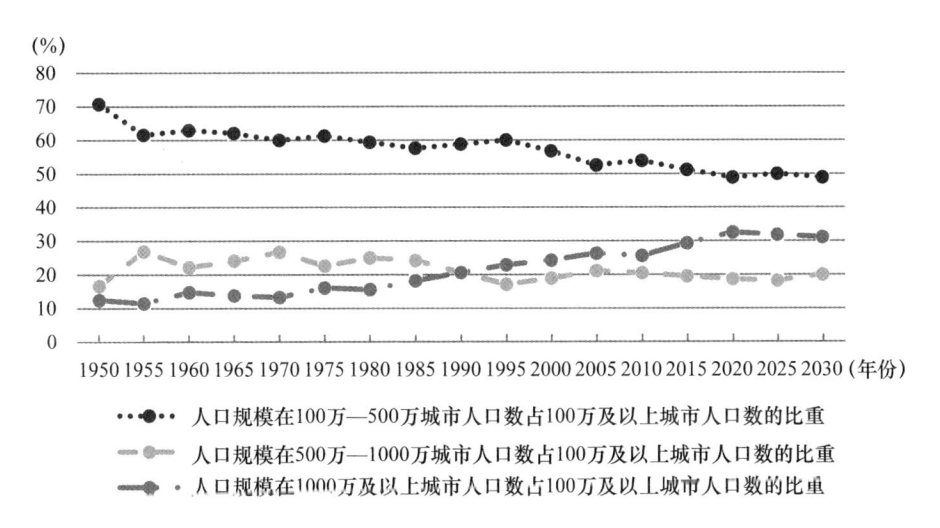

图 2.11　世界人口规模在 100 万及以上城市人口在不同规模城市的分布情况

资料来源：根据世界银行数据库相关资料整理。

2. 世界主要国家大城市化发展的具体特征

2.1 美国

由表 2.11 可知，美国大城市化发展的具体特征是：（1）1990 年美国大城市人口超过中小城市人口，进入大城市化主导阶段，成为大城市国家，当年的城镇化率是75.3%，这是一个重要拐点。（2）美国的大城市人口主要聚集在人口规模在100万—500万人口的大城市，表明聚集仍然是大城市化的主要趋势。2015年城镇化率为81.7%，人口规模在100万—500万城市人口数占100万及以上城市人口数的比重仍然高达52.7%。（3）人口规模在100万及以上城市人口在不同规模城市的分布比例也在发生变化，人口规模在100万—500万城市人口数占比下降，人口规模在500万—1000万城市人口数占比上升，人口规模在1000万及以上城市人口数占比也在下降，城市人口数在这三类城市的分布比例呈现"一二三"结构，说明城镇化基本完成后（2018年美国城镇化率82.3%）美国的大城市化还在进行，都市区化和城市群化还在积蓄力量。

表2.11　　　　美国城市人口在不同规模城市的分布变化　　　　单位:%

年份	人口规模在100万以下城市人口数占全部城市人口数的比重	人口规模在100万及以上城市人口数占全部城市人口数的比重	人口规模在100万—500万城市人口数占100万及以上城市人口数的比重	人口规模在500万—1000万城市人口数占100万及以上城市人口数的比重	人口规模在1000万及以上城市人口数占100万及以上城市人口数的比重
1950	62	38	68.4	0	31.6
1955	60	40	65.0	5.0	30.0
1960	55	45	53.3	22.3	24.4
1965	54	46	54.3	21.8	23.9
1970	53	47	57.4	21.3	21.3
1975	51	49	59.2	20.4	20.4
1980	50	50	62.0	20.0	18.0
1985	51	49	63.2	8.2	28.6
1990	49	51	64.7	7.8	27.5
1995	48	52	65.4	7.7	26.9
2000	48	52	63.5	11.5	25.0
2005	48	52	59.6	15.4	25.0
2010	47	53	58.5	18.9	22.6
2015	45	55	52.7	25.5	21.8
2020	45	55	50.9	29.1	20.0
2025	44	56	51.8	28.6	19.6
2030	42	58	53.4	27.6	19.0

资料来源：根据世界银行数据库资料整理。

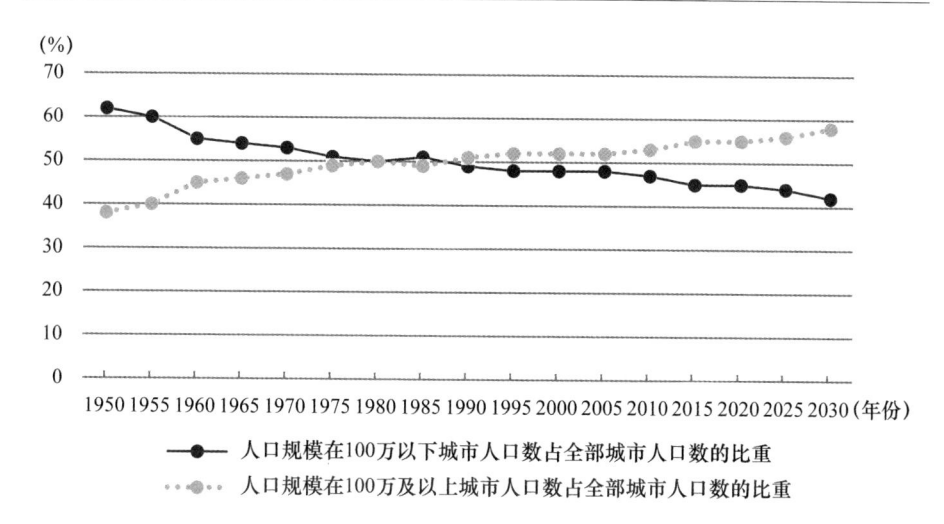

图2.12 美国城市人口在不同规模城市的分布变化（1950—2030年）

资料来源：根据世界银行数据库相关资料整理。

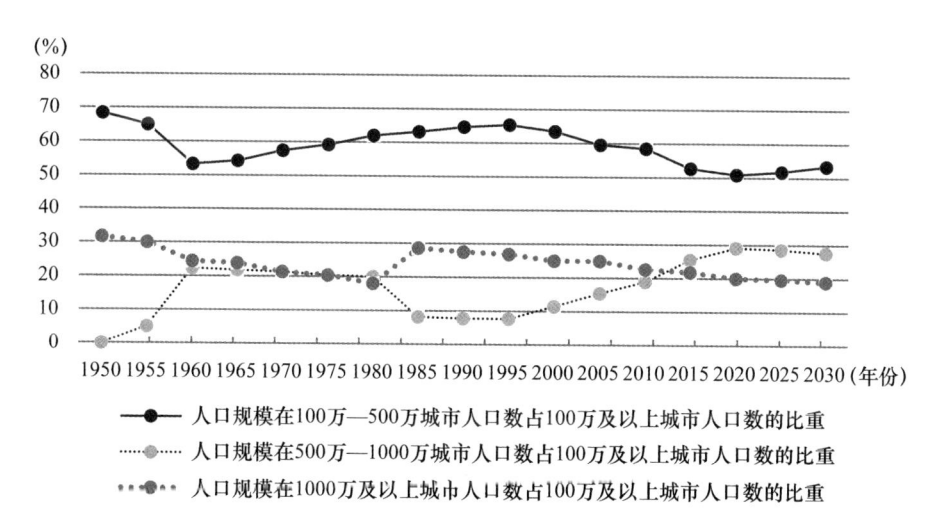

图2.13 美国人口规模在100万及以上城市人口在不同规模城市的分布情况

资料来源：根据世界银行数据库资料整理。

2.2 英国

由表2.12可知，英国大城市化发展的主要特征是：（1）英国第二次世界大战后一直推行大城市人口疏散政策，导致100万及以上城市人口数占全部城市人口数的比重从未超过50%，城镇化的主体形态是中小城市。

(2) 人口规模在 100 万及以上城市人口在三类不同规模城市分布变化剧烈，从 1955 年前的"二一三"结构转变为 1960—1980 年的"一二三"结构，再转变为 1985—2010 年的"二一三"结构和 2015—2030 年的"二三一"结构，表明英国的大城市化受到国家政策调控的影响巨大。(3) 英国的大城市化趋势与世界总体趋势及美国的趋势完全不同，体现了独特性。在国家强烈干预下，英国 GDP 的世界排名在逐年下降，1950 年为第 2 位，1968 年为第 4 位，2018 年为第 5 位。GDP 的世界排名下滑与推行抑制大城市化的国家政策是否有关值得深入研究。

表2.12　　　　英国城市人口在不同规模城市的分布变化　　　　单位:%

年份	人口规模在100万以下城市人口数占全部城市人口数的比重	人口规模在100万及以上城市人口数占全部城市人口数的比重	人口规模在100万—500万城市人口数占100万及以上城市人口数的比重	人口规模在500万—1000万城市人口数占100万及以上城市人口数的比重	人口规模在1000万及以上城市人口数占100万及以上城市人口数的比重
1950	55	45	46.7	53.3	0
1955	55	45	46.7	53.3	0
1960	57	43	53.5	46.5	0
1965	58	42	54.8	45.2	0
1970	61	39	56.4	43.6	0
1975	62	38	55.3	44.7	0
1980	63	37	54.1	45.9	0
1985	65	35	48.6	51.4	0
1990	66	34	47.1	52.9	0
1995	66	34	47.1	52.9	0
2000	65	35	45.7	54.3	0
2005	65	35	45.7	54.3	0
2010	65	35	45.7	54.3	0
2015	64	36	44.4	0	55.6
2020	64	36	44.4	0	55.6
2025	64	36	44.4	0	55.6
2030	63	37	48.6	0	51.4

资料来源：根据世界银行数据库资料整理。

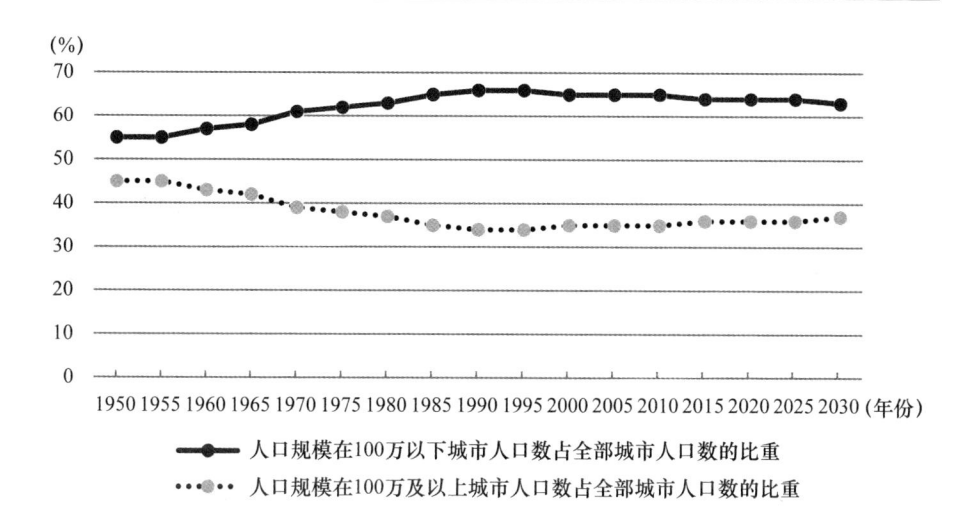

图 2.14 英国城市人口在不同规模城市的分布变化（1950—2030 年）

资料来源：根据世界银行数据库相关资料整理。

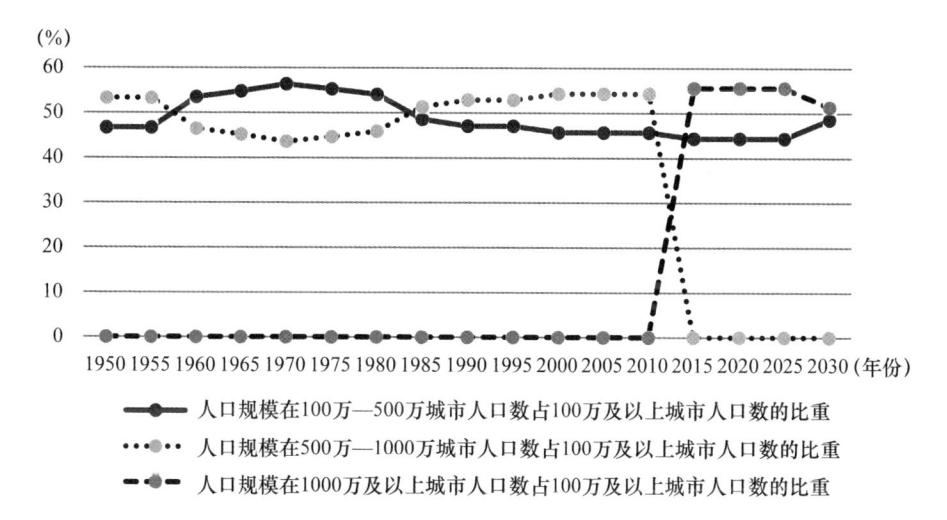

图 2.15 英国人口规模在 100 万及以上城市人口在不同规模城市的分布情况

资料来源：根据世界银行数据库资料整理。

2.3 日本

由表 2.13 可知，日本大城市化发展的具体特征是：（1）进入大城市化阶段早。早在 1955 年，日本人口规模在 100 万及以上城市人口数占全部城市人口数的比重就达到 54%，标志着日本进入大城市国家行列，比美国早

60年。当年日本的城镇化率是56.3%，而美国1990年的城镇化率是75.3%，日本的大城市化有"早熟"的味道。（2）日本大城市人口在三类不同规模城市的分布比例呈现"三二一"结构特征，虽然期间有波动，但基本维系了这种格局，体现的是"跨越"和"引领"特征。（3）日本的大城市化总体体现的也是"跨越"，甚至"引领"的特征，日本的大城市化推动政策起到了重要作用。日本的大城市化发展政策也具有独特性，这种独特性与英国的独特性正好相反，二者孰优孰劣同样值得学术界深入思考和研究。

表2.13　　　　日本城市人口在不同规模城市的分布变化　　　　单位：%

年份	人口规模在100万以下城市人口数占全部城市人口数的比重	人口规模在100万及以上城市人口数占全部城市人口数的比重	人口规模在100万—500万城市人口数占100万及以上城市人口数的比重	人口规模在500万—1000万城市人口数占100万及以上城市人口数的比重	人口规模在1000万及以上城市人口数占100万及以上城市人口数的比重
1950	50	50	16.0	32.0	52.0
1955	46	54	18.5	31.5	50.0
1960	39	61	23.0	0	77.0
1965	30	70	15.7	12.9	71.4
1970	28	72	15.3	12.5	72.2
1975	28	72	16.7	12.5	70.8
1980	27	73	16.5	12.3	71.2
1985	27	73	16.5	12.3	71.2
1990	24	76	10.5	18.4	71.1
1995	23	77	10.4	19.5	70.1
2000	24	76	10.5	18.4	71.1
2005	29	71	11.3	18.3	70.4
2010	30	70	11.4	18.6	70.0
2015	29	71	12.7	18.3	69.0
2020	29	71	12.7	18.3	69.0
2025	29	71	12.7	18.3	69.0
2030	29	71	12.7	18.3	69.0

资料来源：根据世界银行数据库资料整理。

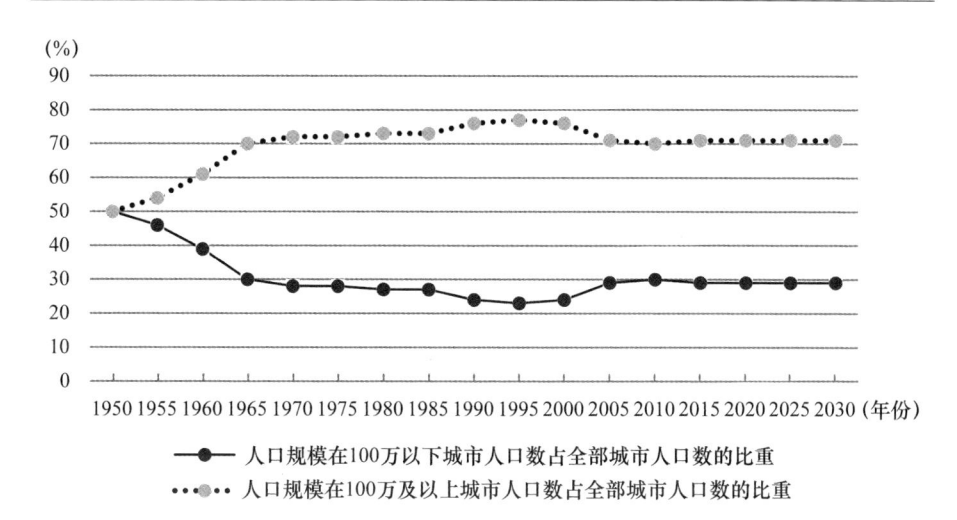

第二章 大城市化的发展趋势及其特征   33

图 2.16 日本城市人口在不同规模城市的分布变化（1950—2030 年）

资料来源：根据世界银行数据库相关资料整理。

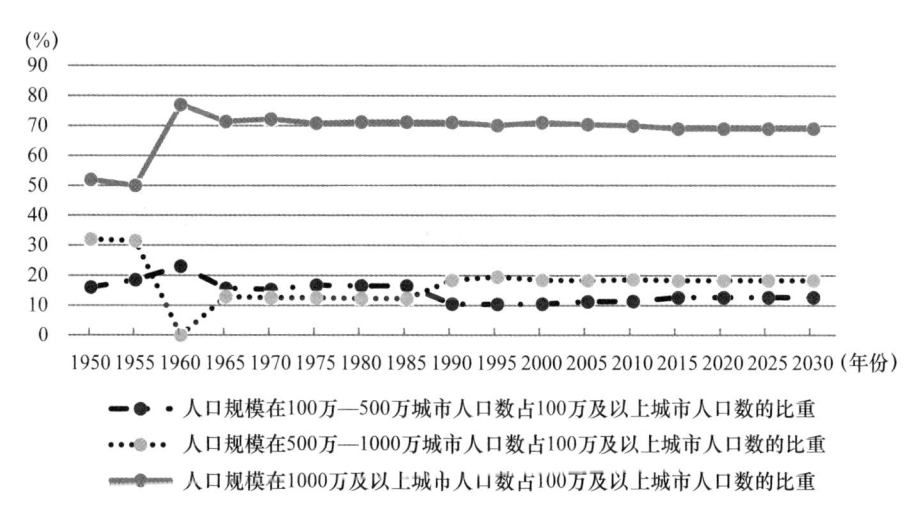

图 2.17 日本人口规模在 100 万及以上城市人口在不同规模城市的分布情况

资料来源：根据世界银行数据库资料整理。

2.4 加拿大

由表 2.14 可知，加拿大大城市化发展的主要特征是：（1）大城市化发展平稳缓慢，2005 年进入大城市国家行列，当年城镇化率 80.1%。（2）从 2005 年起，大城市人口在三类不同规模城市的分布比例就呈现

"一二三"结构,显示加拿大处于聚集为主的大城市化发展阶段特征。(3)加拿大的大城市化发展进程十分平稳,基本上体现的是市场机制作用下的大城市化发展规律,具有示范意义。(4)加拿大扩散为主的大城市化正在积蓄力量,都市区是否能够成为城镇化的主体形态还有待观察,人口数量太少(2018年为3706万)可能导致加拿大无法完成大城市化的全部过程。

表2.14　　　　加拿大城市人口在不同规模城市的分布变化　　　　单位:%

年份	人口规模在100万以下城市人口数占全部城市人口数的比重	人口规模在100万及以上城市人口数占全部城市人口数的比重	人口规模在100万—500万城市人口数占100万及以上城市人口数的比重	人口规模在500万—1000万城市人口数占100万及以上城市人口数的比重	人口规模在1000万及以上城市人口数占100万及以上城市人口数的比重
1950	71	29	100	0	0
1955	71	29	100	0	0
1960	69	31	100	0	0
1965	69	31	100	0	0
1970	61	39	100	0	0
1975	62	38	100	0	0
1980	62	38	100	0	0
1985	61	39	100	0	0
1990	60	40	100	0	0
1995	59	41	100	0	0
2000	55	45	100	0	0
2005	47	53	64.2	35.8	0
2010	45	55	63.6	36.4	0
2015	45	55	63.6	36.4	0
2020	43	57	63.2	36.8	0
2025	44	56	64.3	35.7	0
2030	44	56	64.3	35.7	0

资料来源:根据世界银行数据库资料整理。

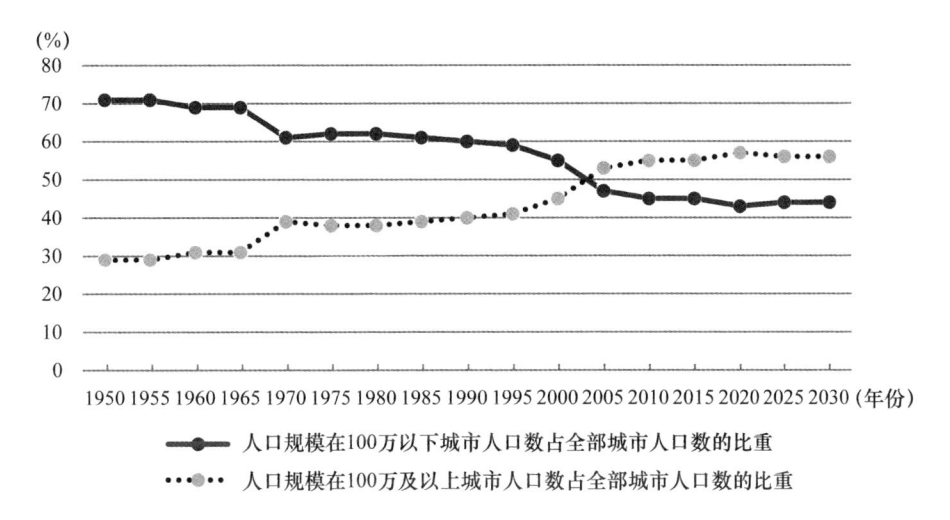

第二章 大城市化的发展趋势及其特征

图 2.18　加拿大城市人口在不同规模城市的分布变化（1950—2030 年）

资料来源：根据世界银行数据库相关资料整理。

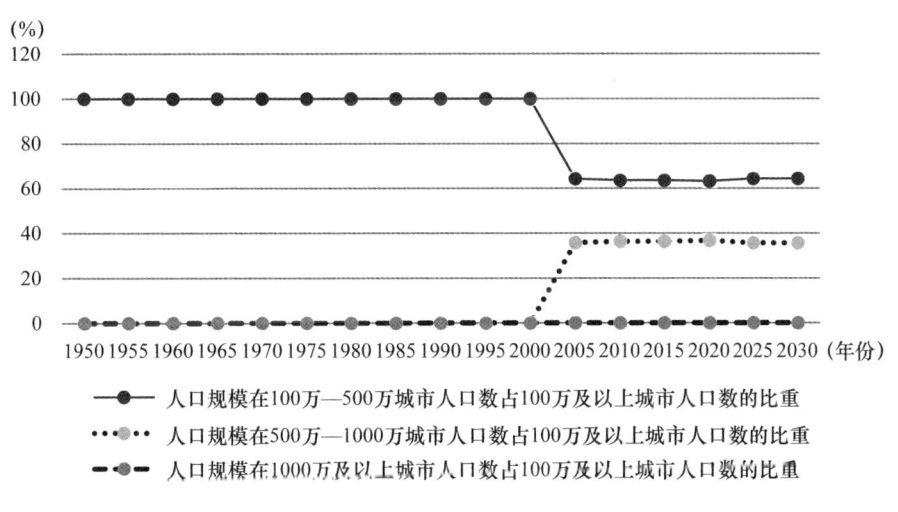

图 2.19　加拿大人口规模在 100 万及以上城市人口在不同规模城市的分布情况

资料来源：根据世界银行数据库资料整理。

2.5 澳大利亚

由表 2.15 可知，澳大利亚大城市化发展的主要特征是：（1）大城市化发展平稳缓慢，1975 年成为大城市国家，当年城镇化率为 84.8%。（2）大城市人口长期只集中在人口规模在 100 万—500 万人口的城市中，体现了以聚集为主的大城市化发展特征。(3) 2025 年大城市人口在三类不同规模城市的分布比例将形成"一二三"结构,2030 年将形成"二一三"结构,预示着大城市化有可能由以聚集为主过渡到以扩散为主,城镇化的主体形态有可能由大城市转变为都市区。(4) 澳大利亚的大城市化与加拿大相似,体现的是市场机制作用下的大城市化发展规律,没有大起大落,具有示范意义。虽然从 1995 年开始学习英国执行大城市人口疏散政策,但没有改变大城市化发展的基本趋势。(5) 与加拿大一样,澳大利亚由于人口稀少(2018 年人口为 2499 万),可能不会出现城市群这种大城市化发展到高级阶段的城镇化主体形态。

表 2.15　澳大利亚城市人口在不同规模城市的分布变化　　单位:%

年份	人口规模在100万以下城市人口数占全部城市人口数的比重	人口规模在100万及以上城市人口数占全部城市人口数的比重	人口规模在100万—500万城市人口数占100万及以上城市人口数的比重	人口规模在500万—1000万城市人口数占100万及以上城市人口数的比重	人口规模在1000万及以上城市人口数占100万及以上城市人口数的比重
1950	52	48	100	0	0
1955	52	48	100	0	0
1960	52	48	100	0	0
1965	53	47	100	0	0
1970	51	49	100	0	0
1975	42	58	100	0	0
1980	43	57	100	0	0
1985	28	72	100	0	0
1990	28	72	100	0	0
1995	29	71	100	0	0
2000	30	70	100	0	0
2005	31	69	100	0	0
2010	33	67	100	0	0
2015	34	66	100	0	0
2020	35	65	100	0	0
2025	34	66	68.2	31.8	0
2030	35	65	38.5	61.5	0

资料来源:根据世界银行数据库资料整理。

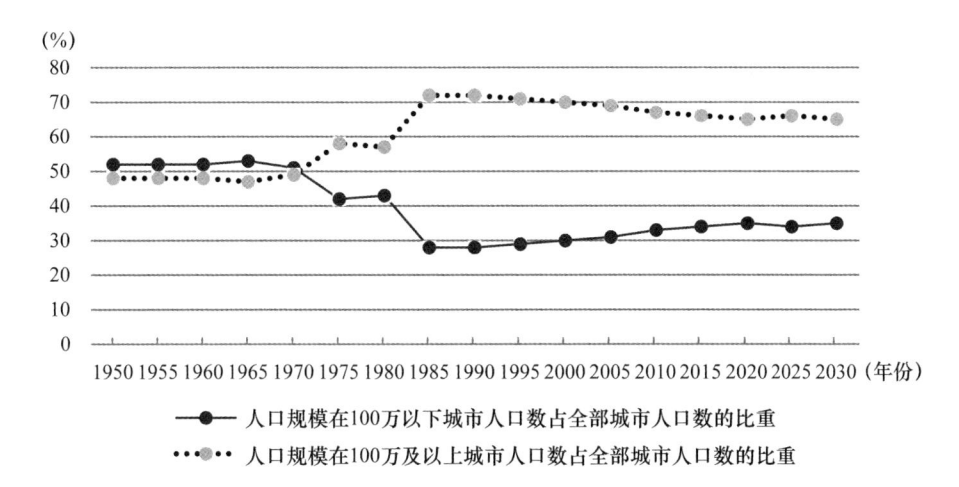

图 2.20 澳大利亚城市人口在不同规模城市的分布变化（1950—2030 年）

资料来源：根据世界银行数据库相关资料整理。

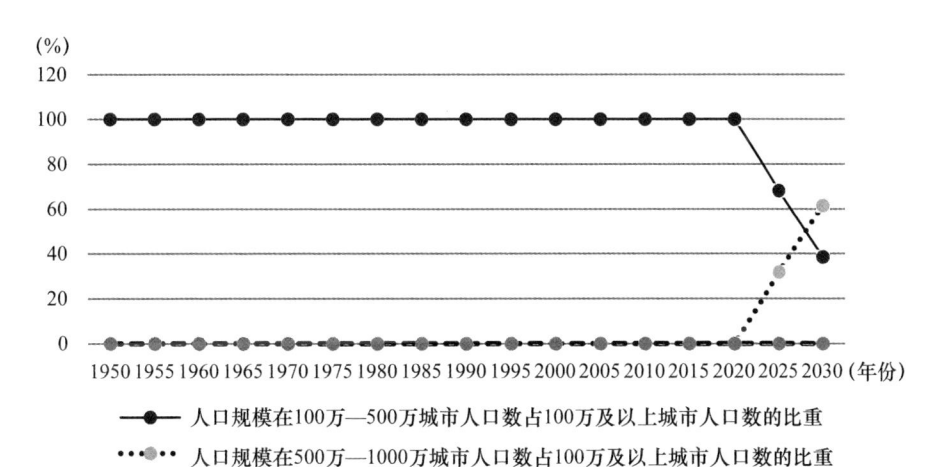

图 2.21 澳大利亚人口规模在 100 万及以上城市人口在不同规模城市的分布情况

资料来源：根据世界银行数据库资料整理。

2.6 韩国

由表 2.16 可知，韩国大城市化发展的主要特征是：（1）进入大城市化阶段早，1955 年城市人口的一半居住在人口规模在 100 万及以上人口的城市，1960 年达到 51%，成为大城市国家，当时的城镇化率仅为 27.7%。

（2）大城市人口在三类不同规模城市的分布变动较大，先后呈现"一极独大""二一三""三一二""一三二""一二三"结构，表明韩国对大城市人口规模的干预导致大城市人口在三类不同规模城市的分布结构变化紊乱。（3）韩国大城市化受到政策的强烈影响，初期学日本搞"跨越式"发展，后期因"大城市病"爆发改学英国尝试大城市人口疏解，最终回归以聚集为主的大城市化阶段，表明大城市化发展是有规律可循的，搞"跨越式"发展要慎重。

表2.16　　　　韩国城市人口在不同规模城市的分布变化　　　　单位:%

年份	人口规模在100万以下城市人口数占全部城市人口数的比重	人口规模在100万及以上城市人口数占全部城市人口数的比重	人口规模在100万—500万城市人口数占100万及以上城市人口数的比重	人口规模在500万—1000万城市人口数占100万及以上城市人口数的比重	人口规模在1000万及以上城市人口数占100万及以上城市人口数的比重
1950	75	25	100	0	0
1955	50	50	100	0	0
1960	49	51	100	0	0
1965	48	52	100	0	0
1970	36	64	34.4	65.6	0
1975	37	63	34.9	65.1	0
1980	34	66	40.9	59.1	0
1985	39	61	41.0	59.0	0
1990	36	64	48.4	0	51.6
1995	38	62	53.2	0	46.8
2000	40	60	55.0	45.0	0
2005	40	60	56.7	43.3	0
2010	42	58	56.9	43.1	0
2015	41	59	59.3	40.7	0
2020	42	58	60.3	39.7	0
2025	37	63	63.5	36.5	0
2030	37	63	63.5	36.5	0

资料来源：根据世界银行数据库资料整理。

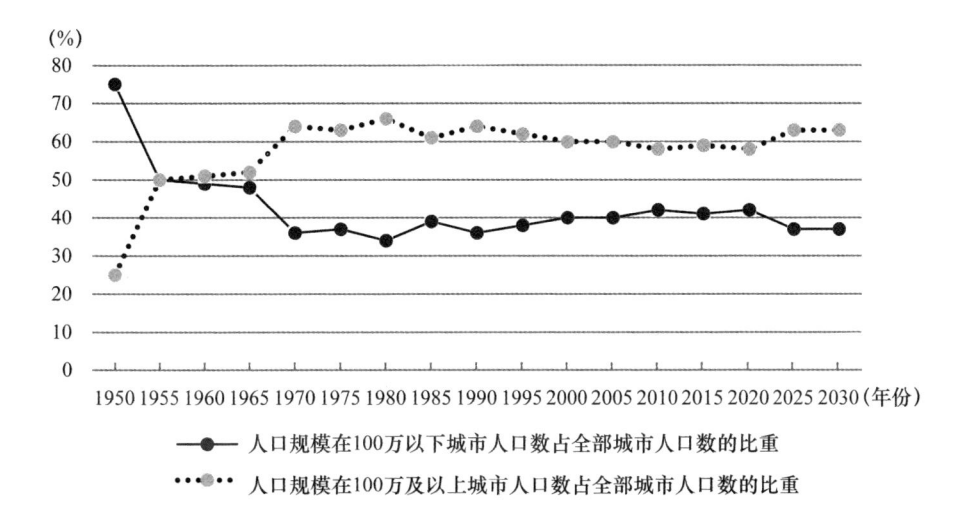

第二章 大城市化的发展趋势及其特征　　39

图 2.22　韩国城市人口在不同规模城市的分布变化（1950—2030 年）

资料来源：根据世界银行数据库相关资料整理。

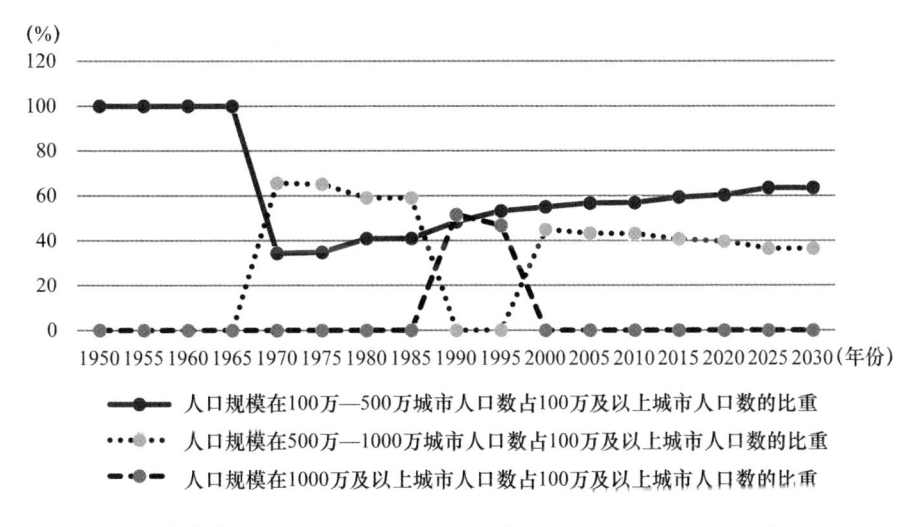

图 2.23　韩国人口规模在 100 万及以上城市人口在不同规模城市的分布情况

资料来源：根据世界银行数据库资料整理。

2.7 巴西

由表 2.17 可知，巴西大城市化发展的主要特征是：（1）大城市化发展孕育于城镇化进程中，2030 年前城镇化的主体形态将一直是中小城市和小城镇。以2018年城镇化率86.6%为参照，大城市化明显滞后。（2）大城市人口在三类不同规模城市的分布结构变动剧烈，20世纪60年代前是"一极独大"，1965年后进入"二一三"结构，1980年后进入"一三二"结构。表明这种变化受到某种非经济因素的干扰，同时也说明大城市化如果不占据主导地位，大城市化推动的城市人口规模结构变动格局具有不稳定性，甚至反复性。没有大城市化推动，都市区化和城市群化也具有不可持续性。

表2.17　　　　巴西城市人口在不同规模城市的分布变化　　　　单位：%

年份	人口规模在100万以下城市人口数占全部城市人口数的比重	人口规模在100万及以上城市人口数占全部城市人口数的比重	人口规模在100万—500万城市人口数占100万及以上城市人口数的比重	人口规模在500万—1000万城市人口数占100万及以上城市人口数的比重	人口规模在1000万及以上城市人口数占100万及以上城市人口数的比重
1950	73	27	100	0	0
1955	74	26	100	0	0
1960	72	28	100	0	0
1965	66	34	23.5	76.5	0
1970	63	37	30.8	69.2	0
1975	62	38	31.8	68.2	0
1980	57	43	39.5	25.6	34.9
1985	59	41	41.5	24.4	34.1
1990	57	43	48.9	20.9	30.2
1995	57	43	51.2	0	48.8
2000	57	43	53.5	0	46.5
2005	56	44	47.7	6.8	45.5
2010	54	46	52.2	6.5	41.3
2015	54	46	52.2	6.5	41.3
2020	53	47	53.2	6.4	40.4
2025	52	48	54.1	6.3	39.6
2030	52	48	54.1	6.3	39.6

资料来源：根据世界银行数据库资料整理。

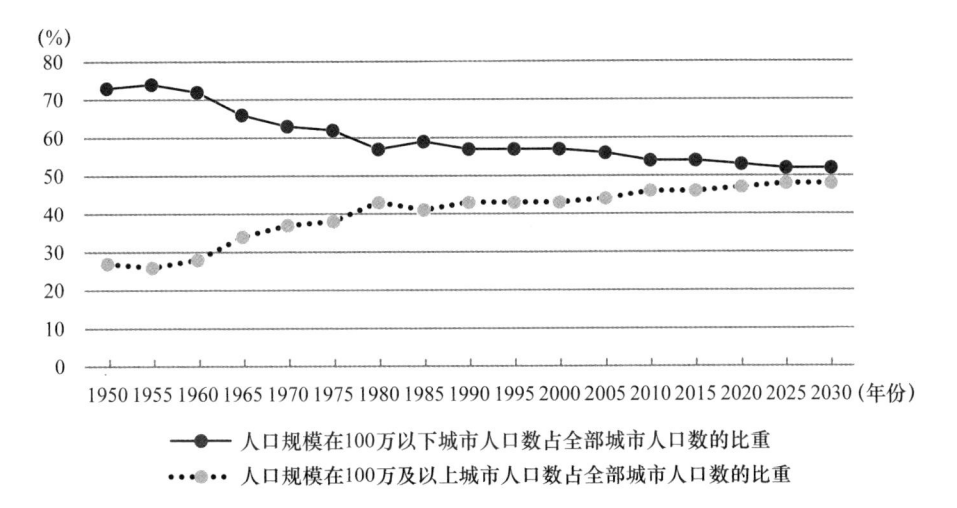

第二章 大城市化的发展趋势及其特征

图 2.24 巴西城市人口在不同规模城市的分布变化（1950—2030 年）

资料来源：根据世界银行数据库相关资料整理。

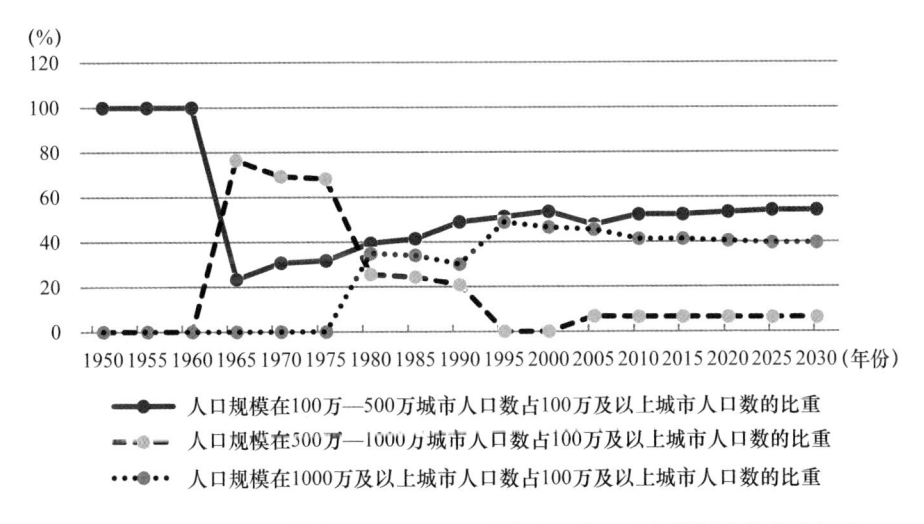

图 2.25 巴西人口规模在 100 万及以上城市人口在不同规模城市的分布情况

资料来源：根据世界银行数据库资料整理。

2.8 印度

印度大城市化发展的主要特征是：（1）大城市化伴随城镇化进程而推进，这个过程漫长而平稳，2030 年前大城市化将无法占据城镇化的主导地位。(2) 以2018年印度城镇化率34%为参照,印度的大城市化发展并不滞后。(3) 大城市人口在三类不同规模城市的分布结构波动较大,也说明没有强有力的大城市化助推,这种结构变动具有不稳定性,甚至反复性。

表2.18 印度城市人口在不同规模城市的分布变化 单位:%

年份	人口规模在100万以下城市人口数占全部城市人口数的比重	人口规模在100万及以上城市人口数占全部城市人口数的比重	人口规模在100万—500万城市人口数占100万及以上城市人口数的比重	人口规模在500万—1000万城市人口数占100万及以上城市人口数的比重	人口规模在1000万及以上城市人口数占100万及以上城市人口数的比重
1950	82	18	100.0	0	0
1955	80	20	65.0	35.0	0
1960	78	22	68.2	31.8	0
1965	76	24	70.8	29.2	0
1970	75	25	52.0	48.0	0
1975	75	25	56.0	44.0	0
1980	76	24	41.7	58.3	0
1985	74	26	46.2	34.6	19.2
1990	67	33	45.5	21.2	33.3
1995	67	33	48.4	6.1	45.5
2000	62	38	42.1	15.8	42.1
2005	60	40	42.5	20.0	37.5
2010	57	43	46.5	18.6	34.9
2015	54	46	43.4	19.6	37.0
2020	52	48	43.8	10.4	45.8
2025	52	48	45.8	10.4	43.8
2030	51	49	47.0	6.1	46.9

资料来源:根据世界银行数据库资料整理。

第二章 大城市化的发展趋势及其特征

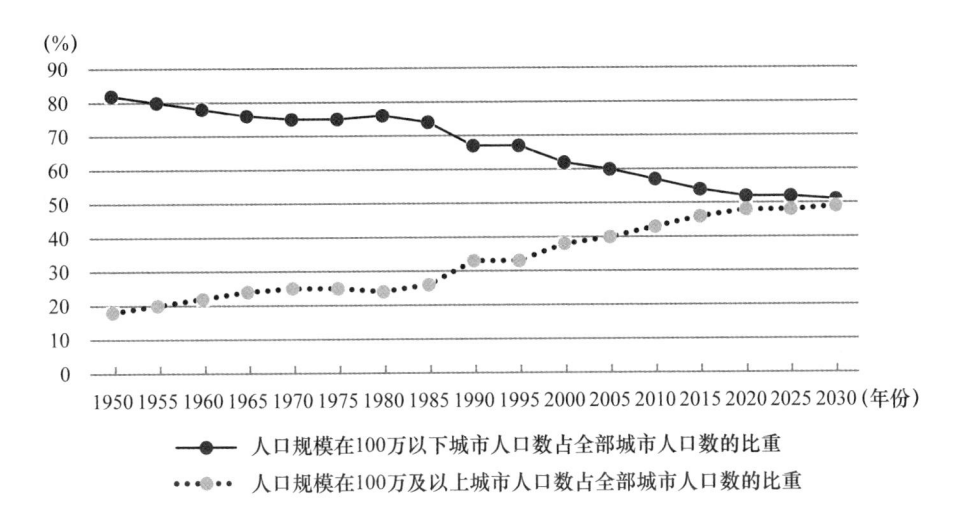

图 2.26 印度城市人口在不同规模城市的分布变化（1950—2030年）

资料来源：根据世界银行数据库相关资料整理。

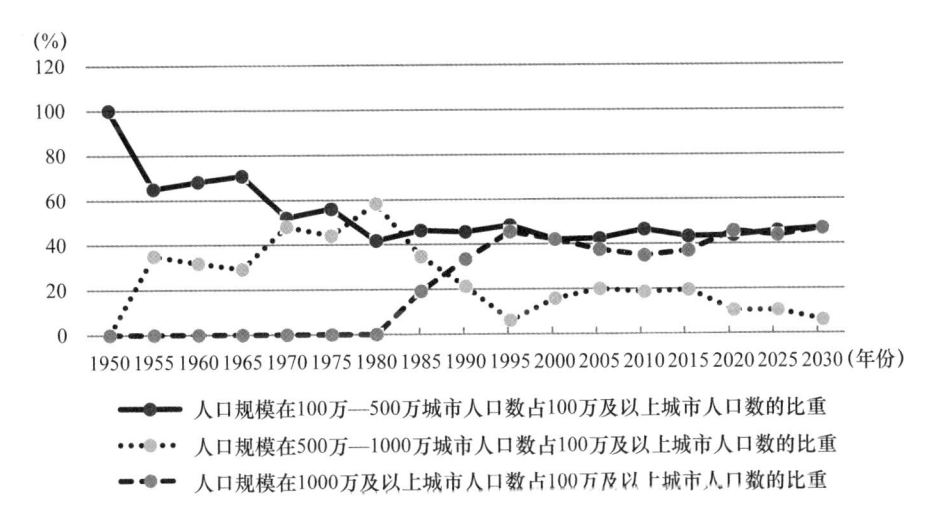

图 2.27 印度人口规模在100万及以上城市人口在不同规模城市的分布情况

资料来源：根据世界银行数据库资料整理。

二 中国大城市化发展趋势及其特征

（一）中国大城市化发展趋势

从1950年以来，中国人口规模在100万及以上城市数量、100万及以上城市人口数量、100万及以上城市人口数占全部城市人口数的比重和大城市化率均呈增长态势，表明中国的大城市化发展态势良好，与世界城镇化进程中大城市化发展的趋势是一致的。与世界主要国家相比较，中国的大城市化发展水平基本适应中国的经济发展水平（见图2.19）。2030年中国有望进入大城市化主导的城镇化发展新阶段。

表2.19　　　　中国大城市化发展的总体趋势（1950—2030年）

年份	人口规模在100万及以上城市数量（个）	人口规模在100万及以上城市人口数量（万人）	人口规模在100万及以上城市人口数占全部城市人口数的比重（%）	大城市化率（%）
1950	8	1531	24	2.8
1955	10	2123	25	3.5
1960	12	2790	26	8.1
1965	14	3179	25	8.4
1970	15	3390	24	7.9
1975	16	3701	24	7.8
1980	20	4505	24	8.2
1985	25	5722	23	9.1
1990	36	7881	26	10.3
1995	47	11347	30	13.0
2000	65	17299	38	17.1
2005	72	21501	38	20.0
2010	85	26955	40	23.3
2015	105	33697	44	26.1
2020	125	40506	46	—
2025	136	45449	48	—
2030	148	49315	50	—

注：表中"—"表示无法获得相关数据。

资料来源：根据世界银行数据库资料及联合国经济和社会事务部数据库整理，表中数据不含香港、澳门、台湾。

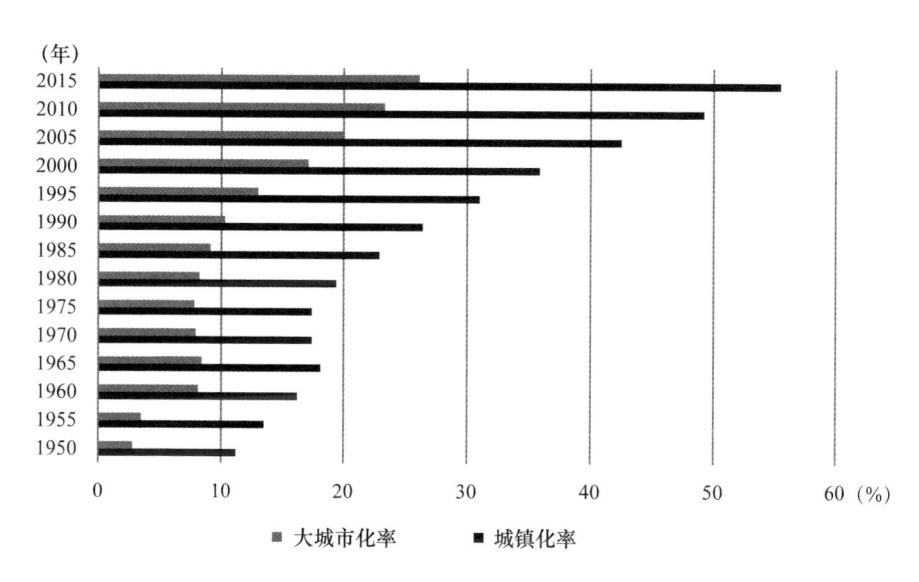

图 2.28 中国城镇化率和大城市化率变化（1950—2015 年）

资料来源：根据联合国经济和社会事务部相关资料整理，图中数据不含香港、澳门、台湾。

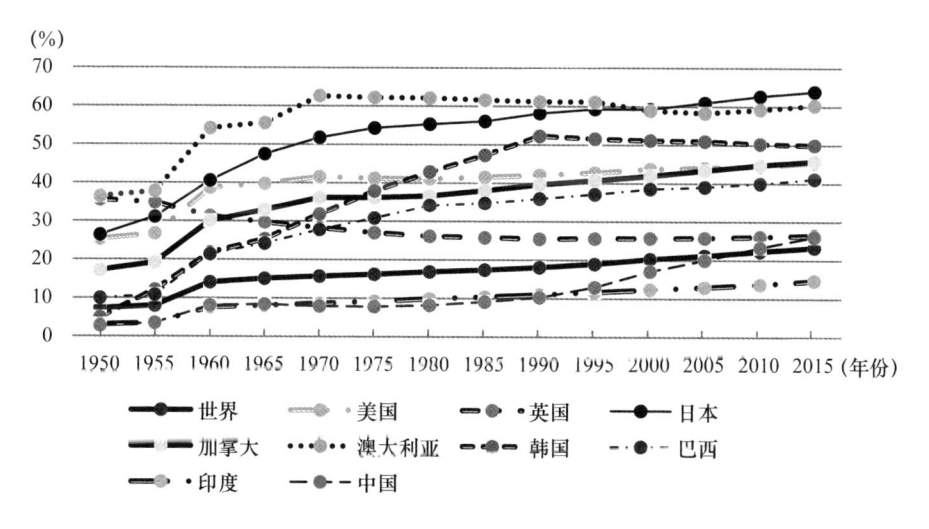

图 2.29 大城市化率比较

资料来源：根据联合国经济和社会事务部数据库相关资料整理，图中中国数据不含香港、澳门、台湾。

(二) 中国大城市化发展特征

中国大城市化发展的主要特征是：(1) 从 1950 年起经过漫长的大城市化发展，中国有望于 2030 年进入大城市化主导的城镇化发展新阶段，届时中国的城镇化率将达到 70% 左右。(2) 中国大城市人口在三类不同规模城市的分布结构基本呈现"一二三"格局，与当前经济发展水平和城镇化阶段水平比较匹配，表明中国当前大城市化发展比较健康，同时也说明中国当前整体上仍然处于聚集为主的城镇化阶段。

表 2.20　　　　中国城市人口在不同规模城市的分布变化　　　　单位：%

年份	人口规模在100万以下城市人口数占全部城市人口数的比重	人口规模在100万及以上城市人口数占全部城市人口数的比重	人口规模在100万—500万城市人口数占100万及以上城市人口数的比重	人口规模在500万—1000万城市人口数占100万及以上城市人口数的比重	人口规模在1000万及以上城市人口数占100万及以上城市人口数的比重
1950	76	24	100.0	0	0
1955	75	25	72.0	28.0	0
1960	74	26	76.9	23.1	0
1965	75	25	80.0	20.0	0
1970	76	24	83.3	16.7	0
1975	76	24	83.3	16.7	0
1980	76	24	75.0	25.0	0
1985	77	23	78.3	21.7	0
1990	74	26	80.8	19.2	0
1995	70	30	73.3	16.7	10.0
2000	62	38	65.7	21.1	13.2
2005	62	38	55.2	31.6	13.2
2010	60	40	52.5	25.0	22.5
2015	56	44	52.2	20.5	27.3
2020	54	46	50.0	23.9	26.1
2025	52	48	50.0	25.0	25.0
2030	50	50	50.0	24.0	26.0

资料来源：根据世界银行数据库资料整理，表中数据不含香港、澳门、台湾。

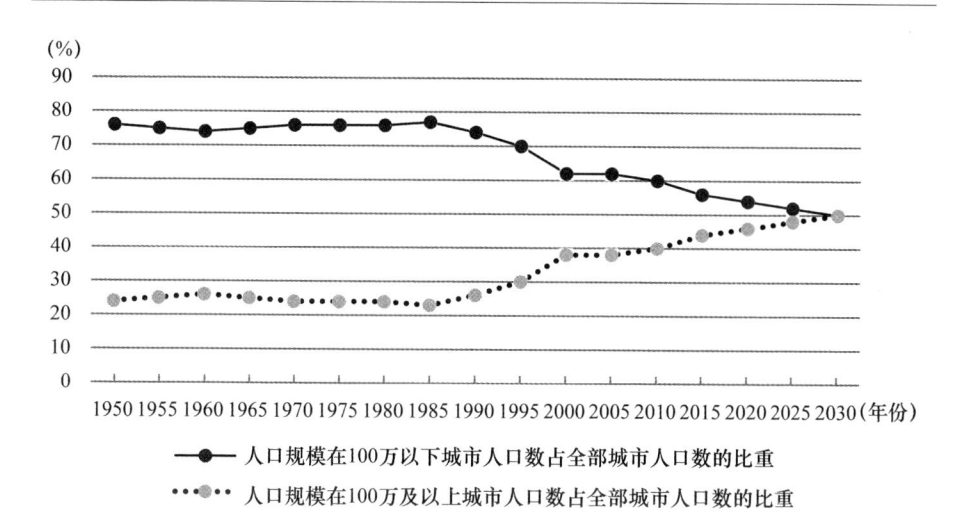

图 2.30　中国城市人口在不同规模城市的分布变化（1950—2030 年）

资料来源：根据世界银行数据库相关资料整理，图中数据不含香港、澳门、台湾。

图中图例：
— 人口规模在100万以下城市人口数占全部城市人口数的比重
⋯ 人口规模在100万及以上城市人口数占全部城市人口数的比重

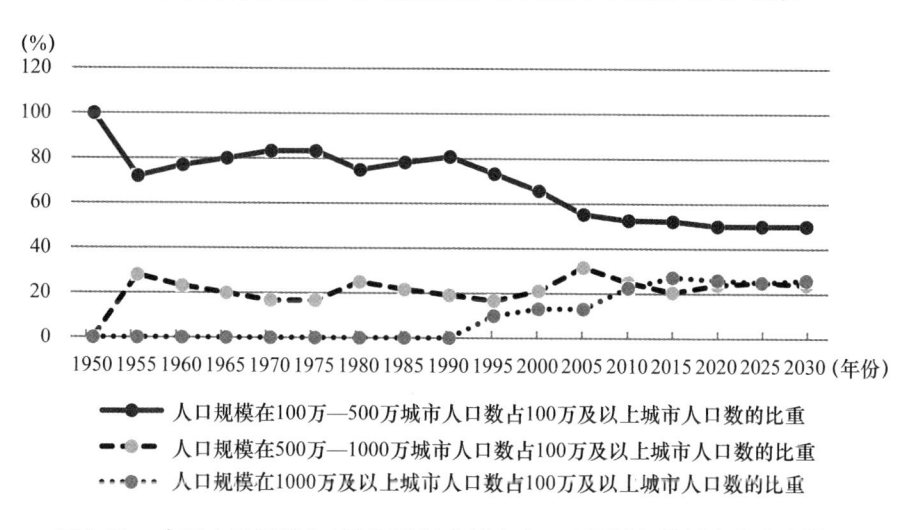

图 2.31　中国人口规模在 100 万及以上城市人口在不同规模城市的分布情况

资料来源：根据世界银行数据库资料整理，图中数据不含香港、澳门、台湾。

图中图例：
— 人口规模在100万—500万城市人口数占100万及以上城市人口数的比重
--- 人口规模在500万—1000万城市人口数占100万及以上城市人口数的比重
⋯ 人口规模在1000万及以上城市人口数占100万及以上城市人口数的比重

三　结论与思考

（一）大城市化与城镇化相伴而生

不管是世界城镇化进程，还是美国、英国、日本、加拿大、澳大利亚、韩国、巴西、印度、中国等国家的城镇化实践，都说明了一个事实：城镇化推进的过程就是大城市化的发展过程，二者的趋势是一致的。只要有城镇化，就有大城市化。世界一些国家的城镇化率已经突破80%，但还没有走到尽头。比如日本2010年的城镇化率为90.8%，2018年还能提高到91.6%；丹麦2010年的城镇化率为86.8%，2018年还能提高到87.9%；美国2010年的城镇化率为80.8%，2018年还能提高到82.3%；阿根廷2010年的城镇化率为90.8%，2018年还能提高到91.9%；比利时2010年的城镇化率为97.7%，2018年还能提高到98%；约旦2010年的城镇化率为86.1%，2018年还能提高到91%。可见，与城镇化相伴随的大城市化还有很大的发展空间和潜力。即使城镇化进入城乡人口迁移动态平衡，大城市化也会进行内部不同规模城市的人口迁移（大城市内部的人口梯度转移），因此大城市化还有很大的文章可做。

（二）大城市化主导城镇化进程是普遍趋势

城镇化蕴含着大城市化，大城市化比城镇化有更快的速度。大城市化主导城镇化进程是必然趋势，只不过这个趋势的到来时间有长有短，过程有平缓和曲折。如果以1950年为起点，因为发达国家城镇化起点高，大城市化主导城镇化的拐点到来早，日本耗时5年，韩国10年，澳大利亚25年，美国40年，加拿大55年；发展中国家诸如巴西和印度都将耗时85年，中国80年，世界平均85年。发达国家较早地进入大城市化时代，发展中国家也必将进入大城市化时代，这是普遍趋势。

（三）大城市化发展有多种模式

世界各国国情不同，政府对待大城市化发展的理念和政策不同，大城市化发展涌现出了多种模式。第一种是放任自由型，以美国、加拿大、澳大利亚为代表。这些国家充分尊重市场经济规律，对大城市化基本奉行不干预政策。大城市化发展过程没有大起大落，十分平稳，大城市化主导城镇化格局的形成建立在城镇化水平较高的基础上。比如美国当时的城镇化率是75.3%，加拿大是80.1%，澳大利亚是84.8%。第二种是强力干预型，以日本、韩国和英国为代表。这些国家对大城市化发展的看法完全相反，日本和韩国极力推进大城市化，在城镇化水平还不太高的条件下依靠政府作用实现了大城市化主导城镇化格局的"跨越式"发展，比如日本当时的城镇化率是56.3%，韩国仅27.7%，日韩的大城市化发展有"早熟"的味道；英国看到大城市发展的弊端极力限制大城市发展，走上了与日韩完全相反的城镇化道路，时至今日城镇化的主体形态还是中小城市和小城镇，大城市化率不仅不上升还一直下降，而英国2018年的城镇化率高达83.4%。第三种是混合型，市场机制和政府干预都在发挥作用，但政府干预忽强忽弱，干预方向忽限制忽放松，有时甚至截然相反，导致大城市化进程波动较大，但不改变基本趋势。巴西、印度和中国是这种类型的代表。巴西2018年的城镇化率已高达86.6%，但大城市化还没有主导城镇化进程，大城市化发展有"晚熟"的味道；印度2018年的城镇化率仅34%，如果2035年大城市化主导城镇化格局，那时的城镇化率也不到50%；中国2018年的城镇化率是59.6%，如果2030年大城市化主导城镇化格局，那时的城镇化率也就是70%左右。

上述三种模式各具优劣势：放任自由型城镇化水平起点高，耗时长，但过程平稳；强力干预型，或者"早熟"，或者"晚熟"，大城市化发展的正常过程受到人为干预，结构变化紊乱；混合型多数是后发的发展中国家，政府干预并没有极端化，大城市规模结构变化呈现出某种紊乱现象，但基本趋势符合大城市化发展方向。

（四）大城市化发展有明显的阶段性规律

大城市化孕育在城镇化进程中，从城镇化启动那一刻起，就存在大城市化。大城市化与城镇化如影相随，直至取得主导地位。这段时间可以称为"大城市化的孕育发展期"，是大城市化发展的第一个阶段。这个阶段城镇化的主体形态是中小城市和小城镇。这个时期耗时长，一般要上百年，城镇化率正常应该达到60%以上才能进入下一个阶段。第二个阶段是大城市化的聚集发展期，这个时期城镇化的主体形态是大城市。从美国、加拿大、澳大利亚的经历来看，至少需要50年时间才能进入下一个发展阶段。第三个阶段是大城市化的扩散发展期，这个时期城镇化的主体形态是都市区，澳大利亚2030年才有可能进入这个发展阶段，美国是2040

年，加拿大是 2055 年，发展中国家诸如巴西、印度和中国距离这个阶段还相当遥远。第四个阶段是大城市化的聚集与扩散交互作用期，这个时期城镇化的主体形态是城市群，这个阶段目前只有日本实现了，但采用的是"非常规手段"，不具备普遍意义。

综上所述，通过部分国家城镇化实践考察，发现大城市化发展的一般路径是：大城市化的孕育发展期—大城市化的聚集发展期—大城市化的扩散发展期—大城市化的聚集与扩散交互作用期。大城市化发展历程漫长，过程复杂，应该成为城镇化研究重点关注的领域。

（五）大城市化发展推动城市规模结构不断转型

大城市化的发展过程也是国家或地区城市规模结构由"金字塔形—橄榄形—倒金字塔形"（"三结构"）梯次演进的过程。在城镇化率和大城市化率较低的阶段（以印度为代表，2015 年城镇化率为 32.8%，大城市化率为 14.7%），往往形成"金字塔形"城市规模结构；在城镇化率和大城市化率较高阶段（以美国为代表，2015 年城镇化率为 81.7%，大城市化率为 45.5%），往往形成"橄榄形"城市规模结构；在城镇化率和大城市化率很高阶段（以日本为代表，2015 年城镇化率为 91.4%，大城市化率为 63.9%），往往形成"倒金字塔形"城市规模结构（见图 2.32）。

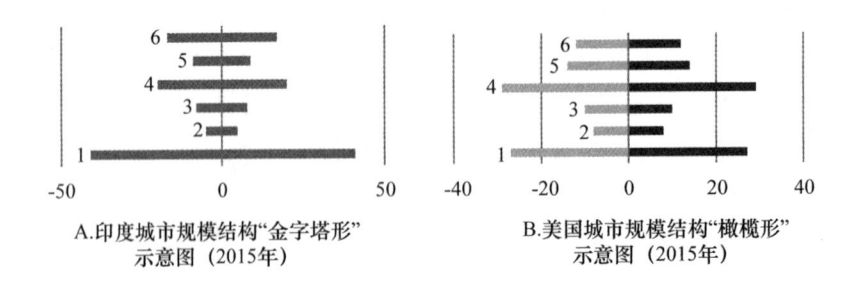

大城市化发展的过程，就是城市人口由低层级城市向高层级城市梯度转移的过程，这个过程造成的结果是高层级城市人口占比越来越大，低层级城市人口占比越来越小；层级越高的城市越有规模扩张的可能，层级越低的城市越有规模收缩的可能。

A.印度城市规模结构"金字塔形"示意图（2015年）

B.美国城市规模结构"橄榄形"示意图（2015年）

第二章 大城市化的发展趋势及其特征　　51

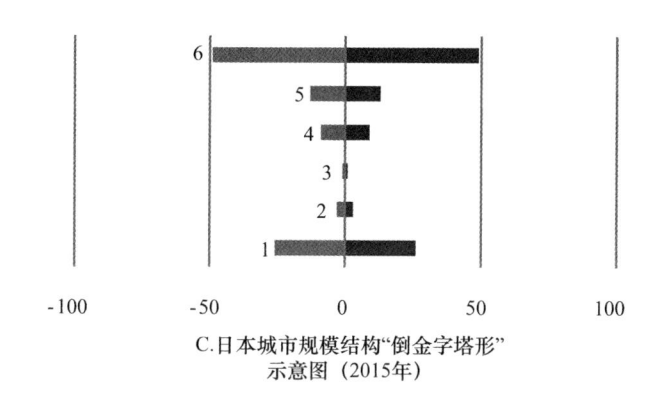

C.日本城市规模结构"倒金字塔形"
示意图（2015年）

图2.32　大城市化发展的三种代表性结构

注：图中1代表人口规模在30万以下城市人口数占全部城市人口数比重（％），2代表人口规模在30万—50万人城市人口数占全部城市人口数比重（％），3代表人口规模在50万—100万人城市人口数占全部城市人口数比重（％），4代表人口规模在100万—500万人城市人口数占全部城市人口数比重（％），5代表人口规模在500万—1000万人城市人口数占全部城市人口数比重（％），6代表人口规模在1000万人以上城市人口数占全部城市人口数比重（％）。

资料来源：制图数据来源于世界银行数据库。

（六）中国的大城市化发展要未雨绸缪

1. 对中国的大城市化发展要有足够的耐心

大城市化发展是世界趋势，中国不能无视这个趋势。脱离了这个大趋势，中国的城镇化会步入误区。大城市化发展是长期过程，中国的大城市化发展不能急于求成，要正视与发达国家的差距，夯实基础，稳中求进，久久为功。

2. 中国的大城市化发展要充分借鉴国际经验

世界上一些国家在大城市化发展中积累了丰富的经验和教训，比如以尊重市场经济规律为特色的美国、加拿大、澳大利亚模式，以赶超为目的、以政府干预为手段的日本、韩国模式，以中小城市为特色的英国模式等，这些国家在长期实践中遇到的许多问题，以及解决这些问题的思路、办法和效果等，均可以为中国所参考。比如，GDP全球排名的上升或下降与城镇化模式选择是否有关需要进一步研究。怎样不走弯路，少走弯路，是中国推进大城市化发展中应该考虑的问题。

3. 中国的大城市化发展要因地制宜

中国区域经济发展差距大，城镇化水平高低不等，进入大城市化时代有先有后，因此推进大城市化发展，不能搞"一刀切"，不能搞齐步走，要允许各地根据自己实际情况选择适合自己的大城市化模式。

第三章 大城市化发展的"四阶段"理论假说

根据世界城镇化进程中的大城市化趋势以及主要国家城镇化进程中的大城市化实践,笔者提出大城市化发展的四阶段理论假说。需要说明的是,该理论假说只是逻辑推理出来的,未经过严密的计量模型分析论证,对各阶段转换的拐点也没有具体论证。

一 "四阶段"理论假说的含义

在城镇化进程中,大城市化发展有一个长期孕育的过程,这个过程居于主导地位的是中小城市和小城镇化,主要标志是100万以下城市人口数占全部城市(镇)人口数的比重在50%以上;而后进入大城市化主导城镇化的新阶段,标志是100万及以上城市人口数占全部城市(镇)人口数的比重在50%以上。这个过程先后出现三种形态:第一种是以聚集为主的大城市化,主体形态是单中心的大城市,其城市人口数占100万及以上城市人口数的比重最高;第二种是以扩散为主的大城市化,主体形态是多中心的都市区,都市区城市人口数占100万及以上城市人口数的比重最高;第三种是聚集与扩散交互作用的大城市化,主体形态是城市群,城市群的城市(镇)人口数占100万及以上城市人口数的比重最高。具体演进过程见表3.1。值得说明的是,大城市化是城镇化的有机组成部分。在城镇化的不同阶段,大城市化呈现出不同的表现形态。

表 3.1　　　　　　大城市化发展的"四阶段"理论假说

大城市化发展阶段	大城市化的孕育期	大城市化的主导期		
		以聚集为主的大城市化	以扩散为主的大城市化	聚集与扩散交互作用的大城市化
大城市化发展阶段	I	II	III	IV
主体形态	中小城市和小城镇	单中心的大城市	多中心的都市区	城市群
城镇化率（%）	<60	60—80	80—90	>90
城镇化地域特征	就地就近	跨区域	城市郊区化	城市区域化
聚集扩散特征	聚集	聚集	扩散	聚集—扩散
地域开发特征	点状开发	点状开发	轴线开发	网状开发
城市空间结构	单中心	单中心	多中心	多中心
城乡发展差距	拉大	拉大	缩小	缩小
人口迁移特征	农业人口转移	中小城市和小城镇向大城市的人口梯度转移、部分农业人口转移	都市区中心区人口郊迁、中小城市和小城镇向大城市的人口梯度转移、少量农业人口转移	都市区中心区人口郊迁、大中小城市和小城镇的人口跨行政区转移、少量农业人口转移
产业结构特征	第二产业主导	第二产业主导	第三产业主导	第三产业主导
主要产品特征	基本消费品生产	耐用消费品生产	提供一般服务产品	提供高端服务产品
交通通勤特征	步行、自行车、摩托车、私人小汽车	公共汽车、私人小汽车	轨道交通、公共汽车、私人小汽车	轨道交通、公共汽车、私人小汽车
环境污染特征	污染加重	污染加重	污染减轻	污染减轻

资料来源：笔者自制。

（一）大城市化发展的第一个阶段：大城市化的孕育期

从城镇化启动那一刻起就孕育了大城市化，城镇化发展的过程就是大城市化发展的过程，大城市化比城镇化速度更快，直至取得主导地位。这个过程一般长达 100 年，城镇化率超过 60% 意味着这个阶段的结束。

这个阶段城镇化的表现形式是：主体形态是中小城市和小城镇；城镇化的地域特征是就地就近城镇化，以聚集为主；地域开发特征是点状开发；城市空间结构为单中心；城乡发展差距在拉大；农业转移人口是人口城镇化的主体；产业结构特征是第二产业主导；主要产品特征是基本消费品生产占据主导地位；交通通勤特征是以短距离通勤为主，主要方式有步行、自行车、摩托车、私人小汽车等；环境污染特征为污染趋势加重。

大城市化取得主导地位后，就开启了以下三个发展阶段。

（二）大城市化发展的第二个阶段：以聚集为主的大城市化

大城市化取得主导地位后，就进入了以聚集为主的大城市化阶段。这个阶段城镇化速度下降明显，达到城镇化率80%的拐点进入下一个发展阶段需要四五十年时间。

这个阶段城镇化的表现形式是：主体形态是单中心的大城市；城镇化的地域特征是跨区域城镇化，以聚集为主；地域开发特征是点状开发；城市空间结构为单中心；城乡发展差距在拉大；中小城市和小城镇向大城市的人口梯度转移、部分农业转移人口是人口城镇化的主体；产业结构特征是第二产业主导；主要产品特征是耐用消费品生产占据主导地位；交通通勤特征是以远距离通勤为主，主要方式有公共汽车、私人小汽车；环境污染特征为污染趋势加重。

（三）大城市化发展的第三个阶段：以扩散为主的大城市化

以聚集为主的大城市化在规模聚集效应开始下降时，就会迸发出一股离心的力量，推动大城市化由聚集走向扩散，达到城镇化率90%的拐点进入下一个发展阶段也至少需要四五十年时间。

这个阶段城镇化的表现形式是：主体形态是多中心的都市区；城镇化的地域特征是城市郊区化，以扩散为主；地域开发特征是轴线开发；城市空间结构为多中心；城乡发展差距在缩小；都市区中心区人口郊迁、中小城市和小城镇向大城市的人口梯度转移、少量农业人口转移构成人口城镇化的主体；产业结构特征是第三产业主导；主要产品特征是一般服务产品占据主导地位；交通通勤特征是以远距离通勤为主，主要方式有轨道交通、公共汽车和私人小汽车；环境污染特征为污染趋势减轻。

（四）大城市化发展的第四个阶段：聚集与扩散交互作用的大城市化

都市区化不断发展，若干都市区首尾相连，形成一体，标志着大城市化进入第四个阶段——聚集与扩散交互作用的大城市化。这个阶段是大城市化发展的最高级阶段，城乡融合发展得以最终实现。这个阶段的进入门槛很高，城镇化率要达到90%以上，目前仅有日本进入这个阶段。

这个阶段城镇化的表现形式是：主体形态是城市群；城镇化的地域特征是城市区域化，也就是整个城市群地区形同于一个放大的城市，城市群的各个组成部分构成这个放大的城市的功能分区，聚集与扩散交互作用；地域开发特征是网状开发；城市空间结构为多中心；城乡发展差距在缩小；都市区中心区人口的郊迁、大中小城市和小城镇的跨行政区转移人口和少量农业转移人口构成人口城镇化的主体；产业结构特征是第三产业主导；主要产品特征是高端服务产品占据主导地位；交通通勤特征是以远距离通勤为主，主要方式有轨道交通、公共汽车和私人小汽车；环境污染特征为污染减轻趋势。

笔者的观点是：①大城市化的四个阶段是市场机制作用下出现的，具有必然性。只要市场机制发挥作用，大城市化必然会沿着这四个阶段演进。②政府干预大城市化进程会起到加速或者延缓大城市化的作用，但不会改变大城市化的基本趋势，只会造成城市规模结构变动的紊乱。政府一旦放弃干预，大城市化还会回归到原有路径继续向前演进。③大城市化的四个阶段交替出现，相互衔接，环环相扣，缺一不可。没有大城市化的孕育期，不会出现大城市化主导城镇化的局面；没有以聚集为主的大城市化，不会出现以扩散为主的大城市化；没有以扩散为主的大城市化，不会出现聚集与扩散交互作用的大城市化。可见，大城市化的四个阶段不可逾越。④大城市化是一个长期过程，大城市化的孕育期长达100多年，大城市化的主导期又长达100年。两个100年是乡村型社会走向城市型社会必须经历的过程。这就打破了传统城镇化理论认为"城镇化率超过70%就意味着城镇化任务基本完成"的判断。城镇化率超过70%，大城市化主导的城镇化才刚刚开始，城镇化的任务才完成一半，还要再走100年。⑤大城市化的过程往往伴随着经济社会一系列结构变化,这些结构变化紧密关联,相互支撑,相互服务,共同推进。某一方面结构变化超前或者滞后,都会对大城市化发展造成实质影响。可见,大城市化是经济社会一系列结构变化相互支撑、相互协作、共同推进的过程,这个过程需要充分磨合,相互适应。尊重市场经济规律,让市场机制发挥最大作用,是对待大城市化的最好态度。

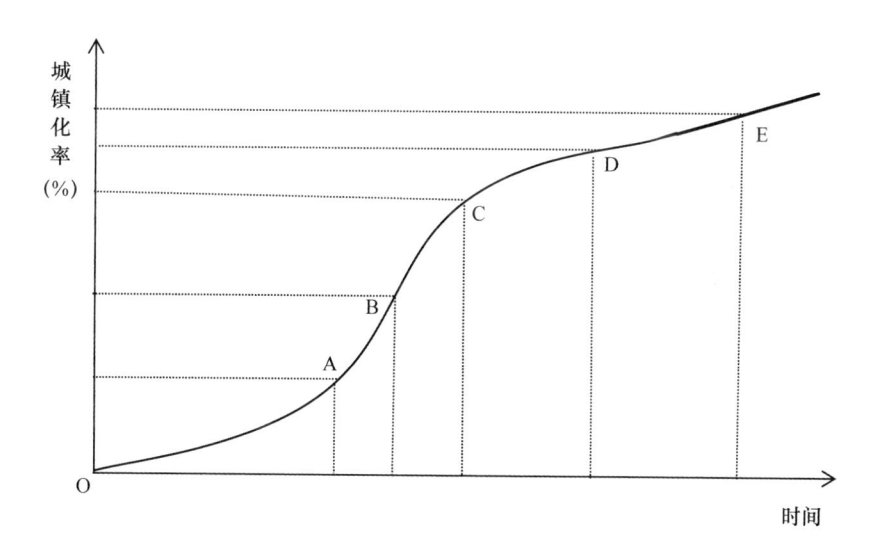

图 3.1　大城市化进程的四阶段过程

注:图中 O—C 段为大城市化孕育期,其中 O—A 段为城镇化起步期,A—B 段为城镇化加速期,B—C 段为城镇化减速期;C 阶段以后为大城市化主导发展期,其中 C—D 段为以聚集为主的大城市化期,D—E 段为以扩散为主的大城市化期,E 段以后为聚集与扩散交互作用的大城市化期。

资料来源:笔者绘制。

二 "四阶段"理论假说的学术意义

传统城镇化理论的关注点是:①乡村—城市人口转移,对乡村人口向哪一级城市转移并不关心,导致学术界对城镇化进程中发生的城市规模结构变动趋势及其规律缺乏探究。②对城镇化进程关注的理论依据是"诺萨姆曲线",注重对城镇化速度变动的研究,对孕育在城镇化进程中发生的大城市化现象缺乏认知。③城镇化率达到 70% 以上,被认为城镇化的任务基本完成,城镇化基本终结,不再需要学术界继续开展研究,对发达国家仍然在延续的都市区化和城市群化缺乏跟踪研究，只将关注点局限在发展中国家城镇化的个案研究中。

笔者提出的大城市化"四阶段"理论假说是对传统城镇化过程理论的创新和发展，主要理论意义是：①大大拓展了传统城镇化过程理论研究的广度，将城镇化率超过70%以后仍然在进行的大城市化纳入城镇化理论研究体系，从而为将时间跨度为200多年囊括所有发达国家和发展中国家的城镇化进程放在同一个框架下进行研究提供了正确思路。②大大拓展了传统城镇化过程理论研究的深度。传统城镇化过程理论研究缺乏对城镇化进程中城市规模结构变动现象和规律的深入研究，"四阶段"理论假说的提出将城镇化进程中孕育的大城市化现象及其规律纳入研究视野，将城镇化过程理论研究推进到一个全新的深度。③大大拓展了传统城镇化过程理论研究的维度。传统城镇化过程理论研究对城乡人口迁移、产业结构变动、地域空间结构变动等相关问题研究较多，而将城乡人口迁移、产业结构变动、地域空间结构变动、城镇化主体形态、城乡发展差距、产品结构特征、通勤结构特征、环境污染特征等变动趋势与大城市化演进过程及趋势进行对接，并在一个平台上展开综合研究无疑将极大地拓展传统城镇化过程理论研究的维度。

笔者提出的大城市化"四阶段"理论假说对当前中国正在进行的新型城镇化实践也有极强的理论指导意义。其一是对中国城镇化道路的多年争议提供了合理解释。众所周知，1949年中华人民共和国成立后，围绕城镇化道路的争议一直没有停止，从计划经济时期的否定城镇化，到改革开放初期的小城镇道路选择，再到21世纪初的顺应大城市发展规律和推进城市群战略，看似互相冲突，争议不下，但放在"四阶段"理论假说框架下看，它们之间并没有实质的矛盾，只不过不同时期强调的重点不同，实则是一脉相承、循序渐进的关系。其二是指明了中国城镇化的推进方向。按照"四阶段"理论假说，中国在2030年前仍将处于大城市化发展的孕育期，中小城市和小城镇是主体形态，这个判断可能出人预料。理性地看，当前中国都市区和城市群的发展，政府的推动作用很大，而产业支撑能力明显不足，各种类型的结构变化支撑也难以到位，也就是说市场机制推动的都市区化和城市群化还不够。2030年后，中国进入大城市化主导的城镇化阶段，还有100多年才能进入城镇化的最高形态——城市群化阶段。与其"唱高调""比高低"，不如顺应大城市化发展规律，扎扎实实做好支撑大城市化发展的各种结构变化，为大城市化发展创造有利条件。其三是对城镇化的延续时间要有更加清醒的认识。城镇化的全过程要延续200多年，中国还不到一半，还有很长的路要走。搞城镇化，不是一两代人能够完成的任务，更不能靠"突击"完成任务，要有长期思想准备。

三　中国城镇化全景路线图

整体上看，中国在2030年前仍将处于大城市化的孕育期，做好进入大城市化主导城镇化的各项准备工作应该是未来10年左右中国城镇化工作的重点任务。由于中国国土辽阔，人口众多，各地发展水平差异较大，城镇化水平高低不等，客观上说明中国各省市区进入大城市化主导城镇化的新时代时间进度会不一样，发达省市区可能会先行进入，欠发达省市区可能会推后进入。由此，结合大城市化"四阶段"理论假说，中国会形成一幅波澜壮阔的城镇化全景路线图（见表3.2），对全国各地推进新型城镇化实践有一定的理论参考价值。

表3.2　　　　中国近期（至2030年）大城市化发展前景

大城市化发展阶段	有可能达到条件的代表性省市区	主体形态	具体形态
聚集与扩散交互作用的大城市化	上海、北京、天津	城市群（2个）	城市群：以上海为核心的长三角（涵盖上海、南京、苏州、无锡、常州、镇江、扬州、泰州、南通、杭州、湖州、嘉兴、宁波、绍兴、舟山），以广州、深圳为核心的珠三角（涵盖广州、深圳、珠海、江门、中山、佛山、东莞、惠州、肇庆）
以扩散为主的大城市化	广东、江苏、浙江	都市区（15个）	都市区：上海、北京、天津、南京、杭州、广州、深圳、沈阳、哈尔滨、济南、武汉、重庆、成都、西安、汕头

续表

大城市化发展阶段	有可能达到条件的代表性省市区	主体形态	具体形态
以集聚为主的大城市化	辽宁、重庆、福建、山东、湖北	大城市（133个）	大城市：石家庄、唐山、邯郸、保定、张家口、秦皇岛、衡水、太原、大同、呼和浩特、包头、赤峰、大连、鞍山、抚顺、锦州、盘锦、葫芦岛、长春、吉林、齐齐哈尔、大庆、徐州、连云港、淮安、盐城、宿迁、温州、台州、金华、合肥、阜阳、芜湖、蚌埠、淮南、淮北、宿州、六安、亳州、福州、厦门、莆田、泉州、龙岩、南昌、赣州、上饶、宜春、抚州、九江、青岛、淄博、潍坊、枣庄、烟台、泰安、威海、济宁、日照、临沂、德州、菏泽、聊城、滨州、东营、郑州、洛阳、开封、南阳、商丘、信阳、漯河、许昌、新乡、安阳、平顶山、襄阳、黄石、十堰、宜昌、鄂州、荆州、长沙、衡阳、株洲、常德、益阳、永州、岳阳、湛江、茂名、清远、阳江、潮州、揭阳、南宁、柳州、桂林、钦州、贵港、玉林、贺州、河池、来宾、海口、自贡、泸州、绵阳、广元、遂宁、内江、乐山、南充、眉山、宜宾、广安、达州、巴中、资阳、贵阳、遵义、毕节、安顺、昆明、宝鸡、汉中、安康、兰州、天水、武威、西宁、银川、乌鲁木齐
大城市化的孕育期	河北、山西、内蒙古、吉林、黑龙江、安徽、江西、河南、湖南、广西、海南、四川、贵州、云南、西藏、陕西、甘肃、宁夏、青海、新疆	中小城市	略

注：本表未考虑香港、澳门、台湾。达到条件的代表性省市区名单是按照到2030年各省市区估计的城镇化率有可能达到大城市化相应阶段入门条件而确定的，并不意味着该省市区内部所有城市都将进入大城市化相应阶段对应的主体形态和具体形态。

资料来源：笔者自行分析整理。

中国近期（至2030年）有可能形成的城镇化空间格局是：2个城市群，15个都市区，133个大城市。偏远地区、一些矿产资源类型的中小城市和小城镇有可能进入收缩状态。

①大城市化的孕育期

有20个省区整体将处于这个阶段，真实的城镇化率将不会超过60%。该阶段城镇化的主体形态是中小城市，表3.2未列入的地级市、县级市应该出现在这个榜单上。

②以聚集为主的大城市化发展期

有5个省市整体将处于这个阶段，真实的城镇化率将在60%—80%。该阶段城镇化的主体形态是大城市，表3.2列入的133个大城市是这个榜单的成员。

③以扩散为主的大城市化发展期

有3个省整体处于这个阶段，真实的城镇化率将在80%—90%。该阶段城镇化的主体形态是都市区，表3.2列入的15个都市区是这个榜单的成员。值得说明的是，处于这个阶段的3个省只是整体进入这个阶段，并不意味着这3个省的所有城市都将进入这个榜单；同样，整体没有进入这个榜单的省市区，也并不意味着这些省市区的全部城市都不会出现在这个榜单中，一些发展规模巨大的城市也具备进入这个榜单的可能。

④聚集与扩散交互作用的大城市化发展期

上海、北京、天津这3个直辖市整体处于这个阶段，真实的城镇化率将超过90%。该阶段城镇化的主体形态是城市群，表3.2列入的长三角和珠三角两大城市群是这个榜单的成员。值得说明的是，虽然北京、天津发展水平领先，但是直接腹地河北没有一个大城市进入都市区发展阶段，无法形成真正的城市群，北京、天津只能各自建设自己的都市区。

展望未来50—100年，随着大城市化不断推进，中国城镇化的终极空间格局有可能是：两大超级城市群，新增若干都市区和大城市。偏远地区的中小城市和小城镇收缩状态可能更加严重，甚至会出现部分大城市收缩。

两大超级城市群包括沿海超级城市群、沿长江超级城市群，形成面向东方的"T"字形战略骨架。其中，沿海超级城市群将囊括辽中南城市群（沈阳—大连发展轴线）、京津冀城市群（北京—天津发展轴线）、山东半岛城市群（济南—青岛发展轴线）、长三角城市群（上海—南京、上海—杭州发展轴线）、福建沿海城市群（福州—厦门发展轴线）、珠三角城市群（广州—深圳、广州—珠海发展轴线）六大城市群；沿长江超级城市群将囊括长三角城市群（上海—南京、上海—杭州发展轴线）、成渝城市群（成都—重庆发展轴线）、合肥都市区、南昌都市区、长沙都市区、武汉都市区两大城市群四大都市区。

新增的都市区有可能包括：大连、青岛、郑州、合肥、南昌、长沙、福州、厦门、雄安。

新增的大城市会出现在两大超级城市群地区，比如本溪、营口、廊坊、嘉兴、德阳等。

第四章 大城市化理论及相关热点问题探析

一 当前城镇化过程理论的重新审视

（一）城镇化进程"S形曲线"理论

1979年美国地理学家诺萨姆（Ray. M. Northam）提出了"诺瑟姆S曲线"理论，即世界各国城镇化过程呈"S"形曲线发展规律，并可大致分为三个阶段：城镇化初期阶段，城镇化率在30%以下，城镇化速度比较缓慢；城镇化中期阶段，城镇化率为30%—70%，城镇化加速发展；城镇化后期阶段，城镇化水平超过70%，并在达到90%以后趋于饱和。

"诺瑟姆S曲线"理论提出以后，中国学者纷纷展开实证研究。蒙荫莉（2004）通过实证研究认为中国城市化进程符合"S"形曲线轨迹。陈彦光、周一星（2005）借助系统论的有关思想，从城市—乡村人口的异速生长关系出发，导出城市化水平的Logistic方程，揭示城市化过程的理论基础，进而运用导数原理、Logistic曲线的内禀特征尺度以及城市化水平与经济发展水平的关系模型修正并且改进了"S"形曲线，得到一个四阶段的划分结果，即初期阶段、加速阶段、减速阶段、后期阶段。段辉（2015）对城镇化的起点是不是0，终点是不是100%提出质疑，由此引起"S"形曲线更陡直还是更扁平的争议。

该理论对于从宏观上把握城镇化进程中不同阶段的速度变化有政策指导意义，但对于把握城镇化进程中不同规模等级城市的结构变化无能为力。

（二）城镇化周期发展理论

20世纪80年代初荷兰女学者克拉森（L. J. Klaassen）等人提出"城市化周期发展理论"，认为在市场经济条件下，随着城市地区经济社会的发展，其人口城市化将经历城市化、郊区化、逆城市化和再城市化四个阶段，每个阶段又分为绝对集中和相对集中、相对分散和绝对分散、绝对分散和相对分散、相对集中和绝对集中这八个次阶段，每一个阶段及次阶段都对应一定的人口规模与分布的变化。

城市化周期发展理论提出以后，在中国产生了巨大反响。王旭（2002）质疑该理论中的"逆城市化论"，认为它为限制大城市发展提供了理论依据。王放（2004）认为该理论对于中国确定未来的城市化发展战略具有重要的启发意义。郑卫（2010）也对该理论提出质疑，他以美国为例，根据人口分布的空间变化情况，指出无论从整体上的大都市区还是个体大都市区分析，四阶段的城市化进程空间周期理论都是站不住脚的。郑春荣、夏晓文（2013）通过观察德国城乡人口在2000—2010年的变化趋势，发现德国出现了普遍性的由郊区化转为再城市化的发展趋势。德国的再城市化既有德国产业结构调整和社会变迁的因素，也要归因于各级政府为振兴中心城区所采取的措施。该理论尽管是通过数学模式推导出来的，但由于各国国情不同，其全球普适性一直受到质疑。欧洲特别是英国，长期推行限制大城市化政策，由此引起经济衰退而迫不得已采取中心城市再开发政策从而出现"逆城市化"和"再城市化"现象，还需要深入研究。而美国没有大城市限制政策，至今也没有出现"逆城市化"和"再城市化"现象。中国在计划经济时期出现"逆城市化"现象，但那是"上山下乡运动"的结果，近些年出现的"民工潮"回乡创业是经济正常波动的结果，也不具备普遍性。北京、上海等超大城市出现的常住人口数量绝对减少是政府政策调控的结果，也不能认为是"逆城市化"。可见，该理论能否经得住实践检验，还需要深入论证。

城市化周期发展理论把城市作为一个整体进行的研究，既没有考虑国别的差异，也没有考虑不同规模城市的影响，更没有对四个阶段转换的拐点进行论证，其局限性显而易见。

(三) 区域空间结构演变理论

美国经济学家弗里德曼（J. Friedmann）在综合佩鲁（F. Perro）和布德韦尔（J. Boudevill）的"增长极理论"以及罗斯托（W. W. Rostow）的"经济增长阶段学说"基础上，提出了工业化与城镇化推动的区域空间结构演变理论，认为"经济增长引起空间演化"以及"支配空间经济的首位城市"的增长理论，对于城镇体系空间的形成有着极为重要的作用，并将城市与区域的发展分为四个发展阶段：前工业阶段—孤立分散发展阶段，工业化初期阶段—分散的集聚阶段，工业化成熟阶段—集中的分散阶段，后工业化阶段—集聚、分散的均衡阶段。弗里德曼的区域空间结构演变理论对制定区域发展规划有理论指导意义，对大都市空间结构演变的历史进程研究有启发价值。

笔者提出的大城市化"四阶段"理论假说与上述三种理论既有一定的关联性，也有一定的差别性。第一，与诺萨姆的城镇化进程"S"形曲线理论的关联性是将"S"形曲线理论关注的发展阶段统一划定为"大城市化的孕育期"，对其过程中城镇化速度变化不做关注，只关注与城镇化进程如影相随的大城市化发展。对"S"形曲线理论视为城镇化上限不做关注的阶段重点研究，并划分出三个阶段，体现了一定的延续性。第二，与克拉森等人的城市化周期发展理论的关联性是保留了普遍得到认可的"城市化"和"郊区化"，并将其对应新的名称"大城市化的聚集发展阶段"和"大城市化的扩散发展阶段"，舍弃了争议较大的"逆城市化"和"再城市化"，增加了"集聚与扩散交互作用的大城市化阶段"。第三，与弗里德曼的区域空间结构演变理论的关联性是从城市规模结构变化视角呼应了弗里德曼理论提出的四个发展阶段，即"大城市化的孕育期"对应的是"孤立分散发展阶段"，主体形态是中小城市和小城镇；"大城市化的聚集发展阶段"对应的是"分散的集聚阶段"，主体形态是大城市；"大城市化的扩散发展阶段"对应的是"集中的分散阶段"，主体形态是都市区；"集聚与扩散交互作用的大城市化阶段"对应的是"集聚、分散的均衡阶段"，主体形态是城市群。所不同之处是，弗里德曼理论是从区域空间结构演变角度提出来的，而笔者是从城市规模结构演变角度提出的，结果

"殊途同归"。总之，笔者提出的大城市化"四阶段"理论假说填补了上述三种理论的空白领域，是对城镇化过程理论的补充和完善，具有一定的创新性。

二 大城市化引起的相关热点问题争鸣

既然大城市化是城镇化的必然趋势，是不以人的意志为转移的客观规律，那么我们就应该坦然接受大城市化，包括它的积极和消极后果。不要因为它的消极后果而否定大城市化，否则必然降低经济效率，延误城镇化进程。趋利避害，选择正确的推进路径是接受大城市化应有的态度。社会上一些观点"妖魔化"大城市化，值得警觉。

（一）大城市化与地区差距和城乡差距的关系

按照逻辑推理，城镇化进程中地区和城乡差距的变动是有规律可循的：①城镇化前半程（城镇化率70%左右）消化的主要是农业转移人口，就地就近向中小城市和小城镇转移是主体，这个阶段各省市区的经济都会有所发展，城乡差距问题比地区差距问题更突出，农村"收缩"现象明显。②进入以聚集为主的大城市化阶段，消化的主要是前期进入中小城市和小城镇的梯度转移人口。这个阶段100万及以上城市的发展优势更加突出，人口跨地区转移会成为主体，相比城乡差距问题，地区差距问题会更加突出，中小城市和小城镇会进入"收缩"阶段。③进入以扩散为主的大城市化阶段，人口迁移的主体主要来自大城市中心区、中小城市和小城镇，会进一步扩大地区差距，但会缩小都市区范围内的城乡差距，都市区的中心区、都市区范围外的中小城市和小城镇会同时出现"收缩"现象。④进入聚集与扩散交互作用的大城市化阶段，城市群成了吸纳消化城市群外人口梯度转移的主要场所，城市群地区和城市群外地区的发展差距会进一步拉大，城市群内部的地区差距和城乡差距会缩小，城市群外的中小城市、小城镇，甚至大城市，都会出现"收缩"现象。

由此可见，大城市化的确会引起地区差距和城乡差距变动，但这种变动不足以成为反对大城市化的理由。因为世界各国都要经历这个过程，概莫能外。如果地区差距和城乡差距太大，超过世界绝大多数国家的水平，那么我们应该反思的不是大城市化本身，而是城镇化制度。城镇化的基本前提条件是人口自由流动，让所有人分享大城市化带来的红利。如果因为户籍身份限制、档案无法转移、社保关系无法转移、原住地财产不能自由公平变现等限制了人口自由流动，那么这些制度因素引起的地区差距和城乡差距扩大就不应该由"大城市化"来"背锅"，让"大城市化"成为"替罪羊"，相反，应该改革不合理的制度规定，让城镇化回归"以人为核心"的本质属性。

（二）大城市化与资源环境承载力的关系

大城市化背后的推动力量是消费结构和产业结构升级，只要经济发展和居民收入水平不断提高的趋势不改变，大城市化就不会中止，由此推动城市规模不断扩大。任何城市都不是"空中楼阁"，都会受到资源环境承载力的约束。一旦突破这个约束，城市运营成本不仅会上升，而且还会出现一系列城市安全风险问题。

在经济实力不够强大、科技水平不够高的条件下，资源环境承载力对大城市发展会形成"硬约束"，使大城市发展规模限定在某一水平以下。一旦科技突破约束，或者经济条件允许，大城市发展规模就会突破资源环境承载力约束，同时也会遇到新的资源环境约束。所以说，资源环境承载力的约束具有相对性和暂时性。由于科技不断进步，经济发展水平和政府可支配财力不断增强，资源环境承载力的约束上限也在不断提高。因此，资源环境承载力的约束不是僵死的、固定不变的，而是不断变化的。以静态的眼光看待资源环境承载力，并将其作为限制大城市化的依据是站不住脚的，甚至是荒唐的。重视资源环境承载力约束，并不断尝试用最新科技手段和经济手段突破资源环境约束，这是对待大城市化应有的态度。

（三）大城市化与就业的关系

大城市化影响就业结构和就业格局，大城市化创造的是专业化的就业岗位，并不断将非熟练、非专业化的就业者培育成为高素质的专业化劳动者，这个过程不仅仅是人力资本提升的过程，也是专业化就业提升产出效率的过程,整个社会都会从中受益。大城市化作为人力资本提升和专业化产出效率提升的"大熔炉",其作用应该得到社会的肯定。

一些大城市以"人满为患"为借口,人为设定人口规模"天花板",阻止外来人口聚集,迎合了原住民的排外心理,实则没有赢家。从国家层面来说,城镇化进程中怎样解决劳动力就业问题是头等大事,就业机会在哪里?很显然,在专业化发展更为突出的大城市里。大城市拒绝外来人口,让劳动者在大城市有业不能就,导致大量农业转移人口处于失业、半失业状态,给社会稳定造成隐患。从大城市本身来说,好不容易创造出来的专业化就业岗位,没有充足的劳动力供给,导致这些就业岗位薪酬要求大幅度上涨,提升了本地产业和居民生活成本,降低了城市竞争能力,或者就业岗位薪酬要求太高导致专业化就业岗位提供者无力承担成本而拒绝向社会提供该就业岗位,再通过就业链条反馈给整个产业体系,将极大地破坏大城市化的推动力,对大城市本身构成实质伤害。从外来劳动者本身来说,回到中小城市、小城镇和农村地区去就业,除了就业岗位明显不足、无业可就外,还会将"专业化劳动者"退化为"全能型劳动者",导致原有专业化劳动技能逐渐消失,在就业市场的竞争能力下降,直至成为无业可就的失业者。

事实上,在大城市的高低端劳动力存在一定的配比关系,既需要一定数量的高端劳动者,也需要一定数量的低端劳动者,二者互为依存,谁也离不开谁。遗憾的是一些大城市,以人才引进为名,只要高端劳动力,不要低端劳动力,长此以往,高低端劳动力配比失衡,低端劳动力的薪酬待遇要远远超过高端劳动力的薪酬待遇,这绝不是城市管理者想要的结果。

大城市作为解决全社会就业问题的"大熔炉",要有"包容"之心,要自觉肩负起解决全体居民就业问题的神圣使命,不可狭隘到只关注本地户籍居民的就业问题。

(四) 大城市化与创新活动的关系

大城市拥有丰富的人力资源,是科技创新、文化创意、商业模式创新的摇篮。推进大城市化,让各行各业的人才源源不断地向大城市聚集,十分有利于创新活动,从而为大城市发展提供持久动力。可以说,大城市化与创新活动密切相关,大城市化有利于创新活动,创新活动支撑大城市化,二者相辅相成,齐头并进。

已有研究表明,城市规模越大,技术创新能力越强(杨金刚,2017)。根据有关研究报告①,2017年中国共有独角兽企业164家②,其中北京70家、上海36家、杭州17家、深圳14家、武汉5家、香港4家、广州3家、天津2家、南京2家、成都1家、苏州1家、沈阳1家、珠海1家、宁波1家、东莞1家、镇江1家、无锡1家、丹阳1家、宁德1家、贵阳1家。独角兽企业的地理分布很大程度上反映了所在城市的人口规模和创新人才数量。国家统计局官网数据显示,2017年中国国内三种专利(发明、实用新型、外观设计)授权数量最多的省市依次是广东、江苏、浙江、北京、山东、上海,广东、江苏、浙江、山东是中国经济最发达的省份,大城市数量不仅多,而且规模大。

创新活动是城市经济持续发展的原动力。既然创新活动与城市规模密切相关,那么推进大城市化,实则有利于创新活动,有利于中国经济转型升级。为大城市化人为设置障碍,会严重制约创新活动,进而阻碍中国经济转型升级,延误现代化进程。

(五)大城市化与资源节约环境保护的关系

节约资源和保护环境是中国的基本国策,推进大城市化是落实节约资源和保护环境国策的重要手段。从土地资源利用方面来看,大城市一般进行密集的立体开发,以人均建设用地指标衡量,它比中小城市用地更集约和节约。以大城市的用地增量换取中小城市的用地减量,节约下来的土地资源数量十分可观。但实践中由于多重占地的存在,比如一户多宅,导致大城市化节约土地资源的效果并不明显。问题并不出在大城市化本身,而出在一户多宅的退出机制和激励机制不健全,以及大城市对新增常住人口的基本公共服务覆盖不到位。这些配套制度改革的滞后拖了大城市化的后

---

① 资料来源:《2017年中国独角兽企业发展报告》(科技部发布)。
② 独角兽企业一般指估值超过10亿美元的初创公司(未上市)。这里的统计标准是:(1)在中国境内注册的,具有法人资格的企业;(2)成立时间不超过10年(2007年及之后成立);(3)获得过私募投资,且尚未上市。

腿，为大城市化被"妖魔化"提供了口实。从环境污染治理来看，污染治理设施的投资回收期较长，而且也存在规模收益问题。中小城市的污染治理设施运营情况很不理想，因为污染物数量不够，很多治理设备存在"吃不饱"问题，导致"越运营、越亏损"，投资回收遥遥无期。而大城市不存在这个问题，治理污染物有规模经济收益，可以进入良性运营状态。加之，大城市的产业结构偏向服务业，单位GDP的污染物排放水平和能源消耗水平明显低于中小城市。这说明，大城市治理污染比中小城市更有优势。

推进大城市化有利于资源节约环境保护的推断是可以成立的，一些人只看到大城市新增人口带来的污染物增量，而看不到中小城市、小城镇和农村因人口减少而带来的污染物减量。两项抵扣，因人口迁移导致的污染物排放量不会增加。加之大城市以外地区污染物排放分散，收集起来成本很高，远不如在大城市地区集中排放、集中收集、集中处理更有效率。因此，从节约资源和保护环境角度来看，推进大城市化是最正确的选择。

（六）大城市化与基础设施及基本公共服务配置效率的关系

基础设施及基本公共服务投资大、回收期长，一般由政府投资，而且一旦投资下去，很难搬迁，因此政府投资更要严肃慎重。基础设施及基本公共服务是为人服务的，如果人口不流动，仅考虑人口自然增减，那么很容易测算需求规模，进而按照一定的人口配比进行区域化配置。然而，人口是流动的，以静态人口测算的需求规模遇到挑战，这时按照传统办法配置基础设施及基本公共服务就会出现问题。

大城市化一方面造成人口持续向大城市地区聚集，增加了大城市地区基础设施及基本公共服务的供给压力，按照户籍人口配置的基础设施及基本公共服务明显短缺；另一方面，造成人口持续从中小城市、小城镇和农村地区流出，减轻了这类地区基础设施及基本公共服务的供给压力，按照户籍人口配置的基础设施及基本公共服务明显过剩。短缺与过剩并存的问题需要从解决大城市迁入人口的居民属性问题入手，除了依靠组织迁移可以顺便解决户口的居民外，大多数居民属于自发迁移，在大城市只有居住权，没有户籍。这类人群目前成了"摇摆人"，既不能像本地户籍居民一样公平地享受大城市的基础设施及基本公共服务，也没有能力回去享受其户口所在地政府提供的基础设施及基本公共服务。大城市的基础设施及基本公共服务配置规划没有考虑这类人群的需求，且因为政府投资属性，大城市政府也没有积极性去考虑满足这类人群的需求；而其户籍所在地政府，也没有考虑因这类人群需求的减少而减少配置，更没有减少配置的积极性。这就需要构建超越人口流出地和流入地政府层面的统筹协调机制去解决问题，而这个机制的构建牵涉的利益关系错综复杂，难度相当大。不管怎么说，推进大城市化必须妥善解决与其配套的基础设施及基本公共服务配置效率问题，从而避免出现"短缺"与"过剩"并存的不合理现象。

（七）大城市化与"大城市病"的关系

如果只从字面上理解，"大城市病"似乎是大城市的专利品，只要是大城市，必然有"大城市病"，不发展大城市，就可以避免"大城市病"。这种观念相当深入人心，甚至成为反对大城市化的理由而影响国家决策。

实际情况是，"大城市病"的发病原因相当复杂，简单梳理，有以下几种原因：一是人口太多，造成交通拥堵、资源过度消耗、住房紧张、环境污染等问题；二是城市规划与建设不合理，居住用地占比太小，道路微循环不畅，轨道交通建设滞后，职住分离，污染治理设施跟不上等；三是城市管理水平低下，靠经验管理的多，靠科技手段管理的少；四是居民法治意识淡薄，不遵守城市运行规则。可见，人口太多只是"大城市病"发生的原因之一，而不是全部。城市规模越大，"大城市病"越严重的判断是站不住脚的。

大城市与"大城市病"之间并没有必然的关系（王桂新，2010），一些城市的人口规模并不是很大，但"大城市病"很严重；而另外一些人口规模很大的城市，"大城市病"并不严重，比如日本东京。治理"大城市病"不能简单地对大城市"一禁了之"，更不能只在人口规模上做文章，而要在城市规划建设管理和居民素质培育等方面多下功夫。

（八）大城市化与城市空间格局变化的关系

大城市化将塑造城镇体系空间新格局，站在顶端的不再是通常所讲的

"一线城市",而是放大了的区域城市——城市群,下一层级也不是规模巨大的行政性城市,而是规模巨大的功能性城市——都市区,接下来才依次是大城市、中小城市和小城镇。这样,城市规模等级体系会变成城市群—都市区—大城市—中小城市—小城镇。

大城市化造成城市规模结构的剧烈变动,等级越高的城市,越有规模扩张的可能;相反,等级越低的城市,越有规模收缩的可能。就此而论,未来城市扩张的可能性会从城市群—都市区—大城市—中小城市—小城镇梯次递减;相反,城市收缩的可能性会从城市群—都市区—大城市—中小城市—小城镇梯次递增。

未来,需要国家从顶层设计出两套城市管理政策体系,一套是基于增长管理的政策体系,重在做好增量发展;另一套是基于收缩管理的政策体系,重在做好减量发展。

第二编　大城市化实证研究
——基于世界主要国家和地区的城镇化数据

---

* 执笔人：韩少秀、任杲，其中韩少秀执笔第五、第六、第八、第九章，任杲执笔第七章。

内容提要

本编基于世界主要国家和地区的城镇化数据，验证大城市化是否真实存在。共分五章内容，即相关研究文献回顾、世界城镇化进程中的大城市化趋势、中国城镇化进程中大城市化的特征事实、大城市化的驱动力研究和主要研究结论。

本编的研究思路是：通过相关研究文献回顾，发现前人研究的贡献与不足，确定本研究进行的拓展内容；对世界城镇化进程中大城市发展历程进行梳理，采用世界银行数据库数据及联合国经济和社会事务部数据库数据，对1950年以来世界，特别是主要国家美国、加拿大、澳大利亚、英国、日本、韩国、印度、巴西等国的城镇化进程进行分析，确认大城市化发展是事实；在中国城镇化发展历程及阶段划分基础上，对中国数据进行分析，发现城镇化与大城市化之间存在同向变动趋势；构建大城市驱动力分析模型，从国际视角分析驱动大城市化的动力因素。

本编的主要研究结论是：随着城镇化进程的推进，人口向大城市的集聚是一个客观趋势；在城镇化初期，大部分农业转移人口会首先选择迁移到小城市；在城镇化率超过30%后，大城市人口的增长率高于小城市人口的增长率；在城镇化率大约超过50%后，大城市人口的增长率一直高于小城市人口的增长率；大城市在城市规模等级体系中的地位越来越重要，城市规模等级体系从金字塔形向橄榄形转变；大城市化的发展不仅与城镇化的发展是同步的，与经济发展也是同步的。

第五章 相关研究文献回顾

一 城市规模分布体系演化研究

城市规模分布体系的演化研究一直以来都是城市经济学领域备受关注的热门话题，国外有关这方面的研究成果较多，可以分为两类。一部分学者认为随着城市的发展，城市规模分布呈现出平行增长的态势。如 Eaton 和 Eckstein（1994）研究了法国和日本在 1876—1990 年人口规模前 40 位城市的规模分布变化，发现法国的城市系统呈现出一种显著的平行增长模式，城市人口年平均增长率与城市规模无关。日本的城市系统呈现出近似的平行增长模式，增长略有发散。城市人口年平均增长率为正，但在统计上不显著，与城市规模相关。除此以外，他们还创新性地使用了齐普夫回归和非参数转移矩阵等方法对自己的研究成果进行稳健性检验以增强效度和信度。Dobkins 和 Ioannides（1999）针对 20 世纪美国城市的动态发展演化过程，发现虽然美国的城市体系总体上存在着扩张的势头，但是整个演化过程却表现出平行增长的特征。他们在研究过程中运用转移矩阵法来追溯所研究的城市在城市规模分布中的位序变化过程进而得出了以上的结论。Overman 和 Ioannides（2001）有关该方面的研究也得出了类似的结论。还有一些学者的研究得出了不同的结论。例如，Black 和 Henderson（2003）也研究了同时期美国城市规模分布的演化过程，发现随着美国产业结构的调整，产业构成中现代服务业所占的比重不断增加，而现代服务业向大城市的集中使得近年来美国的城市体系在某种程度上呈现出集中分布的态势。Sharma（2003）研究了 1901—1991 年印度城市系统的变化模式，发现在长期内印度的城市规模呈现出平行增长的势头，而短期内表现出有所偏离；Gonzalez-Val（2010）对美国20世纪城市规模分布演化过程进行了研究，得出了与上述研究不一致的结论，即在20世纪上半叶里美国大城市与小城市的数量都有所增加，下半叶城市规模分布呈现出较为稳定的状态。

中国的城市发展历史悠久，在过去几十年里许多学者也研究了中国城市规模分布的变化。由于使用数据的起止时间有差别，得出的结论也不一样，在究竟是大城市人口增长最快，还是中等城市，抑或是小城市的问题上争执不下，没有取得共识。

二 城市规模分布规律的研究

城市规模分布是指区域内城市规模的层次分布。1913年奥尔巴克最早提出了城市规模分布模式。自此之后关于城市规模分布规律的研究一直是城市地理学研究的热点，有关城市规模分布规律的早期研究主要侧重于模式研究方面，并提出了城市首位律、城市金字塔、序位规模法则这三大分布模式。随后，贝利等学者在前人研究基础上进一步总结出了城市规模分布的三种类型：(1) 首位分布，即首位城市在整个城市等级体系中占据主要支配地位；(2) 序位规模分布，城市的规模分布表现为对数正态分布形态；(3) 过渡类型，即介于前两种城市规模分布特征之间的类型。

自20世纪70年代以来，有关城市地理学研究的重点逐渐由早先的模式总结转移到城市规模分布的原因探求和问题解释方面。主要的学术流派分为如下两种。(1) 强调以经济模型为工具来试图解释城市体系的发展问题，其中的代表性成果主要有：克里斯泰勒的中心地理论，贝利、加里森的随机模型和亨德森的城市系统理论模型等。(2) 注重区域发展条件和城市规模分布特征之间关系的研究，代表性成果有 Cuber（2011）、Henderson 和 Venables（2009）等人提出的城市规模分布的动态模式，该模式主张在研究过程中将城市规模分布与城市的经济发展阶段相联系。Krugman 和 Livas（2000）、Ades 和 Glaeser（1995）则将城市发展的规模分布特征与贸易条件、政治因素等区域发展环境联系起来，进而探求它们之间的影响关系。

三 城市规模与城市经济增长关系的研究

在传统的城市经济学研究中，亚当·斯密和马歇尔等经济学家就已经发现这一现象——随着经济的增长，城市规模也不断扩大，二者之间表现出正向的关系。但是，随着研究的深入，研究者发现城市规模随着城市经济总量的增长而扩张只是发生在城市发展的前期阶段。当城市规模进一步扩大，城市的拥挤效应就会大于集聚经济带来的正效应，进而抑制和阻碍城市的经济增长。Williamson（1988）指出在城市经济发展的起步阶段，产业和人口在空间上的集聚产生的正效应能够有效促进城市经济的发展，但是当经济发展到一定程度后，这种集聚现象产生的副效应——拥挤效应就会显现并阻碍城市经济的增长。Baldwin 和 Martin（2004）通过模型构建探讨了城市规模对于城市经济的影响效应，研究显示随着城市规模的扩大而产生的聚集效应及其正外部性能够从正面刺激城市经济的增长。Bertinelli 和 Black（2004）实证研究得出如下结论：当城市的聚集效应大于其拥挤效应时，城市规模扩大有利于城市经济的增长；反之则会对城市经济产生负面影响。Au 和 Henderson（2006）在此基础上推算出城市规模扩大而带来最大经济聚集效应时的人口峰值是 250 万—380 万人。Brulhart 和 Sbergami（2009）将城市人均收入与城市规模扩张和城市经济发展结合起来研究，发现当城市人均收入低于某个门槛值的时候，扩大城市规模能够推动城市经济发展。刘爱梅和杨德才（2011）着眼于城市规模和城市经济增长之间的关系强度，发现当城市规模的发展超过一定程度后这种关系会受到一定程度的削弱。王小鲁和夏小林（1999）通过估计中国城市的规模收益函数和外部成本函数，进而得出人口规模在 100 万—400 万人的城市具有最大的城市规模经济净收益。柯善咨和赵曜（2014）、孙祥栋等（2015）的研究验证了中国城市规模与城市经济增长二者之间的倒"U"形关系，即城市经济效益随着城市规模的扩大表现出先增长后下降的倒"U"形关系，在城市规模达到一定程度后，二者之间的相关关系不再显著甚至出现负相关。

四 最优城市规模研究

学术界关于"最优城市规模"的研究，主要从以下几个角度展开分析。

一是成本—收益角度。Gupta 和 Hutton（1968）主要从政府服务成本最小化的角度出发探究了城市规模的最优边界问题。Alonso（1964）在其提出的城市规模的成本—收益分析框架中，认为最优城市规模取决于人口集聚的边际收益和边际成本。Richardson（1972）则认为平均净收益最大化的点才是城市的最优规模。Zheng（1998）通过构建有关城市规模的微观经济模型，以此求解城市的集聚经济函数方程和集聚不经济方程。在实证研究阶段，他以东京都市区为研究样本，估计了集聚经济的成本和收益曲线，最后得出在东京都市区的核心城市和边缘城市附近存在集聚经济正效应大于负效应现象，而在核心城市和边缘城市之间，主要表现为集聚不经济的现象。Capello 和 Camagni（2000）以印度的城市为研究样本，估算了城市的收益函数和成本函数，发现城市的区位收益和城市规模之间呈倒"U"形关系，当城市人口规模达到36.1万人时，城市区位的平均收益最高；而平均成本则与城市规模呈"U"形关系，当城市人口规模为55.5万人时，此时的城市平均成本达到最低。Camagni 等（2013）同样运用城市的成本函数和收益函数，将诸多影响因素作为自变量代入联立方程组中，通过构建均衡分析框架以求解最优城市规模。在实证分析中，以欧洲的59个大城市的相关数据为研究样本，分析发现每一个具有不同的集聚成本和收益的城市都有其最优的城市规模。Kim 等（2014）在研究中强调，在考察一个城市的最优城市规模时还需要考虑其所处的国家，以韩国首尔都市区作为研究对象，使用动态跨区域可计算一般均衡模型，对其人口集聚的各种外在成本和收益进行了核算，发现短期内首尔的最优人口规模占韩国总人口的38%，而远期这一比例为36%。如果从城市人均收入最大化的维度进行考察，首尔的人口规模要达到全国总人口的40%，要使首尔经济效率达到最大化，则这一比重应达到48%。但是蔡之兵和张可云（2015）通过梳理归纳影响城市收益函数和成本函数的各种因素后研究发现并不存在一种单一通行的最优城市规模。此外，Capello（2002）创新性地运用城市的租金变化趋势作为代理变量，以此来估算城市规模的最优解，发现城市租金实质上反映了个人对于该城市区位价值的理性估算，大城市和小城市之间的租金差异反映出二者之间的吸引力差别与净地方化优势差距。由此发现一个城市的租金实质上可以用来反映其相对的成本与优势，可以将城市动态变化的租金价格视为城市最优规模存在的重要反映和证据。该研究发现最优城市规模是存在的，但是每个具体城市由于其地理空间结构差异，最优城市规模也是不同的。综上所述，当前学界对基于成本—收益分析的最优城市规模确定的研究颇丰，但事实上存在的一个极大问题就是城市在经济发展过程中的边际成本和边际收益很难精确度量，因此在该领域如何提出一个被学界普遍认可的城市发展成本—收益清单是未来研究的重中之重，这也是导致基于成本—收益测算得到的最优城市规模水平出现差异的原因所在。

二是城市增长角度。该研究视角下的研究者肯定了城市最优规模的存在性，但是并未回答最优城市规模的具体水平。例如，Palivos 和 Wang（1996）认为人力资本的外部性是城市集聚的向心力，交通成本是离心力，他们以内生增长理论为基础，建立了城市内生增长理论模型，并将人力资本的外部性纳入了该模型，从而研究了计划经济和分权经济体制下的城市经济增长与最优城市规模之间的关系，认为计划经济体制下的最优城市规模要大于分权经济体制下的最优城市规模。还有学者以规模收益递增理论为基础，通过构建中心城市增长的数理模型，推理发现城市通勤成本与最优城市规模负相关，与城市经济规模收益递增的程度正相关（Durantonand Puga，2004；蒋涛和沈正平，2007）。

三是新经济地理学角度。相关研究成果多是从新经济地理学的理论框架下进行的扩展性理论研究。安虎森和邹璇（2008）使用 C—P 模型分析了城市实际工资与最优城市规模的关系，阐释了对城市最优规模取值范围产生影响的四个因素：消费者的多样化偏好、工业品支出份额、工业品贸易成本和农产品贸易成本。但城市最优规模的最大值的确定取决于农产品贸易成本，寻求如何降低农产品在流通贸易过程中的交易成本是实现最优城市规模达到上限的关键所在。Grajeda 和 Yactayo（2010）并不认为工资是空间经济模型中驱使劳动力流动的唯一因素，基于此他们将偏好异质性引入分析模型中，并通过分析国际贸易开放性和FDI投资对城市最优规模的影响，得出以下结论：偏好异质性对城市集聚经济效应具有负向作用；如果一个城市提高贸易开放度，其人口集聚优势就降低，由人口集聚产生的拥堵成本的上升势必会抵消实际工资的增加额，城市规模的增长也受到制约。陈旭和陶小马（2013）在讨论最优城市规模时以城市劳动力的实际工资率作为表征，运用数值模拟手段对厂商内部存在规模经济、外部经济大环境存在规模经济以及规模不经济这三种假设存在的效应进行互相比较分析，最后得出结论：城市的实际工资率与城市最优规模存在倒"U"形关系。除此以外，实际的城市最优规模取决于上述三种效应的综合作用。王垚（2015）将新经济地理学知识应用于城市最优规模的研究，通过模型构建估算中国的城市发展情况，发现城市产出水平与城市最优规模之间呈现倒"U"形关系。城市最优规模的存在使得任何偏离都会导致城市聚集收益的损失，但是超过最优城市规模而引起的城市效率损失要小于未达到最优城市规模而引起的城市效率损失；而城市的最优规模水平还因其产业结构的不同而不同。以服务业为例，因为其对劳动力的吸纳能力高于工业，所以服务业比重高的城市的最优城市规模要大于工业比重高的城市。此外，最优城市规模还会受到市场潜力、技术和知识水平及资本积累等方面的综合影响。

四是可持续发展角度。许抄军等（2008）使用变截距模型论证了资源消耗与城市最优规模之间的关系，发现二者之间呈"N"形关系，并通过实际估算得出当前中国城市的最优人口规模约为1060万人，但是这个研究遗漏了重要变量，如经济发展水平、城市区位和产业结构差异等，可能引起估计结果有偏。王家庭和郭帅（2011）将城市的生态环境因素考虑进来，综合运用索洛生产函数和拉姆齐—卡斯—库普曼斯效用函数构建具有生态环境约束的最优城市规模计量模型，克服了遗漏变量的问题，一方面从理论上阐释了生态环境对于城市最优规模的确定；另一方面也为城市最优规模的确定确立一个有效的评判标准。为解决新经济地理学估算城市最优规模实证模型缺乏生态环境变量考量的缺陷，焦张义（2012）将生态环境变量引入藤田—克鲁格曼—维纳布尔斯（FKV）空间模型，研究了生态环境对于最优城市规模的影响路径问题。

五　前人研究不足及本研究的拓展

首先，从国内外已有研究来看，目前城市规模分布动态演化方面的研究大多以美国等发达国家的城市为研究对象，对其他国家尤其是发展中国家的研究较少。其次，目前在国外文献研究中，研究的时间范围大多是对2000年之前的城市规模分布进行研究，鲜有对2010年之后的城市规模分布的相关研究。本书试图根据世界银行及联合国经济和社会发展事务部发布的数据，拓展已有研究的空间范围和时间范围，对世界五大洲的所有城市以及代表性国家（如美国、加拿大、澳大利亚、日本、韩国、印度、巴西、中国等）的城市规模分布动态演化进行研究。将其研究结论与对中国的研究结论进行对比，发现中国和其他国家在城市规模分布上的差异性与共同点。这一结论可能对于中国今后的城镇化发展方针政策的制定具有一定的指导意义。

二是关于城市规模分布的研究虽然日趋丰富，但是仍然存在两方面亟待完善之处。首先，城市规模分布存在着多维度特征，在对其进行描述时只是运用首位度、位序规模指数等指标并不足以概括其全面的特征。其次，现有研究侧重于探究特定因素是如何影响城市规模分布以及其作用机制方面的模型分析，对于从国际视角系统考察城市规模分布影响因素的实证研究有待加强。本书拟解决上述问题，从国际视角出发，系统地对城市规模分布的影响因素进行实证研究。

第六章 世界城镇化进程中的大城市化趋势

一 历史时期的大城市发展

考古发现埃及的城市出现相对较早，由于政治统一，国家的首都城市人口规模增长很快。据估计，大约在前1360年，埃及的底比斯成为世界上第一个人口规模超过10万的城市。此后不久，由于征服和政治上的巩固，美索不达米亚的城市——巴比伦、尼尼微超越了埃及，但是由于人口估计可以依据的证据很少，这些城市的发展没有任何准确的方法可以去追踪。到前5世纪，城市文明的地理范围逐渐增多，除了巴比伦之外，波斯、希腊、埃及、印度和中国也出现了人口规模超过10万的城市。最显著的特点是城市发展从巴比伦经由波斯转移到了印度。前269—前232年，在阿育王的统治下，印度出现了当时世界上最大的城市。到了西欧的基督教时代，西方的罗马帝国和东方的中国汉朝，由于资源可以在更大规模上集中起来，使得这一时期的城市规模发展更大。到100年，罗马可能已经有65万居民，而同时期中国洛阳的城市发展也可能已经达到同等规模，但是随后衰落。在混乱中，这些城市的规模大大收缩。然而值得注意的是，由于东罗马帝国或者拜占庭帝国在之后的几个世纪中持续存在，使得君士坦丁堡（现在的伊斯坦布尔）在相当长的时期内成为世界领先的城市。但是，直到1000年前后，世界上的城市数量和城市规模分布才再次接近了一千年前古典帝国时期的城市数量和规模分布。

欧洲由于长期处于政治分裂状态，城市只是在有限的范围内存在和发展。加之,欧洲社会的主导因素是居住在城市外城堡中的封建贵族,因此,虽然欧洲有很多城市,但城市规模都很小。900—1500年,罗马的人口规模可能从未超过4万;1377年,罗马的人口规模可能已经下降到了1.7万多人。相比之下,在中央集权管理下的唐朝(618—907年)城市发展变得非常迅速,宋朝(960—1279年)城市发展又一次达到顶峰。正如钱德勒和福克斯(Chandler and Fox)所说,在763年长安衰落之前,世界上第一个人口规模超过100万的城市是长安(现在的西安)。第二个短暂达到这一规模的城市是10世纪时的巴格达,随后又衰落了。此后很长时期没有人口规模超过100万的城市出现。直到18世纪晚期,北京的人口规模超过了100万,随后伦敦的人口规模很快超过了北京。

表6.1　　　　　　　世界城市人口规模等级变化　　　　　单位:个

年份		10万—20万	20万—50万	50万—100万	100万—200万	200万—500万	大于500万	世界最大城市所在地
B.C.	前1360	1	0	0	0	0	0	底比斯(埃及)a
	前650	3	0	0	0	0	0	尼尼微(伊拉克)b
	前430	12	2	0	0	0	0	巴比伦(伊拉克)c
	前200	14	4	0	0	0	0	巴特那(印度)d
	100	16	6	2	0	0	0	罗马(意大利)
A.D.	361	12	6	0	0	0	0	君士坦丁堡e
	622	8	5	1	0	0	0	君士坦丁堡e
	800	14	6	2	0	0	0	长安(中国)f
	1000	17	5	0	0	0	0	科尔多瓦(西班牙)
	1200	24	5	0	0	0	0	杭州(中国)
	1400	23	9	0	0	0	0	南京(中国)
	1500	23	11	2	0	0	0	北京(中国)
	1600	37	15	3	0	0	0	北京(中国)

续表

年份		10万—20万	20万—50万	50万—100万	100万—200万	200万—500万	大于500万	世界最大城市所在地
A. D.	1700	41	20	7	0	0	0	伊斯坦布尔（土耳其）
	1800	65	24	6	1	0	0	北京（中国）
	1850	110^g	44	11	3	1	0	伦敦（英国）
	1875	165^g	73	17	6	2	0	伦敦（英国）
	1900	301	148	43	16	4	1	伦敦（英国）
	1925	450^g	213	91	31	10	3	美国（纽约）

注：a. 位于现在的卢克索附近；b. 位于现在的摩苏尔附近；c. 位于现在的巴格达附近；d. 以前被称为巴连弗邑；e. 现称为伊斯坦布尔；f. 现在的西安；g. 从数据源中推断而来。

资料来源：Tertins Chandler and Gerald Fox, 3000 Years of Urban Growth (New York and London, Academic Press, 1974)。

事实上，在800—1800年的大部分时间里，中国的城市数量和规模都是世界领先的。只有个别伊斯兰文化圈国家的城市规模短暂超过了中国的主要城市规模。例如，900年的巴格达、1000年西班牙的科尔多瓦，1350年前后的开罗，17世纪晚期的印度德里或者莫卧儿统治下的阿格拉。而君士坦丁堡的命运则有所不同，在1200年时，君士坦丁堡虽然已经衰落了，但仍是当时世界上最大的城市之一。到1453年奥斯曼土耳其人攻占君士坦丁堡时，其城市人口规模已经减少到4万—5万，但是随后作为奥斯曼帝国的首都，它又重新登上了历史舞台，成为世界第二大城市，某些时期甚至是世界第一大城市。1550—1750年，其城市规模与北京不相上下。

西罗马灭亡以后，欧洲的城市文明经历了漫长的灰暗期，除了在阿拉伯人统治下的欧洲地区——土耳其、西西里岛，摩尔人统治的西班牙地区，以及君士坦丁堡之外，600—1100年几乎没有任何一座欧洲城市的人口规模超过5万。中世纪后期虽然经历了城市复兴，但即便如此，阿拉伯人领域之外的欧洲直到1600年后才出现了人口规模超过30万的城市。因此，当时城市的规模并不引人注目，而是逐渐转向新的理性导向，这促进了15世纪的文艺复兴。随后的航海大发现，促成了世界帝国的最终成长。这种探索精神的进一步发展，促进了 18 世纪自由主义的出现，促进了科学研究的发展，促进了工业革命的发生和交通运输机械化的实现。

表 6.2　按照人口规模划分的世界最大的 25 个城市的地理分布（430 B.C.—A.D.1925）　单位：个

	年份	世界最大的城市数	南亚	东亚	欧洲	非洲	美洲
B.C.	430	25	11	8	4	2	0
	200	25	13	7	2	3	0
A.D.	100	25	15	4	3	3	0
	361	25	13	4	4	3	1
	622	25	17	5	1	1	1
	800	25	12	9	2	2	0
	1000	25	7	10	4	4	0
	1200	25		10		4	0
	1400	25	7	8	8	2	0
	1500	25	8	9	6	2	0
	1600	25	5	10	8	2	0
	1700	25	5	10	8	2	0
	1800	25	4	11	9	1	0
	1850	25	4	8	11	0	2
	1875	25	4	3	13	1	4
	1900	25	2	4	12	0	5
	1925	25	2	3	13	0	7
	1950	25	2	3	10	1	9

注：南亚：除了中国、日本、韩国、朝鲜、土耳其以外的其他亚洲国家；东亚：中国、日本、韩国、朝鲜；欧洲：包括欧洲国家、土耳其和苏联；美洲：包括北美洲和拉丁美洲。

资料来源：Tertius Chandler and Gerald Fox, 3000 Years of Urban Growth（New York and London, Academic Press, 1974）。

在 1275 年马可·波罗访问中国时，中国元朝大都（今北京）的城市规模比同一时期的意大利威尼斯城市规模大得多。1520 年，西班牙军队进入特诺奇特兰（今墨西哥城）时，它比西班牙的任何一个城市都要大得多。甚至在 17 世纪末，伦敦的城市规模仍然比莫卧儿之都阿格拉小。但是在 19 世纪，工业革命的洗礼最终为欧洲几个具有相对优势的国家提供了一定的发展优势。另外，欧洲的城镇化发展速度比其他地方都快，城镇化进程在全球逐渐传播开来，并且现在也一直在进行中。

欧洲一度成为世界上城镇化水平最高的地区。1800 年，全球人口规模超过 10 万的城市有 65 个，其中欧洲（包括俄罗斯和土耳其）只有 21 个。1900 年，全球有 301 个人口规模超过 10 万的城市，其中 148 个在欧洲。在历史悠久的时间尺度上，19 世纪城镇化在欧洲的迅速发展几乎是一件突如其来的事情。

总之，10 世纪以前，世界上大部分人口规模比较大的城市位于南亚地区。1000—1825 年，东亚地区（中国、日本、韩国）集中了世界上大部分人口规模比较大的城市。1850—1950 年，世界上人口规模较大的城市主要分布在欧洲（由于历史原因，此处的欧洲包括传统欧洲国家以及土耳其和苏联）。这一时期，欧洲的优势超越了中国、印度和伊斯兰世界，成为全球城市文明的中心。当然，18 世纪的欧洲哲学家们没有预见到，他们所倡导的新制度会释放出一种如此巨大的人口由农村向城市迁移的吸引力。他们更不可能想象在另一个世纪里，欧洲的动态发展将被其他更强大的趋势所取代，即在 20 世纪初，欧洲已经不再是世界城镇化的先锋，北美洲和拉丁美洲的城镇化发展速度加快，同时北美洲和南美洲的大城市也迅速崛起，甚至超过了欧洲。自 20 世纪中叶以来，亚洲、非洲国家的城镇化发展尤其显著。1950 年之后，亚洲地区的城镇化再次凸显。此外，在历史上北非地区曾经有一些相对规模较大的城市，目前非洲的城镇化进程也较为迅速，但是人口规模较大的城市还相对较少。

二　1950 年后的世界大城市化发展趋势

从世界银行数据库的统计数据来看（见表 6.3），1950 年后，随着城镇化进程在全球范围内的广泛推进,城镇化水平不断提升,大城市化率也在随之提高。世界平均的城镇化率从1960年的33.56%,提高到2016年的54.30%,城镇化率提高了20.74%,同时期大城市化率的平均水平从13.93%,上升到23.05%,提高了9.12%。

表6.3　　　　　　　　世界城镇化率与大城市化率比较

	1960年	1970年	1980年	1990年	2000年	2010年	2016年
城镇化率(%)	33.56	36.53	39.28	42.92	46.53	51.46	54.30
大城市化率(%)	13.93	15.49	16.61	17.74	19.73	21.70	23.05

资料来源:世界银行数据库。

从表6.4看,首先,随着城镇化水平的提高,世界范围内的城市数量也在快速增长。世界银行数据库数据显示,2015年世界城市人口总数已达到53.84亿人,人口规模在30万以上的城市数量在快速增加。1950年人口规模在1000万以上的城市只有2个,分别是日本东京和美国纽约。2015年这一等级规模的城市数量增加到29个,65年内增加了27个,预计到2030年,人口规模超过1000万的超级大城市(群)将增加到41个;人口规模在500万—1000万的城市从1950年的5个,增加到2015年的44个,65年内增加了39个。预计到2030年,该规模的城市将增加到63个;人口规模在100万—300万的城市在1950—2015年从70个增加到428个,预计到2030年将增加到558个;人口规模在100万以下的中小城市也在增加。其次,从城市人口规模来看,各等级的城市人口数都在增加。从人口规模分布来看,1950年时,有24.8%的城市人口居住在人口规模超过100万的大城市,到2015年时,这一比例增加到41.1%,预计到2030年,大城市人口占城市总人口的比例将达到45.3%。这反映出人口在各等级城市的分布发生了变化,大城市的人口规模占比越来越高。

表6.4　世界城市数量与规模等级结构变化及其趋势

等级	指标	1950年	1970年	1990年	2010年	2015年	2030年
Ⅰ	城市数量（个）	2	3	10	23	29	41
Ⅰ	城市人口占比（%）	3.2	4.1	6.7	10.3	11.9	14.4
Ⅰ	城市人口总数（万人）	2361	5476	15266	36955	47131	72992
Ⅱ	城市数量（个）	5	15	21	40	44	63
Ⅱ	城市人口占比（%）	4.3	7.8	6.9	8.0	7.8	8.6
Ⅱ	城市人口总数（万人）	3210	10593	15701	28463	30686	43390
Ⅲ	城市数量（个）	70	126	239	373	428	558
Ⅲ	城市人口占比（%）	17.3	18.1	20.1	20.8	21.4	22.3
Ⅲ	城市人口总数（万人）	12883	24481	45947	74166	84720	112788
Ⅳ	城市数量（个）	98	186	294	487	538	731
Ⅳ	城市人口占比（%）	8.8	9.5	8.8	9.5	9.4	10.1
Ⅳ	城市人口总数（万人）	6544	12851	20208	33873	37096	50941
Ⅴ	城市数量（个）	129	227	412	628	690	832
Ⅴ	城市人口占比（%）	6.7	6.5	6.9	6.7	6.6	6.3
Ⅴ	城市人口总数（万人）	4982	8731	15741	23849	26177	31892
Ⅵ	城市人口占比（%）	59.8	54.0	50.6	44.8	42.9	38.3
Ⅵ	城市人口总数（万人）	44667	72896	115640	159822	169917	193814

注：表中城市规模等级中Ⅰ级为人口规模1000万及以上的城市；Ⅱ级为人口规模在500万—1000万的城市；Ⅲ级为人口规模在100万—500万的城市；Ⅳ级为人口规模在50万—100万的城市；Ⅴ级为人口规模在30万—50万的城市；Ⅵ级为人口规模小于30万的城市。其中2030年数据为预测数据。人口规模小于30万的城市，因其城市数量原始数据库中未提及，故此处未列出，以下皆同。

资料来源：联合国经济和社会事务部数据库。

世界银行《1984年世界发展报告》指出，城市增长的边界尚未确定，即暂不清楚城市规模增长到什么程度会停止下来。根据有关报告[①]，截至

---

① 资料来源：《Demographia World Urban Areas》13th Annual Edition：April 2017。

2016年年末，全世界已有2个城市人口规模超过3000万，分别是日本东京和印度尼西亚的雅加达；有12个城市人口规模超过2000万；有37个城市人口规模超过1000万。这在一定程度上反映出，城市增长的绝对边界是很难确定的，一个有潜力的城市，拥有无限的城市规模扩张的动力。通常来说，城市规模扩张的边界会受到城市地理空间和社会经济发展水平等方面的影响和制约。经验性的结论还发现城市空间的拓展与城市规模之间具有阶段性跃升的规律（马晓晶等，2012）。根据联合国的预测，到2030年世界人口将会进一步向大城市地区集中。

（一）北美地区的大城市化发展

根据世界银行数据库数据，1960年，北美地区的城镇化率已达到69.92%，属于城镇化高度发达的地区。随后几十年，其城镇化进程仍然在不断推进，2016年，北美地区的城镇化率已达到81.81%（见表6.5）。与此同时，随着北美地区城镇化率的提高，其城市人口集中度也在提高，即区域内大城市化率也在随着城镇化率的上升不断提高。56年间，其城镇化率提高了11.89%，同期大城市化率提高了7.5%，即大城市人口增长率大于中小城市人口增长率，城市人口越来越集中于大城市地区。

表6.5　　　　　北美地区城镇化率与大城市化率比较　　　　单位：%

	1960年	1970年	1980年	1990年	2000年	2010年	2016年
城镇化率	69.92	73.80	73.93	75.43	79.10	80.79	81.81
大城市化率	37.95	41.08	40.69	41.89	43.61	44.49	45.45

资料来源：世界银行数据库。

从北美地区的城市发展情况来看（见表6.6），首先，各规模等级的城市数量都有所增加。其中，人口规模超过1000万的巨型城市1950年时只有1个，1990年增加为2个，此后到目前为止，一直未出现新的巨型城市。人口规模在500万—1000万的超大城市的城市数量也在增加，1950年没有该等级规模的城市，1970年出现2个，到2015年增加到7个；人口规模在100万—500万的大城市的数量也在迅速增加，从1950年的13

个增加到2015年的42个；此外，人口规模小于100万的中小城市的数量也在增加。其次，在人口规模超过100万的城市中，大城市和超大城市的城市人口数量和城市人口占比都在增加，而巨型城市的城市人口数量在增加，但是其城市人口数占比在1990年增加到12.7%之后开始下降。这表明，大城市的人口大多分布在人口规模在100万—1000万的城市。最后，中小城市的人口数量也在不断增加，但是其城市人口占比在不断下降。

表6.6　　　　　　北美地区城市人口规模结构变化及其趋势

城市人口规模	指标	1950年	1970年	1990年	2010年	2015年	2030年
1000万及以上	城市数量（个）	1.0	1.0	2.0	2.0	2.0	2.0
	城市人口占比（%）	11.3	9.5	12.7	10.9	10.5	9.8
	城市人口总数（万人）	1234	1619	2697	3053	3090	3314
500万—1000万	城市数量（个）	0.0	2.0	1.0	5.0	7.0	8.0
	城市人口占比（%）	0.0	9.1	3.5	10.8	14.5	16.0
	城市人口总数（万人）	0	1548	737	3023	4262	5440
100万—500万	城市数量（个）	13.0	25.0	33.0	40.0	42.0	49.0
	城市人口占比（%）	26.0	28.3	33.4	31.5	30.0	31.0
	城市人口总数（万人）	28.56	4827	7123	8821	8832	10545
50万—100万	城市数量（个）	17.0	25.0	31.0	41.0	41.0	53.0
	城市人口占比（%）	10.7	10.2	10.2	10.4	9.9	11.1
	城市人口总数（万人）	1178	1740	2174	2912	2927	3766
30万—50万	城市数量（个）	17.0	23.0	32.0	51.0	62.0	67.0
	城市人口占比（%）	6.2	5.4	5.7	6.9	8.0	7.7
	城市人口总数（万人）	683	922	1221	1931	2370	2607
小于30万	城市人口占比（%）	45.7	37.6	34.5	29.5	27.1	24.4
	城市人口总数（万人）	5016	6424	7342	8255	8002	8306

资料来源：联合国经济和社会事务部数据库。

美国和加拿大均为北美地区城镇化高度发达的高收入国家。1950年美国的城镇化率为64.15%，加拿大的城镇化率为60.95%。1950年之后，美国和加拿大都经历了 20 年城镇化率快速增长的时期，到 1970 年美国的城镇化率为 73.60%，加拿大的城镇化率为 75.65%。1970 年之后，这两个国家的城镇化进程都有所放缓，表现为其城镇化率都在缓慢增长。2016 年，美国的城镇化率达到 81.79%，加拿大的城镇化率为 82.01%（见表 6.7）。1950—2015 年，美国和加拿大的城市人口都在不断快速增加，而在此期间农村人口的增长则基本停滞。另一个显著特点是，在城镇化率提高的同时，大城市化率也在不断提高。1960 年，美国的大城市化率为 38.73%，2016 年提高到 45.41%。加拿大的大城市化率则提高得更快，1960 年，加拿大的大城市化率为 30.10%，2016 年提高到 45.83%。

表 6.7　　　　　美国、加拿大城镇化率与大城市化率比较

类别	国家	1960 年	1970 年	1980 年	1990 年	2000 年	2010 年	2016 年
城镇化率（%）	美国	70.00	73.60	73.74	75.30	79.06	80.77	81.79
	加拿大	69.06	75.65	75.66	76.58	79.48	80.94	82.01
大城市化率（%）	美国	38.73	41.59	41.13	42.15	43.79	44.50	45.41
	加拿大	30.10	36.16	36.59	39.60	41.93	44.45	45.83

资料来源：世界银行数据库。

从美国和加拿大的城市人口规模结构演变情况来看（见表 6.8、表 6.9），相同点在于：①人口规模在 100 万以上的城市的数量和人口数都一直在增加，同时，其人口规模占城市总人口的比例也一直在提高。城市规模等级体系中，大城市的地位越来越重要。②人口规模小于 30 万的小城市的人口占比都一直在下降。

不同点在于：①美国从 1950 年开始就有人口规模在 1000 万以上的巨大城市，并且在 1990 年，又有新的城市升级为巨大城市，此后，巨大城市的数量一直保持为 2 个。而加拿大没有人口规模在 1000 万以上的巨大城市。②1950 年，两国都没有人口规模在 500 万—1000 万的城市，但是 1970 年美国出现了 2 个人口规模在 500 万—1000 万的城市，2015 年增加到 6 个。2010 年加拿大出现了 1 个人口规模在 500 万—1000 万的城市，但到目前为止也只有 1 个。这些特征与两国各自的人口总量有关。

表6.8　　　　　　　美国城市人口规模结构变化及其趋势

城市人口规模	指标	1950年	1970年	1990年	2010年	2015年	2030年
1000万及以上	城市数量（个）	1	1	2	2	2	2
	城市人口占比（%）	12	10	14	12	12	11
	城市人口总数（万人）	1234	1619	2697	3053	3090	3314
500万—1000万	城市数量（个）	0	2	1	4	6	7
	城市人口占比（%）	0	10	4	10	14	16
	城市人口总数（万人）	0	1548	737	2473	3663	4745
100万—500万	城市数量（个）	11	22	30	35	37	44
	城市人口占比（%）	26	27	33	31	29	31
	城市人口总数（万人）	2615	4200	6271	7860	7792	9325
50万—100万	城市数量（个）	16	23	25	38	38	48
	城市人口占比（%）	11	11	9	11	10	11
	城市人口总数（万人）	1122	1628	1737	2692	2696	3381
30万—50万	城市数量（个）	16	18	28	44	55	61
	城市人口占比（%）	6	5	6	7	8	8
	城市人口总数（万人）	648	709	1081	1657	2086	2356
小于30万	城市人口占比（%）	44	37	35	30	27	24
	城市人口总数（万人）	4505	5743	6642	7486	7209	7415

资料来源：联合国经济和社会事务部数据库。

表6.9　　　　　　　加拿大城市人口规模结构变化及其趋势

城市人口规模	指标	1950年	1970年	1990年	2010年	2015年	2030年
1000万及以上	城市数量（个）	0	0	0	0	0	0
	城市人口占比（%）	0	0	0	0	0	0
	城市人口总数（万人）	0	0	0	0	0	0
500万—1000万	城市数量（个）	0	0	0	1	1	1
	城市人口占比（%）	0	0	0	19.91	20.42	20.28
	城市人口总数（万人）	0	0	0	550	599	696

续表

城市人口规模	指标	1950年	1970年	1990年	2010年	2015年	2030年
100万—500万	城市数量（个）	2	3	3	5	5	5
	城市人口占比（%）	28.81	38.63	40.22	34.81	35.43	35.57
	城市人口总数（万人）	241	626	852	962	1040	1220
50万—100万	城市数量（个）	1	2	6	3	3	5
	城市人口占比（%）	6.65	6.88	20.63	7.96	7.86	11.22
	城市人口总数（万人）	56	112	437	220	231	385
30万—50万	城市数量（个）	1	5	4	7	7	6
	城市人口占比（%）	4.12	13.09	6.60	9.91	9.66	7.30
	城市人口总数（万人）	35	212	140	274	284	251
小于30万	城市人口占比（%）	60.43	41.41	32.55	27.41	26.62	25.63
	城市人口总数（万人）	506	672	689	757	782	879

资料来源：联合国经济和社会事务部数据库。

（二）大洋洲地区的大城市化发展

根据世界银行数据库数据，大洋洲地区的城市人口规模结构变化特征为：①到目前为止，大洋洲地区一直没有人口规模超过500万的超大城市和巨型城市。②人口规模在100万以上的大城市在城市规模等级体系中的地位越来越重要。1950—2015年人口规模为100万—500万的大城市的数量有所增加，其城市人口占比也在一直增长，从1950年的38%增长到2015年的55%，预计到2030年将会有两个这一等级的城市升为高一等级的大城市。③1990年—2015年，中等城市的人口在不断减少，虽然小城市的人口在增加，但中小城市人口占比在不断下降。这说明越来越多的城市人口集中在大城市。

澳大利亚为大洋洲人口最多的国家，1950年城镇化率已高达77%，农村人口增长基本停滞，城市人口仍然在不断增长。如表6.10所示，其城市人口规模结构变化特征为：①到目前为止，没有人口规模超过500万的超大城市和巨大城市。②人口规模为100万—500万的大城市的人口数占比，从1950年的48%增长到1990年的72%，随后保持在60%—70%；

预计到 2020 年，该规模等级的城市中将有 2 个城市进入上一规模等级的城市。相应地，该规模等级的城市数量减少，城市人口占比下降。③ 1990—2015 年，人口规模在 30 万—100 万的城市人口占比很低（最高仅为 5%）。④人口规模小于 30 万的城市其人口占比也在缓慢下降。

总体来说，澳大利亚的城市人口规模结构在 1950—2015 年呈现发散式增长的特点，人口规模超过 100 万的大城市人口占比越来越大，其增长速度快于中小城市人口的增长速度。

表 6.10　澳大利亚城市人口规模结构变化及其趋势

城市人口规模	指标	1950 年	1970 年	1990 年	2010 年	2015 年	2030 年
1000 万及以上	城市数量（个）	0	0	0	0	0	0
	城市人口占比（%）	0	0	0	0	0	0
	城市人口总数（万人）	0	0	0	0	0	0
500 万—1000 万	城市数量（个）	0	0	0	0	0	2
	城市人口占比（%）	0	0	0	0	0	40
	城市人口总数（万人）	0	0	0	0	0	1037
100 万—500 万	城市数量（个）	2	2	5	5	5	3
	城市人口占比（%）	48	49	72	67	66	25
	城市人口总数（万人）	302	539	1044	1327	1403	656
50 万—100 万	城市数量（个）	0	3	0	1	1	2
	城市人口占比（%）	0	22	0	3	3	5
	城市人口总数（万人）	0	244	0	52	59	132
30 万—50 万	城市数量（个）	3	0	1	3	3	5
	城市人口占比（%）	19	0	2	5	5	7
	城市人口总数（万人）	118	0	31	105	114	192
小于 30 万	城市人口占比（%）	33	29	26	25	26	22
	城市人口总数（万人）	209	317	385	505	563	567

资料来源：联合国经济和社会事务部数据库。

(三) 欧洲地区的大城市化发展

如表6.11所示，1950—2030年欧洲地区城市人口规模结构的变化及趋势是：①人口规模在1000万以上的城市数量增加后保持稳定。在1990年之前，欧洲没有人口规模在1000万以上的巨型城市。2010年欧洲有2个人口规模超过1000万的城市，分别是东欧的俄罗斯莫斯科和西欧的法国巴黎。2015年英国伦敦人口规模也超过了1000万，欧洲因此出现了3个人口规模超过1000万的城市。南欧一直没有出现该规模等级的城市。预计到2030年，该规模等级的城市将会保持稳定，其城市人口占比也会保持稳定。②人口规模在500万—1000万的城市数量不再增长，城市人口占比不断下降。这可能与欧洲各国的城镇化发展阶段不同有关。③从1950年开始，人口规模在50万—100万、100万—500万的城市数量都有所增长，但其城市人口占城市总人口的比例相对稳定。④人口规模在30万—50万的城市数量有所增加，其城市人口占比保持稳定。⑤人口规模小于30万的城市，其城市人口在增加，但其城市人口占比在缓慢下降。

总体上来看，欧洲的城市人口规模结构演化的特点表现为：人口向规模在1000万以上的城市集聚的趋势仍然存在，其他规模等级的城市数量都保持平行增长。人口规模在100万以上的城市人口占比缓慢增长。

表6.11　　　　欧洲地区城市人口规模结构变化及其趋势

城市人口规模	指标	1950年	1970年	1990年	2010年	2015年	2030年
1000万及以上	城市数量（个）	0	0	0	2	3	3
	城市人口占比（%）	0	0	0	4	6	6
	城市人口总数（万人）	0	0	0	2192	3332	3547
500万—1000万	城市数量（个）	3	3	3	2	2	2
	城市人口占比（%）	7	6	5	3	2	2
	城市人口总数（万人）	2000	2282	2637	1549	1146	1239

续表

城市人口规模	指标	1950年	1970年	1990年	2010年	2015年	2030年
100万—500万	城市数量（个）	20	33	46	49	48	55
	城市人口占比（%）	13	15	17	16	15	17
	城市人口总数（万人）	3563	6193	8373	8685	8392	9632
50万—100万	城市数量（个）	46	67	78	86	88	92
	城市人口占比（%）	11	11	10	11	11	11
	城市人口总数（万人）	3032	4701	5293	5688	5890	6063
30万—50万	城市数量（个）	57	87	117	113	116	124
	城市人口占比（%）	8	8	9	8	8	8
	城市人口总数（万人）	2206	3305	4471	4205	4317	4633
小于30万	城市人口占比（%）	62	60	59	59	58	56
	城市人口总数（万人）	17495	24936	29824	31479	31630	31583

资料来源：联合国经济和社会事务部数据库。

早在1950年，英国的城镇化率就达到了78.98%，2015年进一步提升到82.59%，65年间城市人口增长了3.61%，城市人口增长缓慢，而农村人口在1950—1970年增长了200多万。之后农村人口增长停滞，2000年农村人口开始减少，预计未来农村人口还会进一步减少。

英国城镇体系结构呈现的典型特征是城市首位度高，1950—2015年，英国只有1个人口规模超过500万的城市，即其最大的城市伦敦市。1950—1970年，英国政府执行的是人口分散化政策，建设大量新城，使得在此期间伦敦的人口规模有所下降。1970—2015年，伦敦的人口规模一直在增长，并且在2015年超过1000万，同期其城市人口占比也一直在提高，预计到2030年其人口规模还会有所增长。

如表6.12所示，1950—1990年，英国人口规模在100万以下的中小城市的人口占比在上升，人口规模在100万—500万的大城市的人口占比在下降。1990—2015年，人口规模在100万以下的中小城市的人口占比略有下降，相应地，人口规模在100万以上的大城市的人口规模占比略有上升（1990年之后，英国政府重新开始重视中心城市的开发）。预计到2030

年，人口规模超过100万的大城市的人口还会进一步增加，大城市人口占比也会进一步提高。

表6.12　　　　英国城市人口规模结构变化及其趋势

城市人口规模	指标	1950年	1970年	1990年	2010年	2015年	2030年
1000万及以上	城市数量（个）	0	0	0	0	1	1
	城市人口占比（%）	0	0	0	0	19.56	19.49
	城市人口总数（万人）	0	0	0	0	1031	1147
500万—1000万	城市数量（个）	1	1	1	1	0	0
	城市人口占比（%）	20.91	17.50	18.01	19.22	0	0
	城市人口总数（万人）	836	751	805	970	0	0
100万—500万	城市数量（个）	5	5	4	4	4	5
	城市人口占比（%）	23.71	22.14	16.25	15.71	15.73	17.63
	城市人口总数（万人）	948	950	727	793	830	1038
50万—100万	城市数量（个）	5	5	6	8	8	11
	城市人口占比（%）	8.58	8.23	9.19	11.11	10.99	13.33
	城市人口总数（万人）	343	353	411	561	579	784
30万—50万	城市数量（个）	11	11	13	13	15	17
	城市人口占比（%）	10.24	9.96	11.02	9.68	10.68	10.44
	城市人口总数（万人）	409	427	493	488	563	614
小于30万	城市人口占比（%）	36.56	42.17	45.52	44.28	43.04	39.11
	城市人口总数（万人）	1461	1810	2035	2234	2270	2302

资料来源：联合国经济和社会事务部数据库。

（四）亚洲地区的大城市化发展

如表6.13所示，1950—2030年亚洲地区的城市人口规模结构变化及其趋势表现为：①人口规模超过1000万的城市数量明显增加。1950年亚洲只有1个人口规模超过1000万的城市，即东亚地区的日本东京。1970年增长为2个，1990年南亚地区出现了2个人口规模超过1000万的城市，2010年东南亚地区、西亚地区也出现了该规模等级的城市。

到2015年亚洲地区该规模等级的城市数量增加到17个，其城市人口占比增长到14%，预计到2030年这一比例将增长到17%。②人口规模在500万—1000万的城市数量迅速增加后，2010—2015年保持稳定。该规模等级的城市人口占比缓慢上升后，也于2010—2015年保持相对稳定。③人口规模在100万—500万的城市数量呈爆发式增长，该规模等级的城市人口占比有所上升。④人口规模在100万以下的中小城市的数量也在爆发式增长，但人口规模小于30万的城市人口占比不断下降。

总体来看，亚洲地区的城市规模等级结构中，人口规模在100万以上的高等级的城市在城市体系中的地位越来越重要，巨型城市也在不断增长。

表6.13　　　　亚洲地区城市人口规模结构变化及其趋势

城市人口规模	指标	1950年	1970年	1990年	2010年	2015年	2030年
1000万及以上	城市数量（个）	1	2	5	13	17	24
	城市人口占比（%）	5	8	8	12	14	17
	城市人口总数（万人）	1128	3857	8476	22301	29346	45718
500万—1000万	城市数量（个）	1	5	14	27	27	35
	城市人口占比（%）	3	6	9	10	9	9
	城市人口总数（万人）	701	3069	9784	19240	19575	25757
100万—500万	城市数量（个）	25	46	96	181	223	295
	城市人口占比（%）	18	19	17	19	20	22
	城市人口总数（万人）	4296	9522	17922	34898	42913	59502
50万—100万	城市数量（个）	28	59	114	248	298	398
	城市人口占比（%）	8	8	8	9	10	10
	城市人口总数（万人）	1905	4007	7847	17402	20221	28254
30万—50万	城市数量（个）	35	80	176	328	331	417
	城市人口占比（%）	5	6	6	7	6	6
	城市人口总数（万人）	1294	3060	6692	12663	12606	16048
小于30万	城市人口占比（%）	62	53	51	43	41	36
	城市人口总数（万人）	15134	26942	52904	79980	86653	99967

资料来源：联合国经济和社会事务部数据库。

1. 日本城市人口规模结构变化

日本的城镇化在20世纪50—70年代发展速度最快，该时期的城市人口年平均增长速度在3%以上，是日本人口增长速度的3倍左右。1950年日本的城镇化率为37.0%，1975年迅速增长到75.7%，随后缓慢增长到2000年的78.6%。2000—2010年城镇化率又增长了11.9%，2010年城镇化率达到90.5%。2015年增长到92%。1950—2010年，日本人口增长了53.9%，城市人口大约增长了160%，农村人口从3830万减少到1197万。从2000年之后，农村人口开始快速减少。

表6.14　　　　　日本城市人口规模结构变化及其趋势

城市人口规模	指标	1950年	1970年	1990年	2010年	2015年	2030年
1000万及以上	城市数量（个）	1	2	2	2	2	2
	城市人口占比（%）	25.68	51.74	53.86	48.86	49.12	48.89
	城市人口总数（万人）	1128	3857	5092	5633	5824	5717
500万—1000万	城市数量（个）	1	1	2	2	2	2
	城市人口占比（%）	15.96	8.86	14.47	12.77	12.58	12.54
	城市人口总数（万人）	701	660	1368	1472	1492	1466
100万—500万	城市数量（个）	2	4	4	4	4	4
	城市人口占比（%）	8.29	10.99	7.75	8.36	8.61	9.15
	城市人口总数（万人）	364	819	733	963	1021	1070
50万—100万	城市数量（个）	3	1	1	2	3	4
	城市人口占比（%）	4.09	0.97	0.56	1.01	1.42	1.95
	城市人口总数（万人）	180	73	53	116	169	229
30万—50万	城市数量（个）	1	4	9	9	8	9
	城市人口占比（%）	0.87	1.71	3.56	2.99	2.52	2.77
	城市人口总数（万人）	38	127	336	345	299	324
小于30万	城市人口占比（%）	45.11	25.73	19.81	26.02	25.75	24.69
	城市人口总数（万人）	1980	1918	1873	3000	3053	2887

资料来源：联合国经济和社会事务部数据库。

由表 6.14 可知,1950—2030 年日本的城市规模结构呈现发散式增长的态势,具体来说,其城市人口规模结构变化具有如下特征:①日本属于双首位城市国家,1950 年日本只有东京一个人口规模超过 1000 万的巨大城市。1950—1970 年,东京和大阪的人口迅速增长,到 1970 年,大阪的人口规模也突破 1000 万,成为巨大城市。此后,东京和大阪两个城市的人口占比为 50% 左右。②1950—1990 年人口规模在 100 万以上的城市人口占比一直在上升,1950 年为 49.93%,1970 年为 71.59%,到 1990 年上升为 76.08%,2010 年为 69.99%,2015 年为 70.31%。从 1970 年开始,人口规模在 100 万以上的大城市人口占比大于人口规模在 100 万以下的中小城市人口占比,表明大部分城市人口集中分布在大城市。③人口规模为 50 万—100 万的中等城市的人口占比除了 1950 年达到 4% 之外,其他年份一直保持在 0.5%—2%。人口规模 30 万—50 万、小于 30 万的小城市的人口占比从 1950 年的 45.98% 下降到 1970 年的 27.44%,此后一直在 24%—29%。

2. 韩国城市规模结构变化

韩国城镇化高速增长的时期主要为 1960—1995 年。1960 年韩国的城镇化率为 27.7%,1970 年为 40.7%,10 年内增长了 13%;1970—1980 年,城镇化率增长了 16%;1980—1990 年,城镇化率又提高了 17.1%(见表 6.15)。与此同时,大城市化率也在快速上升。从 1960 年的 21.8%,增长到 1990 年的 52.3%。1990—2015 年城镇化率增长速度减慢,但是总体水平仍然有所增长,从 73.8%,增长到 81.6%。而同期人口规模超过 100 万的城市人口占比在 50% 左右波动。

表 6.15 韩国的城镇化率与大城市化率比较

	1960 年	1970 年	1980 年	1990 年	2000 年	2010 年	2015 年
城镇化率(%)	27.7	40.7	56.7	73.8	79.6	81.9	81.6
大城市化率(%)	21.8	31.9	42.9	52.3	51.2	50.3	50

资料来源:世界银行数据库。

由表 6.16 可知,1950—2030 年韩国的城市人口规模结构变化具有如下特征：①在城镇化快速发展的时期，大城市人口占比持续上升，中小城市人口占比持续下降。1950年，大城市人口占城市总人口的24.89%，中小城市人口占城市总人口的75.11%，到2010年，中小城市人口占比下降到41.91%，而大城市人口占比上升到58.09%，到2015年，前者上升到58.99%，后者下降到41.01%。②人口规模在100万—500万的城市数量不断增加，城市人口占比在1970年后不断上升。说明其在城市规模等级体系中的地位越来越重要。③人口规模最大的城市——首尔，1960—1990年其人口数量一直在增加。1960年，首尔市人口为244.5万，占全国总人口的比重不足10%；1970年，首尔的人口达到531万，占全国总人口的比重为17.6%；1980年为22.3%，1990年为24.4%。1990年首尔的人口超过1000万。其后，由于执行人口疏散政策和首尔以外首都地区经济的快速发展，首尔的人口自1993年开始下降，短期内人口有所减少，但在2015年后，首尔的人口又开始增长。另外，最大城市人口占比在1970年达到最大值后开始下降。表明首位城市在城市规模等级体系中的地位有所下降。

表6.16　　　　　韩国城市人口规模结构变化及其趋势

城市人口规模	指标	1950年	1970年	1990年	2010年	2015年	2030年
1000万及以上	城市数量（个）	0	0	1	0	0	0
	城市人口占比（%）	0	0	33.14	0	0	0
	城市人口总数（万人）	0	0	1052	0	0	0
500万—1000万	城市数量（个）	0	1	0	1	1	1
	城市人口占比（%）	0	41.51	0	24.67	23.82	22.58
	城市人口总数（万人）	0	531	0	980	977	996
100万—500万	城市数量（个）	1	2	5	7	8	10
	城市人口占比（%）	24.89	22.36	31.24	33.42	35.17	39.91
	城市人口总数（万人）	102	286	991	1327	1443	1760
50万—100万	城市数量（个）	1	1	6	9	8	7
	城市人口占比（%）	23.11	4.90	12.36	17.84	15.66	12.57
	城市人口总数（万人）	95	63	392	708	643	554

续表

城市人口规模	指标	1950年	1970年	1990年	2010年	2015年	2030年
30万—50万	城市数量（个）	1	2	4	7	8	12
	城市人口占比（%）	8.66	6.94	4.96	6.46	7.41	10.23
	城市人口总数（万人）	36	89	157	257	304	452
小于30万	城市人口占比（%）	43.35	24.30	18.30	17.61	17.94	14.72
	城市人口总数（万人）	178	311	581	699	736	649

资料来源：联合国经济和社会事务部数据库。

3. 印度城市人口规模结构变化

印度是城镇化缓慢发展的国家。1960年时印度的城镇化率为17.9%，2010年突破30%关口，达到30.9%；2016年为33.1%（见表6.17）。到目前为止，仍处于城镇化的中前期阶段，低于世界的平均城镇化水平。

表6.17　　　　　　　印度的城镇化率与大城市化率比较

	1960年	1970年	1980年	1990年	2000年	2010年	2016年
城镇化率（%）	17.9	19.8	23.1	25.5	27.7	30.9	33.1
大城市化率（%）	7.6	8.6	9.9	11	12.4	13.7	14.9

资料来源：世界银行数据库。

由表6.18可知，1950—2030年印度的城市人口规模结构变动具有如下特点：①人口规模在1000万及以上人口的城市数量较多。1980年以前，印度还没有出现人口规模在1000万以上的城市，到1990年已出现2个该等级的城市，2015年增长到4个，预计2030年将增加到7个。2015年有17.07%的城市人口居住在这一等级的城市。②人口规模在500万—1000万人口的城市1970年有2个，2010年增加到4个，2015年为5个，预计2030年将减少到2个。2015年，在该等级居住的城市人口占比为8.94%。③人口规模在100万—500万的城市数量呈爆发式增长，城市人口占比也迅速提升。该等级的城市从1950年的5个增长到2015年的49个。2015年居住在这一等级的城市人口占比为19.76%。④人口规模在100万以下的中小城市的数量也在不断增长。

从印度的城市人口规模结构变动来看，居住在人口规模超过100万的大城市的人口占比不断提高，而居住在人口规模小于30万的小城市的人口占比不断下降。

表6.18　　　　　印度城市人口规模结构变化及其趋势

城市人口规模	指标	1950年	1970年	1990年	2010年	2015年	2030年
1000万及以上	城市数量（个）	0	0	2	3	4	7
	城市人口占比（%）	0	0	10.51	14.92	17.07	23.14
	城市人口总数（万人）	0	0	2333	5564	7170	13493
500万—1000万	城市数量（个）	0	2	2	4	5	2
	城市人口占比（%）	0	11.61	6.79	8.2	8.94	2.87
	城市人口总数（万人）	0	1274	1506	3059	3755	1671
100万—500万	城市数量（个）	5	7	19	42	49	60
	城市人口占比（%）	17.66	12.76	14.74	19.62	19.76	22.61
	城市人口总数（万人）	1133	1400	3273	7317	8297	13185
50万—100万	城市数量（个）	4	10	30	42	50	76
	城市人口占比（%）	4.48	5.95	9.34	7.84	7.66	9.33
	城市人口总数（万人）	287	652	2073	2924	3217	5438
30万—50万	城市数量（个）	8	23	40	55	61	93
	城市人口占比（%）	4.69	8.26	6.96	5.6	5.33	6.18
	城市人口总数（万人）	301	907	1544	2089	2238	3604
小于30万	城市人口占比（%）	73.17	61.42	51.66	43.82	41.24	35.87
	城市人口总数（万人）	4693	6738	11469	16339	17316	20913

资料来源：联合国经济和社会事务部数据库。

（五）拉美地区的大城市化发展

拉美地区的城镇化水平高于世界平均水平。1960年拉美地区的城镇化率为48.39%，2016年，其城镇化率已达到79.83%。

由表6.19可知，拉美地区的城市人口规模结构变化具有如下特征：

①2010年后城市规模结构变化趋于稳定，各等级城市的人口占比基本保持不变。②预计到2030年，人口规模在100万以上的大城市的人口占比还会进一步提高。③人口规模小于30万的小城市的人口占比不断下降。

表6.19　　　　拉美地区城市人口规模结构变化及其趋势

城市人口规模	指标	1950年	1970年	1990年	2010年	2015年	2030年
1000万及以上	城市数量（个）	0	0	3	4	4	6
	城市人口占比（%）	0	0	13	14	14	17
	城市人口总数（万人）	0	0	4093	6641	7015	10263
500万—1000万	城市数量（个）	1	4	2	4	4	4
	城市人口占比（%）	7	19	5	6	6	4
	城市人口总数（万人）	510	3135	1553	2914	3189	2487
100万—500万	城市数量（个）	7	13	36	54	60	78
	城市人口占比（%）	19	14	22	23	25	27
	城市人口总数（万人）	1347	2287	6857	10842	12451	16282
50万—100万	城市数量（个）	4	20	42	57	55	63
	城市人口占比（%）	4	8	9	9	8	7
	城市人口总数（万人）	254	1371	2805	4069	4035	4376
30万—50万	城市数量（个）	11	21	42	72	85	106
	城市人口占比（%）	6	5	5	6	6	7
	城市人口总数（万人）	437	832	1628	2618	3227	4111
小于30万	城市人口占比（%）	63	54	46	42	41	37
	城市人口总数（万人）	4386	8782	14452	19680	20363	21995

资料来源：联合国经济和社会事务部数据库。

巴西是拉丁美洲人口最多的国家，1950年巴西的城镇化率为36.16%，2000年快速提高到81.2%，2000—2010年缓慢增长到84.3%。1950—1970年，巴西的农村人口增长非常缓慢，只增长了大约800万，城市人口则增长了4600多万。1975年后，农村人口开始减少。1950—2010年，巴西的城市人口增长了742%，而农村人口减少了12%。

由表 6.20 及相关分析可知，1950—2030 年巴西城市规模结构变化的特征是：①城镇体系结构呈现典型的双首位城市特征。最大的两个城市是圣保罗和里约热内卢。1950—1970 年，巴西没有人口规模超过 1000 万的城市，随着城镇化的快速推进，1990 年圣保罗成为巴西第一个人口规模超过 1000 万的城市。2010 年里约热内卢的人口规模也突破 1000 万，此后，这两个城市的人口规模还在继续增长，其人口数在不断提高。②截至 2015 年巴西人口规模在 500 万以上的城市只有 3 个。其中，只有 1 个人口规模在 500 万—1000 万的城市——贝罗奥里藏特，2015 年其人口规模为 571.6 万。③人口规模超过 100 万的城市人口占比不断增加。1950 年为 27.47%，1970 年为 37.24%，1990 年为 43.25%，2010 年为 46.44%，2015 年为 47.11%。预计到 2030 年将会增长到 48.08%。④人口规模在 50 万—100 万的中等城市和人口规模在 30 万—50 万的小城市的城市人口占比较低，前者仅占 3%—8%，后者也低于 7%。

总体来看，巴西大城市的人口增长速度超过中小城市的人口增长速度，城市规模结构呈现发散式增长的态势。

表 6.20　　　　巴西城市人口规模结构变化及其趋势

城市人口规模	指标	1950 年	1970 年	1990 年	2010 年	2015 年	2030 年
1000 万及以上	城市数量（个）	0	0	1	2	2	2
	城市人口占比（%）	0	0	13.36	19.46	19.47	19.05
	城市人口总数（万人）	0	0	1477	3203	3397	3762
500 万—1000 万	城市数量（个）	0	2	1	1	1	1
	城市人口占比（%）	0.00	26.83	8.77	3.29	3.28	3.26
	城市人口总数（万人）	0	1441	970	541	572	644
100 万—500 万	城市数量（个）	2	4	12	18	18	19
	城市人口占比（%）	27.47	10.41	21.12	23.69	24.36	25.77
	城市人口总数（万人）	536	559	2337	3901	4251	5089
50 万—100 万	城市数量（个）	1	6	8	12	12	18
	城市人口占比（%）	3.38	7.05	4.81	4.67	4.76	6.42
	城市人口总数（万人）	66	379	532	770	831	1267

续表

城市人口规模	指标	1950 年	1970 年	1990 年	2010 年	2015 年	2030 年
30 万—50 万	城市数量（个）	3	2	14	19	24	27
	城市人口占比（%）	6.66	1.33	4.93	4.20	5.21	5.31
	城市人口总数（万人）	130	71	545	692	909	1048
小于 30 万	城市人口占比（%）	62.48	54.38	47.02	44.68	42.93	40.19
	城市人口总数（万人）	1219	2920	5202	7356	7492	7936

资料来源：联合国经济和社会事务部数据库。

三　大城市化率与城镇化率的关系分析

城镇化进程中城镇化率和大城市化率都在增长，但二者之间并非是简单的线性关系。为了检验城镇化率与大城市化率之间的非线性关系，笔者把大城市化率增长率与城镇化率之间的关系模型设定如下：

$$DURBM_{it} = \alpha_0 + \alpha_1 URBT_{it}^1 + \alpha_2 URBT_{it}^2 + \alpha_3 URBT_{it}^3 + \varepsilon_{it}$$

基于数据的可得性，笔者从世界银行数据库中的世界发展指标数据库选取了1990—2016年50个国家的城市面板数据进行分析。考虑前后文研究的一致性，此处用世界银行公布的城镇人口占总人口的百分比作为城镇化率的指标，用 $URBT_{it}$ 表示，其中，i 表示国家名称，t 表示时间（年份）。用人口超过100万的城市（群）中的人口占总人口的百分比作为大城市化率的指标，用 $URBM_{it}$ 表示；$DURBM_{it}$ 表示大城市化率的年增长率，用大城市化率的本期值与上期值的差额除以上期值计算而得。$URBT_{it}^2$ 表示城镇化率的二次项，$URBT_{it}^3$ 表示城镇化率的三次项。ε_{it} 表示随机扰动项。个别年份的缺失数据，用插值法进行补充。为确保模型的稳健性，有必要在对固定效应模型和随机效应模型估计的基础上，进行豪斯曼检验，检验结果发现卡方统计量为7.51，P 值大于0.05，于是判断采用随机效应模型更为合理。

表 6.21　城镇化率与大城市化率增长率关系不同估计方法的分析结果

变量名称	固定效应模型 FE $DURBM_{it}$	随机效应模型 RE $DURBM_{it}$
$URBT_{it}$	0.384 *** (0.0723)	0.353 *** (0.0685)
$URBT_{it}^2$	-0.00649 *** (0.00127)	-0.00607 *** (0.00119)
$URBT_{it}^3$	0.00033 *** (7.02e-06)	0.00031 *** (6.55e-06)
constant	-6.126 *** (1.290)	-5.416 *** (1.245)
Hausman P		0.0573

注：***表示在1%的显著水平下显著。
资料来源：笔者自行分析整理。

如表 6.21 所示，城镇化率的二次项和三次项的系数都在 1% 的水平下显著，但是加入四次项后，系数都变得不显著了，所以在此模型中选择到三次项是最为合理的。因此，依据上述结果，最终将模型的表达式确定为：

$$DURBM_{it} = -5.416 + 0.353 URBT_{it}^1 - 0.00607 URBT_{it}^2 + 0.00031 URBT_{it}^3$$

为了准确了解城镇化率与大城市化率增长率之间的关系，我们进一步对上述方程式的性质进行分析。

首先，上式对城镇化率变量求一阶偏导数，得到：

$$\frac{\partial DURBM_{it}}{\partial URBT_{it}} = 0.353 - 0.01214 URBT_{it}^1 + 0.00093 URBT_{it}^2$$

求一阶导数之后的式子为开口向上的二次函数，且其最小值大于零，说明，大城市化率增长率随着城镇化率的提高，经历了先缓慢增长，再快速增长的过程。

经济学意义表现为：在城镇化初期，大约在城镇化率达到 30% 之前，随着城镇化率的提高，大城市化率的增长率增加得非常缓慢，甚至为负。即在这一阶段内，小城市人口的增长对于城镇化率的贡献大于大城市人口的增长对于城镇化率的贡献。也就是说，在城镇化初期，大部分农业转移人口会首先选择迁移到小城市，小城市人口增长率大于大城市人口增长率。当城镇化率达到一定水平之后，即在城镇化率超过30%之后，大城市化率的增长率大于小城市人口的增长率。原因可能在于，这一时期，大部分人会选择进入大城市，同时，原来的小城市也随着人口的增加升级为大城市，进一步加速了大城市化率的增长。在城镇化率超过50%之后，大城市化率的增长一直快于小城市人口的增长，没有再出现小城市人口增长率大于大城市人口增长率的时期。这说明大城市在城市规模等级体系中的地位越来越重要，城市规模等级体系从金字塔形向橄榄形转变。

第七章 中国城镇化进程中大城市化的特征事实

一 中国城镇化发展历程及阶段划分

诺瑟姆指出，国家和地区的城镇人口数占总人口数的比重，即城镇化率会按着一条"S"形的曲线发展。相应地，将城镇化发展分为城镇化缓慢发展的初期阶段、人口和企业加速向城市集聚的中期阶段以及高度城镇化后城市人口比重增长趋缓的成熟阶段（周一星，2012）。以饶会林（2008）、中国经济增长与宏观稳定课题组（2009）为代表，在此思想的指导下，分别以城镇化率为25%和75%，以及30%和70%为节点，将城镇化发展分为上述三个阶段。然而，由于这两种城镇化进程划分标准，均建立在经验总结基础之上，缺乏严密的数理依据，造成了城镇化阶段划分上的争论。诸如，若以25%为节点，则中国城镇化在1987年步入中期快速发展时期；而以30%为节点，则1996年成为城镇化初级阶段与中期快速发展阶段的转折点。为了弥补上述研究不足，较为准确地反映中国城镇化发展实际，笔者运用1978—2017年的中国城镇化率[①]，拟合城镇化发展的逻辑斯蒂模型，并以此为基础，量化分析中国城镇化发展阶段，避免经验划分的主观性。

（一）城镇化发展的逻辑斯蒂模型构建

逻辑斯蒂函数是拟合事物"S"形变化发展趋势的主要模型之一，当将其运用在模拟城镇化进程时，具体形式如式（7-1）所示。

[①] 资料来源：历年《中国统计年鉴》。

$$y = \frac{1}{1+e^{a-rt}} \qquad (7-1)$$

其中，y 表示城镇化在 t 时刻的城镇化率；r 表示城镇化发展的增长速度；t 表示城镇化的发展时间。因在城镇化进程中存在两种极端情况：一是当城市并未出现时，所有的人口均居住在乡村，城镇化率等于零；二是当城市吸纳了所有的乡村人口时，城镇化率为 1。故城镇化发展的逻辑斯蒂模型的函数图像，存在两条渐近线 $y=0$ 以及 $y=1$。

进一步地，对式（7-1）的速度函数分别求一阶导数、二阶导数，可得到城镇化发展速度的极值点，以及城镇化发展速度由慢转快和由快转慢的两个转折点（范国兵，2010）。

首先，城镇化发展逻辑斯蒂模型的速度函数如式 7-2 所示：

$$v = y' = \frac{re^{a-rt}}{(1+e^{a-rt})^2} \qquad (7-2)$$

其次，对城镇化发展速度函数求一阶导，并令其等于零，如式（7-3）所示：

$$v' = \frac{r^2 e^{a-rt}(-1+e^{a-rt})}{(1+e^{a-rt})^3} = 0 \qquad (7-3)$$

解之得，$t^* = \dfrac{a}{r}$，这意味着城镇化在此时间点的发展速度最快。

最后，对城镇化发展速度函数求二阶导，并令其等于零，如式（7-4）所示：

$$v'' = \frac{r^3 e^{a-rt}(1-4e^{a-rt}+e^{2a-2rt})}{(1+e^{a-rt})^4} = 0 \qquad (7-4)$$

解之得，$t_1 = \dfrac{a-1.317}{r}$，$t_2 = \dfrac{a+1.317}{r}$。t_1、t_2 即为城镇化发展进程中的两个拐点。其中，t_1 时刻表示城镇化发展速度由慢变快；t_2 时刻表示城镇化发展速度由快变慢。进而，利用这两个时间点，便可将城镇化的发展划分为三个阶段：t_1 之前为城镇化的初级阶段；t_1 至 t_2 之间为城镇化的快速发展阶段；t_2 之后为城镇化的成熟阶段。城镇化的快速发展阶段又可分为，t_1 至 t^* 城镇化增速逐渐加快的时期，以及 t^* 至 t_2 城镇化增速逐渐减缓的时期。

（二）中国城镇化进程的阶段划分

采用 1978—2017 年中国城镇化率，对城镇化发展的逻辑斯蒂模型进行拟合，数据来源于《中国统计年鉴》。模型回归估计结果如表7.1所示，各回归系数均在1%的水平上是显著的，且模型的拟合优度高达0.9887，表明该模型能够较好地拟合中国城镇化的发展实际。

表7.1　　　　　中国城镇化发展模型的回归估计结果

变量	a	r	F统计量	模型拟合系数	样本容量
估计值	1.6120*** (0.0188)	0.0476*** (0.0007)	4973.61 (0.0000)	0.9887	40

注：***表示回归系数在1%的水平上是显著的；回归系数括号中数值为回归系数的稳健标准误；F统计量括号内数值为其P值。

资料来源：笔者自行分析整理。

通过测算t^*、t_1和t_2的值，对中国城镇化发展趋势进行阶段性分析。由t^*等于33.9可知，2011年中国的城镇化发展速度最快；由t_1等于6.2、t_2等于61.5可知，1984年和2039年为中国城镇化发展由慢转快和由快转慢的两个转折点。进而，中国城镇化进程可划分为以下三个阶段：1984年之前为中国城镇化的初期阶段；1985—2039年为中国城镇化的快速发展阶段；2040年之后为中国城镇化发展的成熟阶段。中国城镇化进程的拟合趋势见图7.1。

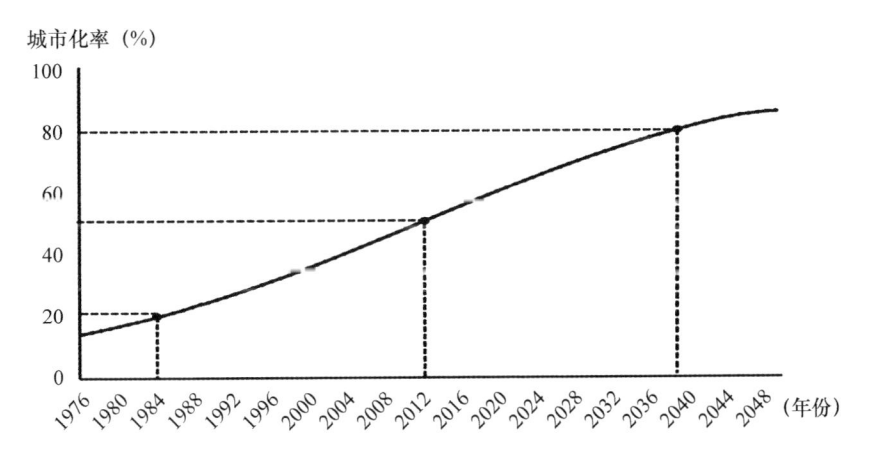

图7.1　中国城镇化进程的拟合趋势

资料来源：笔者自行绘制。

(三) 中国城镇化发展的阶段性动因

因城市是以经济职能为主,以政治、文化和交通职能为辅的非农产业和非农人口的集聚地,故城镇化发展的快慢实质上是由非农产业和非农人口的集聚速度所决定的。就中国的发展实际而言,由计划经济体制向市场经济体制转变,为产业—就业结构变动提供市场化动力,是1984年以来中国城镇化快速发展的主要原因。

一方面,城镇化的快速发展,首先要求存在大量原属于农业生产的资本、劳动力等要素以及农业产品出现剩余,为城镇化发展提供前提。1978年年底,党的十一届三中全会深入探讨了农业发展面临的突出问题,提出目前必须集中精力把农业尽快搞上去的指导意见[1],以农村为重点的改革首先展开。包产到户、提高粮食统购价格等措施,大大提高了农民生产的积极性。以粮食产量为例,由1978年的30476.5万吨,迅速增加至1984年的40730.5万吨,年均增速达4.95%。农业生产率的大幅提升,一是为城镇化的快速发展奠定了物质基础;二是减少了农业劳动力的投入,为城市的非农产业发展提供了充足的劳动力资源。

另一方面,1984年10月党的十二届三中全会,进一步将改革的重点从农村拓展至城市。首次把社会主义与商品经济结合起来,并通过扩大企业自主权、保证劳动者在企业中主人翁地位的方式,加强企业发展活力[2],助益于城市非农产业吸纳农业剩余产品和农村剩余劳动力。1992年党的十四大提出,调整和优化产业结构,高度重视农业,加快发展基础工业、基础设施和第三产业,建立社会主义市场经济体制。[3] 农业和非农产业良性互动的局面由此形成。自此,在市场作为资源配置有效手段的作用下,农村地区的农业发展,不断为城市的非农产业发展提供更加丰富的剩余产品和更多的剩余劳动力;城市非农产业的集聚则在充分吸收农业剩余产品和

---

[1] 人民网:《中国共产党第十一届中央委员会第三次全体会议公报》,http://cpc.people.com.cn/GB/64162/64168/64563/65371/4441902.html。

[2] 中国共产党新闻网:《中共中央关于经济体制改革的决定》,http://cpc.people.com.cn/GB/64162/134902/8092122.html。

[3] 央视网:《江泽民在中国共产党第十四次全国代表大会上的报告》,http://news.cntv.cn/china/20120902/102545_2.shtml。

剩余劳动力的同时，创造了更多以工业制成品为代表的社会财富，提升了农村居民的生活水平与农业生产效率。在循环累积的因果效应作用下，中国城镇化增速逐渐加快。

应特别说明的是，在城镇化快速发展阶段中，又以2011年为界，分为1984—2011年城镇化增速逐渐加快的阶段，以及2012—2039年城镇化增速逐渐减缓的时期。城镇化增速减缓究其原因，是两方面因素综合作用的结果：其一，在2011年年底，中国城镇化率突破50%，即城市居民数量首次超过了乡村居民数量，可融入城镇化发展的农业转移人口数量逐步减少；其二，随着新农村建设、乡村振兴等战略的实施，农村人居环境、基本公共服务等得到极大改善，加之城市房价的过快上涨，使得农业转移人口融入城市的意愿降低（赵文哲、边彩云、董丽霞，2018）。

二 中国城镇化进程中城市规模体系演进的特征事实

（一）各规模城市数量及总人数的变动特征

在联合国2014年发布的《世界城市化展望》报告中，以城市人口数大于1000万、500万—1000万、100万—500万、50万—100万、以及30万—50万、小于30万为标准，将城市规模划分为六类。本书借助此城市规模划分标准，对中国各规模城市数量及总人数的变动情况进行剖析。

1. 各规模城市数量及占比变动趋势

表7.2列示了各规模城市数量及占比。1980—2015年，伴随着数以亿计的农村人口涌入城市，各规模城市数量整体上呈上升趋势，并呈现出三个显著特征：一是人口规模在50万—100万城市的增量最多，为125个；人口规模在30万—50万城市的增量其次，达到107个；人口规模在100万以上城市的总增量不足100个。即改革开放以来，城市增量以人口规模在30万—100万的城市为主。二是在2000年之后，人口规模在1000万以上和500万—1000万的城市增量明显增多，2000—2015年分别增加了4个和5个。三是人口规模在30万—50万的城市数量在2015年较2010年出现了减少，是唯——个城市数量减少的城市类型。

同各规模城市数量密切相关，1980—2010年城市规模越小，城市数量占总城市数量的比重也就越高，仅在2015年出现了人口规模在30万—50万的城市数量占比略小于人口规模在50万—100万城市数量占比的情况。长期以来，100万以下各规模城市的比重之和达七成以上，是中国城镇体系的主要组成部分。

表7.2　　　　　　　　中国各规模城市数量及占比

年份	人口规模在1000万以上	人口规模在500万—1000万	人口规模在100万—500万	人口规模在50万—100万	人口规模在30万—50万
1980	0 (0.0000)	2 (2.2222)	18 (20.0000)	30 (33.3333)	40 (44.4444)
1985	0 (0.0000)	2 (1.9048)	23 (21.9048)	35 (33.3333)	45 (42.8571)
1990	0 (0.0000)	2 (1.4706)	34 (25.0000)	37 (27.2095)	63 (46.3235)
1995	1 (0.5587)	3 (1.6760)	43 (24.0223)	53 (29.6089)	79 (44.1341)
2000	2 (0.7576)	5 (1.8939)	58 (21.9697)	81 (30.6818)	118 (44.6970)
2005	2 (0.6211)	10 (3.1056)	60 (18.6335)	97 (30.1242)	153 (47.5155)
2010	4 (1.1050)	10 (2.7624)	71 (19.6133)	119 (32.8729)	158 (43.6464)
2015	6 (1.4742)	10 (2.4570)	89 (21.8673)	155 (38.0835)	147 (36.1179)

注：各规模城市数量单位为个；括号中内容为各规模城市数量的占比，单位为%。

资料来源：United Nations, Department of Economic and Social Affairs, Population Division. World Urbanization Prospects：The 2014 Revision, CD-ROM Edition。

2. 各规模城市人口数量及占比变动趋势

各规模城市的人口总数及其占总城市人口数的比重见表7.3。相较于表7.2，添加了人口规模小于30万的城市概况，可以更加全面地反映出城市规模体系的变动特点。

第七章　中国城镇化进程中大城市化的特征事实　　115

表7.3　　　　　　　中国各规模城市人口总数及占比

年份	人口规模在 1000万以上	人口规模在 500万—1000万	人口规模在 100万—500万	人口规模在 50万—100万	人口规模在 30万—50万	人口规模在 30万以下
1980	0 (0.0000)	11332.286 (5.9492)	33714.035 (17.6992)	21747.298 (11.4169)	15324.676 (8.0452)	108364.810 (56.8894)
1985	0 (0.0000)	12864.005 (5.2941)	44352.597 (18.2531)	25304.331 (10.4139)	17333.777 (7.1336)	143132.587 (58.9053)
1990	0 (0.0000)	14610.765 (4.7412)	64196.730 (20.8318)	25615.436 (8.3122)	24202.889 (7.8538)	179541.070 (58.2610)
1995	10449.535 (2.7272)	19433.819 (5.0720)	83587.539 (21.8155)	35669.201 (9.3093)	31066.873 (8.1082)	202949.018 (52.9677)
2000	24121.367 (5.2508)	35050.766 (7.6300)	113821.151 (24.7770)	54425.754 (11.8476)	44609.086 (9.7107)	187354.984 (40.7840)
2005	29576.007 (5.2765)	67085.411 (11.9685)	118346.562 (21.1138)	67573.017 (12.0555)	58703.740 (10.4731)	219232.992 (39.1126)
2010	57636.132 (8.6103)	68661.540 (10.2574)	143255.888 (21.4011)	82744.953 (12.3613)	62466.662 (9.3319)	254621.050 (38.0380)
2015	91874.283 (11.7866)	66980.568 (8.5930)	178111.526 (22.8501)	105051.481 (13.4771)	57006.847 (7.3135)	280453.919 (35.9797)

注：各规模城市人口总数单位为千人；括号中内容为各规模城市总人数的占比，单位为%。

资料来源：United Nations, Department of Economic and Social Affairs, Population Division. World Urbanization Prospects: The 2014 Revision, CD-ROM Edition。

就城市人口总数而言，呈现出以下三个方面的发展态势：其一，1980—2015年人口规模在1000万以上、100万—500万以及50万—100万三类规模城市的总人数呈持续上升趋势；人口规模在500万—1000万和30万—50万两类规模城市的总人数在1980—2010年不断增长，但在2015年出现了略微下滑，这可能是由于先前属于该规模的城市进一步扩大，分别融入上一级城市所致；人口规模在30万以下的城市总人数在2000年经历了下滑后，于2005年得到了反弹，至2015年一直呈增长态势。其二，1980—2015年人口规模小于30万的城市人口总数增长最多，共增加了约17208.9万人；接下来分别是人口规模在100万—500万、1000万以上、50万—100万、500万—1000万以及30万—50万的城市，这也代表着农业转移人口在不同规模城市落户意愿强度的高低。其三，以2000年为界，人口规模在1000万以上、500万—1000万、50万—100万以及30万以下的城市在2000—2015年的人口增量均大于 1980—2000 年的人口增量，而人口规模在 100 万—500 万和 30 万—50 万的城市却与此相反。

各规模城市人口总数的占比存在如下特征：一是 1995—2015 年人口规模在 1000 万以上城市的人口总数占比逐渐增长，而人口规模在 30 万以下城市的人口总数占比在 1985 年之后不断降低；其他各规模城市的人口总数占比呈波动变化态势。二是 1980—2015 年城市人口总数占比较大的两类城市分别为人口规模小于 30 万和 100 万—500 万的城市，即这两类城市是改革开放至今，城市人口的主要集聚地。

（二）中国城市规模体系变动的实证分析

通过对各规模城市数量以及总人数变动特征的分析可知，1980 年以来各规模城市呈现出数量增加，总人数扩张的发展趋势；且 2000 年后人口规模百万以上的城市发展更为迅猛，即用更少的时间实现了更大程度上的扩张。

进一步地，采用"五普"和"六普"地级以上城市人口数据，结合不同规模城市的位序与相应城市人口数进行城市规模体系变动的研究。之所以选择"五普"和"六普"数据，是基于以下两个原因：（1）改革开放以来，尽管中国在 1982 年、1990 年、2000 年和 2010 年分别进行过第三、第四、第五、第六次全国人口普查，但是 1982 年的统计标准导致城市规模偏大估计，而 1990 年的统计标准又对城市规模产生偏小估计，故使用"三普"和"四普"的数据均无法准确反映实际的城市规模（于弘文，2002）。相较而言，"五普"和"六普"的统计标准较为一致，且对地级以上城市的规模估计较为准确（余吉祥、周光霞、段玉彬，2013）。（2）2000 年后人口规模在 100 百万以上的城市数量和总人数，均展现出较之前更快速的增长，进而分析 2000 年和 2010 年城市规模体系演进趋势，有助于论证大城市发展对于城市规模体系的影响。

1. 位序—规模模型介绍

位序—规模模型是结合城市人口规模及位序两个指标，评估国家或地区城市规模体系状况的主要方法（许学强、周一星、宁越敏，2013）。具体如式（7-5）（K. T. Rosen 和 M. Resnick，1980）所示

$$P_i = P_1 \cdot R_i^{-q} \qquad (7-5)$$

在式（7-5）中，P_i 代表第 i 位城市的人口数；P_1 代表规模最大的城市人口数；R_i 代表第 i 位城市的位序；q 代表城市规模体系系数。当 $q<1$ 时，城市规模体系较为分散，低位次城市比高位次城市发育更为完善；当 $q=1$ 时，城市规模体系符合齐普夫法则，即国家或地区的第二位城市的人口规模是最大城市的1/2，第三位城市的人口规模是最大城市的1/3，以此类推，这是城市规模体系的理想状态；当 $q>1$ 时，城市规模体系较为集中，高位次城市较为突出，而低位次城市发育不足。

当进行多年对比时，若城市规模体系系数变大，表明大城市发展更为快速，城市规模体系具有集中化趋势；反之，若城市规模体系系数变小，表明小城市得到了较为充分的发展，城市规模体系趋于分散。

2. 位序—规模模型的回归估计结果

通过非线性方程线性化的方法，分别对2000年和2010年的城市规模体系系数进行回归估计，以此分析城市规模体系的变动情况。

表7.4 中的回归估计结果显示，各回归系数均在1%的水平上是显著的，且模型的拟合优度高达0.85以上，表明使用位序—规模模型，可以较为适宜地分析2000—2010年中国城市规模体系的演进趋势。具体地，城市规模体系系数由2000年的0.6961，上升至2010年的0.7376，表明中国城市规模体系趋于集中的力量大于分散的力量，高位次城市得到了更加充分的发展，即城镇化进程中的大城市发展突出，使得城市规模体系出现集中化倾向。

表7.4　2000年和2010年位序—规模模型的回归估计结果

年份	城市规模体系系数	常数项	F统计量	模型拟合系数	样本容量
2000	0.6961*** (0.0233)	17.2084*** (0.1038)	896.03 (0.0000)	0.8865	263
2010	0.7376*** (0.0260)	17.7498*** (0.1204)	805.30 (0.0000)	0.8768	287

注：***表示回归系数在1%的水平上是显著的；回归系数括号中数值为其稳健标准误；F统计值括号中的数值为其 P 值。

资料来源：笔者自行分析整理。

(三) 中国城市规模体系演进动因

随着1984年以来城镇化的快速发展，各规模城市数量及人口总数均得到了显著增加；且在不同时期，各规模城市的发展趋势又有显著不同，突出表现为2000年后，人口规模在100万以上的城市增量和人口增量均大于前期，即用更少的时间实现了更大程度上的扩张。这一现象的产生，主要受到相应时期城镇化总体方针的影响。各时期的城镇化发展方针见表7.5。

表7.5　　　　　　　　　中国城镇化方针演变过程

发展时期	城镇化方针的主要内容
"五五"时期 （1976—1980年）	严格控制大城市规模，合理发展中等城市和小城市
"六五"时期 （1981—1985年）	控制大城市规模，合理发展中等城市，积极发展小城市
"七五"时期 （1986—1990年）	继续贯彻执行"控制大城市规模，合理发展中等城市，积极发展小城市"的方针，切实防止大城市人口规模的过度膨胀，有重点地发展一批中等城市和小城市
"八五"时期 （1991—1995年）	城市发展要坚持实行严格控制大城市规模、合理发展中等城市和小城市的方针，有计划地推进中国城市化进程，并使之同国民经济协调发展
"九五"时期 （1996—2000年）	统筹规划城乡建设，严格控制城乡建设用地，加强城乡建设法制化管理，逐步形成大中小城市和城镇规模适度，布局和结构合理的城镇体系
"十五"时期 （2001—2005年）	推进城镇化要遵循客观规律，与经济发展水平和市场发育程度相适应，循序渐进，走符合中国国情、大中小城市和小城镇协调发展的多样化城镇化道路，逐步形成合理的城镇体系
"十一五"时期 （2006—2010年）	坚持大中小城市和小城镇协调发展，提高城镇综合承载能力，按照循序渐进、节约土地、集约发展、合理布局的原则，积极稳妥地推进城镇化，逐步改变城乡二元结构；把城市群作为推进城镇化的主体形态
"十二五"时期 （2011—2015年）	按照统筹规划、合理布局、完善功能、以大带小的原则，遵循城市发展客观规律，以大城市为依托，以中小城市为重点，逐步形成辐射作用大的城市群，促进大中小城市和小城镇协调发展
"十三五"时期 （2016—2020年）	加快构建以陆桥通道、沿长江通道为横轴，以沿海、京哈京广、包昆通道为纵轴，大中小城市和小城镇合理分布、协调发展的"两横三纵"城市化战略格局

资料来源：笔者根据相关文献资料整理。

由表7.5中的资料分析可知，在"五五"至"八五"期间的城镇化方针，均以严格控制大城市规模，合理发展中等城市，积极发展小城市为主要内容；"九五"时期尽管提到要形成大中小城市和城镇规模适度，布局和结构合理的城镇体系，但在严格控制城乡建设用地的前提下，大城市扩张依旧受到限制。即1978—2000年，受严格控制大城市规模、重点发展中小城市方针的影响，农业剩余劳动力、资本等生产要素偏向集聚于人口规模百万以下的中小城市。

《中华人民共和国国民经济和社会发展第十个五年计划纲要》提出走大中小城市和小城镇协调发展的多样化城镇化道路，系第一次在官方文件中放松了对于大城市发展的限制。之后，"十一五"至"十三五"期间，坚持加快构建以城市群为主体形态，大中小城市和小城镇协调发展的城镇格局，成为城镇化发展方针的主要内容，充分肯定了大城市在城市规模体系中的核心作用。2001年后，顺应城镇化发展规律，人口规模在100万以上的大城市得到快速发展，中国城市规模体系出现集中化趋势。

三 中国城镇化进程中的大城市化发展趋势

（一）城镇化率与大城市化率的变动趋势

测算中国1978—2017年的城镇化率与大城市化率，并将其变动趋势绘制在图7.2上，发现城镇化与大城市化发展存在如下特点：（1）城镇化与大城市化之间存在同向变动趋势，表现为城镇化率与大城市化率均呈单调递增态势。（2）城镇化率明显高于大城市化率，但城镇化率与大城市化率的增速较为一致。1978—2017年，城镇化率增加了40.6个百分点，大城市化率增加了17.74个百分点；但城镇化率的年均几何增长速度为3.08%，与大城市化率的年均几何增长速度3.05%相差无几。（3）大城市化进程在不同时段，在发展程度上存在巨大差异。1978—1987年、1988—1997年、1998—2007年和2008—2017年四个时间段，大城市化率分别上升了1.33%、4.08%、5.38%和5.44%。即在1998年—2017年，大城市化进程更加符合中国城镇化的快速发展实际。

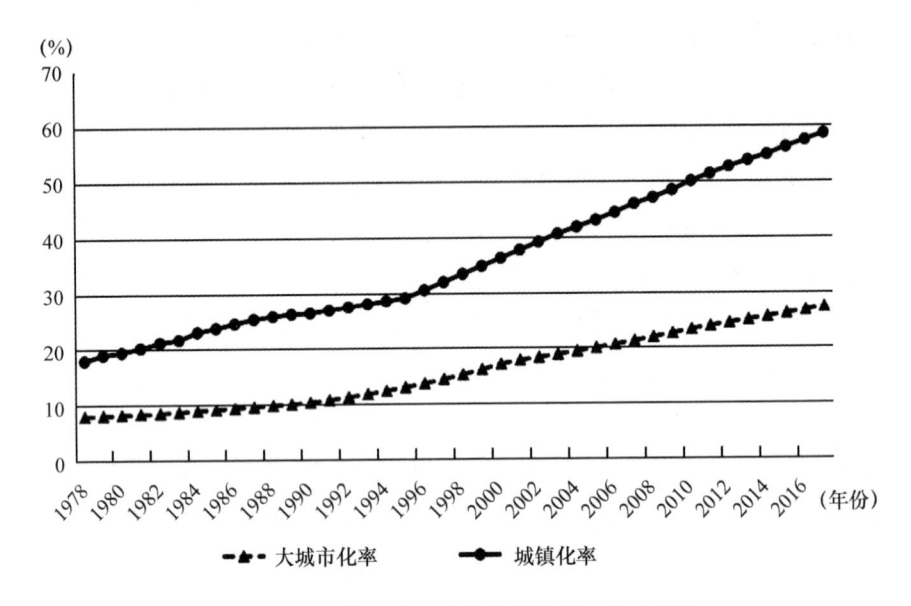

图 7.2 中国城镇化率与大城市化率变动趋势

资料来源：图中数据来源于相关年份的《中国统计年鉴》和《中国城市统计年鉴》。

（二）城市人口总数与大城市人口总数的变动趋势

1978—2017 年，中国城市人口总数及大城市人口总数的变动趋势存在两个显著特征。其一，中国城市人口总数与大城市人口总数均呈持续上升态势。在城市人口总数增加了约 6.41 亿人的同时，大城市人口总数也增加了 2.81 亿人，大城市人口总数增量约占城市人口总数增量的 43.79%。其二，大城市总人口数占城市总人口数的比重，在 1978—1997 年呈现一个明显的"U"形趋势。即 1978—1987 年，大城市总人口数占城市总人口数的比重大致呈下降趋势；而 1988—1997 年，该比重又逐渐攀升。1998 年之后，大城市总人口数与城市总人口数的比值，尽管略有波动，但均稳定在 42.87%—44.19% 的区间。中国城市人口总数及大城市人口总数的变动趋势如图 7.3 所示。

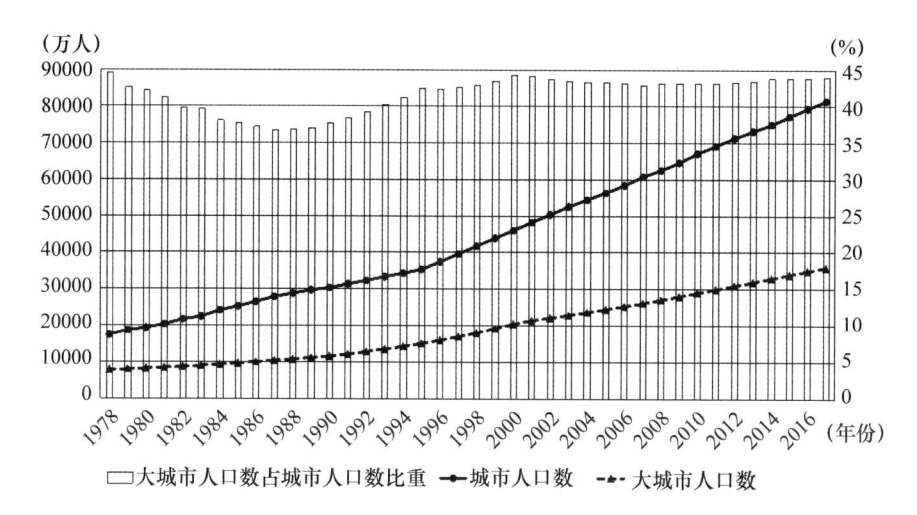

第七章　中国城镇化进程中大城市化的特征事实　　121

图7.3　中国城市人口总数及大城市人口总数变动趋势

资料来源：图中数据来源于相关年份的《中国统计年鉴》和《中国城市统计年鉴》。

第八章 大城市化的驱动力研究

一 驱动大城市规模空间扩张的动力机制理论分析

(一) 消费者行为

假设大城市的商业中心（CBD）位于一个廖什平原的几何中心，并且这个城市的所有工作机会只有 CBD 地区能够提供，城市的所有居民居住在 CBD 外围的地区，在 CBD 就业。假设城市内部交通网络均质分布，城市居民的通勤花费只取决于从住所到商业中心的距离（x）；假设所有居民拥有相同的收入、消费偏好、效用函数。为了使分析简单化但又不影响对于现象的分析，假设城市居民的效用函数（u）由住房消费和除住房消费之外的其他消费构成。假设空间均衡时，城市居民的满意程度不随居住地和住房的不同而变化。由于住房价格由土地成本和房屋建筑成本构成，而房屋建筑成本与房屋的位置无关，因此，笔者为简化分析，将住房消费简化为土地消费。

在满足上述假设条件的基础上，城市居民的收入约束条件为：总收入 = 土地消费 + 除土地消费之外的所有商品消费 + 通勤花费；在满足上述收入约束条件的基础上，当城市居民的满意度达到最大化时，得到城市住房价格的隐函数 $r = r(t, x, k)$，其中 t 为时间、x 为距离、k 为单位距离的通勤花费。这个函数具有三个特征：

A: $\frac{\delta r(t, x, k)}{\delta t} > 0$，土地租金随着时间的推移，越来越贵。对于现实情况，即大城市的土地价格随着时间的推移越来越贵。

B: $\frac{\delta r(t, x, k)}{\delta x} < 0$，土地租金随着距离而下降；即随着离市中心越来越远，土地租金越来越便宜。

C：$\frac{\delta r(t, x, k)}{\delta k} > 0$，土地租金随着通勤成本而上升；即交通越便利，土地租金越高。

城市土地地租递减规律说明居住在靠近城市中心的居民支付更高的土地价格。为满足城市居民空间满意度不变，靠近市中心的居民比远离市中心的居民花费更少的通勤成本，即城市居民需要在低土地租金、高通勤支出与高土地租金、低通勤支出之间做出选择。

（二）未开发土地的土地拥有者行为

对于未开发土地而言，假设在开发过程中其所有者具有获取最大化收益的目标。假设土地开发密度是既定的某一标准水平。根据，布鲁克纳（1990）、米尔斯（1983）等的模型，则这部分土地开发商的目标函数为：

$$l = \int_0^T r_a e^{-it} dt + \int_T^\infty r(x,t,k) e^{-it} dt - De^{-iT} \qquad (8-1)$$

其中，$r(x, t, k)$ 表示的是城市地区土地地租；r_a 表示城市以外地区的土地地租；x 表示的是该土地所处的区位，即该地相对于中心地的位置；t 表示的是时间；k 表示的是城市居民的通勤成本；D 表示的是土地在开发过程中产生所有直接和相关成本；T 代表开发商的决策变量，即在时间 T 非城市土地开发为城市土地。式（8-1）中，等式右边的第一项表示土地开发前的总土地收益，第二项表示土地开发后的总土地收益，第三项表示土地发展成本。所有收益和成本都折现为当前价值以便比较。

求式（8-1）极值的必要条件为：

$$\frac{\delta l}{\delta T} = r_a e^{-iT} - r(x, t, k) e^{-iT} + iDe^{-iT} = 0 \qquad (8-2)$$

移项化简得：

$$r(x, T, k) = r_a + iD \qquad (8-3)$$

式（8-3）说明城市土地地租等于非城市土地地租加上土地开发成本。该式也表明在市场机制作用下，当城市土地地租等于农地地租加上农地开发成本时，即为城市的边界。

由式（8-3）解得最优土地开发时间 T 的隐函数为：

$$T(x) = T[r(T, k), r_a, i, D] \qquad (8-4)$$

证明可得式（8-4）具有如下特性：

A：$\frac{\delta T(x)}{\delta r}<0$，表明城市土地价格的上升会促进非城市土地（郊区土地）的开发，即城市土地地租上升，郊区农地开发时间提前。

B：$\frac{\delta T(x)}{\delta k}<0$，表明城市交通成本的下降（地铁、城市轻轨、高速公路的修建等）会促进郊区土地资源的开发，即城市交通成本下降，郊区土地开发时间提早。

C：$\frac{\delta T(x)}{\delta r_a}>0$，表明非城市土地地租即郊区农村土地地租的上升，使得开发商对于郊区土地的开发兴趣下降，即郊区土地地租上升，土地开发时间推迟。

D：$\frac{\delta T(x)}{\delta D}>0$，表明随着土地开发成本的上升，土地开发时间推迟。

大城市的建成区面积越来越大，即在空间上不断向外进行扩张主要是由两方面的动力机制使然：一是随着城市收入的增加，城市化率的上升使得城市土地地租曲线向右平移，即由城镇化水平提高引起的城市面积不断扩大。二是在城市总人口不变的情况下，城市交通状况的改善使得城市土地地租曲线逆时针旋转，即由郊区城市化带来的城市面积的增加（如图8.1所示）。

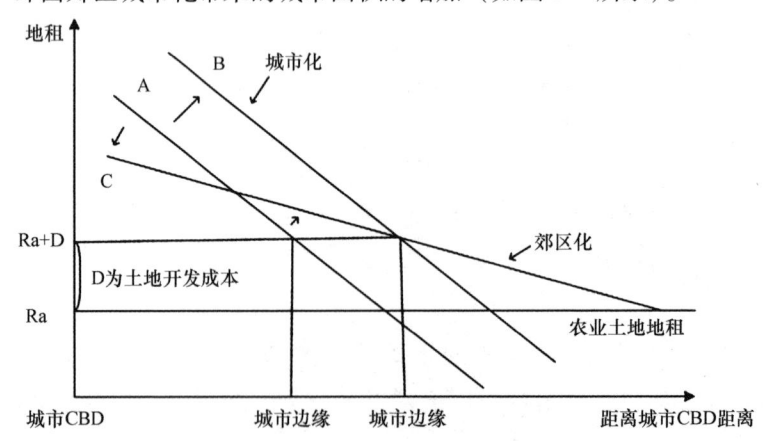

图 8.1 大城市规模空间扩张的动力机制原理

说明：A 表示城市土地地租，B 为 A 向外平移后的位置，C 为 A 逆时针旋转后的位置，Ra 为非城市土地地租，D 为土地开发成本。

二 驱动大城市人口集聚的动力因素分析

根据内生增长理论的思想、新经济地理学理论的思想、二元经济理论的思想以及累积因果理论的思想，笔者提出以下几方面影响大城市人口集聚的主要因素。

（一）经济发展水平和发展阶段

首先，规模经济是城市存在的根本原因之一。市场机制以追求效率为准绳，在经济发展过程中市场机制追求规模经济效益，会不自觉地促使人口和资源向大城市集中，这一集聚的过程可能会与经济发展水平密切相关。其次，莎科斯、Cuber、Henderson等研究指出社会的均衡发展与城市的序位—规模分布规律之间有一定的联系，在经济起飞之前与发展之后这两个阶段，社会均衡会出现。在经济发展过程中也会有不均衡现象出现，这种现象会造成首位分布。依此逻辑，在经济起飞之前也就是社会发展均衡状态下，城市分布表现为序位——规模分布状态；当经济起飞之后快速发展时期，社会均衡状态被大城市快速发展打破。最后，一个国家的城镇化发展水平与大城市发展也是密切相关的。只有城镇化发展到一定程度，大城市才开始出现并发展。

（二）人口密度

土地是财富之母，城市的人口密度越大，土地资源就越稀缺，相应地其土地利用效率也越高。与中小城市和农村地区相比，大城市的人均占地面积更少，土地利用效率更高，为节约土地资源，可能会促进人口向大城市地区的集中。但事物终有两面。人口密度越低，即在人口分布分散的情形下，这时候通勤成本可能起决定性作用，在通勤成本很高的情况下，人口向大城市地区集中也很有必要。具体哪种因素的影响力更大，还须进一步检验。

（三）基础设施条件

城市的公共基础设施作为一种可共享的生产要素，能够拉近经济活动的空间距离，从而提高其他投入要素的生产率，吸引来自其他区域的投入，以及刺激城市对其他服务的需求（切希尔、米尔斯，2013）。Martin 和 Rogers 认为随着运输成本的降低，经济主体之间交流思想、传授知识和技能将更为方便，经济活动集聚程度更高。Krugman 和 Mori 则通过研究发现：城市经济活动的集聚与城市运输成本之间也存在一种倒"U"形关系，即随着运输成本的降低，经济活动出现先集聚后扩散的现象，对应于城市发展则体现为随着运输成本的降低，核心城市规模快速扩大；当运输成本进一步下降后，经济活动空间布局又趋于分散化，小城市将得到更快发展。当然，这两种观点还需要进行实证检验。随着基础设施建设水平的发展，一个国家更好的基础设施条件也许能促进国家人口在区域内各城市之间均衡分布。也就是说城市规模的扩大和交通条件的发展之间存在一种替代关系，即随着越来越方便的交通，大城市的人口集聚吸引力将会越来越低。

（四）技术水平

一国的技术水平越高，劳动分工越细化，人口向大城市集聚能够更有利于劳动生产率的提高。研究表明，技术人员更偏好于居住在文化教育气息浓厚、就业机会丰富的少数大城市地区。根据累积因果理论和定域化经济效应，技术人员的集聚能够进一步提高一国的技术水平，从而进一步细化劳动分工，吸引人口进一步向大城市地区集中。

（五）创新能力

城市的集聚经济效应是城市发展，特别是大城市发展最重要的推动力之一。实证研究表明，当城市经济体由以工业为主体升级为以知识产业为核心时，集聚经济会变得更加重要。

大城市是大量高技术人员、专家云集的地区，即大城市地区专家、非常规性技术人员的集聚程度比中小城市更高。专家、高技术人员之间通过面对面的交流更容易产生创新。现代城市经济的发展从本质上来说都是由不断且逐步积累的创新来驱动的。按照哈格斯特朗和熊彼特的观点，城市经济在扩散时主要凭借技术上的创新，但是技术创新必然是建立在比较优势的基础上，即创新一直都是从上层到下层传递的，或者从内部向外部扩展的,也可能从创新的高地向创新低洼地带发展。总之,这些创新的发源地被称为创新空间扩散中心,即是大城市的核心区。一国对知识性产业的投资能够反映一国的创新能力,间接影响着一国的城市人口集中程度。

(六) 收入分配的不平等程度

收入差距越大,越有可能吸引人口向收入更高的大城市地区集中。特别是大城市比中小城市和农村地区拥有更多优质的城市福利资源,如更好的教育条件、更好的医疗条件、更好的就业机会等,这些都是吸引人口向大城市集聚的重要因素。

(七) 政治制度、政策因素

传统城市经济学的观点认为经济力量是影响城市社会组织的中心力量。但是这种观点正在受到越来越多的质疑。Henderson 等(1994)认为,除了经济力量之外政治制度、政策环境同样也能够在干预城市体系过程中起到决定性作用。以政府对公务员和政治家约束较弱的国家和政局不稳定的国家为例,这类国家或地区的大企业为了接近能够调动各种资源的政治家和政府官员,往往具有靠近权力中心或者大城市进行布局的倾向,其主要城市的规模也往往很大,人口向大城市地区集中分布程度越高,城市规模分布越不均匀。如埃兹和格莱泽(1994)研究发现,在政权不稳定的国家,每年发生一次革命或者政变,其中心城市的平均规模扩大2.4%,独裁国家的主要城市规模比非独裁国家的主要城市规模大45%(切希尔、米尔斯,2003)。政策因素也是影响城市规模分布的又一重要因素。在实行金融自由化政策的国家(地区),比如印度尼西亚,这种金融自由化导致更多的经济活动在大城市地区布局。此外,还有一些政策因素会对城市人口集中程度产生影响,如行政区划调整政策、迁都、特殊城市发展补贴政策、人口政策等。

(八) 区位因素

城市集中程度还可能会受到区位因素的影响,主要包括地理位置、资源禀赋和自然环境等,这些因素可能会对城市集中化进程产生正向或者负向的影响。

三 驱动大城市人口规模扩张的动力机制实证研究——基于国际视角

城镇化是人类社会发展的必然趋势。2018年全球城镇化平均水平已经达到55%,其中北美地区为82%,亚洲为54%,非洲为43%。[①] 虽然各国的城镇化发展水平、发展形式不同,但是其发展过程都反映出具有规律性的特征,即从全球城市发展的事实看,世界主要国家和地区的城市发展集中表现为大城市的数量和人口都在迅速增加。大城市、特大城市是一个国家经济增长的发动机和参与全球竞争的基本单位,在一国的经济和社会发展中占据着举足轻重的地位。大城市的数量和人口的不断增加是集聚经济效益使然。人口的集聚和产业的集聚进一步带动了土地的集约高效利用,运输成本的节约,基础设施、资本、技术、知识、信息等的溢出效应,从而使得大城市比中小城市和农村地区有更高的劳动生产率,这会使资本、劳动获得更高的回报,高回报反过来又进一步吸引人口和要素向大城市地区集中,达到资源优化配置的效果。因此,为考察驱动大城市人口规模扩张的动力机制,笔者立足于国际视角,建立了一个分析模型,对上文中提到的可能影响大城市人口规模变动的各种因素进行检验。

(一)数据选取

笔者使用世界银行数据库发布的世界各国数据进行实证分析。在国家样本选取时,笔者剔除了人均国内生产总值(人均GDP)小于2500美元的低收入水平国家的城市样本,因为这些样本在本书的研究中缺乏代表性。此外,还将相关数据不全的国家剔除,对于人口规模小于400万人和国土面积小于2万平方千米的国家也一并剔除,因为这些城市样本的自然选择空间有限进而会限制城市规模的发展,最终得到了世界50个国家

[①] 资料来源:联合国经济发展和社会事务部。

2005—2014年的数据作为分析样本。

(二) 变量选择

经过数据剔除、清理和筛选，笔者选择"大城市化率"作为模型的被解释变量，"大城市化率"定义借鉴了世界银行所公布的标准，即"超过100万人的城市人口占总人口的比例"。这一指标是世界银行用来反映城市集中程度的常用指标。将经济发展水平、经济发展程度、城镇化率、城市人口密度、城市基础设施完善程度（路网密度）、收入分配状况、技术水平、创新能力、环境因素、制度因素、最大城市是否是首都以及不同大洲的地理位置作为主要的解释变量。变量的含义及描述性统计见表8.1、表8.2。

其中，因变量 urb_m 称为"大城市化率"（Megapolization Rate），即城市人口规模达到100万人以上的大城市人口占全国人口的百分比；

urb 为城镇化率（Urbanization rate），即城市人口占全国总人口的比例，代表地区经济发展阶段；

gdp_p 为人均GDP，代表经济发展水平；

pop_d 为人口密度（Population Density），即每平方千米国土面积的人口数；

$road\_d$ 为路网密度（Road Network Density），用每平方千米国土面积的铁路里程数来作为代理变量；

e_gdp 表示单位gdp能耗，用来表示一国的技术水平；

$pm2.5$ 表示PM2.5空气污染年平均暴露量（微克每立方米），表示环境条件；

$gini$ 为各国收入或者消费的基尼系数（Gini Coefficient），衡量一个经济体中在个人或家庭中的收入分配（在某些情况下是消费支出）偏离完全平均分配的程度，也就是收入差距的大小；

$sR\&D$ 表示研发支出占GDP比重（R&D Spending as a Share of GDP），代表一个国家的创新力水平、科技发展水平；

cd 为首都虚拟变量（Capital Dummy），代表首位城市是否是首都，如果是首都同时是首位城市则赋值为1，相反则为0；

di 为民主化指数（Democratization Index），代表一个国家的制度因素。

用 2014 年英国《经济学人》杂志公布的民主化指数,用来代表一国的政治制度环境;

ao 为美洲和大洋洲国家（Americas and Oceania Countries Dummy）虚拟变量,相应国家赋值为 1,其他国家赋值为 0;

af 为非洲国家（African Countries Dummy）虚拟变量;相应国家赋值为 1,其他国家赋值为 0;

eu 为欧洲国家（European Countries Dummy）虚拟变量;

相应国家赋值为 1,其他国家赋值为 0;

不设置虚拟变量的本底样本为亚洲国家。

表 8.1　　自变量的含义、理论说明及预期符号

自变量	含义	理论说明	预期符号
gdp_p	人均 GDP	代表经济发展水平	+
urb	城镇化率	代表经济发展阶段	+
pop_d	人口密度	代表人口分布疏密状态	待定
road_d	路网密度	代表交通基础设施水平	−
e_gdp	单位 GDP 能源消耗	代表技术水平	
pm2.5	PM2.5 空气污染,年平均暴露量（微克每立方米）	代表环境条件	待定
sR&D	研发支出占 GDP 比重	代表一个国家的创新力（经济发展方式、技术创新力水平、科技发展水平等方面）	+
gini	基尼系数	衡量一个经济体中在个人或家庭中的收入分配（在某些情况下是消费支出）偏离完全平均分配的程度	待定
di	民主化指数	代表一个国家的制度因素	待定
cd	首都虚拟变量	代表首位城市是否是首都	+
Regional	区位虚拟变量 ao,eu,af	代表区位条件	待定

注:表中预期符号"+"表示预期该经济变量与大城市化发展是同向变动关系,预期符号"−"表示预期该经济变量与大城市化发展是反向变动关系,预期符号"待定"表示暂时不确定预期该经济变量与大城市化发展的变动关系方向。

资料来源:笔者自行整理。

表8.2 变量的描述性统计

变量名称	符号	均值	标准差	最小值	最大值
城镇化率	urb	71.15551	14.38938	29.235	97.818
人均GDP	$\ln(gdp\_p)$	9.962446	0.6214011	8.064268	10.95462
人口密度	$\ln(pop\_d)$	4.26901	1.18474	0.976361	6.254954
路网密度	$\ln(road\_d)$	-4.058527	1.22182	-6.70008	-2.109272
单位GDP能耗	$\ln(e\_gdp)$	2.179064	0.3408475	1.398674	2.928475
PM2.5年均暴露量	$\ln(pm2.5)$	2.91309	0.6271099	1.641856	4.597126

资料来源：笔者根据世界银行数据库数据分析整理。

（三）模型设定

由于面板数据同时包含时序和截面两个维度的数据，一方面可以描述每个国家由于制度等方面的变化引起的自身动态变化特征；另一方面通过样本容量的有效扩大，能够使估计更加精确。此外，还可以反映一些被忽视的时间因素和个体差异造成的综合影响。因此笔者采用面板数据模型，在进行面板数据经济计量模型分析的同时，以截面数据模型作为补充进行分析。其中，为了排除异方差的影响，将所有具有量纲的指标取其对数值。根据上面的假设，出于数据的可得性，先建立面板数据模型。在模型选择时，经过检验，笔者采用面板数据模型里的固定效应模型，最终的具体模型1设定如下：

$$urb\_m_{it} = \beta_0 + \beta_1 urb_{it} + \beta_2 \ln(gdp\_p)_{it} + \beta_3 \ln(pop\_d)_{it} + \beta_4 \ln(road\_d)_{it} + \beta_5 \ln(e\_gdp)_{it} + \beta_6 \ln(pm2.5)_{it} + u_i + \varepsilon_{it} \quad (i=1,2,\cdots,n; t=1,2,\cdots,T)$$

其中，i 表示样本中所代表的不同国家，t 表示选取的时间（年），β_0 为常数项，β_1—β_6 为各自变量的回归系数。随机扰动项由 $(u_i + \varepsilon_{it})$ 两部分组成，又称为"复合扰动项"。在这个复合扰动项中难以被观测到因为国家异质性而导致的截距项由 u_i 来表示，在一般情况下可以将 u_i 视为常数，其随着地域的改变而不同，因此可以反映模型中被忽略的国别差异因素的影响。

(四) 回归结果及分析

1. 回归结果

具体回归结果如表 8.3 所示。

表 8.3　　　　　　　　　模型 1 样本基本回归结果

变量名称	（1） urb_m	面板固定效应模型 （2） urb_m	面板随机效应模型 （3） urb_m	面板固定效应模型回归结果 （4） urb_m	（5） urb_m
urb	0.315*** (−0.0192)	0.348*** (−0.0205)	0.342*** (−0.0202)	0.393*** (−0.0325)	0.393*** (−0.0323)
$\ln(gdp\_p)$		2.282*** (−0.335)	2.171*** (−0.335)	2.015*** (−0.547)	1.991*** (−0.501)
$\ln(e\_gdp)$		−0.603* (−0.337)	−0.609* (−0.339)	−0.045 (−0.4)	
$\ln(road\_d)$	−2.114*** (−0.355)	−2.219*** (−0.352)	−1.164*** (−0.37)	−1.160*** (−0.368)	
$\ln(pop\_d)$	−5.278*** (−0.713)	−4.379*** (−0.661)	−6.401*** (−1.014)	−6.400*** (−1.012)	
$\ln(pm2.5)$				0.0591 (−0.389)	0.0527 (−0.384)
$constant$	2.725** (−1.363)	−7.115* (−3.995)	−9.851** (−4.323)	−0.393 (−5.868)	−0.205 (−5.611)
$observations$	500	500	500	245	245
R^2	0.375	0.558	0.556	0.603	0.603
$Hasman\ P$	0	0.005		0	0

注：*、** 分别表示在 10%、5% 的显著水平下显著。

资料来源：笔者自行分析整理。

在采用固定效应模型、随机效应模型和 GMM 估计方法之后，经过检验发现固定效应模型的系数介于 OLS 方法和 GMM 估计方法的结果之间，故选择固定效应模型。

为了验证国家资源禀赋、政治制度、政策等因素对城市人口集中程度的影响，出于数据的可得性，笔者选取样本中2013年的数据建立截面回归模型作为补充，具体模型2设定如下：

$$urb\_m_i = \beta_0 + \beta_1 urb_i + \beta_2 \ln(gdp\_p)_i + \beta_3 \ln(pop\_d)_i +$$
$$\beta_4 \ln(road\_d)_i + \beta_5 \ln(e\_gdp)_i + \beta_6 \ln(pm2.5)_i +$$
$$\beta_7 sR\&D_i + \beta_8 gini_i + \beta_9 di_i + \beta_{10} cd_i + \beta_{11} ao_i + \beta_{12} af_i + \beta_{13} eu_i +$$
$$\varepsilon_i \quad (i = 1, 2, \cdots, n)$$

其中，i 表示样本中所选取的不同国家，t 表示所选取的数据的年份（年），β_0 为常数项，β_1—β_{13} 为各个自变量的系数，ε_i 为随机扰动项，笔者采用 OLS 方法进行估计。回归结果见表 8.4。

2. 结果分析

（1）经济发展阶段和经济发展水平。在上述面板数据模型回归结果和截面数据模型回归结果中，人均 GDP 的系数都显著为正，表明经济发展水平、城镇化水平与大城市化水平的发展是同向变动关系，即经济越发达，城镇化水平越高，大城市化水平也越高。大城市化的发展不仅与城镇化的发展是同步的，与经济发展也是同步的。

表 8.4   模型 2 样本基本回归结果

变量名称	截面数据模型回归结果		
	(6)	(7)	(8)
	urb_m	urb_m	urb_m
urb	0.362** (0.143)	0.363** (0.140)	0.364** (0.141)
ln(e_gdp)	-0.231 (4.372)		
ln(road_d)	-4.396* (2.425)	-4.359* (2.289)	4.350* (2.389)
ln(pop_d)	0.394 (1.989)	0.371 (1.913)	0.361 (1.923)
sR&D	4.916** (2.125)	4.881** (1.996)	4.871** (1.996)

续表

变量名称	截面数据模型回归结果		
	(6)	(7)	(8)
	urb_m	urb_m	urb_m
gini	0.600** (0.269)	0.603** (0.260)	0.602** (0.263)
di	-0.474 (1.063)	-0.477 (1.049)	-0.473 (1.051)
cd			0.381** (0.132)
constant	-44.17** (21.31)	-44.54** (19.86)	-44.54** (19.86)
observations	48	48	48
R^2	0.496	0.496	0.496

注：*、** 分别表示在10%、5%的水平下显著。

资料来源：笔者自行整理。

(2) 人口密度。在面板数据模型的回归结果中人口密度的系数为负值，并且在1%的水平下显著。表明在人口密度低的情况下，运输距离成为影响城市人口分布的重要因素，这时候人们会因为同城效应带来的好处而选择向大城市聚集。

(3) 基础设施水平。在上述面板数据模型回归结果和截面数据模型回归结果中，路网密度的系数都显著为负，表明交通条件的改善能够在某种程度上与人口向大城市的集中产生替代作用，但是这种改善并不能完全扭转大城市化发展的趋势。

(4) 技术水平。单位GDP能源消耗的系数显著为负，表明一国的技术水平越高，人口在大城市地区的集聚度越高。

(5) 环境污染。PM2.5的系数不显著，并且是稳健的，但系数值的符号为正，说明环境因素对于人口对大城市的选择基本没有影响。

(6) 创新能力。研发支出占GDP的比例系数显著为正，表明一国的人力资本水平越高，大城市人口在总人口中的比例随之显著增加。

(7) 收入分配的不平等程度。基尼系数的符号显著为正，表明一国的收入差距越大，大城市的高工资对人的吸引越强烈，人们更愿意向收入更高的大城市集聚。

（8）制度因素。民主化指数的系数不显著，但是系数为负值，一定程度上表明越民主的地区，资源的市场化配置越均衡，人口的集聚程度越低。但是由于其不显著，所以可能是与《经济学人》构建的民主化指数的偏见有一定关系。为深入探究该制度因素是否对于城市人口集中度有影响这一问题，我们验证了首位城市同时是首都虚拟变量的显著性，发现其系数显著且系数的符号为正，表明在首位城市同时也是首都的发展环境下，首位城市的相对规模会变得更大，一国的城市人口更集中于大城市地区。这也与 Ades 和 Glaeser 的观点一致，即政治因素确实会对城市的规模分布产生重要的影响。

（9）区位因素。区域虚拟变量加入模型后不显著，三个区域虚拟变量都不显著，表明大城市化的发展基本不受区位因素影响。

第九章 主要研究结论

一 关于世界城镇化历史进程

(1) 因开发历史较早,历史上规模较大的城市主要出现在南亚和东亚地区。

(2) 文艺复兴和工业革命为欧洲的城镇化注入新的活力,欧洲成为世界城镇化的引领者。

(3) 新大陆的发现和开发促进了美洲地区的经济发展,美洲的城镇化呈现出爆发式发展。

(4) 第二次世界大战后亚非殖民地纷纷获得独立,亚非地区成为世界城镇化的新主角。

(5) 城镇化浪潮席卷全球,深刻地改变了世界政治经济版图。

二 关于世界大城市化发展

(1) 随着城镇化进程的推进,世界人口有向人口规模超过100万的大城市集中的趋势。这一趋势对于所有国家都是成立的,即无论是处于城镇化起步阶段的欠发达国家,或是处于城镇化加速时期的新兴工业化国家,还是处于城镇化成熟阶段的发达国家,这一趋势是相同的。随着城镇化进程的推进,人口向大城市的集聚是一个客观规律。

(2) 人口规模超过1000万以上的巨大城市的总人口占城市人口的比重随着城镇化的发展而提高。国际发展趋势表明,巨大城市无论是数量还是规模都将继续增长,其在城市规模体系中的地位没有减弱的趋势,说明了城镇化进程中巨大城市增长的必然性。

（3）小城市人口占城市总人口的比例趋于下降。中等规模城市人口占城市总人口的比例比较稳定。说明快速城镇化进程中城市人口迅速增长必然导致大城市、特大城市、甚至巨大城市的形成和发展。

（4）由于经济发展水平的差异，城镇化发展阶段的不同，以及各国政治制度、政策、文化等多方面因素的影响，各国的城镇体系结构又具有各自不同的特点。即虽然大城市化率都在上升，但不同国家的大城市化水平有一定的差别，这与各国的国情以及不同的城镇化发展政策有关。

三 关于城镇化率和大城市化率的关系

（1）在城镇化率达到30%之前，随着城镇化率的增加，大城市化率的增速变得非常缓慢，甚至为负。即在这一阶段内，小城市人口的增长对于城镇化率的贡献大于大城市人口的增长对于城镇化率的贡献。也就是说，在城镇化初期，大部分农业转移人口会首先选择迁移到小城市，小城市人口增长率高于大城市人口增长率。

（2）当城镇化率达到一定水平之后，即大约在城镇化率超过30%之后，大城市人口的增长率高于小城市人口的增长率。

（3）在城镇化率大约超过50%之后，大城市人口的增长率一直高于小城市人口的增长率，没有再出现小城市人口增长率高于大城市人口增长率的时期。说明大城市在城市规模等级体系中的地位越来越重要，城市规模等级体系从金字塔形向橄榄形转变。

四 关于中国大城市化发展

（1）实证研究表明，中国城镇化进程可划分为以下三个阶段：1984年之前为中国城镇化的初期阶段；1985—2039年为中国城镇化的快速发展阶段，其中又以2011年为界，分为1984—2011年城镇化增速逐渐加快的阶段，以及2012—2039年城镇化增速逐渐减缓的时期；2040年之后为中国城镇化发展的成熟阶段。

（2）改革开放以来，城市个数增量以人口规模在30万—100万的城市为主。2000年之后，人口规模在1000万以上和500万—1000万的城市个数增量明显增多。人口规模在30万—50万的城市数量在2015年较2010年出现了减少，是唯一一个城市数量减少的城市类型。

（3）各规模城市人口总数占比存在的特征是，1995—2015年人口规模在1000万以上的城市的人口总数占比逐渐提高，而人口规模在30万以下的城市的人口总数占比在1985年之后不断降低。

（4）位序—规模模型分析表明，中国城市规模体系趋于集中的力量大于分散的力量，高位次城市得到了更加充分的发展，即城镇化进程中的大城市发展突出，使得城市规模体系出现集中化倾向。

五　关于大城市化驱动力问题

（1）大城市化的发展不仅与城镇化的发展是同步的，与经济发展也是同步的。即随着经济发展水平的提高、城镇化水平的提高，人口在大城市地区的集中程度也不断提高。

（2）一国的制度、收入分配的不平等程度、技术水平、创新能力等因素都会影响城市规模结构的变化。其中，技术水平越高、创新能力越强的国家，其人口在大城市的集聚程度越高。收入差距越大，人口向大城市地区集聚程度越高。而国家整体水平上便利的交通设施对于大城市的人口集聚程度有一定的负向作用。环境因素对于人口向大城市集聚过程中的影响微弱，制度因素对于城市规模分布也存在影响。

第三编 大城市化的形成机理研究
——以经济增长、城镇化与大城市化的互动关系为视角

---

* 执笔人：任呆。

内容提要

本编主要围绕大城市化形成机理研究而展开，从经济增长、城镇化与大城市化三者之间的互动关系入手。在内容上囊括六章，即相关研究文献回顾，城镇化与大城市化的互动关系研究，经济增长带动城镇化与大城市化进程的机制探讨，城镇化与大城市化促进经济增长的动因分析，经济增长、城镇化与大城市化动态关系研究，主要研究结论。

通过回顾相关研究文献，发现关于经济增长、城镇化与大城市化相互作用机制的研究较为零碎，且直接以大城市化为研究对象的学术成果较少，将三者之间的关系放在一个框架下研究具有学术价值。

研究发现：城镇化与大城市化存在互动发展机制，即农业生产要素率先从农村集聚至中小城市的城镇化进程，为大城市化发展起到了"蓄水池"和"中转站"的作用；同时，大城市通过其巨大的扩散效应和示范效应，在吸纳部分农业生产要素直接融入大城市发展的同时，加快了中小城市农业生产要素的非农化进程；经济增长、城镇化与大城市化之间具有明显的自我循环机制。城镇化与大城市化相伴而生、共同发展，大城市化进程贯穿于城镇化发展的始终；经济增长与城镇化、大城市化之间存在紧密的内在联系，表现为经济增长引起的消费结构变动，首先作用于城镇化与大城市化进程。其次，城镇化与大城市化因生产要素集聚，提高全要素生产率，反向作用于经济增长，并次级强化经济增长对于城镇化与大城市化的带动作用。

第十章　相关研究文献回顾

本编关于经济增长、城镇化与大城市化的研究，主要涉及经济增长、城镇化与大城市化的相互作用机制，以及三者之间的动态关系。因此，本章从城镇化与大城市化、经济增长带动城镇化与大城市化、城镇化与大城市化促进经济增长，以及经济增长、城镇化与大城市化互动关系四个视角对已有的研究成果进行综述。

一　城镇化与大城市化研究现状

论文主题中同时涉及城镇化与大城市化的文章，大体可以分为两个研究方向。

一是分析城镇化、大城市化对于其他经济变量的影响。郭郡郡等（2013）和余华义（2015）分别研究了城镇化与大城市化对于碳排放和中国地方政府规模的作用机制。

二是论述中国城镇化的路径选择。陆铭（2010）认为就业机会更多、工资水平更高是大城市吸引农民工流入的主要原因，进而大城市化相较小城镇化而言，更能够带动内需。今后中国经济的持续稳定增长，应不断提高经济的集聚程度，走大城市化道路。王晓玲（2013）指出在城镇化的初期和中期阶段，大城市以更快速度发展的大城市化现象是普遍存在的；而在城市化中后期，中小城市则会取代大城市，继续推动城镇化进程。由于长期处于限制大城市发展的制度安排下，中国大城市发展较为落后，并不符合大城市化的发展规律，故今后应以大城市化的发展路径为主，充分发挥大城市的辐射带动作用。蔡继明等（2017）利用99个国家的面板数据模型，论证了无论是发达国家还是发展中国家，优先发展大城市是各国城镇化进程中的一般性规律。而目前中国大城市数量依旧较少，且大城市人口比重明显偏低，故发挥大城市在生产率等方面的优势，促进大城市化进程，应成为今后一段时期中国城镇化的路径选择。

虽然上述研究都注意到了城镇化进程中的大城市化现象，但缺乏对二者相互关系的探讨，易使人们产生城镇化与大城市化二者是割裂开来的片面观点。进而，考虑到大城市是城市规模体系的重要组成部分，大城市化进程会造成城市规模体系的变动，在此通过综述城市规模体系演进的研究，从侧面了解城镇化与大城市化互动关系的研究现状。

按照城市规模体系研究对象的不同，可将国外学者的研究成果分为两类。

其一，将国家视为独立的城市规模体系进行分析。R. González-Val（2010）分析了美国20世纪城市规模的变动情况。结果表明，城市规模扩大最快的城市首先是那些曾经合并过的城市，其次是人口规模非常小的社区；在20世纪初期，城市规模体系的集中度有所上升，而后期城市数量和相应人口比例保持稳定，城市规模分布趋于固化。J. Luckstead 和 S. Devadoss（2014）认为中国和印度的城市规模体系演进趋势较为接近。1950—1990年两国的城市规模体系以中小城市为主，城市规模体系较为分散；2000年之后，经济体制改革激发了经济增长活力，促使大城市的快速发展，城市规模体系的集中度不断提高。接着，J. Luckstead 和 S. Devadoss（2014）又采用非参数的估计方法，着重对1991—2011年印度人口规模在30万以上的城市规模体系进行了研究，论证了在此期间印度大城市发展较为突出的观点。

其二，选取满足条件的城市，以跨国的城市为研究对象。D. Cuberes（2011）运用54个国家115个大都市区的数据，分析了城市规模体系变动的一般性规律：少数城市规模的扩张速度快于大多数城市；城市规模扩张速度的快慢与城市规模的大小相一致；城市规模的序贯扩张与城市人口的快速增长密切相关。J. Luckstead 和 S. Devadoss（2014）以2011年统计数据为标准，分析了全球人口规模在75万以上城市在2000年、2005年和2010年的城市规模体系状况。结果显示，随着城市规模的不断扩大，城市规模体系正逐渐趋近齐普夫分布。

国内学者结合城市规模体系的代表性研究成果如下：余吉祥等（2013）运用"四普""五普"和"六普"的数据分析发现，改革开放初期的中国城市集中度较高；1990—2000年城市集中度逐渐降低，城市规模分布趋于平缓；2000—2010年城市发展较为迅速，城市集中度再次上升。刘学华等（2015）指出在市场机制和政策干预的共同作用下，1985—2010年中国的城市规模体系呈现出两个典型特征：一是直辖市和省会城市等在内的49个大城市的城市规模增长速度明显高于全国平均水平；二是同代表性国家相比，中国的城市首位度明显偏低，总体上呈下降趋势。唐为（2016）分别借助马尔科夫转换矩阵、空间基尼系数和齐普律三种方法，对2000—2010年的城市规模分布进行了分析。三种方法的估计结果均表明中国各规模城市均得到了扩张，且人口规模在300万以上500万以下的大城市扩张速度最快。邓智团和樊豪斌（2016）分析了中国1995—2015年的城市规模分布变动情况。结果显示，中国城市规模分布符合双帕累托对数正态分布，即大城市和小城市的数量较多，发展较为稳定；目前大城市的规模呈快速增长态势，而规模较小的城市发展较为缓慢。

城市规模体系的集中化趋势，是由大城市较中小城市发展更为完善造成的，佐证了资本和劳动力等生产要素由农村向城市集聚过程中，大城市化进程更为突出的现象。

二 经济增长带动城镇化与大城市化的研究现状

国内外学者的研究普遍认为，经济增长带动城镇化、大城市化进程的机制，主要是通过产业结构变动实现的。这是因为伴随着经济社会的不断发展，经济增长将由依靠原材料投入的第一产业，向依靠中间投入品的第二产业和提供服务的第三产业转变（R. B. Andrews，1953；G. Duranton，D. Puga，2004），进而不断推动农业生产要素由农村向各规模城市转移。

R. L. Moomaw和A. M. Shatter（1996）认为经济增长会导致非农产业

的发展，而非农产业相较农业而言，土地利用更加集约。厂商为节省运输成本会集聚在城市投资设厂，以此带动城市化进程，且人口规模在 10 万以上的城市更易于出现。M. Brückner（2011）利用非洲国家农业增加值和人均 GDP 与农产品国际价格和降雨量的显著正相关关系，构建工具变量，用以估计农业发展和 GDP 增长对于城市化的影响。结果显示，经济增长通过影响农业部门的要素转移促进城镇化进程。D. Gollin、R. Jedwab 和 D. Vollrath（2016）指出在经济发展后期，服务业将取代工业成为促进城镇化发展的主要动力。

王立新（2014）结合全国及三大经济区的面板数据模型，重点考察了经济增长和产业结构变动对于城镇化发展的影响。实证结果表明，无论是在全国范围，还是在东部地区、中部地区，经济增长和第二、第三产业发展均有利于城镇化发展；西部地区经济增长和第二产业发展推动了城镇化进程，但第三产业发展却对城镇化进程产生了阻碍。戴志敏（2016）运用中部地区省级面板数据，实证分析了经济增长和产业结构变动，以及二者交叉项对于城镇化的影响。结果表明经济增长和产业结构变动分别对城镇化产生正向影响，但由于经济增长与产业结构未能有效协调，致使二者的交互项阻碍了城镇化进程。李新光、胡日东和张永起（2015）在论证经济增长对于城镇化的积极意义时，加入了金融发展因素。该研究首先通过格兰杰因果检验的方法，证明了经济增长与城镇化之间只存在经济增长促进城镇化发展的单向因果关系。随后采用平滑转换回归模型的方法测算经济增长对于城镇化进程的门槛效应，结果表明中国城镇化主要是由经济增长所推动的，城镇化自身的循环累积效应并不明显，且当金融发展水平较高时，经济增长对于城镇化的作用更大。任杲和宋迎昌（2018）认为在经济增长的不同时期，各产业发展对城镇化进程的促进作用有所差异，但不同时期的城镇化发展又是各产业综合推动的结果。

特别地，当经济增长主要依靠新型工业化和第三产业带动时，市场规模将成为企业选址的重要因素，更有助于带动大城市化进程。就制造业企业而言，市场规模越大，越便于获取中间投入品；就服务业企业而言，市场规模越大，越便于接近客户，提供完善的服务。亚当·斯密 1776 年在《国富论》中写道，尽管诸如搬运工等工作非常低级，但也只能在大城市中寻找工作,最早反映出服务业可以在大城市得到充分发展。C. D. Harris (1954) 和 P. W. Daniels (1995) 认为服务业的集聚趋势较制造业更加明显,会促使更多的生产要素集聚于国际化的大城市。蔡继明等 (2012) 指出以成套机器设备和精密器械与仪表制造为代表的新型工业化,会促使大规模城市的不断涌现,以满足企业对于大量劳动力供给和工业基础设施的需求。张黎娜 (2015) 通过构建数理模型,指出经济增长与服务业产值、就业比重密切相关,大城市的服务业体系更加健全,能够吸引更多的劳动力就业,促使城市规模不断扩大。

三　城镇化、大城市化促进经济增长的研究现状

(一) 城镇化促进经济增长的研究现状

J. V. Henderson (2003) 认为一般情况下,城镇化进程能够推动经济增长,但过快的城镇化发展往往仅能对经济增长产生微弱的正向影响。D. E. Bloom 等 (2008) 通过建立城市人口份额对收入水平影响模型的研究指出,不同的国家具有各自的城镇化特征,并未全部展现出其对于经济增长的正向影响。M. S. Hossain (2011) 结合 1971—2007 年巴西、中国、印度、马来西亚、墨西哥、菲律宾、南非、泰国和土耳其九个新兴工业化国家的数据,分别考察了二氧化碳排放、能源消费、经济增长、贸易开放度和城镇化之间的关系。结果表明,尽管经济增长和城市之间在长期并不存在因果联系,但在短期内城镇化却能够促进经济增长。B. Liddle (2013) 指出在不同的经济社会发展水平下,经济增长和城镇化之间的关系存在差异。即随着各国人均收入水平的提高,城镇化对于经济增长的作用遵循由负到零,再到正向的过程,存在城镇化的阶梯效应。M. E. H. Arouri 等 (2014) 认为在经济发展初期,城镇化能够显著带动经济增长;而在经济发展后期,城镇化与经济增长会逐渐出现负相关关系。以非洲作为研究对象的实证分析结果验证了城镇化与经济增长之间的倒 "U" 形关系,即当城镇化率超过 73% 时,继续加大要素投入,城镇化反而会阻碍经济增长。

结合上述国外学者关于城镇化促进经济增长的研究可知,在不同的经

济发展阶段，城镇化对于经济增长的带动作用不同。继而，对国内学者的研究进行综述，以反映中国城镇化促进经济增长的实际。

刘华军、张权和杨骞（2014）结合外部性理论，将城镇化推动经济增长的机制理解为城镇化的溢出效应，进而采用空间计量的方法，衡量了城镇化对于区域经济增长溢出效应的大小，得出各地区城镇化均正向作用于经济增长的结论。李妍和薛俭（2015）认为中国各省级行政单位的城镇化均促进了经济增长，但城镇化对于经济增长的正向作用与城镇化率水平高低并不一致，诸如广东、黑龙江和山东等省份城镇化发展较为成熟，但城镇化对经济增长的积极意义较小。周慧（2016）采用空间计量回归模型，结合中部地区80个地级市的面板数据探讨了城镇化对于经济增长的促进作用。结果表明，无论是采用邻接空间权重还是经济空间权重，城镇化的回归系数均为正，即城镇化对于经济增长有正向影响。刘晓明、刘小勇和董建功（2017）认为城镇化作用于经济增长的效应来自两个方面：一是本地区城镇化对于经济增长的影响，即城镇化的内部效应；二是相邻地区城镇化对于本地经济增长的影响，即城镇化的外部效应。同时，他们运用中国省级面板数据的空间杜宾模型，估计了城镇化对于经济增长的两种效应，得出城镇化间接效应对于经济增长的促进作用是直接效应两倍的结论。郑鑫（2014）将城镇化细分为人口城镇化、土地城镇化和城镇建设三种类型，分别考量三种城镇化表现形式对于经济增长的积极意义。结果显示，人口城镇化对于经济增长的正向作用小于土地城镇化和城镇建设的作用。

（二）大城市化促进经济增长的研究现状

相较于城镇化促进经济增长的研究而言，大城市化促进经济增长的研究较少。本书通过总结城市规模扩大、中心城市和大城市以及城市规模体系变动促进经济增长的学术成果，从侧面了解大城市化作用于经济增长的内在机制。

第一，关于城市规模扩大影响经济增长的研究。S. A. Frick 和 A. Rodríguez-Pose（2018a）利用1960—2010年114个国家的面板数据模型，分别检验了发达国家和发展中国家城市规模对于经济增长的作用。结果显示，在发达国家，人口规模在10万以上的城市，人口规模增加1%，将会带动经济增长在五年内提升0.84%，但这种促进效应会随着城市规模的不断扩大而降低；而在发展中国家，城市规模的扩大却无助于带动经济增长。S. A. Frick 和 A. Rodríguez-Pose（2018b）进一步验证了三个关于城市规模与经济增长之间的假说：一是城市规模和经济增长存在非线性关系，并与国家规模密切相关。二是对于大多数国家而言，人口规模在300万的城市更有利于经济增长；在人口规模超过1000万的城市中，只有当城市人口规模达到2850万时，才能够进一步带动经济增长。三是更完善的城市基础设施、更健全的监督机制等因素是大城市推动经济增长的重要原因。

第二，关于大城市和中心城市促进区域经济增长的研究。R. Vicente 等（2014）以2004—2012年15个OECD国家作为研究对象，论证了大城市因集聚经济的存在，确实能够推动区域经济更快增长。K. Björkgren（2016）选取中国18个省的47个代表性大城市，分析其对于区域经济的带动作用。结果表明，大城市通过空间溢出效应促进了区域经济增长，但这种促进作用会随着距离的扩大而缩小。S. Fothergill 和 D. Houston（2016）指出因大城市在商业经济方面具有较中小城市更加明显的优势，故大城市的发展对于区域经济增长具有明显的促进作用。

高玲玲（2015）将中国26个省的省会城市视为省区中心城市，通过主成分分析的方法测算这26个中心城市与区域经济的协调程度，并利用该组数据进一步分析中心城市对省区经济增长的影响。结果显示，中心城市能够通过合理配置省区资源以及外部扩散效应促进相应区域经济增长。丁从明、梁甄桥和常乐（2015）指出，因省内中心城市相较省内其他城市而言，具有财税优势、土地优势及政策优势，故部分省内中心城市资源过度集聚将不利于区域经济增长；反之，若因规模经济形成的资源集聚于中心城市，则将有助于改善省内城市经济发展的不平衡，促进区域经济增长。蔡之兵和满舰远（2016）分析了北京和上海两个中心城市对于周围区域经济增长的重要作用。他们认为上海有效促进了相应区域的经济增长，但北京却未对外围经济产生带动作用。二者之间的差异是以下三个因素共同作用的结果：一是北京内部的割裂程度大于上海；二是北京与周围地区的市场壁垒高于上海；三是北京周边区域的经济初始发展水平低于上海。王贤彬和吴子谦（2018）认为，中心城市经济增长能够促进外围城市的经济发展，但这种促进作用会随着中心城市与外围城市之间距离的扩大而衰减。

第三，关于城市规模体系变动有助于经济增长的研究。S. Farahmand（2010）以亚太地区国家为研究对象，证明了城市首位度的提升显著促进了经济增长。K. Rostam 等（2010）认为全球化显著改善了马来西亚的经济发展方式，突出表现在人口和企业向吉隆坡等大城市集聚。这种集中式的城镇化发展模式使马来西亚的人均国民收入从 1990 年的 4426 令吉上升至 2000 年的 14584 令吉。S. A. Frick 和 A. Rodríguez-Pose（2018）测算了 1985—2010 年 68 个国家的城市集中度，并分析了城市集中度对于经济增长的影响。结果显示，集中式的城市规模体系促进了发达国家的经济增长。

谢小平和王贤斌（2012）在研究中指出，由于大多数省份存在着中小城市扩张为大城市的发展趋势，致使新的大城市出现弱化了原有大城市在城市规模体系中的极化程度。这一现象显著地拉动了经济增长，故适量培育中小城市向大城市转变，同时保持首位城市与其他大城市之间的适度层级，是保持经济持续稳定增长的有效途径。田超（2016）将中国各省的城市规模结构分为单中心和双（三）中心两种模式。其中，全国和内陆地区的单中心城市规模体系促进了经济增长，而沿海地区双（三）中心城市规模体系却对经济增长起到了负向作用。

四 经济增长、城镇化与大城市化互动关系研究现状

如前所述，城镇化的发展不仅涉及生产要素在城乡之间的分布，关注生产要素在城市的总集聚过程，还蕴含着城市规模体系的变动，以生产要素在大城市集聚的大城市化为重点。因此，充分了解经济增长与城镇化进程的相互关系，自然也就无法避开探讨经济增长、城镇化与大城市化三者之间的互动关系。任杲和宋迎昌（2018）在梳理经济增长、城镇化与大城

市化相互作用机制基础之上，以 G20 国家中的发达国家为研究对象，通过建立面板向量自回归模型，总结出 1961—2016 年发达国家在经济增长、城镇化和大城市化之间的发展经验如下：城镇化和大城市化均是促进经济增长的主要动力；经济增长同样对城镇化与大城市化的发展产生积极作用；城镇化为大城市化进程提供了必要准备，但大城市的过度发展不利于城镇化水平的提升。

除上述代表性研究之外，学者们更多探讨的是经济增长与城镇化之间的相互关系。

V. Mishra 等（2009）认为经济增长能够带动人口和资本等生产要素从农业向非农产业转移，以此促进城镇化进程。同时，城镇化发展中存在地方化经济有助于经济增长，即经济增长与城镇化之间存在相互促进的内在机制。M. Shahbaz 和 H. H. Lean（2012）通过构建向量误差修正模型，论证了突尼斯能源消费、金融发展、经济增长、工业化和城镇化的相互关系。其中，经济增长和城镇化之间具有显著的正向作用机制。B. Liddle 和 G. Messinis（2015）指出城镇化与经济增长的互动关系与地区收入水平和地理位置紧密相关。在高收入国家以城镇化促进经济增长为主，即城镇化恰恰是高收入国家经济增长的主要动力；在中等收入国家和拉丁美洲国家，经济增长和城镇化高度相关，但二者的双向因果关系并不显著；在以非洲国家为代表的低收入国家，经济增长对于城镇化有积极的作用，而城镇化却对经济增长产生负面影响。J. J. Adams（2017）通过数理模型的推导说明城镇化与经济增长相伴而生，互相影响，并结合奥地利、澳大利亚、加拿大和日本等 29 个国家的数据验证了上述理论假说。

孙文凯（2011）使用世界经济指标数据库提供的数据，建立城镇化与经济水平之间的联立方程组模型，得出城镇化每提高 1 个百分点，经济增长 4.34%；同时，提高 1 个百分点的国内生产总值，将促进城镇化率增长 1.8% 的结论。杨智恒和杨雪儿（2012）通过对城镇化、服务业发展和经济增长三者之间的相互关系进行实证分析。结果表明，经济增长带动城镇化进程，但城镇化并不显著作用于经济增长。黄向梅、夏海勇（2012）通过向量自回归模型探讨了江苏省城镇化、经济增长与产业结构的相互作用关系。结果表明城镇化对于经济增长有显著的带动作用，但经济增长对于城镇化进程的促进作用较小。张明斗（2013）认为经济增长有助于缓解城市建设中的资金投入短缺问题，能够正向带动城镇化发展；而城镇化对于经济增长的作用，随着非农产业和非农业人口不断向城市集聚产生倒"U"形的非线性关系。联立方程组模型的分析结果表明：2002—2011年，经济增长每上升1%，城镇化水平提高0.716%；预计至2019年将达到城镇化推动经济增长的最高点，之后城镇化对于经济增长的正向作用将逐步降低。康继军、吴鹏和傅蕴英（2015）指出从长期来看经济增长对于城镇化的影响将呈现出倒"U"形，而城镇化对于经济增长有较为稳定的正向影响，并通过实证分析论证了上述观点。

五　文献研究述评

无论是国外文献，还是国内学术论文均较多地探讨了经济增长与城镇化之间的作用机制及互动关系。反观涉及大城市化的研究则较为欠缺，只能够选取相近的文献资料进行分析。

关于城镇化与大城市化研究现状的文献回顾表明，同时在论文主题中涉及城镇化与大城市化的文章，一方面将城镇化与大城市化作为影响其他经济变量的重要因素；另一方面用以探讨城镇化的路径选择。借用城市规模体系变动的研究表明，大城市的发展使城市规模体系呈现集中化趋势，反映出大城市化是城镇化的重要表现形式。城镇化与大城市化尽管存在千丝万缕的联系，但是有关二者之间的互动机制却没有给予相应的分析，存在进一步完善的可能。

关于经济增长带动城镇化与大城市化研究现状的文献回顾表明，经济增长引起产业结构变动，进而带动城镇化与大城市化进程已经成为学术界的普遍共识。但是，经济增长与产业结构变动之间连接机制的论述并不清晰，且鲜有学者分析经济增长对于城镇化与大城市化作用机制的不同。搭建经济增长带动城镇化与大城市化的桥梁，利用中介变量分析经济增长对于城镇化、大城市化发展作用的差异，值得深入探讨。

关于城镇化、大城市化促进经济增长研究现状的文献回顾表明，一是城镇化促进经济增长的研究方面，在不同的经济社会发展水平下，城镇化

第十章 相关研究文献回顾

对于经济增长的作用不同。就中国而言，学者们的实证分析结果一致表明城镇化是促进中国经济增长的主要动力。二是大城市化促进经济增长的研究方面，直接以大城市化促进经济增长的研究较少，但从中心城市、城市规模扩大以及城市规模体系变动的视角，为大城市化促进经济增长提供了佐证。鉴于此，在城镇化促进经济增长已有研究的基础上，着重探讨大城市化对于经济增长的机制，有助于完善城镇化理论。

经济增长、城镇化与大城市化互动关系研究现状的文献回顾表明，当前关于城镇化的研究，多集中在生产要素由农村向城市集聚的总趋势，忽视了城镇化进程中的大城市化倾向，是故经济增长与城镇化相互关系的研究较多，而同时涉及经济增长、城镇化与大城市化三者的研究较少。这说明探讨经济增长、城镇化与大城市化的互动关系有进一步研究的空间。

综上所述，关于经济增长、城镇化与大城市化相互作用机制的研究较为零碎，且直接以大城市化为研究对象的学术成果较少。关于经济增长、城镇化与大城市化的研究，可从以下四个方面进一步完善：一是城镇化与大城市化发展是割裂的吗？二者存在怎样的作用机制？二是经济增长带动城镇化与大城市化进程的机制有何差异？三是城镇化与大城市化促进经济增长的内在动因是什么？四是经济增长、城镇化与大城市化之间存在怎样的动态关系？

笔者试图通过城镇化与大城市化的互动关系研究、经济增长带动城镇化与大城市化进程的机制探讨、城镇化与大城市化促进经济增长的动因分析以及经济增长、城镇化与大城市化的动态关系研究四部分内容，填补经济增长、城镇化与大城市化研究中的空白。

第十一章　城镇化与大城市化的互动关系研究

一　城镇化与大城市化的互动关系探讨

城镇化即资本和劳动力等生产要素由乡村向城市（镇）转移的过程，大城市化则意味着资本和劳动力等生产要素由乡村和中小城市向大城市的集聚。由此定义可知，城镇化与大城市化的共同点在于均强调生产要素在空间上的转移，而不同点是指城镇化仅仅代表着生产要素的非农化，只要生产要素从农村转移至城市（镇）即完成了城镇化进程；大城市化因生产要素来自乡村和中小城市两个方向，故其不仅蕴含着生产要素的非农化，而且还包含着生产要素在不同规模城市的分布。笔者从此视角出发探讨城镇化与大城市化的相互作用机制。

城镇化发展对于大城市化进程的促进作用，突出表现为大部分外出农民工会优先选择在中小城市工作生活，在自身劳动技能得到提升和具备必要的物质条件之后，才有可能进一步向大城市集聚，完成渐进式的层次迁移。这一现象的产生是两方面因素综合作用的结果：一方面，尽管在2018年年底中国的城镇化率已经达到59.58%，但相较于75%—80%的高水平而言，仍有数以亿计的外出农民工需要从农村转移至城市寻找工作。在拥有"无限"潜在农村剩余劳动力供给的背景下，外出农民工的工资水平更多地受农业生产率的影响，即只要企业给予外出农民工的工资略高于农业生产率条件下相应的农业收入，就可以源源不断地促使农民工涌入城市。加之，外出农民工受教育年限以及技能培训普遍较少，往往只能够在制造业和建筑业从事相对简单的体力劳动,进而造成全国及各规模城市外出农民工工资水平远不及城市居民工资水平的现象。2012年全国外出农民工月均收入为2290元,仅占城镇单位就业人员月均工资的58.76%;在直辖市、省会城市、地级市和县级市的外出农民工月均收入相差甚微,分别为2561元、2277元、2240元和2204元。另一方面,外出农民工融入城市的个人成本——生活成本、住房成本和自我保障成本,又会随着城市规模的扩大而大幅增加,即外出农民工在规模越大的城市工作,所要面临的经济压力也就越大。

综上所述,在外出农民工收入水平普遍较低,而融入城市的成本又随着城市规模的扩大而有很大差异的条件下,多数外出农民工会优先选择在中小城市集聚,完成从农村居民向城镇居民身份的转换。例如,2012年外出农民工在直辖市和省会城市务工的比例分别为10%、20.1%,而在地级市和县级市务工的比例较高,达到34.9%和23.6%[①],呈现出外出农民工更倾向于在中小城市务工的意愿。此后,随着在中小城市的长期工作生活,外出农民工的工作技能与基本素养会大幅提升,应对城市生活的能力逐渐加强,且个人储蓄的增加及物质条件的改善,均为其进一步向大城市的集聚提供了可能。简而言之,外出农民工首先从农村集聚至中小城市的城镇化进程为大城市化的发展做出了必要准备。

大城市化通过直接吸纳农业生产要素集聚,以及带动中小城市发展作用于城镇化进程。其一,城区人口越多,城市规模越大,但这并不意味着大城市完成了百分之百的城镇化进程。大城市内的本地农民工同样存在着深厚的乡土情结,会优先选择就近就地完成从乡村向城市的转移。同时,由于中国的城市是与行政区划的不同层级联系在一起的,有利于公共资源向大城市配置(魏后凯,2014),提升了大城市吸纳农民工的能力,致使部分素质较高、能力较强和经济基础更好的外出农民工直接融入大城市发展。其二,在市场通达性不断完善的基础上,大城市凭借更大的辐射带动力、国际竞争力和科技创新力等优势条件,通过加强城市间的分工与合作

---

① 资料来源:国家统计局。

以及产业的梯度转移等方式,带动中小城市经济增长,促使中小城市农业生产要素向非农产业的转移。以上海和嘉兴为例进行分析,上海以"国际金融、贸易、物流和服务中心"为城市产业定位,逐步将制造业向周边城市转移。附近的嘉兴借此机会,按照"主导产业配套、新兴产业共建、一般产业互补"的指导思想,在承接部分上海制造业的同时,加强了与上海支柱产业的配套协作(李学鑫,2011),由此形成了城市间合理的产业分工体系。进而,在上海城市规模不断扩大的同时,促进了嘉兴市城镇化水平的提升,表现为2007—2016年嘉兴市城镇化率由49.36%快速上升至62.9%[①]。此外,在一定条件下,城市人口集中的规模越大,释放出的新能量就越多,创造出现代化的大城市文明,对其他中小城市产生巨大的示范作用,使之纷纷效仿,形成一种间接引力效应,促使中小城市中某些竞争力强的城市也会发展成为大城市(高珮义,1992)。

可见,城镇化与大城市化之间具有紧密的相互依存机制,即率先融入中小城市的农业生产要素为大城市化进程起到了"蓄水池"和"中转站"的作用;而大城市则通过发挥其巨大的扩散效应和示范效应,在促使部分农业生产要素直接融入大城市发展的同时,加快了中小城市的城镇化进程。

二 向量误差修正模型构建与变量说明

为进一步验证上述城镇化与大城市化之间的相互作用关系,深入剖析中国城镇化与大城市化的发展实际,本书采用1998—2017年的时间序列数据进行实证分析。在此选取城镇化率反映中国城镇化发展水平,使用 UR 表征;选取大城市化率反映中国大城市化的发展水平,使用 GUR 表征。其中,城镇化率的数据来源于《中国统计年鉴》;大城市化率的数据来源于世界银行数据库。各变量的描述性统计结果见表11.1。

---

① 资料来源:浙江县市统计数据库。

表 11.1　　　　　　　　各变量的描述性统计结果

变量名称	标准差	最小值	最大值	均值
UR	7.8603	33.3500	58.5200	46.3100
GUR	3.4519	14.2976	25.7116	20.1225

资料来源：笔者自行分析整理。

在使用时间序列数据分析变量之间的动态关系之前，需对变量进行单位根检验，确保变量的平稳性。若变量存在单位根，传统的处理方法是对其进行差分得到平稳序列之后，再进行变量之间相互作用机制的回归分析。然而，由于差分后变量的经济含义与原序列并不相同，故难以准确反映变量之间原有的动态关系。此时，如果多个变量的时间序列数据均是非平稳的，且变量之间存在长期均衡关系，则有可能借助协整理论和构建向量误差修正模型（VECM），直接对变量的原序列进行回归估计（陈强，2014）。

建立向量误差修正模型的步骤如下：首先，需要对变量进行单位根检验；其次，若各变量同为一阶单整序列，则可进一步采用 Johansen 的检验方法，判断变量间的协整关系；最后，在确定变量存在协整关系的基础上，建立向量误差修正模型，分析变量之间的相互作用关系。在城镇化与大城市化的时间序列满足一阶单整和存在协整关系的条件下[①]，笔者构建的城镇化与大城市化的向量误差修正模型如式（11-1）所示：

$$\begin{bmatrix} \Delta UR_t \\ \Delta GUR_t \end{bmatrix} = \begin{bmatrix} Cons_{t1} \\ Cons_{t2} \end{bmatrix} + \begin{bmatrix} \alpha_1 \\ \alpha_2 \end{bmatrix} ECM_{t-1} + \sum_{i=1}^{I} \begin{bmatrix} r_{11} & r_{12} \\ r_{21} & r_{22} \end{bmatrix} \begin{bmatrix} \Delta UR_{t-i} \\ \Delta GUR_{t-i} \end{bmatrix} + \begin{bmatrix} \varepsilon_{t1} \\ \varepsilon_{t2} \end{bmatrix} \quad (11-1)$$

其中，ECM_{t-1} 为误差修正项，用以反映城镇化和大城市化之间的长期均衡关系；误差修正项前的系数 α_1、α_2，用以反映城镇化和大城市化偏离均衡值之后向其调整的速度；ΔUR_{t-i} 和 ΔGUR_{t-i} 前的系数，用以反映城镇化和大城市化变量偏离均衡值之后短期波动对变量的影响；$Cons_{t1}$ 和 $Cons_{t2}$

---

① 笔者对于城镇化与大城市化时间序列数据的检验表明，二者满足构建向量误差修正模型的条件。

为常数项；i 表示滞后阶数；t 表示年份。

运用向量误差修正模型，分析城镇化与大城市化的相互作用机制具有两个优势。一是避免了城镇化与大城市化因内生性造成的回归估计偏误，可以较为准确地分析二者的相互影响。二是在反映城镇化与大城市化长期均衡关系的同时，能够描述短期内城镇化与大城市化的动态作用机制。

三 中国城镇化与大城市化动态作用机制的实证分析

（一）单位根检验

遵循上述模型构建思路，首先对城镇化和大城市化的时间序列数据进行 ADF 单位根检验，具体检验结果见表 11.2。结果显示，描述中国城镇化和大城市化发展水平的城镇化率和大城市化率的原序列，均在 20% 的显著性水平上无法拒绝存在单位根的原假设，即两序列均是不平稳的；而对各变量取一阶差分的序列又都能够在略高于 5% 的显著性水平上拒绝存在单位根的原假设，即两序列变为平稳序列。可见，城镇化和大城市化均是一阶单整的，具有存在协整关系的可能。

表 11.2　　　　　　　　ADF 单位根检验结果

序列	UR	D[UR]	GUR	D[GUR]
ADF 检验统计量	-2.007	-2.883	0.349	-7.294
p 值	0.2835	0.0537	0.9795	0.000

注：D[　] 表示对括号内序列取一阶差分。

资料来源：笔者自行分析整理。

（二）模型滞后阶数判定与协整检验

无论是对城镇化和大城市化之间进行协整检验，还是构建向量误差修正模型均需要选取适宜的模型滞后阶数。为此，采用不同信息准则对模型的滞后阶数进行判定，具体分析结果见表 11.3。结果表明，似然比检验（LR）、前一期预测的均方误差（FPE）、AIC 准则、HQIC 准则和 SBIC 准则，均指出滞后 3 阶进行变量间的协整检验和构建向量误差修正模型最为适宜。

表11.3　　　　　　　　　　模型滞后阶数的判定依据

滞后阶数	LR	FPE	AIC	HQIC	SBIC
0	—	0.604631	5.1722	5.1712	5.2666
1	166.9000	0.000015	-5.4210	-5.4241	-5.1378
2	11.2460	0.000013	-5.6374	-5.6425	-5.1654
3	12.7620*	0.00001*	-5.9549*	-5.9619*	-5.2940*
4	4.5267	0.000016	-5.7233	-5.7324	-4.8737
5	6.5719	0.000028	-5.6281	-5.6392	-4.5896

注：带有*的行表示模型最适宜的滞后阶数，"—"表示不存在相关数据。
资料来源：笔者自行分析整理。

那么，滞后3阶的协整检验结果见表11.4。当假设城镇化与大城市化间的协整关系数为0时，迹统计量和最大特征值均大于5%的临界值，表明二者至少存在一个协整关系；当假设城镇化与大城市化间的协整关系数为1时，迹统计量和最大特征值又均小于5%的临界值，表明二者最多存在一个协整关系。由此可以判定中国城镇化进程和大城市化发展之间存在长期均衡关系，可以建立向量误差修正模型分析二者的相互作用机制。

表11.4　　　　　　　　　　Johansen协整检验的结果

原假设下协整关系个数	迹统计量	5%的临界值	最大特征值	5%的临界值
$R=0$	30.3282	18.1700	26.6572	16.8700
$R=1$	3.6710	3.7400	3.6710	3.7400

资料来源：笔者自行分析整理。

（三）向量误差修正模型的回归结果分析

Johansen协整关系的检验结果说明，中国城镇化和大城市化之间存在共同的随机趋势，确保了建立向量误差修正模型的可行性。采用最大似然估计的方法，得到向量误差修正模型的回归分析结果如式（11-2）所示。具体地，模型中含有误差修正项的城镇化与大城市化回归方程的可决系数分别高达0.9891和0.9995，表明本书构建的向量误差修正模型能够很好地反映出城镇化和大城市化的动态机制；城镇化与大城市化误差修正项前系数的绝对值较为接近，表明当城镇化和大城市化偏离均衡值之后，二者的调整速度几乎是同步的；城镇化滞后一期增量和大城市化滞后二期增量对城镇化的短期变动有促进作用，而城镇化滞后二期增量和大城市化滞后一期增量则会对城镇化的短期变动产生负向影响；大城市化的短期变动主要受其滞后一期和滞后二期增量的正向带动，且滞后一期增量的带动作用更大，而城镇化滞后一期和滞后二期增量短期内将对大城市化发展产生较小的负向作用。

$$\begin{bmatrix} \Delta UR_t \\ \Delta GUR_t \end{bmatrix} = \begin{bmatrix} 0.9095 \\ 0.8877 \end{bmatrix} + \begin{bmatrix} 0.1918 \\ -0.1965 \end{bmatrix} ECM_{t-1} +$$
$$\begin{bmatrix} 0.1190 & -0.0248 \\ -0.0479 & 0.4391 \end{bmatrix} \begin{bmatrix} \Delta UR_{t-1} \\ \Delta GUR_{t-1} \end{bmatrix} + \qquad (11-2)$$
$$\begin{bmatrix} -0.1852 & 0.1205 \\ -0.0578 & 0.0146 \end{bmatrix} \begin{bmatrix} \Delta UR_{t-2} \\ \Delta GUR_{t-2} \end{bmatrix}$$

$$R^2 = (0.9891 \quad 0.9995)$$

协整方程反映出城镇化与大城市化的长期均衡关系，如式（11-3）所示。进而，可以明确在长期内城镇化发展能够带动大城市化进程，表现为城镇化率增加一个单位，可引起大城市化率增长 0.4516 个单位，论证了二者存在同向发展趋势的观点。

$$G\hat{U}R_t = -3.0707 + 0.4516 UR_t \qquad (11-3)$$

进而，对中国城镇化和大城市化向量误差修正模型进行稳定性检验，具体的判别见图 11.1。显然，除向量误差修正模型本身所假设的单位根外，模型伴随矩阵的所有特征值均落在单位圆内，能够保证各变量的扰动项是白噪声，即可认定所建立的模型满足稳定性条件。

图 11.2 列示了城镇化与大城市化向量误差修正模型正交化的脉冲响应图，用以分析城镇化与大城市化之间的动态效应。其中，四个小图上标的第一个名称表示脉冲变量，第二个名称表示响应变量。第一行的两个小图均以大城市化为脉冲变量，分别以大城市化与城镇化为响应变量。具体地，最初的大城市化进程对于自身的发展有较强的推动作用，但随着时间的推移这种推动作用逐渐减小；大城市化进程同样能够带动城镇化发展，并在后期保持在一个相对稳定的水平。第二行的两个小图则以城镇化为脉冲变量，分别考察城镇化对于大城

市化以及自身发展的影响。表现为城镇化对于大城市化具有带动作用，且这种作用会在前五年逐渐放大，之后趋于稳定；最初的城镇化进程会对自身的发展产生较大的正向影响，且最终保持在相对较高的水平。

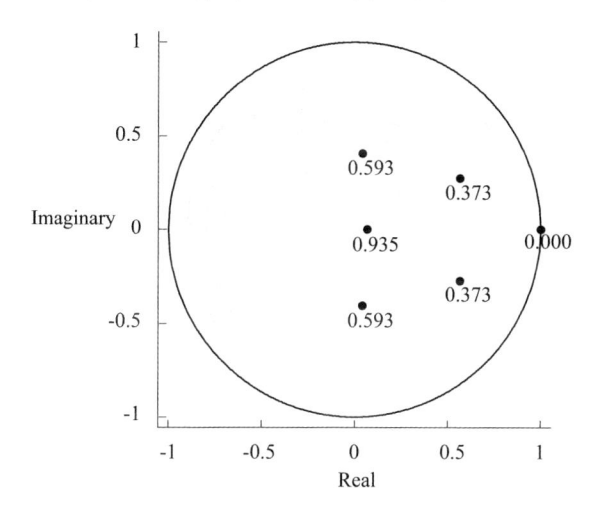

图 11.1　VECM 系统稳定性的判别

资料来源：笔者绘制。

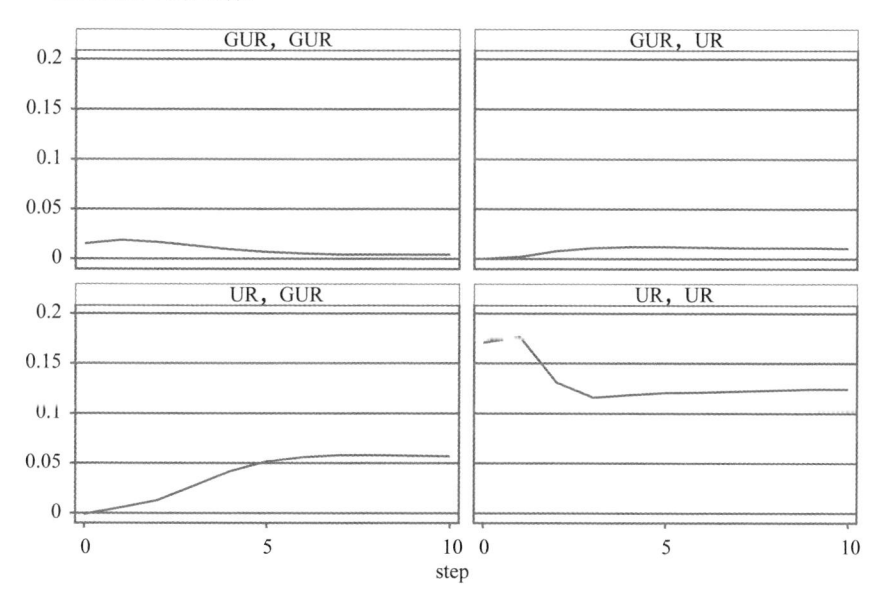

图 11.2　向量误差修正模型的正交化脉冲响应

资料来源：笔者绘制。

总之，通过本章研究发现，城镇化与大城市化存在互动发展机制，即农业生产要素率先从农村集聚至中小城市的城镇化进程为大城市化发展起到了"蓄水池"和"中转站"的作用；同时，大城市通过其巨大的扩散效应和示范效应，在吸纳了部分农业生产要素直接融入大城市发展的同时，加快了中小城市农业生产要素的非农化进程。

第十二章 经济增长带动城镇化与大城市化进程的机制探讨

经济增长表现为人均收入水平的提高，进而促使居民消费结构升级，新型消费品相继涌现。由于不同产品的生产企业对于规模经济的要求存在差异，经济增长推动城镇化与大城市化进程的作用由此不同。本章以此为研究思路，对经济增长带动城镇化与大城市化的作用机制进行了深入分析。主要内容安排如下：第一部分，借助居民消费结构变动，探讨经济增长推动城镇化与大城市化进程的动因与差异；第二部分，描述中国城镇居民和乡村居民消费结构变动的特征事实；第三部分，基于居民消费结构变动，构建中介效应模型，并对模型中的变量进行说明；第四部分，分别结合含直辖市和不含直辖市的省级行政单位数据，进行中介效应模型的实证分析。

一 经济增长带动城镇化与大城市化进程的差异分析

经济增长指一个经济体在一段时间内实际产出的增加，表现为人均收入水平的提高。那么，在物价增幅小于人均收入增幅的条件下，经济增长会促使居民逐步从消费维持劳动力简单再生产的生存资料，向消费享受资料和发展资料转变（尹世杰、蔡德荣，2000），实现消费结构升级，并以此带动城镇化与大城市化进程。这是因为在需求导向型的经济发展过程中，消费结构升级会影响不同消费品的潜在市场需求份额。进而，具有"理性人"特征的厂商，会相应地调整原有产品产量，甚至改弦更张，以适应市场需求，维持企业利润。与此同时，新兴企业将会不断涌现，为居民新的消费需求提供产品。大量统计数据表明,在不同的经济发展水平下,消费结构存在显著差异,进而导致产品生产结构发生变动(林白鹏、张圣平、臧旭恒等,1993)。具体地,当人均国民生产总值小于 300 美元时,居民的消费结构处于生理需求占统治地位的阶段,以消费食品和服装等生存资料为主;当人均国民生产总值在 300 美元至 1000 美元时,居民消费结构转化为以追求便利与机能为主的阶段,以消费家用电器、家具和汽车等享受资料为主;当人均国民生产总值大于 1000 美元时,居民消费结构进阶为以追求时尚与个性为主的阶段,以消费劳务产品和精神文化产品等发展资料为主。

因生产不同产品的规模经济存在差异,故厂商会选择在不同规模城市投资设厂,以实现企业利润最大化。一般地,按照消费结构的升级,相应产品生产企业所要求的规模经济也会扩大。诸如,以生产食品和服装为代表的企业,即使只拥有很小的市场范围,也可以实现生产的规模经济;而以生产家用电器、家具和汽车等耐用消费品为代表的企业,则需要更为广阔的市场范围;以提供劳务产品和精神文化产品为代表的企业更为特殊,因其产品以消费者为核心进行定制化生产,相较于生产物质产品的企业而言,所要求的市场范围更大。是故,以面粉加工厂和织布厂为代表的,能够进行标准化生产的生存资料型企业,不仅能够在中小城市获取利润,同样能够在大城市从事生产经营活动,带动资本和劳动力等生产要素由乡村向城市集聚,推动城镇化与大城市化进程。以家电制造厂和汽车制造厂为代表的,同样能够进行标准化生产的享受资料型企业,通常会选择在大中城市投资设厂,以便共享中间投入品,提高劳动力匹配性以及完善学习机制,实现企业利润。可见,由以生存资料为主的消费结构向以享受资料为主的消费结构转变,能够通过企业在规模较大城市投资设厂,促进生产要素向大城市集聚,带动大中城市发展。但是,此类消费结构升级对于促进小城市发展的作用十分有限。以培训机构和歌剧院为代表的,无法进行标准化生产的发展资料型企业,则更进一步,只能在大城市实现盈利。这是因为以发展资料为主的消费追求多样化与个性化,往往以消费服务型产品为主,加之服务型产品的生产过程和消费过程同时存在,很难通过运输实现产品的转移。那么,这样的企业在人口规模越大的城市选址,越能够实现收益,即发展资料型企业能够通过不断吸引中小城市和农村的生产要素集聚,促进大城市化发展。消费结构升级与企业选址的关系如图 12.1 所示。

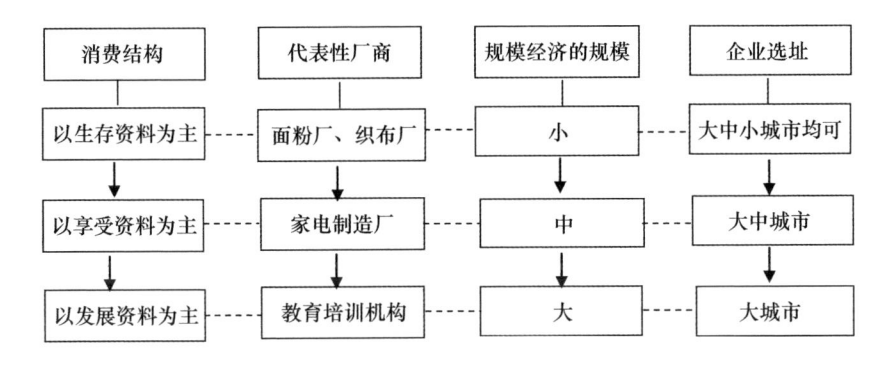

消费结构	代表性厂商	规模经济的规模	企业选址
以生存资料为主	面粉厂、织布厂	小	大中小城市均可
以享受资料为主	家电制造厂	中	大中城市
以发展资料为主	教育培训机构	大	大城市

图 12.1 消费结构升级与企业选址的关系

资料来源：笔者绘制。

此外，在规模经济的作用机制下，消费结构升级，促使更多的企业选址于大城市，进而次级作用于人口向大城市集聚，带动大城市化发展。其一，因大城市集聚了更多的企业，尤其是提供以劳务消费为代表的企业较中小城市更多，能够最大限度地满足居民消费的多样性需求，故追求自身效用最大化的中小城市居民和农村人口有进一步向大城市集聚的动力。其二，更多的企业集聚于大城市，有助于大城市产业分工的深化，使其成为科技创新、制度创新和商业模式创新的发源地，进而提供数量多、种类全的就业岗位。任杲（2018）结合城市规模差异和劳动力个体特征的研究发现，工作经验更丰富、技能水平更高和工作能力更强的劳动力为实现自身价值，会首先选择在规模较大的城市工作；且城市规模越大，思想观念越开放，对劳动力的性别歧视越少，易于女性劳动力实现就业。

简言之，经济增长促使居民消费由以生存资料为主，转向以享受资料为主，进而进阶为以发展资料为主。消费结构的升级促使消费品逐渐由实物向服务转变，由标准化产品向非标准化产品转变。适宜于小规模生产，且可标准化生产的物质性产品，能够促进大中小城市共同发展；而适宜于大规模生产，尤其是不可标准化生产的服务型产品，仅能够带动大城市化进程。人均收入水平的提高，必将使得今后的消费结构趋向于以发展资料为主，那么企业只会更多的选址于大城市。中小城市促进农业生产要素向城市集聚，只能够在交易成本足够低的前提下，依托于大城市的产业结构转移，通过形成大中小城市合理的分工体系得以实现。

二 中国居民消费结构变动分析

经济增长对于城镇化与大城市化带动作用存在差异，是通过居民消费结构变动来实现的，故笔者从中国城镇居民和农村居民的实际收入与消费价格指数、各项生活消费支出比例、基本消费支出比例三个层面，分析中国居民消费结构变动的特征事实。

（一）中国居民人均实际收入与消费价格指数变动趋势

受统计数据的制约，在此通过分析1978—2015年城镇居民和1985—2015年农村居民实际收入与消费价格指数变动，佐证经济增长带来居民实际购买能力提升的观点，这是居民消费结构升级的前提。数据来源于《中国六十年统计资料汇编》和各年份的《中国统计年鉴》。

1. 中国居民人均实际收入变动趋势

改革开放以来，中国经济取得了飞速发展，一跃成为全球第二大经济体。相应地，居民人均收入水平得到了极大提升。图12.2绘制了以1978年为基期的城镇居民人均实际可支配收入和以1985年为基期的农村居民人均实际纯收入的变动趋势。在相应的时期内，二者均呈稳步上升态势。其中，城镇居民人均实际可支配收入增幅较大，由1978年的343.4元，上升至2015年的4797.11元，增长了12.97倍；农村居民人均实际纯收入则从1985年的355.33元，上升至2015年的1995.48元，增长了4.62倍。

2. 中国居民消费价格指数变动趋势

经济增长在带来居民实际收入增长的同时，往往也会伴随着居民消费价格指数的上涨。中国城市居民消费价格指数和农村居民消费价格指数的变动趋势较为相似，整体上呈上升发展趋势。从增长速度来看大致可分为三个阶段：1978—1985年城市居民消费价格指数增长速度较为缓慢（此阶段农村居民消费价格指数缺失）；1986—1996年，城市居民和农村居民消费价格指数增幅加快；1997—2015年，城市居民和农村居民消费价格指数则以相对缓慢的速度持续增长。城市居民消费价格指数从1978年的100，

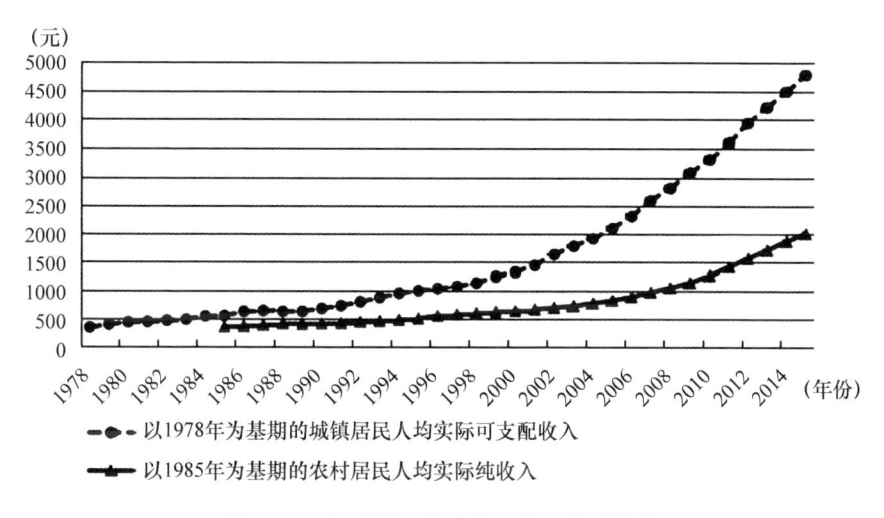

第十二章 经济增长带动城镇化与大城市化进程的机制探讨　　165

图 12.2　中国居民人均实际收入变动趋势

资料来源:《中国六十年统计资料汇编》和各年份的《中国统计年鉴》。

攀升至 2015 年的 663.24；农村居民消费价格指数则由 1985 年的 100，上升至 2015 年的 464.14。二者较各自的基期分别增长了 5.63 倍和 3.64 倍。中国居民消费价格指数的变动趋势见图 12.3。

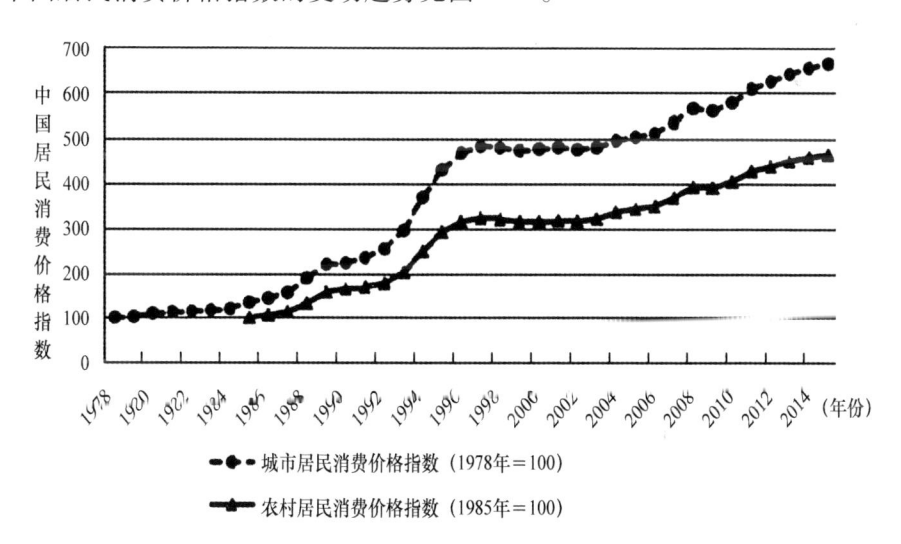

图 12.3　中国居民消费价格指数变动趋势

资料来源:《中国六十年统计资料汇编》和各年份的《中国统计年鉴》。

综上所述，伴随着经济的快速增长，中国居民实际收入和居民消费价格指数均得以提升，但在相应的统计时间内，城镇居民和乡村居民的人均收入增幅，均大于相应的消费价格指数增幅。这为居民消费结构升级提供了可能。

(二) 中国居民消费结构升级的特征事实

笔者分别从城镇居民和农村居民人均各项生活消费支出比例和基本消费支出比例两方面，分析中国居民消费结构升级的特征事实。在此之前，需要说明以下两点：一是，国家统计局在1995—2012年分别开展城镇住户调查和农村住户调查，而在2013年及以后对城乡一体化住户收支与生活状况进行调查。两者的统计标准存在差异，故2012年前后城镇居民和农村居民的收入和消费支出数据不具备连续性与可比性，在此使用1995—2012年的数据分析居民消费结构升级的特征事实。二是，尽管城镇居民的调查对象在2001年以前为全国非农业住户，2002—2012年改为全国城市市区和县城关镇区住户，但是在1995—2012年，农村居民的调查对象一直为农村住户，并未出现改变。所以，笔者将1995—2012年的城镇居民调查数据视为可比的连续数据，以分析更长时间范围内城镇居民消费结构变动状况。

1. 中国居民人均各项生活消费支出变动趋势

(1) 中国城镇居民各项生活消费支出变动趋势

1995—2012年城镇居民人均各项生活消费支出如表12.1所示。就各项生活消费支出额而言，城镇居民用于居住、交通通信、医疗保健、文教娱乐用品及服务的生活消费支出呈直线上升趋势；而用于食品、衣着、家庭设备用品及服务、其他商品及服务的生活消费支出则呈波动上升态势。就各项生活消费支出额占生活消费总支出额的比重而言，食品、衣着两项支出所占比例呈波动下降趋势；相反，交通通信、医疗保健、文教娱乐用品及服务所占比例呈波动上升趋势；居住、家庭设备用品及服务、其他商品及服务占生活消费总支出的比重较为稳定。

表 12.1　　1995—2012 年城镇居民人均各项生活消费支出

年份	食品	衣着	居住	交通通信	医疗保健	家庭设备用品及服务	文教娱乐用品及服务	其他商品及服务	生活消费总支出
1995	1766.02 (50.09)	479.20 (13.55)	283.76 (8.02)	183.22 (5.18)	110.11 (3.11)	263.36 (7.44)	331.01 (9.36)	114.92 (3.25)	3537.57
1996	1904.71 (48.60)	527.95 (13.47)	300.85 (7.68)	199.12 (5.08)	143.28 (3.66)	298.15 (7.61)	374.95 (9.57)	170.45 (4.35)	3919.47
1997	1942.59 (46.41)	520.91 (12.45)	358.64 (8.57)	232.90 (5.56)	179.68 (4.29)	316.89 (7.57)	448.38 (10.71)	185.65 (4.44)	4185.64
1998	1926.89 (44.48)	480.86 (11.10)	408.39 (9.43)	257.15 (5.94)	205.16 (4.74)	356.83 (8.24)	499.39 (11.53)	196.95 (4.55)	4331.61
1999	1932.10 (41.86)	482.37 (10.45)	453.99 (9.84)	310.55 (6.73)	245.59 (5.32)	395.48 (8.57)	567.05 (12.28)	228.79 (4.96)	4615.91
2000	1958.31 (39.44)	500.46 (10.01)	500.49 (11.31)	395.01 (8.54)	318.07 (6.36)	439.29 (7.49)	627.82 (13.40)	258.54 (3.44)	4998.00
2001	2014.02 (38.20)	533.66 (10.05)	547.96 (11.50)	457.02 (9.30)	343.28 (6.47)	438.92 (7.09)	690.00 (13.88)	284.13 (3.51)	5309.01
2002	2271.84 (37.68)	590.88 (9.80)	624.36 (10.35)	626.04 (10.38)	430.08 (7.13)	388.68 (6.45)	902.28 (14.96)	195.84 (3.25)	6029.88
2003	2416.92 (37.12)	637.73 (9.79)	699.39 (10.74)	721.13 (11.08)	475.98 (7.31)	410.34 (6.30)	934.38 (14.35)	215.10 (3.30)	6510.94
2004	2709.60 (37.73)	686.79 (9.56)	733.53 (10.21)	843.62 (11.75)	528.15 (7.35)	407.37 (5.67)	1032.80 (14.38)	240.24 (3.35)	7182.10
2005	2914.39 (36.69)	800.51 (10.08)	808.66 (10.18)	996.72 (12.55)	600.85 (7.56)	446.52 (5.62)	1097.46 (13.82)	277.75 (3.50)	7942.88
2006	3111.92 (35.78)	901.78 (10.37)	904.19 (10.40)	1147.12 (13.19)	620.54 (7.14)	498.48 (5.73)	1203.03 (13.83)	309.49 (3.56)	8696.55
2007	3628.00 (36.29)	1042.00 (10.42)	982.28 (9.83)	1357.41 (13.58)	699.10 (6.99)	601.8 (6.02)	1329.16 (13.30)	357.70 (3.58)	9997.50
2008	4259.81 (37.89)	1165.91 (10.37)	1145.41 (10.19)	1417.12 (12.60)	786.20 (6.99)	691.83 (6.15)	1358.26 (12.08)	418.31 (3.72)	11242.85
2009	4478.54 (36.52)	1284.20 (10.47)	1228.91 (10.02)	1682.57 (13.72)	856.41 (6.98)	786.94 (6.42)	1472.76 (12.01)	474.21 (3.87)	12264.55
2010	4804.71 (35.67)	1444.34 (10.72)	1332.14 (12.08)	1983.70 (6.47)	871.77 (6.74)	908.01 (9.89)	1627.64 (14.73)	499.15 (3.71)	13471.45

续表

年份	食品	衣着	居住	交通通信	医疗保健	家庭设备用品及服务	文教娱乐用品及服务	其他商品及服务	生活消费总支出
2011	5506.33 (36.32)	1674.70 (11.05)	1405.01 (9.27)	2149.69 (14.18)	968.98 (6.39)	1023.17 (6.75)	1851.74 (12.21)	581.26 (3.83)	15160.89
2012	6040.85 (36.23)	1823.39 (10.94)	1484.26 (8.90)	2455.47 (14.73)	1063.68 (6.38)	1116.06 (6.69)	2033.50 (12.20)	657.10 (3.94)	16674.32

注：各项支出单位为元；括号中数值为各类支出额占总消费支出额的比重，单位为百分比。

资料来源：《新中国六十年统计资料汇编》和各年份的《中国统计年鉴》。

(2) 中国农村居民各项生活消费支出变动趋势

表12.2列示了1995—2012年农村居民人均各项生活消费支出。同样分为各项生活消费支出额和各项生活消费支出额占生活消费总支出额的比重两方面进行分析。一方面，仅交通通信支出呈直线上升趋势，其余各项消费支出呈波动上升态势。另一方面，食品消费支出额占生活消费总支出额的比重呈波动下降趋势；居住、交通通信、文教娱乐用品及服务所占比例呈波动上升趋势；衣着、医疗保健、家庭设备用品及服务、其他商品及服务支出额占生活消费总支出额的比重较为稳定。

表12.2　　　　1995—2012年农村居民人均各项生活消费支出

年份	食品	衣着	居住	交通通信	医疗保健	家庭设备用品及服务	文教娱乐用品及服务	其他商品及服务	生活消费总支出
1995	768.19 (58.62)	89.79 (6.85)	182.21 (13.91)	33.76 (3.24)	42.48 (7.81)	68.48 (5.23)	102.39 (2.58)	23.06 (1.76)	1310.36
1996	885.49 (56.33)	113.77 (7.24)	219.06 (13.93)	47.08 (2.99)	58.26 (3.71)	84.22 (5.36)	132.46 (8.43)	31.74 (2.02)	1572.08
1997	890.28 (55.05)	109.41 (6.77)	233.23 (14.42)	53.92 (3.33)	62.45 (3.86)	85.41 (5.28)	148.18 (9.16)	34.27 (2.12)	1617.15
1998	849.64 (53.43)	98.06 (6.17)	239.62 (15.07)	60.68 (3.82)	68.13 (4.28)	81.92 (5.15)	159.41 (10.02)	32.87 (2.07)	1590.33
1999	829.02 (52.56)	92.04 (5.83)	232.69 (14.75)	68.73 (4.36)	70.02 (4.44)	82.27 (5.22)	168.33 (10.67)	34.33 (2.18)	1577.42

续表

年份	食品	衣着	居住	交通通信	医疗保健	家庭设备用品及服务	文教娱乐用品及服务	其他商品及服务	生活消费总支出
2000	820.53 (49.13)	96.03 (5.75)	258.37 (15.47)	87.51 (5.24)	88.52 (5.30)	75.49 (4.52)	186.72 (11.18)	52.44 (3.14)	1670.13
2001	830.67 (47.71)	98.72 (5.67)	279.10 (16.03)	96.63 (5.55)	192.56 (11.06)	76.96 (4.42)	110.04 (6.32)	56.41 (3.24)	1741.09
2002	848.37 (46.25)	104.92 (5.72)	300.09 (16.36)	104.01 (5.67)	210.40 (11.47)	80.34 (4.38)	128.59 (7.01)	57.60 (3.14)	1834.31
2003	885.95 (45.59)	110.19 (5.67)	308.40 (15.87)	115.82 (5.96)	235.72 (12.13)	81.62 (4.20)	162.46 (8.36)	42.95 (2.21)	1943.30
2004	1031.81 (47.23)	120.16 (5.50)	324.20 (14.84)	192.69 (8.82)	130.64 (5.98)	89.13 (4.08)	247.52 (11.33)	48.28 (2.21)	2184.65
2005	1162.19 (45.48)	148.47 (5.81)	370.28 (14.49)	245.06 (9.59)	168.14 (6.58)	111.42 (4.36)	295.40 (11.56)	54.43 (2.13)	2555.40
2006	1217.04 (43.02)	168.04 (5.94)	469.05 (16.58)	288.84 (10.21)	191.52 (6.77)	126.46 (4.47)	305.25 (10.79)	63.09 (2.23)	2829.02
2007	1393.79 (43.10)	194.03 (6.00)	575.63 (17.80)	329.85 (10.20)	210.20 (6.50)	148.76 (4.60)	307.22 (9.50)	74.38 (2.30)	3233.85
2008	1598.62 (43.67)	211.95 (5.79)	678.69 (18.54)	360.21 (9.84)	246.00 (6.72)	173.88 (4.75)	314.45 (8.59)	76.51 (2.09)	3660.68
2009	1636.12 (40.97)	232.42 (5.82)	805.08 (20.16)	402.94 (10.09)	287.53 (7.20)	204.86 (5.13)	340.64 (8.53)	84.26 (2.11)	3993.45
2010	1800.49 (41.09)	264.22 (6.03)	835.17 (19.06)	460.97 (10.52)	326.01 (7.44)	233.99 (5.34)	366.76 (8.37)	94.21 (2.15)	4381.82
2011	2109.34 (40.40)	339.37 (6.50)	960.69 (18.40)	548.22 (10.50)	438.57 (8.40)	308.05 (5.90)	396.81 (7.60)	120.09 (2.30)	5221.13
2012	2323.88 (39.33)	396.39 (6.71)	1086.35 (18.39)	652.79 (11.05)	513.81 (8.70)	341.71 (5.78)	445.49 (7.54)	147.58 (2.50)	5908.02

注：各项支出单位为元；括号中数值为各类支出额占总消费支出额的比重，单位为百分比。

资料来源：《新中国六十年统计资料汇编》和各年份的《中国统计年鉴》。

(3) 中国城镇居民和农村居民各项生活消费支出变动的异同

1995—2012 年中国城镇居民和农村居民消费支出具有两个共同点：其一，无论是居民各项生活消费支出额，还是生活消费支出总额，均伴随着经济增长呈上升发展趋势。其二，居民食品消费支出占生活总消费支出的比重呈下降趋势，反映出城镇居民和农村居民生活水平得以改善。

二者的显著不同点在于，一是，同城镇居民实际收入大于农村居民实际收入相对应，城镇居民各项消费支出额均大于农村居民各项消费支出额；二是，城镇居民食品和衣着两项支出占生活消费总支出的比例均呈下降趋势，而农村居民只有食品消费支出额所占比例呈下降趋势，可以反映出城镇居民的生活水平较农村居民更高，更可能消费发展型或享受型资料。

2. 中国居民基本消费需求分析

通过对中国 1995—2012 年城镇居民和农村居民各项消费支出变动趋势的分析表明，经济增长的确降低了以食品支出为代表的生存资料消费。进一步地，本节采用扩展线性支出系统模型，分别估算城镇居民和农村居民基本需求和非基本需求的变动，论证居民各项消费内部的消费结构升级。

（1）扩展线性支出系统模型介绍

扩展线性支出系统模型的建立需要满足三个假设条件：一是，商品或服务的消费量同居民的收入水平呈正比，同各自的价格呈反比。二是，对于任何商品或服务，居民的需求均可分为基本需求和非基本需求。其中，居民的基本需求与其收入水平关系不大。非基本需求则不同，居民收入水平越高，非基本需求越多。三是，只有当居民在满足各种商品或服务的基本需求之后，才会继续将剩余收入用于消费各种非基本需求的商品或服务（C. Lluch，1973；陈启杰、曹泽州、孟慧霞等，2011）。

在满足上述三个假设条件下，扩展线性支出系统模型的函数形式如式（12-1）所示：

$$P_i X_i = P_i X'_i + b_i^* (Y - \sum_{i=1}^{n} P_i X'_i) \qquad (12-1)$$

式（12-1）中，Y 表示居民可支配收入；X_i 为居民对第 i 种商品的实际需求量；X'_i 为居民对第 i 种商品的基本需求量；P_i 为第 i 种商品价格；$P_i X_i$ 为居民购买第 i 种商品的总消费支出；$P_i X'_i$ 为居民购买第 i 种商品的基本消费支出；i 表示居民消费商品的种类；b_i^* 为居民满足基本消费后，剩下可支配收入 $Y - \sum_{i=1}^{n} P_i X'_i$ 对第 i 种商品的边际消费倾向，满足 $0 \leq b_i^* \leq 1$。

第十二章 经济增长带动城镇化与大城市化进程的机制探讨　171

进一步，令 $a_i^* = P_i X'_i - b_i^* \sum_{i=1}^{n} P_i X'_i$ 　　　　　　　　　　（12-2）

那么，将式（12-2）代入式（12-1）可得：

$$P_i X_i = a_i^* + b_i^* Y \quad (12-3)$$

此时，只需估计出模型中的两个参数 a_i^* 和 b_i^*，即可求得居民的基本消费支出。具体地，居民全部基本消费支出总额，可按式（12-4）测算：

$$\sum_{i=1}^{n} P_i X'_i = \sum_{i=1}^{n} a^* / (1 - \sum_{i=1}^{n} b_i^*) \quad (12-4)$$

居民第 i 种商品的基本消费支出，可由式（3-5）求得：

$$a_i^* = P_i X'_i - b_i^* \sum_{i=1}^{n} P_i X'_i \quad (12-5)$$

求出居民的各项基本消费支出之后，可以进一步测算出居民各项基本消费支出占各项总消费支出的比重，以此分析各项消费支出内部的消费结构升级状况。

（2）中国城镇居民基本消费需求的实证分析

将中国城镇居民人均可支配收入升序排列，并按10%、10%、20%、20%、20%、10%和10%的比例将城镇居民的人均可支配收入水平分为七大类，分别为最低收入户、低收入户、中等偏下户、中等收入户、中等偏上户、高收入户和最高收入户。进一步地，以各收入分类城镇居民的人均可支配收入为解释变量；以各收入分类城镇居民的人均各项支出为被解释变量，对式（12-3）进行回归估计。

需特别说明的是，城镇居民各收入户的可支配收入和各类消费支出的数据从1997年开始统计，而农村居民的相关数据则从2002年开始统计，为便于对比分析城镇居民和农村居民基本消费支出的变动趋势。在此以五年为一个时间步长，分别考察2002年、2007年和2012年城镇居民和农村居民基本消费需求的变动情况。

中国城镇居民扩展线性支出系统模型的回归估计结果见表12.3。其中，各回归方程的拟合系数均大于0.94，且各回归方程的F值也均在1%的水平上是显著的，以上统计数据表明，扩展线性支出系统模型能够较好地拟合中国城镇居民的消费实际。此外，式（12-3）中的回归系数也大多在1%的水平上显著，即使用 a_i^* 和 b_i^* 的估计值，可以较为准确地测算2002年、2007年和2012年中国城镇居民各项消费的基本支出。

表12.3　中国城镇居民扩展线性支出系统模型的回归估计结果

年份	消费种类	食品	衣着	居住	交通通信	医疗保健	家庭设备用品及服务	文教娱乐用品及服务	其他商品及服务
2002	a_i^*	867.2299*** (105.8467)	157.2485** (59.6471)	72.3418** (24.3946)	-101.7055*** (19.1393)	64.9490*** (14.1220)	-49.4983*** (8.004)	40.5680** (12.7269)	-21.1960** (5.9625)
	b_i^*	0.1793*** (0.0135)	0.0544*** (0.0069)	0.0725*** (0.0028)	0.0950*** (0.0022)	0.0472*** (0.0021)	0.0569*** (0.0012)	0.1118*** (0.0013)	0.0283*** (0.0006)
	F统计值	177.17 (0.0000)	61.97 (0.0005)	683.64 (0.0000)	1817.96 (0.0000)	488.26 (0.0000)	2121.70 (0.0000)	7539.52 (0.0000)	2294.31 (0.0000)
	R^2	0.9814	0.9421	0.9917	0.9980	0.9925	0.9982	0.9993	0.9983
2007	a_i^*	1686.8710*** (207.0275)	271.9920** (80.8650)	219.0132*** (15.5994)	-517.1420** (156.4761)	178.1584*** (41.3431)	-2.0261 (9.6086)	29.7981* (13.6321)	-37.0200*** (8.1920)
	b_i^*	0.1379*** (0.0129)	0.0545*** (0.0047)	0.0556*** (0.0010)	0.1391*** (0.0088)	0.0374*** (0.0031)	0.0436*** (0.0004)	0.0943*** (0.0010)	0.0287*** (0.0006)
	F统计值	113.54 (0.0001)	132.14 (0.0001)	3329.79 (0.0000)	250.26 (0.0000)	144.14 (0.0001)	12987.94 (0.0000)	8108.14 (0.0000)	2678.91 (0.0000)
	R^2	0.9689	0.9714	0.9986	0.9808	0.9757	0.9994	0.9995	0.9986
2012	a_i^*	2864.0250*** (390.7793)	395.1102*** (94.7522)	450.8802*** (26.9097)	-794.1928*** (171.6034)	420.2343*** (69.1670)	43.1263** (14.1892)	-63.8297 (46.3148)	-207.1843*** (49.3919)
	b_i^*	0.1268*** (0.0147)	0.0573*** (0.0031)	0.0421*** (0.0007)	0.1336*** (0.0057)	0.0258*** (0.0027)	0.0437*** (0.0007)	0.0861*** (0.0011)	0.0356*** (0.0015)
	F统计值	74.74 (0.0003)	345.73 (0.0000)	3892.08 (0.0000)	542.38 (0.0000)	93.81 (0.0002)	4370.95 (0.0000)	6336.25 (0.0000)	574.04 (0.0000)
	R^2	0.9559	0.9894	0.9986	0.9934	0.9620	0.9990	0.9984	0.9929

注：***、**、*表示回归系数在1%、5%的水平上是显著的；回归系数下方括号内的数据为稳健标准误；F统计值下方括号内的数据位回归方程的P值。

资料来源：笔者自行分析整理。

依据式（12-4）和式（12-5），中国城镇居民基本消费支出的估算结果，见表12.4。从城镇居民基本消费的总支出上看，尽管2002—2012年城镇居民总基本消费支出逐年攀升，但是其占城镇居民总消费支出的比重却在不断下降，可从整体上反映出城镇居民的消费结构从以生存资料为主逐步转向以享受资料和发展资料为主。从城镇居民的各项基本消费支出的绝对值上看，除交通通信和其他商品及服务存在波动外，其他各项基本消费支出均呈直线上升趋势。从城镇居民的各项基本消费支出占各自总消费支出的比重上看，食品、家庭设备用品及服务所占比重较为稳定，分别约有40%和70%的支出用于非基本消费；衣着、交通通信、文教娱乐用品及服务、其他商品及服务的比重持续降低，反映出此类消费品内部拥有较多选择，人们更多地倾向于享受型和发展型消费；居住和医疗保健的比重逐步攀升，即城镇居民对于这两项商品的基本需求逐渐加大。

表12.4 中国城镇居民基本消费支出

年份	食品	衣着	居住	交通通信	医疗保健	家庭设备用品及服务	文教娱乐用品及服务	其他商品及服务	总基本消费支出
2002	1388.01 (61.10)	315.25 (53.35)	282.92 (45.31)	174.22 (27.83)	202.04 (46.98)	115.77 (29.78)	365.29 (40.49)	61.00 (31.15)	2904.50 (48.17)
2007	2303.91 (63.50)	515.86 (49.51)	467.80 (47.62)	105.27 (7.76)	345.51 (49.42)	193.06 (32.08)	451.75 (33.99)	91.40 (25.55)	4474.55 (44.76)
2012	3741.79 (61.94)	791.77 (43.42)	742.31 (50.01)	130.64 (5.32)	598.83 (56.30)	345.64 (30.97)	532.19 (26.17)	39.25 (5.97)	6922.43 (41.52)

注：各项支出单位：元，括号中为各项基本消费支出占各项总消费支出的比重，单位：%。
资料来源：《新中国六十年统计资料汇编》和各年份的《中国统计年鉴》。

（3）中国农村居民基本消费需求的实证分析

以农村居民人均纯收入为指标，可按相同比例将农村居民的人均收入划分为五个等级，依次为低收入户、中低收入户、中等收入户、中高收入户和高收入户。同样以五年为时间步长，分别考察2002年、2007年和2012年农村居民基本消费需求的变动情况。具体地，采用农村居民各收入户的人均纯收入作为解释变量，采用农村居民各收入户的人均生活消费总

表12.5　中国农村居民扩展线性支出系统模型的回归估计结果

年份	消费种类	食品	衣着	居住	交通通信	医疗保健	家庭设备用品及服务	文教娱乐用品及服务	其他商品及服务
2002	a_i^*	452.6097*** (19.8764)	32.5511*** (1.5823)	1.0571 (19.7598)	−16.1125 (7.1589)	30.3422*** (1.9334)	13.7273*** (2.2701)	50.2412*** (5.8374)	0.7734 (3.2722)
	b_i^*	0.1555*** (0.0057)	0.0285*** (0.0005)	0.1172*** (0.0054)	0.0567*** (0.0017)	0.0289*** (0.0005)	0.0261*** (0.0005)	0.0629*** (0.0015)	0.0223*** (0.0008)
	F统计值	757.54 (0.0001)	3882.44 (0.0000)	478.15 (0.0002)	1081.39 (0.0001)	3331.16 (0.0000)	2687.39 (0.0000)	1585.32 (0.0000)	837.35 (0.0001)
	R^2	0.9950	0.9980	0.9933	0.9969	0.9989	0.9984	0.9975	0.9956
2007	a_i^*	756.5127*** (25.3031)	66.7053*** (3.7097)	93.3193* (30.1368)	37.2995** (10.6021)	85.7754*** (8.8336)	34.7388*** (3.6446)	46.1102*** (12.4427)	12.6795*** (1.3700)
	b_i^*	0.1502*** (0.0047)	0.0301*** (0.0005)	0.1138*** (0.0050)	0.0690*** (0.0016)	0.0295*** (0.0001)	0.0271*** (0.0005)	0.0615*** (0.0019)	0.0146*** (0.0002)
	F统计值	999.67 (0.0001)	4083.77 (0.0000)	514.62 (0.0002)	1861.95 (0.0000)	52175.44 (0.0000)	3622.55 (0.0000)	1057.98 (0.0001)	6514.49 (0.0000)
	R^2	0.9959	0.9989	0.9941	0.9984	0.9999	0.9984	0.9972	0.9993
2012	a_i^*	1352.8370*** (28.6032)	162.8999*** (13.8755)	436.9524*** (33.5121)	123.7572*** (64.4983)	339.0312*** (16.2677)	137.0912*** (5.7251)	105.7889** (20.9329)	45.1335*** (3.9638)
	b_i^*	0.1212*** (0.0032)	0.0291*** (0.0009)	0.0811*** (0.0028)	0.0659*** (0.0055)	0.0219*** (0.0017)	0.0255*** (0.0005)	0.0423*** (0.0015)	0.0128*** (0.0003)
	F统计值	1440.65 (0.0000)	1010.77 (0.0001)	829.62 (0.0001)	142.74 (0.0013)	160.58 (0.0011)	3076.76 (0.0000)	763.36 (0.0001)	2297.94 (0.0000)
	R^2	0.9957	0.9955	0.9906	0.9799	0.9762	0.9979	0.9957	0.9982

注：***、**和*表示回归系数在1%、5%和10%的水平上显著的；回归系数括号内的数据为稳健标准误差；F统计值括号内的数据位回归方程的P值。

资料来源：笔者自行分析整理。

支出作为被解释变量，对式（12-3）进行回归分析。

表12.5列示了中国农村居民扩展线性支出系统模型的回归估计结果。具体地，各年份农村居民各消费支出的回归系数大多在1%、5%和10%的水平上是显著的；各回归方程的拟合系数均大于0.97，且各回归方程均在1%的水平上显著。进而，可以使用两个估计参数 a_i^* 和 b_i^*，依据式（12-4）和式（12-5）测算农村居民的基本消费支出。

中国农村居民基本消费支出如表12.6所示。就各项消费支出的绝对值而言，除文教娱乐用品及服务出现的基本支出存在波动外，食品、衣着和居住等七项基本消费支出均呈稳步增长态势。就各项消费基本支出占各自总支出的比重而言，食品、衣着、交通通信、文教娱乐用品及服务的比重呈逐渐下降趋势，反映出农村居民在这四类消费中更加追求享受型和发展型资料；居住、家庭设备用品及服务、其他商品及服务的比重呈波动态势，在2012年相应的约有51.37%、51.48%和59.65%的支出用于非基本消费支出；医疗保健基本消费支出的比重逐年上升，反映出农村居民对于自身健康问题的不断重视。此外，农村居民总基本消费支出持续增加，但其占总消费支出的比重由2002年的61.39%，下降至2007年的52.30%，之后略微上升至2012年的53.38%，呈波动态势。

表12.6　　　　　　　　中国农村居民基本消费支出

年份	食品	衣着	居住	交通通信	医疗保健	家庭设备用品及服务	文教娱乐用品及服务	其他商品及服务	总基本消费支出
2002	627.72 (73.99)	64.64 (61.61)	133.04 (44.33)	47.74 (45.90)	62.89 (29.89)	43.12 (53.67)	121.07 (94.15)	25.89 (44.94)	1126.10 (61.39)
2007	925.65 (66.41)	100.60 (51.85)	221.47 (38.47)	115.00 (34.86)	119.00 (56.61)	65.26 (43.87)	115.37 (37.55)	29.12 (39.15)	1691.46 (52.30)
2012	1489.32 (64.09)	195.67 (49.36)	528.28 (48.63)	197.97 (30.33)	363.69 (70.78)	165.81 (48.52)	153.42 (34.44)	59.55 (40.35)	3153.71 (53.38)

注：各项支出单位：元。括号中为各项基本消费支出占各项总消费支出的比重，单位：%。
资料来源：《新中国六十年统计资料汇编》和各年份的《中国统计年鉴》。

（4）中国城镇居民和农村居民各项基本消费支出变动的异同

通过比较分析可知，中国城镇居民和农村居民各项基本消费支出变动的共同点主要表现在：其一，城镇居民和农村居民的食品、衣着、居住、医疗保健、家庭设备用品及服务的基本消费支出和总基本消费支出随着实际收入水平的提高均呈上升态势；其二，衣着、交通通信和文教娱乐用品的基本消费支出占各项消费支出的比重不断降低，即城镇居民和农村居民在此三项消费支出中，逐渐使用更多的支出实现消费升级；其三，医疗保健的基本消费支出占各自消费支出的比重持续上升，反映出城镇居民和农村居民更加注重自身健康。

中国城镇居民和农村居民各项基本消费支出变动的不同点着重体现为：一方面，2012年城镇居民约有60%的总支出用于非基本消费支出，而农村居民这一比例仅为50%左右；另一方面，2012年城镇居民用于居住的基本消费支出占其消费支出的比重多于农村居民，而其他各项商品或服务的基本消费支出占比均小于农村居民。这一现象不仅符合城市高房价的事实，同时也符合城镇居民生活水平更高的实际。

综上所述，伴随着经济的快速增长，在居民收入增幅大于物价增幅的前提下，城镇居民和农村居民的确出现了不同程度的消费升级。具体表现为，在中国城镇居民和农村居民的消费结构中，以食品为代表的生存资料占比逐渐下降。同时，2012年总基本支出占总消费支出的比重较2002年大幅降低，居民将更多的收入用于享受和发展资料消费。

三　中介效应模型构建与变量说明

经济增长促进城镇化与大城市化发展作用的不同，是通过消费结构变动实现的。当居民的消费结构处于以生存型资料为主时，大中小城市均可得以发展；当居民的消费结构转变为以享受型资料和发展型资料为主时，大城市的发展优势更为突出。笔者通过构建以消费结构作为中介效应的模型，对上述观点进行实证分析。

（一）中介效应模型构建

中介效应模型常用于分析被解释变量和解释变量之间并不是直接因果关系，而是通过中介变量间接发生作用的情况（温忠麟、张雷、侯杰泰、刘红云，2004）。就本章而言，使用 Growth 表示经济增长，即中介效应模型中的解释变量；使用 Cs 表示消费结构，即中介效应模型中的中介变量；使用 Gur 和 Ur 分别表示大城市化和城镇化，即中介效应模型中的被解释变量。特别地，本章在构建中介效应模型时，将解释变量经济增长和中介变量消费结构滞后一期，以期较为准确地反映出二者对于当期城镇化与大城市化的作用。

进一步地，使用式（12-6）、式（12-7）和式（12-8）来描述经济增长、消费结构与城镇化之间的关系。

$$Ur_t = c_1 Growth_{t-1} + e_1 \qquad (12-6)$$

$$Cs_{t-1} = a_1 Growth_{t-1} + e_2 \qquad (12-7)$$

$$Ur_t = c'_1 Growth_{t-1} + b_1 Cs_{t-1} + e_3 \qquad (12-8)$$

式（12-6）中的系数 c_1 为解释变量经济增长对被解释变量城市化的总效应。式（12-7）中的系数 a_1 为解释变量经济增长对中介变量消费结构的效应。式（12-8）中的系数 b_1 为在控制了解释变量经济增长的影响后，中介变量消费结构对被解释变量城市化的效应；系数 c'_1 则是在控制了中介变量消费结构的影响后，解释变量经济增长对被解释变量城镇化的直接效应。e_1、e_2 和 e_3 是各回归方程的残差项。消费结构对于经济增长带动城镇化发展的中介效应等于系数 a_1 和系数 b_1 的乘积，它与总效应和直接效应有如下的关系（D. P. Mackinnon，G. Warsi，J. H. Dwyer，1995）：

$$c_1 = c'_1 + a_1 b_1 \qquad (12-9)$$

同经济增长、消费结构与城镇化的中介效应模型构建类似，使用式（12-10）、式（12-11）和式（12-12）来描述经济增长、消费结构与大城市化之间的关系。

$$Cur_t = c_2 Growth_{t-1} + e'_1 \qquad (12-10)$$

$$Cs_{t-1} = a_1 Growth_{t-1} + e_2 \qquad (12-11)$$

$$Gur_t = c'_2 Growth_{t-1} + b_2 Cs_{t-1} + e'_3 \qquad (12-12)$$

式（12-10）中的系数 c_2 为解释变量经济增长对被解释变量大城市化的总效应。因为经济增长、消费结构与城镇化，同经济增长、消费结构与大城市化三者关系的中介变量和解释变量均相同，故式（12-11）与式（12-7）相同，系数 a_1 为解释变量经济增长对中介变量消费结构的效应。式（12-12）中的系数 b_2 为在控制了解释变量经济增长的影响后，中介变量消费结构对被解释变量大城市化的效应；系数 c'_2 则是在控制了中介变量消费结构的影响后，解释变量经济增长对被解释变量大城市化的直接效应。e'_1、e_2 和 e'_3 是各回归方程的残差项。消费结构对于经济增长带动大城市化发展的中介效应等于系数 a_1 和系数 b_2 的乘积，它与总效应和直接效应有如下关系：

$$c_2 = c'_2 + a_1 b_2 \quad (12-13)$$

在分别构建以消费结构作为中介变量的经济增长与城镇化，以及经济增长与大城市化的中介效应模型之后，可以通过比较回归系数的乘积 $a_1 b_1$ 和 $a_1 b_2$，即中介效应，以及中介效应占总效应的比重，判定消费结构升级对于城镇化与大城市化发展的异同。经济增长、消费结构与城镇化，以及经济增长、消费结构与大城市化的中介效应模型，见图 12.4 和图 12.5。

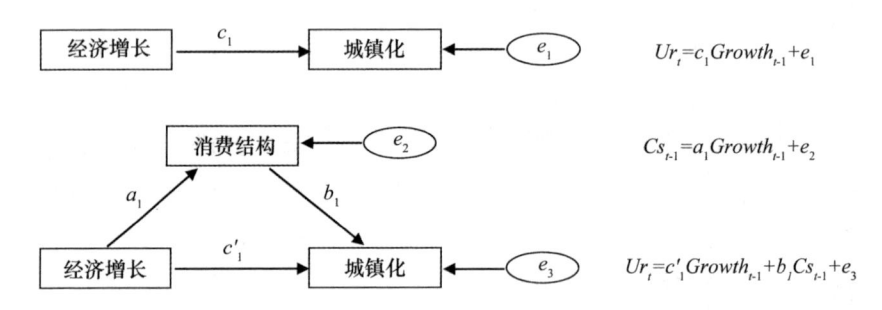

图 12.4　经济增长、消费结构与城镇化的中介效应模型

资料来源：笔者绘制。

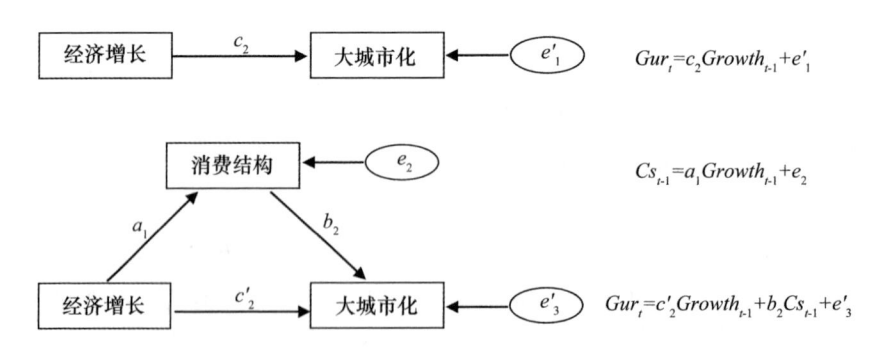

图 12.5　经济增长、消费结构与大城市化的中介效应模型

资料来源：笔者绘制。

(二) 变量选取说明

本章选取除西藏以外的省级行政单位 1995—2012 年的相关数据,进行中介效用模型的实证分析。此外,加入固定资产投资、基础设施建设和政府干预作为控制变量,增加回归分析结果的稳健性。其中,城镇化与大城市化作为被解释变量,时间跨度为 1996—2012 年;经济增长作为解释变量、消费结构作为中介变量和各控制变量,时间跨度为 1995—2011 年。以较为准确地估计出上一期经济增长与消费结构变动对于当期城镇化、大城市化发展的影响。

数据来源于《新中国六十年统计资料汇编》《中国统计年鉴》《中国城市统计年鉴》和《中国人口和就业统计年鉴》。由于北京、天津、上海和重庆四个直辖市无法准确测算大城市化率,在此使用两种方法进行处理。一是直接剔除四个直辖市,仅考虑 26 个省级行政单位的发展实际;二是将北京和天津与河北省合并、将上海与江苏省和浙江省合并、将重庆和四川省合并,组成新的三个个体,将其与剩余省份一起进行回归分析。相应地,在进行中介效应模型的回归分析时,存在两组数据,具体测算方法见下文。

特别说明的是,由于在 1997 年第八届全国人大五次会议才批准将重庆设立为直辖市,故 1995 年和 1996 年重庆市的部分数据存在缺失。为此,采用 1997—2012 年重庆市相关数据的几何平均增长率,推算 1995 年和 1996 年的部分缺失数据。

1. 城镇化率与大城市化率的测算

(1) 城镇化率的测算方法

城镇化使用城镇人口数占总人口数的比重,即城镇化率表征。《中国统计年鉴》中仅有 2005 年及以后各省级行政单位的城镇化率,故 2001—2004 年各省级城镇化率使用相应年份《中国人口和就业统计年鉴》中各省份的抽样调查数据进行估算;2000 年各省级城镇化率使用全国人口普查数据进行测算;1996—1999 年各省级城镇化率使用周一星和田帅 (2006) 对中国各省级城镇化率的修补数据 (周一星、田帅,2016)。

各直辖市与周围省份进行合并后的京津冀、江浙沪和川渝地区的城镇化率，使用各地区的城镇人口总数占各地区总人数的比重反映。以京津冀为例进行说明，见式（12-14）：

$$Urr_{京津冀} = \frac{Urr_{北京} \times Pop_{北京} + Urr_{天津} \times Pop_{天津} + Urr_{河北} \times Pop_{河北}}{Pop_{北京} + Pop_{天津} + Pop_{河北}}$$

(12-14)

式（12-14）中，Urr 表示城镇化率；Pop 表示总人口数。江浙沪、川渝地区的城镇化率测算方法同上，限于文章篇幅不再赘述。该测算方法得到的城镇化率，较对各省市城镇化率进行简单平均更为准确。

（2）大城市化率的测算方法

大城市化使用大城市城镇人口数占总人口数的比重，即大城市化率表征。本书将城区人口数100万以上的城市统一视为大城市。那么，各省大城市化率即各省城市中城区人口数100万以上的大城市城镇人口总数占该省总人口数的比重。但是，由于目前统计数据中并不存在1996—2012年完整的各地级市城镇人口数，故本书的大城市化率只能使用相应省份各地级市市辖区人口数100万以上的总人数占省份总人数的比重来近似替代。

此外，还须特别说明两点：一是北京、天津、上海和重庆的市辖区人口数均大于100万，即在计算京津冀、江浙沪和川渝地区的大城市化率时，需将四个直辖市的市辖区人口数考虑在内；二是由于青海省、宁夏回族自治区和海南省样本区间内的部分年份并没有市辖区人口数超过100万的大城市，故使用省会城市人口数占该省人口数的比重代替。

2. 经济增长与消费结构的量化方法

（1）经济增长的量化方法

经济增长突出表现为人均实际收入水平的提高，在此使用以1995年为基期的城镇居民人均实际可支配收入和1995年为基期的农村居民人均实际纯收入作为经济增长的代理变量。需要注意的是，在计算人均实际收入时，选取1995—2011年人均国内生产总值指数进行平减。

京津冀、江浙沪和川渝三个融入直辖市地区的城镇居民人均实际可支配收入和农村居民人均实际纯收入的测算方法，以京津冀为例进行说明，见式（12-15）：

$$P_{income\,京津冀} = \frac{P_{income\,北京} \times Pop_{北京} + P_{income\,天津} \times Pop_{天津} + P_{income\,河北} \times Pop_{河北}}{Pop_{北京} + Pop_{天津} + Pop_{河北}}$$

(12－15)

式（12－15）中，P_{income} 表示居民人均实际收入；Pop 表示总人口数。江浙沪、川渝地区的居民人均实际收入测算方法同上，限于文章篇幅不再赘述。

（2）消费结构的量化方法

当居民以生存资料消费为主时，能够促进大中小城市的全面发展；当居民以享受资料和发展资料消费为主时，大城市的发展较中小城市更具优势。所以，在实证分析消费结构的中介效应对于城镇化与大城市化发展作用的异同时，需要分别量化以生存资料为主和以享受资料、发展资料为主的消费结构。

在此，采用恩格尔系数作为衡量城镇居民和农村居民以生存资料为主的消费结构变动情况，这是基于以下两个因素：一是，联合国粮食及农业组织曾根据恩格尔系数的高低，对世界各国的生活水平进行了划分，得出恩格尔系数越低，居民生活水平越高的结论[1]；二是，食品是居民必须消费的生存资料，且食品生产对规模经济要求较低，在大中小城市均可以获取投资设厂，能够带动城镇化与大城市化进程。

具体地，恩格尔系数的算法如式（12－16）所示：

$$En = \frac{Exp_{food}}{Exp} \times 100\%$$

(12－16)

式（12－16）中，En 表示恩格尔系数；Exp_{food} 表示居民人均食品支出；Exp 表示居民人均全部生活消费支出。

恩格尔系数反映出的消费结构变动以生存资料为主。进而，使用信息消费指数表征居民消费结构向享受资料和发展资料转变的情况。信息消费指数即居民用于购买信息产品或服务支出占全部生活消费支出的比重（陈燕武，2008）。对于信息产品或服务认定范围的不同，信息消费指数的测算方法存在差异，代表性观点如下：沈小玲（2013）将教育、通信、文化

---

[1] 新华网：《2017年全国恩格尔系数29.3%已达联合国富足标准》，http://www.xinhuanet.com/finance/2018－01/18/c_129794235.htm。

娱乐或服务视为信息消费支出；张慧芳和艾天霞（2016）则将通信、文化娱乐和教育三项支出视为信息消费支出。考虑到医疗保健、交通通信、文教娱乐用品及服务三种商品的信息消费含量高，故将此三种支出之和视为居民总信息消费。进而，本书构建的信息消费指数如式（12－17）所示（尹世杰，2003）：

$$In = \frac{Exp_{hea} + Exp_{com} + Exp_{cul}}{Exp} \times 100\% \qquad (12-17)$$

式（12－17）中，In 表示信息消费指数；Exp_{hea} 表示居民人均医疗保健支出；Exp_{com} 表示居民人均交通通信支出；Exp_{cul} 表示居民人均文教娱乐用品及服务支出；Exp 表示居民人均全部生活消费支出。

特别地，京津冀、江浙沪和川渝地区内部直辖市与省份的经济发展差异较大，直接简单平均直辖市和省份的恩格尔系数与信息消费指数，会在低估地区恩格尔系数的同时，抬高信息消费指数。以京津冀为例，给出地区恩格尔系数和信息消费指数的算法，见式（12－18）和式（12－19）。

$$En_{京津冀} = \frac{Exp_{food北京} \times Pop_{北京} + Exp_{food天津} \times Pop_{天津} + Exp_{food河北} \times Pop_{河北}}{Exp_{北京} \times Pop_{北京} + Exp_{天津} \times Pop_{北京} + Exp_{河北} \times Pop_{北京}} \times 100\%$$

$$(12-18)$$

式（12－18）中，En 表示恩格尔系数；Exp_{food} 表示居民人均食品支出；Exp 表示居民人均全部生活消费支出；Pop 表示总人口数。

$$In_{京津冀} = \frac{Exp_{hea京津冀} + Exp_{com京津冀} + Exp_{cul京津冀}}{Exp_{北京} \times Pop_{北京} + Exp_{天津} \times Pop_{天津} + Exp_{河北} \times Pop_{河北}} \times 100\%$$

$$(12-19)$$

式（12－19）中，$Exp_{hea京津冀} = Exp_{hea北京} \times Pop_{北京} + Exp_{hea天津} \times Pop_{天津} + Exp_{hea河北} \times Pop_{河北}$

$Exp_{com京津冀} = Exp_{com北京} \times Pop_{北京} + Exp_{com天津} \times Pop_{天津} + Exp_{com河北} \times Pop_{河北}$

$Exp_{cul京津冀} = Exp_{cul北京} \times Pop_{北京} + Exp_{cul天津} \times Pop_{天津} + Exp_{cul河北} \times Pop_{河北}$

In 表示信息消费指数；Exp_{hea} 表示居民人均医疗保健支出；Exp_{com} 表示居民人均交通通信支出；Exp_{cul} 表示居民人均文教娱乐用品及服务支出；Exp 表示居民人均全部生活消费支出；Pop 表示总人口数。

江浙沪地区、川渝地区的恩格尔系数和信息消费指数测算方法同上，在此不再赘述。

3. 控制变量的选取

中介效应模型中的控制变量为固定资产投资、基础设施建设和政府干预。其中，固定资产投资使用各省级行政单位全社会固定资产投资总额占国内生产总值的比重表征；基础设施建设使用相应的公路里程表征；政府干预使用财政一般预算支出占国内生产总值的比重表征。

特别地，京津冀、江浙沪和川渝地区的固定资产投资和政府干预指标，分别使用各地区全社会固定资产投资总额和财政一般预算总支出占地区国内生产总值的比重表征；基础设施建设使用各地区的总公路里程表征。

四 中介效应模型的实证分析

（一）变量的描述性统计

在不含直辖市和含直辖市两种情况下，城镇居民和农村居民中介效应模型中的被解释变量和控制变量均是相同的。但由于城乡之间发展存在差异，城镇居民和农村居民的实际收入、恩格尔系数和信息消费指数略有不同，突出表现为各省份或地区城镇居民人均实际可支配收入的均值高于农村居民人均实际纯收入的均值；各省份或地区城镇居民的恩格尔系数均值低于农村居民的恩格尔系数均值；各省份或地区城镇居民的信息消费指数均值又大于农村居民的信息消费指数均值。城镇居民和农村居民中介效应模型中变量的描述性统计结果见表12.7。

值得注意的是，温忠麟和刘红云等（2012）以及温忠麟和叶宝娟（2014）在构建含有中介效应的模型时，均假设所有的变量都已中心化，以解决模型中变量量纲不一致的问题。鉴于此，在使用中介效用模型进行回归分析之前，需对变量进行 $Z-core$ 标准化，具体方法如式（12-20）所示：

$$Z-core = \frac{x_i - \mu_i}{\sigma_i} \qquad (12-20)$$

式（12-20）中，x_i 表示变量 i 的原始数值；μ_i 表示变量 i 的均值；σ_i 表示变量 i 的标准差。数据标准化之后，各变量的均值为零，标准差为1。

表12.7　　　　　　　　　变量的描述性统计结果

数据分类			变量名称	均值	标准差	最小值	最大值
不含直辖市样本容量442	被解释变量		城镇化率（%）	41.0007	10.7190	20.2238	67.4000
			大城市化率（%）	15.1539	6.5012	3.8681	35.7841
	解释变量和中介变量	城镇居民	实际收入（元）	9843.5290	5736.1140	2845.7200	32823.2000
			恩格尔系数（%）	40.2700	5.8110	30.0936	62.7279
			信息消费指数（%）	27.8318	5.7597	11.9747	39.8568
		农村居民	实际收入（元）	3684.7640	2535.8880	880.3400	15570.4600
			恩格尔系数（%）	48.4789	8.1443	29.9438	72.5239
			信息消费指数（%）	22.6015	5.7329	8.5451	35.8251
	控制变量		政府干预（%）	15.5460	7.5991	4.9171	57.9171
			固定资产投资（%）	44.9601	16.3049	19.2079	93.3945
			基础设施建设（千米）	84304.9500	57054.6000	8554.0000	283268.0000
含直辖市样本容量425	被解释变量		城镇化率（%）	41.3809	10.6938	20.2238	67.4000
			大城市化率（%）	16.0406	7.1302	3.8681	35.0213
	解释变量和中介变量	城镇居民	实际收入（元）	9762.5320	5626.2790	2845.7200	32823.2000
			恩格尔系数（%）	40.3033	5.8510	30.0936	62.7279
			信息消费指数（%）	27.8649	5.7284	11.9747	39.8568
		农村居民	实际收入（元）	3514.0800	2256.7620	880.3400	12753.19
			恩格尔系数（%）	48.6011	8.2494	29.9438	72.5239
			信息消费指数（%）	22.6317	5.7735	8.5451	35.8251
	控制变量		政府干预（%）	15.9752	7.4755	5.5693	57.9171
			固定资产投资（%）	45.1205	16.3895	19.2079	93.3945
			基础设施建设（千米）	91312.7100	66198.01	8554.0000	401830.0000

资料来源：笔者根据《新中国六十年统计资料汇编》和各年份的《中国统计年鉴》有关数据分析整理。

（二）中介效应模型的回归分析结果

中介效应模型的回归分析结果按照样本不含直辖市和含直辖市分为两大类，每一大类中又依据城镇居民和农村居民消费结构变动分为两种情况。

1. 不含直辖市样本的估计结果

(1) 城镇居民的分析结果

以城镇居民消费结构为中介变量模型的估计结果如表 12.8 所示。当使用中介效应模型分析经济增长通过城镇居民消费结构变动作用于城镇化进程时，方程（1）[①]、方程（3）和方程（5）为使用恩格尔系数表征城镇居民消费结构时的情况；方程（1）、方程（4）和方程（6）为使用信息消费指数表征城镇居民消费结构时的情况。当使用中介效应模型分析经济增长通过城镇居民消费结构变动作用于大城市化进程时，方程（2）、方程（3）和方程（7）为使用恩格尔系数表征城镇居民消费结构时的情况；方程（2）、方程（4）和方程（8）为使用信息消费指数表征城镇居民消费结构时的情况。

现以经济增长通过城镇居民恩格尔系数变动作用于城镇化进程为例，解读中介效应模型的回归分析结果。

方程（1）为中介效应模型中的步骤一，用于分析解释变量对于被解释变量的影响。解释变量城镇居民人均可支配收入对于被解释变量城镇化的回归系数在 1% 的水平上显著为正，表明城镇居民人均实际可支配收入的提高，有助于城镇化进程。

方程（3）为中介效应模型中的步骤二，用于分析解释变量变动对于中介变量的影响。解释变量城镇居民人均可支配收入对于中介变量恩格尔系数的回归系数在 1% 的水平上显著为负，表明城镇居民人均实际可支配收入的提高，导致了城镇居民恩格尔系数的下降。

方程（5）为中介效应模型中的步骤三，用于分析解释变量和中介变量一起变动对于被解释变量的影响。在控制了解释变量城镇居民人均可支配收入的前提下，中介变量城镇居民恩格尔系数对于被解释变量城镇化的回归系数在 1% 的水平上显著地小于零，表明城镇居民恩格尔系数的降低，能够带动城镇化发展。同时，在控制了中介变量城镇居民恩格尔系数变动的前提下，解释变量城镇居民人均可支配收入对被解释变量城市化的回归系数在 1% 的水平上是显著的，并大于零，同样表明城镇居民人均可支配

---

① 注：为比较分析运用中介效应模型阐释消费结构变动对城市化与大城市化的影响，此处方程（1）为表 12.8 表头标注的方程（1），方程（2）—方程（8）所指与此类同。下文中出现方程（1）—方程（8）同样在相应的估计结果表格中均有标注。

表12.8 以城镇居民消费结构为中介变量的估计结果（不含直辖市）

被解释变量	城镇化方程(1)	大城市化方程(2)	恩格尔系数方程(3)	信息消费指数方程(4)	城镇化方程(5)	城镇化方程(6)	大城市化方程(7)	大城市化方程(8)
恩格尔系数	—	—	—	—	-0.1797***(0.0410)	0.1868***(0.0480)	-0.1862***(0.0468)	0.2335***(0.0545)
信息消费指数	—	—	—	—	—	—	—	—
经济增长	0.7866***(0.0541)	0.5870***(0.0615)	-0.2595***(0.0619)	0.6097***(0.0530)	0.7400***(0.0541)	0.6728***(0.0608)	0.5387***(0.0617)	0.4446***(0.0689)
政府干预	-0.2045***(0.0501)	-0.2035***(0.0570)	-0.0469(0.0573)	0.2016***(0.0491)	-0.2129***(0.0491)	-0.2421***(0.0502)	-0.2122***(0.0561)	-0.2506***(0.0569)
固定资产投资	0.1197**(0.0598)	0.0847(0.0680)	-0.2199***(0.0684)	0.0074(0.0586)	0.0802(0.0593)	0.1183**(0.0589)	0.0438(0.0677)	0.0830(0.0667)
基础设施	-0.2917***(0.0489)	-0.1452***(0.0556)	-0.1116**(0.0559)	0.0016(0.0479)	-0.3118***(0.0481)	-0.2920***(0.0481)	-0.1660***(0.0550)	-0.1456***(0.0546)
常数项	-1.41e-07(0.0356)	2.59e-07(0.0405)	2.00e-07(0.0407)	1.91e-07(0.0348)	-1.05e-07(0.0348)	-1.77e-07(0.0350)	2.96e-07(0.0398)	2.15e-07(0.0397)
F统计值	88.04(0.0000)	43.19(0.0000)	41.65(0.0000)	96.23(0.0000)	77.22(0.0000)	75.73(0.0000)	38.89(0.0000)	39.60(0.0000)
中介效应					0.0466***(0.0154)	0.1139***(0.0309)	0.0483***(0.0167)	0.1424***(0.0354)
直接效应					0.7400***(0.0541)	0.6728***(0.0608)	0.5387***(0.0617)	0.4446***(0.0689)
中介效应占总效应的比例					0.0593	0.1448	0.0823	0.2425

注：***、**表示回归系数分别在1%和5%的水平上是显著的；回归系数、中介效应和直接效应括号内的数值是其标准误；F统计值括号内数值是其P值，"—"表示不存在相关数据。

资料来源：笔者自行分析整理。

收入的提高能够带动城镇化发展。

进而,可以依据式(12-9)测算出经济增长通过恩格尔系数变动作用于城镇化发展的中介效应为0.0466,占总效应的比例为5.93%。

同样地,通过对方程(1)、方程(4)和方程(6)的中介效应模型分析可知,经济增长通过信息消费指数变动作用于城镇化发展的中介效应为0.1139,占总效应的比例为14.18%。

由方程(2)、方程(3)和方程(7)中介效应模型分析可知,经济增长通过恩格尔系数变动作用于大城市化发展的中介效应为0.0483,占总效应的比例为8.23%。通过对方程(2)、方程(4)和方程(8)中介效应模型分析可知,经济增长通过信息消费指数变动作用于大城市化发展的中介效应为0.1424,占总效应的比例为24.25%。

比较而言,1995—2012年,经济增长通过作用于城镇居民恩格尔系数的变动均能够带动城镇化与大城市化进程,但这种带动作用较小,仅分别占相应总效应的比重为5.93%和8.23%;经济增长通过作用于城镇居民信息消费指数的变动同样能够促进城镇化与大城市化的发展,分别占相应总效应的比重为14.48%和24.25%。

(2)农村居民的分析结果

表12.9列示了以农村居民消费结构为中介变量的估计结果。方程(1)—方程(8)的相互关系同以城镇居民消费结构为中介变量时一样,在此不再赘述。

无论是使用恩格尔系数还是信息消费指数分析经济增长对于城镇化与大城市化的带动作用,各解释变量对于被解释变量、各解释变量对于中介变量、各解释变量和中介变量对于被解释变量的回归系数均在1%的水平上是显著的;且各回归方程的F值同样在1%的水平上显著。以上统计指标反映出,使用农村居民中介效应模型能够较好地分析经济增长通过消费结构变动作用于城镇化与大城市化。

考察经济增长通过农村居民消费结构变动对于城镇化进程的影响。一方面,在使用农村居民恩格尔系数衡量农村居民消费结构的情况下,农村居民实际收入的增长,减少了农村居民食品支出占全部生活消费支出的比重;同时,农村居民恩格尔系数的降低,将有利于城镇化发展。此时,以

表12.9 以农村居民消费结构为中介变量的估计结果（不含直辖市）

被解释变量	城镇化方程(1)	大城市化方程(2)	恩格尔系数方程(3)	信息消费指数方程(4)	城镇化方程(5)	城镇化方程(6)	大城市化方程(7)	大城市化方程(8)
恩格尔系数	—	—	—	—	−0.2772***(0.0439)	—	−0.1791***(0.0547)	—
信息消费指数	—	—	—	—	—	0.2932***(0.0408)	—	0.2709***(0.0504)
经济增长	0.8037***(0.0442)	0.5797***(0.0534)	−0.4364***(0.0461)	0.4857***(0.0491)	0.6827***(0.0465)	0.6613***(0.0463)	0.5015***(0.0579)	0.4481***(0.0572)
政府干预	0.0088(0.0493)	−0.0535(0.0595)	0.0198(0.0515)	0.0292(0.0548)	0.0143(0.0473)	0.0003(0.0467)	−0.0500(0.0589)	−0.0614(0.0577)
固定资产投资	0.0438(0.0555)	0.0393(0.0670)	−0.3753***(0.0579)	0.3052***(0.0616)	−0.0602(0.0556)	−0.0456(0.0540)	−0.0279(0.0693)	−0.0434(0.0667)
基础设施	−0.1986***(0.0410)	−0.0683(0.0494)	−0.0365(0.0428)	−0.0548(0.0459)	−0.2088***(0.0393)	−0.1826***(0.0388)	−0.0748(0.0489)	−0.0534(0.0480)
常数项	−7.53e-08(0.0327)	3.02e-07(0.0395)	−1.00e-07(0.0341)	1.90e-07(0.0363)	−1.03e-07(0.0313)	−1.31e-07(0.0309)	2.84e-07(0.0390)	2.15e-07(0.0383)
F统计值	124.31(0.0000)	51.00(0.0000)	105.06(0.0000)	80.09(0.0000)	116.27(0.0000)	121.33(0.0000)	43.85(0.0000)	49.18(0.0000)
中介效应					0.1210***(0.0230)	0.1424***(0.0245)	0.0781***(0.0253)	0.1316***(0.0279)
直接效应					0.6827***(0.0465)	0.6613***(0.0463)	0.5015***(0.0579)	0.4481***(0.0572)
中介效应占总效应的比例					0.1505	0.1772	0.1348	0.2270

注：***表示回归系数分别在1%的水平上显著的；回归系数、中介效应和直接效应括号内的数值是其标准误；F统计值括号内数值是其P值，"—"表示不存在相关数据。

资料来源：笔者自行分析整理。

恩格尔系数作为中介变量的中介效应为 0.1210，占总效应的比重为 15.05%。另一方面，在使用农村居民信息消费指数衡量农村居民消费结构的情况下，农村居民实际收入的增长，有助于提升农村居民的信息消费支出，且农村居民信息消费指数的提升对于城镇化发展有积极作用。此时，以信息消费指数作为中介变量的中介效应为 0.1424，占总效应的比重达到 17.72%。

考察经济增长通过农村居民消费结构变动对于大城市化进程的影响。农村居民人均实际纯收入提升，带动大城市化发展的总效应，小于城镇居民人均可支配收入增长对于大城市化带动的总效应。农村居民人均实际纯收入的提升，对于农村居民恩格尔系数和信息消费指数，分别有负向影响和正向带动作用。在控制农村居民实际收入的情况下，农村居民恩格尔系数和信息消费指数对于大城市化的发展，同样分别具有负向影响和正向带动作用。进一步地，农村居民恩格尔系数下降和信息消费指数上升，促进大城市化发展的中介效应系数分别为 0.0781 和 0.1316，占总效应的比重分别为 13.48% 和 22.70%。

城镇居民和农村居民消费结构变动对于城镇化、大城市化作用的不同主要表现在，城镇居民无论是以基本生存资料为主，还是以发展和享受资料为主的消费结构升级都更能够带动大城市化发展；而农村居民以基本生存资料为主的消费结构升级对于城镇化的带动作用更大，而其发展和享受资料为主的消费升级更利于大城市化进程。这主要是因为城镇居民人均可支配收入明显高于农村居民人均纯收入，城镇居民的消费结构相较于农村居民更加趋于以享受和发展资料为主，故其更能够带动以大城市为核心的城镇化进程。

2. 含直辖市的估计结果

（1）城镇居民的分析结果

表 12.10 列示了含直辖市情况下，城镇居民中介效应模型的估计结果。各方程的 F 值均在 1% 的水平上是显著的，表明各回归方程能够较好地拟合含直辖市情况下的中介效应模型。

在此，选用以经济增长通过消费结构变动带动城镇化进程为例的中介效应模型进行说明。涉及的回归分析结果为方程（1）和方程（3）—方程（6）。方程（1）即中介效应模型分析中的第一步，解释变量的回归系数

表12.10　以城镇居民消费结构为中介变量的估计结果（含直辖市）

被解释变量	城镇化方程(1)	大城市化方程(2)	恩格尔系数方程(3)	信息消费指数方程(4)	城镇化方程(5)	城镇化方程(6)	大城市化方程(7)	大城市化方程(8)
恩格尔系数	—	—	—	—	-0.2014*** (0.0412)	—	-0.2094*** (0.0466)	—
信息消费指数	—	—	—	—	—	0.2182*** (0.0477)	—	0.2759*** (0.0533)
经济增长	0.8099*** (0.0576)	0.4463*** (0.0648)	-0.2610*** (0.0664)	0.5743*** (0.0576)	0.7573*** (0.0571)	0.6845*** (0.0626)	0.3916*** (0.0646)	0.2878*** (0.0700)
政府干预	-0.2686*** (0.0515)	-0.2890*** (0.0579)	-0.0941 (0.0593)	0.2241*** (0.0515)	-0.2876*** (0.0503)	-0.3175*** (0.0514)	-0.3087*** (0.0568)	-0.3509*** (0.0575)
固定资产投资	0.1262** (0.0604)	0.1098 (0.0680)	-0.1829*** (0.0696)	-0.0179 (0.0604)	0.0894 (0.0593)	0.1301** (0.0590)	0.0715 (0.0670)	0.1148* (0.0660)
基础设施	-0.2835*** (0.0521)	0.0772 (0.0587)	-0.1157* (0.0601)	0.0369 (0.0521)	-0.3068*** (0.0510)	-0.2916*** (0.0510)	0.0530 (0.0576)	0.0670 (0.0570)
常数项	4.53e-08 (0.0360)	2.97e-07 (0.0406)	-1.28e-07 (0.0415)	1.57e-07 (0.0360)	1.96e-08 (0.0351)	1.10e-08 (0.0352)	2.70e-07 (0.0397)	2.54e-07 (0.0393)
F统计值	86.99 (0.0000)	46.63 (0.0000)	39.64 (0.0000)	87.03 (0.0000)	78.14 (0.0000)	77.09 (0.0000)	43.04 (0.0000)	44.95 (0.0000)
中介效应					0.0526*** (0.0172)	0.1253*** (0.0301)	0.0547*** (0.0185)	0.1584*** (0.0345)
直接效应					0.7573*** (0.0571)	0.6845*** (0.0626)	0.3916*** (0.0646)	0.2878*** (0.0700)
中介效应占总效应的比例					0.0649	0.1547	0.1225	0.3550

注：***、**和*表示回归系数分别在1%、5%和10%水平上是显著的；回归系数、中介效应和直接效应括号内数值是其标准误；F统计值括号内数值是其P值，"—"表示不存在相关数据。

资料来源：笔者自行分析整理。

表明，城镇居民人均实际可支配收入的提高对于城镇化进程的总效应显著为正，且大于不含直辖市的情况。方程（3）和方程（4）是中介效应模型分析中的第二步，城镇居民实际收入的提高，带动了恩格尔系数的下降与信息消费指数的上升。方程（5）和方程（6）则是中介效应模型分析中的第三步。在控制了解释变量城镇居民人均可支配收入的前提下，中介变量城镇居民恩格尔系数和信息消费指数，均能够带动城镇化发展。具体地，经济增长通过城镇居民恩格尔系数变化对于城镇化发展的中介效应为0.0526，占总效应的比例为6.49%；经济增长通过城镇居民信息消费指数变化对于城镇化进程的中介效应为0.1253，占总效应的比例为15.47%。

同理，在含直辖市样本的回归结果分析中，经济增长对于大城市化发展的总效应系数为0.4463，低于不含直辖市样本的回归估计结果。当以城镇居民恩格尔系数表征消费结构时，消费结构对于大城市化发展的中介效应系数为0.0547，占总效应的比例为12.25%；当以城镇居民信息消费指数表征消费结构时，消费结构对于大城市化发展的中介效应系数上升为0.1584，占总效应的比例大于1/3。

与不含直辖市城镇居民的中介效应模型估计结果比较而言，相同点主要表现在：（1）经济增长同样能够作用于城镇居民消费结构变动，以此带动城镇化与大城市化发展；（2）城镇居民恩格尔系数变动对于城镇化和大城市化的带动作用，明显小于信息消费指数的带动作用。不同点在于含直辖市样本得到的以恩格尔系数和信息消费指数作为中介变量的各中介效应系数，以及各中介效应占总效应系数的比重均较大，这是由于将北京、天津、上海和重庆四个城市加入样本中，显著提升了相应地区整体发展水平所致。

（2）农村居民的分析结果

含直辖市情况下，以农村居民消费结构作为中介变量，对于城镇化、大城市化进程的中介效应估计结果，见表12.11。由于各解释变量和中介变量的回归系数均在1%的水平上是显著的，且各方程的F统计值同样显著，故能够较好地拟合中介效应模型。

具体地，农村居民人均实际收入水平提高，将正向带动城镇化进程，且总效应系数大于其他中介效应模型的估计结果。农村居民恩格尔系数变

表 12.11　以农村居民消费结构为中介变量的估计结果（含直辖市）

被解释变量	城镇化方程 (1)	大城市化方程 (2)	信息消费指数方程 (3)	恩格尔系数方程 (4)	城镇化方程 (5)	城镇化方程 (6)	大城市化方程 (7)	大城市化方程 (8)
恩格尔系数	—	—	—	—	-0.3194*** (0.0393)	—	-0.2841*** (0.0521)	—
信息消费指数	—	—	—	—	—	0.2799*** (0.0373)	—	0.2823*** (0.0487)
经济增长	0.9229*** (0.0451)	0.4974*** (0.0575)	0.4895*** (0.0555)	-0.4518*** (0.0521)	0.7786*** (0.0456)	0.7859*** (0.0462)	0.3691*** (0.0604)	0.3592*** (0.0603)
政府干预	-0.0422 (0.0464)	-0.1680*** (0.0591)	0.0240 (0.0571)	-0.0166 (0.0536)	-0.0475 (0.0432)	-0.04891 (0.0437)	-0.1727*** (0.0572)	-0.1748*** (0.0570)
固定资产投资	0.0104 (0.0525)	0.0514 (0.0669)	0.2832*** (0.0645)	-0.3312*** (0.0606)	-0.0954* (0.0506)	-0.0688 (0.0505)	-0.0427 (0.0670)	-0.0286 (0.0659)
基础设施	-0.2824*** (0.0415)	0.0833 (0.0529)	-0.0817 (0.0510)	-0.0062 (0.0479)	-0.2844*** (0.0386)	-0.2595*** (0.0392)	0.0815 (0.0512)	0.1064** (0.0511)
常数项	-2.90e-08 (0.0309)	2.54e-07 (0.0394)	-7.13e-08 (0.0380)	-1.49e-07 (0.0357)	-7.64e-08 (0.0288)	-9.02e-09 (0.0291)	2.12e-07 (0.0381)	2.75e-07 (0.0380)
F 统计值	155.70 (0.0000)	55.56 (0.0000)	67.54 (0.0000)	90.53 (0.0000)	157.02 (0.0000)	152.19 (0.0000)	53.43 (0.0000)	54.60 (0.0000)
中介效应					0.1443*** (0.0243)	0.1370*** (0.0240)	0.1283*** (0.0278)	0.1382*** (0.0285)
直接效应					0.7786*** (0.0456)	0.7859*** (0.0462)	0.3691*** (0.0604)	0.3592*** (0.0603)
中介效应占总效应的比例					0.1564	0.1484	0.2580	0.2278

注：***、**和*表示回归系数分别在 1%、5% 和 10% 的水平上是显著的；回归系数、中介效应和直接效应括号内的数值其标准误；F 统计值括号内数值是其 P 值，"—"表示不存在相关数据。

资料来源：笔者自行分析整理。

动对于城镇化发展的中介效应为 0.1443，占总效应的比例为 15.64%；农村居民信息消费指数变动对城镇化发展的中介效应为 0.1370，占总效应比例为 14.84%。这反映出农村居民以食品为代表的基本消费支出的变化，更能够作用于农业生产要素向城市集聚。

含直辖市情况下，以农村居民消费结构为中介变量，对于大城市化发展的中介效应模型估计结果如下，农村居民人均实际纯收入对于大城市化进程的总效应系数为 0.4974。农村居民用于食品消费支出占全部生活消费支出比例的下降，以及用于信息消费支出占全部生活消费支出比例的上升，对于大城市化发展的中介效应系数分别为 0.1283 和 0.1382，占总效应系数的比例分别为 25.80% 和 22.78%。

与不含直辖市农村居民中介效应模型的估计结果不同，含直辖市农村居民恩格尔系数和信息消费指数变化对于城镇化与大城市化的推动作用较为接近。

(三) 中介效应的检验

1. 逐步法检验

在完成中介效应模型的估计之后，需对中介效应系数进行显著性检验。C. M. Judd 和 D. A. Kenny（1981）、R. M. Baron 和 D. A. Kenny（1986）提出的逐步法最为常见。首先，检验总效应系数是否显著，即在满足解释变量显著作用于被解释变量的前提下，进一步考察中介变量的作用才有意义。其次，依次检验解释变量对于中介变量的回归系数，以及控制解释变量情况下，中介变量对于被解释变量的回归系数是否显著。最后，在控制中介变量的前提下，检验解释变量对于被解释变量的回归系数是否显著，若该系数是显著的，则模型存在部分中介效应，反之，模型为完全中介效应。

在表 12.8 至表 12.11 中，解释变量居民人均实际收入对于被解释变量城镇化、大城市化的回归系数均是显著的，通过了中介效应模型逐步检验的第一步；解释变量居民人均实际收入对于中介变量居民恩格尔系数和信息消费指数的回归系数，以及在控制解释变量居民人均实际收入的情况下，中介变量居民恩格尔系数和信息消费指数对于被解释变量城镇化、大城市化的回归系数，也均在 1% 的水平上是显著的，通过了中介效应模型逐步检验的第二步；在控制中介效应居民消费结构变动的情况下，解释变量居民实际收入对于城镇化、大城市化的回归系数依旧显著，说明居民消费结构变动对于城镇化、大城市化的发展有部分中介效应，完成了中介效应模型逐步检验的第三步。

综上，使用逐步检验的方法，对中介效应系数的检验表明，经济增长的确能够通过居民消费结构变动，作用于城镇化和大城市化进程。

2. Sobel 检验、Goodman1 检验和 Goodman2 检验

在解释变量显著作用于被解释变量的前提下，还可使用 Sobel 检验法和 Goodman 检验法对中介效应系数的显著性进行检验。具体地，上述两种中介效应系数检验的统计量如式（12-21）所示（D. P. Mackinnon, G. Warsi, J. H. Dwyer, 1995；温忠麟、叶宝娟, 2014）：

$$z = \frac{\hat{a}\hat{b}}{s_{ab}} \quad (12-21)$$

式（12-21）中，$\hat{a}$ 是解释变量对于中介变量的回归系数，$\hat{b}$ 是在控制解释变量情况下，中介变量对于被解释变量的回归系数。s_{ab} 是 $\hat{a}\hat{b}$ 的标准误。因 s_{ab} 有不同的计算方法，故 z 统计量的统计值不同。在使用 s_a 表示 $\hat{a}$ 的标准误，s_b 表示 $\hat{b}$ 的标准误的情况下：

当 $s_{ab}^2 = s_a^2 \hat{b}^2 + s_b^2 \hat{a}^2$ 时，将 s_{ab} 代入式（12-21），若 z 统计值显著，则称中介效应系数通过了 Sobel 检验；

当 $s_{ab}^2 = s_a^2 \hat{b}^2 + s_b^2 \hat{a}^2 + s_a^2 s_b^2$ 时，将 s_{ab} 代入式（12-21），若 z 统计值显著，则称中介效应系数通过了 Goodman1 检验；

当 $s_{ab}^2 = s_a^2 \hat{b}^2 + s_b^2 \hat{a}^2 - s_a^2 s_b^2$ 时，将 s_{ab} 代入式（12-21），若 z 统计值显著，则称中介效应系数通过了 Goodman2 检验。

按照上述检验方法，表 12.12 和表 12.13 分列了样本容量中不含直辖市情况下和含直辖市情况下，城镇居民和农村居民消费结构变动作用于城镇化与大城市化的中介效应系数检验结果。显然，无论是采用 Sobel 检验，还是采用 Goodman1 检验、Goodman2 检验，中介效应系数均在 1% 的水平上是显著的。即经济增长能够通过城镇居民和农村居民消费结构的变动带动城镇化与大城市化的发展。

表 12.12　Sobel 检验、Goodman1 检验和 Goodman2 检验结果（不含直辖市）

样本分类	被解释变量	中介变量	中介效应系数	中介效应系数的 z 统计值 Sobel 检验	Goodman1 检验	Goodman2 检验
城镇居民	城镇化	恩格尔系数	0.0466	3.031*** (0.0154)	2.991*** (0.0156)	3.073*** (0.0152)
		信息消费指数	0.1139	3.682*** (0.0309)	3.670*** (0.0310)	3.695*** (0.0308)
	大城市化	恩格尔系数	0.0483	2.886*** (0.0167)	2.844*** (0.0170)	2.931*** (0.0165)
		信息消费指数	0.1424	4.017*** (0.0354)	4.004*** (0.0356)	4.030*** (0.0353)
农村居民	城镇化	恩格尔系数	0.1210	5.251*** (0.0230)	5.231*** (0.0231)	5.271*** (0.0230)
		信息消费指数	0.1424	5.817*** (0.0245)	5.797*** (0.0246)	5.836*** (0.0244)
	大城市化	恩格尔系数	0.0781	3.092*** (0.0253)	3.077*** (0.0254)	3.108*** (0.0251)
		信息消费指数	0.1316	4.722*** (0.0279)	4.704*** (0.0280)	4.741*** (0.0278)

注：括号中的数据为各检验方法得到的系数标准误；***表示 z 统计值在 1% 的水平上是显著的。
资料来源：笔者自行分析整理。

表 12.13　Sobel 检验、Goodman1 检验和 Goodman2 检验结果（含直辖市）

样本分类	被解释变量	中介变量	中介效应系数	中介效应系数的 z 统计值 Sobel 检验	Goodman1 检验	Goodman2 检验
城镇居民	城镇化	恩格尔系数	0.0526	3.062*** (0.0172)	3.024*** (0.0174)	3.102*** (0.0169)
		信息消费指数	0.1253	4.159*** (0.0301)	4.142*** (0.0303)	4.177*** (0.0300)
	大城市化	恩格尔系数	0.0547	2.959*** (0.0185)	2.918*** (0.0187)	3.001*** (0.0182)
		信息消费指数	0.1584	4.594*** (0.0345)	4.576*** (0.0346)	4.612*** (0.0344)

续表

样本分类	被解释变量	中介变量	中介效应系数	中介效应系数的 z 统计值		
				Sobel 检验	Goodman1 检验	Goodman2 检验
农村居民	城镇化	恩格尔系数	0.1443	5.929*** (0.0243)	5.908*** (0.0244)	5.950*** (0.0243)
		信息消费指数	0.1370	5.715*** (0.0240)	5.694*** (0.0241)	5.737*** (0.0239)
	大城市化	恩格尔系数	0.1283	4.616*** (0.0278)	4.595*** (0.0279)	4.639*** (0.0277)
		信息消费指数	0.1382	4.844*** (0.0285)	4.822*** (0.0287)	4.865*** (0.0284)

注：括号中的数据为各检验方法得到的系数标准误；***表示 z 统计值在1%的水平上是显著的。
资料来源：笔者自行分析整理。

3. Bootstrap 检验

Bootstrap 检验是从样本中重复取样，以得到类似于原样本的 Bootstrap 样本。进而，每一个 Bootstrap 样本都可以得到中介效应系数的估计值。之后，将它们按升序排列，其中第2.5%位序和第97.5%位序的数值，就构成了中介效应系数为95%的置信区间。若置信区间内不含0，则中介效应系数显著；否则中介效应系数不显著。此检验方法称为非参数百分位 Bootstrap 法。检验力更高的是使用偏差校正后的置信区间，此时该检验方法称为非参数偏差校正百分位 Bootstrap 法（J. R. Edwards, L. S. Lambert, 2007；方杰、张敏强，2012）。

此外，同 Sobel 检验、Goodman1 检验和 Goodman2 检验仅能够对中介效应系数的显著性进行检验不同，使用 Bootstrap 检验法还可分析直接效应系数的显著性。

在此，分别对原样本进行1000次重复取样，进行 Bootstrap 检验。样本容量中不含直辖市和含直辖市的 Bootstrap 检验结果见表12.14和表12.15。在各种分析情况下，无论是中介效应系数，还是直接效应系数的非参数百分位置信区间和非参数偏差百分位置信区间，都不含0，表明消费结构变动的中介效应显著，且在控制了消费结构变动情况下，经济增长对于城镇化与大城市化发展的直接效应同样显著。以上结果充分表明，笔者回归分析得到的中介效应和直接效应，能够较好地分析经济增长通过居民消费结构作用于城镇化与大城市化发展。

表 12.14　　　　　Bootstrap 检验结果（不含直辖市）

样本分类	被解释变量	中介变量		系数	95% 置信区间		
城镇居民	城镇化	恩格尔系数	中介效应	0.0466 (0.0139)	(P)	0.0226	0.0755
					(BC)	0.0240	0.0770
			直接效应	0.7400 (0.0388)	(P)	0.6645	0.8190
					(BC)	0.6670	0.8259
		信息消费指数	中介效应	0.1139 (0.0333)	(P)	0.0511	0.1853
					(BC)	0.0509	0.1848
			直接效应	0.6728 (0.0449)	(P)	0.5854	0.7560
					(BC)	0.5903	0.7612
	大城市化	恩格尔系数	中介效应	0.0483 (0.0149)	(P)	0.0243	0.0828
					(BC)	0.0243	0.0828
			直接效应	0.5387 (0.0621)	(P)	0.4220	0.6716
					(BC)	0.4235	0.6802
		信息消费指数	中介效应	0.1424 (0.0343)	(P)	0.0832	0.2185
					(BC)	0.0747	0.2082
			直接效应	0.4446 (0.0698)	(P)	0.3025	0.5817
					(BC)	0.3010	0.5785
农村居民	城镇化	恩格尔系数	中介效应	0.1210 (0.0227)	(P)	0.0789	0.1693
					(BC)	0.0788	0.1689
			直接效应	0.6827 (0.0552)	(P)	0.5883	0.8135
					(BC)	05887	0.8146
		信息消费指数	中介效应	0.1424 (0.0247)	(P)	0.0982	0.1950
					(BC)	0.0983	0.1951
			直接效应	0.6613 (0.0562)	(P)	0.5604	0.7802
					(BC)	0.5549	0.7761
	大城市化	恩格尔系数	中介效应	0.0781 (0.0250)	(P)	0.0330	0.1327
					(BC)	0.0289	0.1300
			直接效应	0.5015 (0.0699)	(P)	0.3621	0.6357
					(BC)	0.3576	0.6260
		信息消费指数	中介效应	0.1316 (0.0272)	(P)	0.0855	0.1887
					(BC)	0.0861	0.1890
			直接效应	0.4481 (0.0713)	(P)	0.3141	0.5967
					(BC)	0.3137	0.5937

注：括号中的数据为系数 Bootstrap 标准误；（P）表示非参数百分位的置信区间；（BC）表示非参数偏差校正百分位的置信区间。

资料来源：笔者自行分析整理。

表 12.15　　　　Bootstrap 检验结果（含直辖市）

样本分类	被解释变量	中介变量	系数		95%置信区间	
城镇居民	城镇化	恩格尔系数	中介效应	0.0526 (0.0143)	(P)	0.0288	0.0841
					(BC)	0.0302	0.0890
			直接效应	0.7573 (0.0433)	(P)	0.6745	0.8452
					(BC)	0.6763	0.8510
		信息消费指数	中介效应	0.1253 (0.0337)	(P)	0.0633	0.1941
					(BC)	0.0640	0.1955
			直接效应	0.6845 (0.0491)	(P)	0.5810	0.7794
					(BC)	0.5883	0.7856
	大城市化	恩格尔系数	中介效应	0.0547 (0.0170)	(P)	0.0274	0.0938
					(BC)	0.0281	0.0964
			直接效应	0.3916 (0.0658)	(P)	0.2580	0.5247
					(BC)	0.2699	0.5329
		信息消费指数	中介效应	0.1584 (0.0380)	(P)	0.0918	0.2366
					(BC)	0.0888	0.2353
			直接效应	0.2878 (0.0731)	(P)	0.1470	0.4349
					(BC)	0.1652	0.4582
农村居民	城镇化	恩格尔系数	中介效应	0.1443 (0.0248)	(P)	0.1029	0.1974
					(BC)	0.1064	0.2045
			直接效应	0.7786 (0.0394)	(P)	0.7081	0.8629
					(BC)	0.6943	0.8555
		信息消费指数	中介效应	0.1370 (0.0238)	(P)	0.0954	0.1901
					(BC)	0.0945	0.1861
			直接效应	0.7859 (0.0396)	(P)	0.7110	0.8664
					(BC)	0.7102	0.8658
	大城市化	恩格尔系数	中介效应	0.1283 (0.0274)	(P)	0.0835	0.1865
					(BC)	0.0852	0.1902
			直接效应	0.3690 (0.0629)	(P)	0.2559	0.5033
					(BC)	0.2492	0.4999
		信息消费指数	中介效应	0.1382 (0.0281)	(P)	0.0934	0.2014
					(BC)	0.0913	0.1996
			直接效应	0.3592 (0.0629)	(P)	0.2382	0.4886
					(BC)	0.2388	0.4886

注：括号中的数据为系数 Bootstrap 标准误；（P）表示非参数百分位的置信区间；（BC）表示非参数偏差校正百分位的置信区间。

资料来源：笔者自行分析整理。

五 本章结论

经济持续增长表现为人均收入水平的不断提高,进而通过影响居民消费结构升级,带动城镇化与大城市化进程。为此,本章首先着重探讨了经济增长促进城镇化与大城市化的机制与差异,指出居民消费结构升级更加有利于大城市化发展。其次,借助扩展线性支出系统模型等方法,从中国城镇居民和农村居民各项消费支出,以及基本消费支出变动趋势等方面,论证了1995—2012年中国居民消费结构升级的现象的确存在。最后,建立基于居民消费结构变动的中介效应模型,实证分析了经济增长、消费结构变动与城镇化、大城市化发展之间的关系;并分别采用逐步检验法、Sobel检验法、Goodman1检验法、Goodman2检验法和Bootstrap检验法对中介效应系数的显著性进行了检验。

实证分析结果表明,经济增长能够通过消费结构变动,带动城镇化与大城市化发展;无论含直辖市还是不含直辖市,城镇居民的恩格尔系数和信息消费指数变动对于大城市化发展的中介效应更大,且信息消费指数变动对于大城市化的促进作用明显大于对城镇化的作用;在不含直辖市情况下,农村居民恩格尔系数和信息消费指数变动更能够促进城镇化发展,但此时信息消费指数变动的带动作用依旧大于恩格尔系数的作用;在含直辖市情况下,农村居民恩格尔系数和信息消费指数变动对于城镇化与大城市化的带动作用较为接近。

第十三章 城镇化与大城市化促进经济增长的动因分析

2015年12月召开的中央城市工作会议指出,城市发展带动了整个经济社会发展,城市建设成为现代化建设的重要引擎[①]。城镇化与大城市化促进经济增长的机制,究其本质在于资本和劳动力等生产要素集聚至城市或大城市,将使生产要素具有更高的利用效率,以致相同的资源投入,获取更多产出。本章借助新兴古典城镇化理论对上述观点进行了阐释,并提出城市规模越大,城市全要素生产率也就越高的假说。

在实证分析部分,首先,通过对城市全要素生产率的内涵阐释,将城市全要素生产率拆分为城市技术效率和城市技术进步两部分。其次,运用Malmquist指数法,分别测算出2003—2016年全国285个地级以上城市全要素生产率、城市技术效率和城市技术进步的变化率,探析城市规模扩大过程中,城市全要素生产率的变动趋势。最后,通过城市技术效率和城市技术进步的乘积测算城市全要素生产率,并在此基础上构建Tobit面板数据等模型,从城市人口规模、城市土地规模、城市经济规模和城市综合规模四个角度,论证城市规模与城市全要素生产率的关系。

一 城镇化与大城市化推动经济增长的内在机制

以X. Yang和R. Robert (1994) 为代表的学者,通过建立新兴古典城

[①] 新华网:《中央城市工作会议在北京举行》,http://www.xinhuanet.com//politics/2015-12/22/c_1117545528.htm。

镇化的一般均衡模型，论证了城镇化进程是分工演进的必然结果（X. Yang，R. Robert，1994）。其核心思想如下：由于农业发展的基本生产要素是土地，这就决定了其必须依附于土地，实行分散化的布局方式；而工业品的生产则摆脱了土地对其发展的束缚，故人们既可以选择在广大地区从事生产活动，又可以选择集中在特定地区。在每种产品都可以进行专业化生产的前提下，专业化程度越高，生产效率也会越高。此时，人们会通过彼此之间的贸易，满足各自的生产需要与消费需求，运输成本和协商成本等交易费用由此产生。

当交易效率很低时，人们将选择自给自足的生产方式，城市不会出现。当交易效率得到改善时，会产生工农业之间的局部分工。工业品生产者会选择在离农民最近的地方生产居住，以降低分工带来的交易费用，由于该阶段交易效率改善有限，分工深化程度较低，以非农产业集聚为特征的现代城市依旧不会产生。当交易效率进一步提高时，在制造业内部会出现更为细致的分工。为了节省交易费用，制造业者便会选择在特定地区投资设厂，城市进而成为非农产业和非农人口的集聚地（杨小凯、黄有光，1999；杨小凯、张永生，2003）。

可见，城镇化是解决生产专业化与交易费用两难冲突的必然结果。非农产业内部分工越深化，越能够促使非农产业在特定区域投资设厂，进而带动农业转移人口由乡村向城市集聚。大量企业和人口在城市集聚，又会触发集聚经济机制的作用。它能够在进一步降低交易费用的同时，持续细化劳动分工，并次级影响生产的专业化。久之，城市和乡村在生产效率和商业化等方面形成巨大差距。

相同的生产要素分布在不同地区，会对经济增长的作用产生差异。城镇化促使资本和劳动力等生产要素由乡村集聚至城市，会显著提升生产要素的利用效率，进而改善城市的全要素生产率，产生等量生产要素投入，生产更多产出的现象，国内生产总值因此持续增长。城镇化作用于经济增长的机制如图13.1所示。

因城镇化与大城市化的实质均为生产要素在空间上的转移，故城镇化推动经济增长的机制，同样能够反映在大城市化对于经济增长的促进作用上。除此之外，大城市化促进经济增长的机制还具有其特殊性。

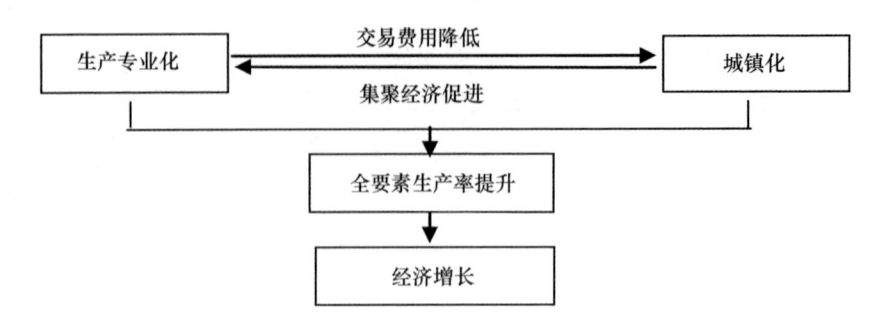

图 13.1 城镇化促进经济增长机制

资料来源：笔者绘制。

一般地，城市规模越大，城市消费品和生产投入越具有多样性。此时，即便集聚在大城市的单个厂商仅能够获取正常利润，也能够促使整个城市存在外部规模经济（J. M. Quigley，1998）。此外，在城市发展进程中，政府的宏观调控会促使优质资源、优惠政策向大城市倾斜（J. V. Henderson，2010），带动大城市全要素生产率的提高。以中国为例进行说明，中国的城市行政等级可分为直辖市、地级市、县级市和镇四级，其行政权力按照城市行政等级由高到低排列。考虑到城市行政级别和省级政府驻地的重要性，在地级市层面会延伸出副省级城市和一般省会城市；考虑到经济发展战略安排，地级市层面又会衍生出沿海开放城市、国家海洋经济创新发展示范城市等。通常情况下，城市等级越高、"头衔"越多，资源配置偏向性越强，优惠政策越多，可在促使优质资源集聚的同时，扩大城市规模。综上，融入大城市的生产要素，不仅较中小城市拥有更多的数量，而且还具有更高的质量，大城市化促进经济增长的动力更强（任昊、宋迎昌，2018）。

非农产业和非农人口集聚于城市相较于散布在乡村具有更高的全要素生产率成为学术界的普遍共识，城镇化由此成为促进经济增长的重要引擎，且中国的发展实际充分验证了这一观点。相较而言，大城市化带动经济增长的研究则较为欠缺，这主要是由以下两个因素造成的。一是，学者们更多地关注生产要素由乡村向城市集聚的总趋势，忽视了城镇化进程中的大城市化现象；二是，伴随着城市规模的扩大，往往会带来交通拥挤和环境污染等城市问题，致使学者们更加注重"大城市病"的防范与治理。

王嗣均（1994）指出城市规模越大，城市效率越高，呈现出城市效率随城市规模等级递进的趋势。闫怡然等（2017）沿用王嗣均的研究思路，进一步采用面板数据的回归分析模型，得出城市规模每提升1%，城市效率相应提升1.107%的结论。王业强和魏后凯（2018）认为在大城市的发展进程中，存在效率锁定现象，即从城市效率的动态视角出发，大城市的规模越大，效率越高。上述研究验证了中国城市规模越大，城市效率也就越高的事实，为大城市化带动经济增长的观点提供了佐证。然而，王嗣均和闫怡然等学者在测算城市效率时采用的是综合指数法，指标选取不具有权威性；王业强和魏后凯测算得到的城市效率实质上是指城市的技术效率。可见，上述结论并不足以证明城市规模扩大有助于城市全要素生产率提升的观点。

鉴于此，笔者在将城市全要素生产率拆分为城市技术效率和城市技术进步的基础上，从两个方面完善城市规模与城市全要素生产率的研究。一方面，借助Malmquist指数，探讨全国285个地级以上城市全要素生产率、城市技术效率和城市技术进步的发展趋势；另一方面，借助数据包络分析法中的规模报酬可变模型，以及市辖区科学技术支出占市辖区第二、第三产业增加值的比重，测算城市全要素生产率的绝对值，以此为基础实证分析城市规模与城市全要素生产率的关系。

二 城市全要素生产率内涵与测算

（一）城市全要素生产率内涵

经济行为的最终目的是满足人类对商品和服务的需求[1]。然而，生产商品和提供服务的资本和劳动力等生产要素相对于它们所要满足的需求是稀缺的，如何尽可能有效地利用资源，便涉及生产率的概念。通常情况下，生产率指经济主体产出与投入的比值[2]。

---

[1] 克里斯托夫·帕斯、布莱恩·洛斯、莱斯利·戴维斯著：《科林斯经济学词典》（第3版），罗汉等译，上海财经大学出版社2008年版，第213—214页。
[2] 蒂莫西·J. 科埃利、D. S. 普拉萨德·拉奥等著：《效率与生产率分析导论》（第二版），王忠玉译，中国人民大学出版社2008年版，第3—5页。

由于生产率和效率这两个概念经常交替使用,造成了概念上的混淆。现通过考察一种单生产要素投入(x)与单产出(y)的简单生产过程加以说明,见图13.2。

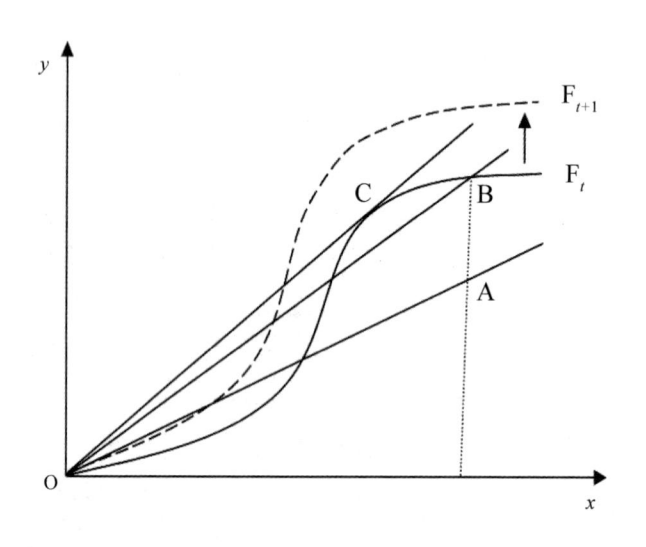

图13.2 生产率与效率辨析

资料来源:笔者绘制。

曲线 OF_t 表示 t 时期的生产边界,用以反映当前的技术水平。生产边界上的每一点对应着每一种投入水平的最大产出。若某经济主体处于生产边界上,则认为该经济主体是技术有效的;若经济主体处于生产边界以下,则断定该经济主体是技术无效的。图13.2中,A点表示技术无效点,这是因为从技术上讲,它能够在不增加任何投入的前提下,增加到B点相应的产出水平。通常所说的效率实质上就是指经济主体的技术效率。

当生产过程中只有单投入、单产出时,生产率可用起于原点O,并通过相应点射线的斜率表示。在图13.2中,连接原点和B点射线的斜率,大于连接原点和A点射线的斜率,故经济主体在B点的生产率高于在A点的生产率。连接原点和C点射线的斜率是 t 时期技术水平下的最大值,即当经济主体位于点C时,经济主体的生产率达到最大。这是因为尽管B点和C点同处于 t 时期的生产边界上,但C点的生产规模更优,即经济主体在技术有效的同时,可以通过调整生产规模来提高自己的生产率。此外,生产率的提高还有可能来自技术进步。技术进步的存在，将推动原生产边界向外移动，显著提升原点 O 与相应点连接射线的斜率，促进经济主体生产率的进一步提高。如图 13.2 所示，在技术进步的作用下，曲线 OF_{t+1} 表示 $t+1$ 时期的生产边界，用以反映生产技术改进后的技术水平。相较于 t 时期，每一种生产要素投入，在 $t+1$ 时期的生产边界上都能够获得更多产出。

综上所述，经济主体在无法调整生产规模，且不存在技术进步的前提下，生产率与技术效率含义相同。反之，生产率与技术效率的内涵并不一致。一般地，经济主体生产率的改进来自技术效率与技术进步两个方面。其中，技术效率用以描述经济主体在给定技术水平下，各经济主体的投入产出关系（F. R. Forsund，L. Hjalmarsson，1974）；技术进步用以强调经济主体在不同生产周期中生产技术的改进（J. Haltmaier，1984），表现为生产边界的扩张。

在现有经济运行过程中，生产要素的投入不止一种，通常含资本和劳动力等多种要素，此时生产率称为全要素生产率，便于对所有投入生产要素的生产率进行测量[①]。相应地，经济主体的劳动生产率、资本生产率等均称为部分生产率，或偏生产率。如果孤立地分析单一生产要素生产率，不仅不符合实际情况，而且可能会对总生产率指标产生误导。

若将各城市看作独立运行的经济主体，以劳动力、资本以及土地为其投入要素，以地区生产总值为其产出，则相应地有城市全要素生产率、城市技术效率和城市技术进步的概念。进而，通过测算城市全要素生产率变化率、城市技术效率变化率和城市技术进步变化率，可以全面反映各城市的全要素生产率改进状况；同时，测算城市技术效率、城市技术进步和城市全要素生产率，能够了解各城市全要素生产率绝对值的大小。

（二）城市全要素生产率测算方法

随机前沿生产函数法（SFA）、综合指数法和数据包络分析法（DEA）是当前测算城市效率采用的主要方法。然而，使用随机前沿生产函数只能

[①] 蒂莫西·J. 科埃利、D. S. 普拉萨德·拉奥等著：《效率与生产率分析导论》（第二版），王忠玉译，中国人民大学出版社 2008 年版，第 3—5 页。

够反映城市的技术效率，并不涵盖技术进步对于城市全要素生产率的影响，且由于城市间发展差异较大，各城市采取同样的生产函数，可能会低估技术效率较高城市的效率，而拉高技术效率较低城市的效率。构建城市综合指数评估城市效率，在指标选取、权重赋值等方面具有较强的主观随机性，同样无法准确反映城市的全要素生产率。

以戴永安和张曙霄（2010）、陈关聚（2013）、李健和李澎（2018）为代表的学者，在测算城市效率时，采用的是随机前沿生产函数法，故上述城市效率实质上指的是城市技术效率，而非城市全要素生产率；以王嗣均（1994）、高霞（2010）、闫怡然等（2017）为代表的学者在测算城市效率时，采用的则是综合指数法，由于在反映城市效率所选取的指标不同，各个研究测算得到的结果不具有可比性。

鉴于此，本章主要采用数据包络分析法对城市全要素生产率变动情况进行比较分析。具体地，使用数据包络分析法中的 Malmquist 指数测算城市全要素生产率变动率、城市技术效率变动率和城市技术进步变动率，以此考察各城市全要素生产率、技术效率和技术进步的改进情况。使用数据包络分析法中的规模报酬可变模型测算城市技术效率；使用指数法测算城市技术进步；并将二者相乘求得城市全要素生产率，用以分析城市规模与城市全要素生产率、城市技术效率和城市技术进步的作用关系。

1. 城市全要素生产率变化率测算方法

Malmquist 指数实质上反映的是相邻两个时期全要素生产率的变化情况。若该指数值大于 1，则表示从 t 时期至 $t+1$ 时期城市全要素生产率呈增长趋势；若该指数值等于 1，则表示从 t 时期至 $t+1$ 时期城市全要素生产率不变；若该指数值小于 1，则表示从 t 时期至 $t+1$ 时期城市全要素生产率下降。Fare 等（1997）确立了 Malmquist 全要素生产率变化指数的数理推导方法。具体地，

$$M_o(y_{t+1}, x_{t+1}, y_t, x_t) = \left[\frac{d_o^t(x_{t+1}, y_{t+1})}{d_o^t(x_t, y_t)} \times \frac{d_o^{t+1}(x_{t+1}, y_{t+1})}{d_o^{t+1}(x_t, y_t)}\right]^{\frac{1}{2}}$$

(13 – 1)

式（13 – 1）中，x_t，x_{t+1} 分别表示城市在 t 时期和 $t+1$ 时期的投入向量；

y_t，y_{t+1} 分别表示城市在 t 时期和 $t+1$ 时期的产出向量。$d_o^t(x_t, y_t)$ 表示 t 时期的单期距离函数，反映 t 时期城市生产状况的效率水平；$d_o^{t+1}(x_{t+1}, y_{t+1})$ 表示 $t+1$ 时期的单期距离函数，反映 $t+1$ 时期城市生产状况的效率水平；$d_o^t(x_{t+1}, y_{t+1})$ 表示以 t 时期的技术为参照，$t+1$ 时期生产状况的距离函数，反映技术不变条件下，城市生产状况发生改变后的效率水平；$d_o^{t+1}(x_t, y_t)$ 表示以 $t+1$ 时期的技术为参照，t 时期生产状况的距离函数，反映技术改进条件下，城市生产状况不变的效率水平。$M_o(y_{t+1}, x_{t+1}, y_t, x_t)$ 即城市 $t+1$ 时期生产点 (x_{t+1}, y_{t+1}) 相对于 t 时期生产点 (x_t, y_t) 的全要素生产率变化率。

由于 Malmquist 指数具有良好的性质，可以进一步将城市全要素生产率变化率拆分为不变规模报酬假定下的城市技术效率变化率（effch）和城市技术进步变化率（techch），其分解过程如式（13-2）所示：

$$M_c(y_{t+1}, x_{t+1}, y_t, x_t) = \frac{d_c^{t+1}(x_{t+1}, y_{t+1})}{d_c^t(x_t, y_t)} \times$$

$$\left[\frac{d_c^t(x_{t+1}, y_{t+1})}{d_c^{t+1}(x_{t+1}, y_{t+1} | C)} \times \frac{d_c^t(x_t, y_t)}{d_c^{t+1}(x_t, y_t)}\right]^{\frac{1}{2}} \quad (13-2)$$

其中，$effch = \dfrac{d_c^{t+1}(x_{t+1}, y_{t+1})}{d_c^t(x_t, y_t)}$，$techch = \left[\dfrac{d_c^t(x_{t+1}, y_{t+1})}{d_c^{t+1}(x_{t+1}, y_{t+1} | C)} \times \dfrac{d_c^t(x_t, y_t)}{d_c^{t+1}(x_t, y_t)}\right]^{\frac{1}{2}}$

城市技术效率变化率用以反映城市技术效率的变化情况，衡量的是城市对生产边界的追赶程度，即追赶效应；城市技术进步变化率用以反映城市技术进步的变化情况，反映城市生产边界的移动程度，即增长效应。同样地，城市技术效率变化率和城市技术进步变化率反映的也是相邻两个时期各自的变动情况，若二者的值大于 1，表示城市的技术效率、技术进步都发生了改进；若二者的值等于 1，表示城市的技术效率、技术进步均未发生改变；若二者的值小于 1，表示城市的技术效率、技术进步产生了衰退。下角 c 表示规模报酬不变。

综上所述，使用 Malmquist 指数的方法，可以测算出城市全要素生产率变化率，并可将其拆分为城市技术效率变化率和城市技术进步变化率，全面反映城市全要素生产率的变动状况。值得说明的是，使用 Malmquist 指数法得到的城市全要素生产率变化率、城市技术效率变化率以及城市技术进步变化率,每一年的数值都是基于前一年城市实际情况得到的,是一个相对指标。使用该数据分析其与城市规模的关系,只能反映各变化率与城市规模的关系。王艺明等(2016)在研究中就是利用了 Malmquist 指数,分析了影响城市全要素生产率变动的因素。

2. 城市全要素生产率测算方法

使用 Malmquist 方法测算得到的城市全要素生产率变化率、城市技术效率变化率和城市技术进步变化率,实际上反映的是城市生产状况变化的相对值,而非绝对值,无法直接用于分析城市规模与城市全要素生产率之间的关系。为此,本书进一步采取数据包络分析法中的规模报酬可变模型测算城市技术效率的绝对值;运用指数法测算城市技术进步的绝对值;之后将城市技术效率的绝对值与城市技术进步的绝对值相乘,得到城市全要素生产率的绝对值,为实证分析城市规模与城市全要素生产率打下基础。城市全要素生产率绝对值的测算步骤如下。

首先,运用数据包络分析法中规模报酬可变模型,测算城市技术效率的具体模型如式(13-3)所示(B. R. Danker, A. Charnes, W. W. Cooper, 1984):

$$\text{Max } \theta^n = \frac{\sum_{j=1}^{J} u_j^n y_j^n}{\sum_{i=1}^{I} v_i^n x_i^n} \quad (13-3)$$

$$\text{s. t. } \frac{\sum_{j=1}^{J} u_j^n y_j^n}{\sum_{i=1}^{I} v_i^n x_i^n} \leq 1; u_j^n, y_j^n \geq 0; i = 1, \cdots, I; j = 1, \cdots, J; n = 1, \cdots, N$$

式(13-3)中,x_j^n 和 y_j^n 是第 n 个城市的投入和产出,v_i^n 和 u_j^n 是第 n 个城市相应投入和产出的权重变量。θ^n 即为第 n 个城市技术效率的绝对值(crste)。θ^n 的取值范围在 0—1 之间,越接近 1,表明该城市的技术效率越有效。特殊地,当其等于 1 时,则代表该城市的技术效率最有效。

其次,城市技术进步的测算。由于缺乏全国各地级以上城市专利申请数量、科学研发投入等描述技术进步的投入产出数据,故无法使用规模报酬可变模型反映城市的技术进步。为此,本书借鉴闫怡然等(2017)和陈明华(2018)提出的指数法对城市技术进步进行测算。

具体形式如式（13-4）所示：

$$tech = \frac{Exp_{sci}}{Value_{non-agri}} \times 100\% \qquad (13-4)$$

其中，tech 表示城市技术进步；Exp_{sci} 表示市辖区科学技术支出；$Value_{non-agri}$ 表示市辖区第二、第三产业的增加值。

最后，将求得的城市技术效率（crste）与城市技术进步（tech）相乘，得到城市全要素生产率（tpf），如式（13-5）所示：

$$tfp = crste \times tech \qquad (13-5)$$

3. 全国地级以上城市全要素生产率变动趋势分析

①全国地级以上城市全要素生产率相对值变化特征

a. Malmquist 指数测算的变量选取与说明

本章节使用市辖区第二、第三产业从业人员数表征城市的劳动力投入；使用市辖区固定资产投资额表征城市的资本投入；使用市辖区建成区面积表征城市的土地投入。使用市辖区第二、第三产业增加值表征城市的产出。之所以选用市辖区数据是因为市辖区是集聚经济的主要集中地，能够更好地反映城市的集聚状况。需要说明的是，因每年的价格指数不同，造成固定资产投资总额和第二、第三产业增加值的波动幅度较大，故分别使用固定资产价格投资指数和国内生产总值价格指数，以 2003 年为基期对二者进行平减。各变量的描述性统计结果如表 13.1 所示，数据来源于《中国城市统计年鉴》。选取 2003—2016 年的数据进行分析，是因为 2003 年后中国地级市设置变化较大（王业强、魏后凯，2018），且此时间段的数据具有连续性，足以保证分析结果的稳健性。

表 13.1　　　　　　　　变量的描述性统计结果

变量类型	变量名称	单位	均值	标准差	最小值	最大值
投入变量	劳动力	万人	29.5894	60.3261	0.7700	787.8330
	建成区面积	平方千米	112.4333	154.4636	5.0000	1420.0000
	固定资产投资额	亿元	141.7973	290.7855	1.7423	3147.6140
产出变量	第二、第三产业增加值	亿元	602.8774	1347.1400	4.9080	20060.8900

资料来源：笔者自行分析整理。

b. 地级以上城市全要素生产率的时间变动趋势

运用 Malmquist 指数法测算的技术效率变化率、技术进步变化率和全要素生产率变化率反映的是以前一时期为参考，后一时期效率的变动情况。本书以一年为时间步长，分析相邻两年城市全要素生产率的变动情况。城市技术效率、城市技术进步和城市全要素生产率的时间变动趋势如表 13.2 所示。

表 13.2　　　城市技术效率、城市技术进步和城市全要素生产率的时间变动趋势

时期	城市技术效率变化率	城市技术进步变化率	城市全要素生产率变化率
2003—2004 年	1.010	1.060	1.071
2004—2005 年	1.075	1.023	1.099
2005—2006 年	1.007	1.104	1.112
2006—2007 年	1.026	1.073	1.101
2007—2008 年	1.002	1.048	1.050
2008—2009 年	1.022	1.107	1.131
2009—2010 年	0.995	1.101	1.095
2010—2011 年	0.998	1.059	1.057
2011—2012 年	1.094	0.983	1.075
2012—2013 年	0.988	1.042	1.029
2013—2014 年	0.970	1.092	1.060
2014—2015 年	1.009	1.076	1.085
2015—2016 年	1.040	1.028	1.070
均值	1.018	1.061	1.079

资料来源：笔者自行分析整理。

从城市技术效率变化率、城市技术进步变化率和城市全要素生产率变

化率的均值来看，三者均大于1，表明全国地级以上城市的技术效率、技术进步和全要素生产率在2003—2016年均得到了提升。其中，城市全要素生产率的改善最为明显，这主要得益于城市技术进步和城市技术效率的提升，且城市技术进步的推动作用更大。换句话说，城市技术进步在推动地级以上城市生产函数向外移动的同时，城市技术效率的改进也使得地级以上城市更加迫近生产前沿。

从城市技术效率变化率、城市技术进步变化率和城市全要素生产率变化率变动的时间序列趋势来看，2003—2016年，全国地级以上城市的全要素生产率一直呈上升趋势，是促进中国经济持续增长的重要因素。城市技术效率和城市技术进步呈波动态势。具体地，城市技术进步仅在2011—2012年出现了下降，其余各时间段均得以提升。城市技术效率在2003—2009年、2011—2012年，以及2014—2016年得以改进，但在2009—2011年和2012—2014年呈下降趋势，前一阶段的下降趋势可能是受经济危机的影响，后一阶段的下降态势则与中国经济步入减速换挡的新常态有关，两阶段均致使地级以上城市技术改进的意愿降低。

c. 地级以上城市全要素生产率的空间变动趋势

如前所述，技术效率变化率、技术进步变化率和全要素生产率变化率均以1为分界点，大于1代表着全要素生产率、技术效率和技术进步得以改善；等于1代表着全要素生产率、技术效率和技术进步不变；小于1则代表着全要素生产率、技术效率和技术进步出现衰减。

那么，就城市全要素生产率而言，只有东莞市在2003—2016年的全要素生产率变化率均值小于1，绍兴市的全要素生产率变化率均值等于1，剩余283个地级以上城市的全要素生产率变化率均值均大于1，即99.30%的城市全要素生产率得到了改善。

就城市技术进步而言，全国285个地级以上城市在14年间技术进步变化率均大于1，即各城市的技术进步均得到了改进。

相较于城市全要素生产率和城市技术进步，城市技术效率改进的城市较少，为247个，约占总城市数量的86.67%；5个城市的技术效率没有发生改变；33个城市的技术效率出现了衰退。城市技术效率不变及衰退的城市见表13.3。

表 13.3　　　　　　　　城市技术效率不变及衰退的城市

城市技术效率状况	城市名称
不变	邯郸（冀）、朝阳（辽）、绥化（黑）、金华（浙）、玉溪（云）
衰退	保定（冀）、太原（晋）、大同（晋）、阳泉（晋）、忻州（晋）、晋中（晋）、上海（沪）、苏州（苏）、连云港（苏）、扬州（苏）、泰州（苏）、宿迁（苏）、杭州（浙）、湖州（浙）、绍兴（浙）、台州（浙）、宁波（浙）、宁德（闽）、厦门（闽）、南昌（赣）、临沂（鲁）、威海（鲁）、黄冈（鄂）、深圳（粤）、梅州（粤）、惠州（粤）、东莞（粤）、中山（粤）、茂名（粤）、清远（粤）、揭阳（粤）、达州（川）、临沧（云）

注：括号中为各城市所在省份的简称。

资料来源：笔者自制。

城市技术效率变化率均值为 1 的城市，分布在河北省、辽宁省、黑龙江省、浙江省和云南省，即每省各有一个城市技术效率不变；城市技术效率变化率均值小于 1 的城市，在广东省有 8 个；山西省、浙江省和江苏省各有 5 个；福建省和山东省各有两个；河北省、江西省、湖北省、四川省、云南省各有 1 个。此外，还包括直辖市上海。即共 33 个城市的技术效率出现了衰退。

综上，2003—2016 年，尽管有 38 个城市的技术效率不变或出现了衰退，但只有绍兴市和东莞市的全要素生产率没有改进。可以反映出除东莞市外，剩余 37 个城市通过技术进步，弥补了城市技术效率不变和衰退的劣势，推动着各自城市全要素生产率的提升。特别说明的是，这一时期全国城镇化正处于快速推进时期，无论是各城市的人口规模、土地规模还是经济规模均呈普遍上升趋势，城市规模扩大的同时，各自城市的技术效率、技术进步和全要素生产率均得以改进。

②全国地级以上城市全要素生产率绝对值变化特征

依旧采用 Malmquist 指数法测算城市全要素生产率时的原始数据，运用规模报酬可变模型，首先对 2004—2016 年各地级以上城市的技术效率进行测算。在测度各城市技术效率的绝对值后，参照马占新（2010）、张军涛和刘建国（2011）的划分方法，对 285 个地级以上城市进行分类。具体方法如下：城市技术效率等于 1 的城市为高效率城市；城市技术效率在

0.8—1 之间的城市为较高效率城市；城市技术效率在 0.6—0.8 之间的城市为中等效率城市；城市技术效率小于 0.6 的城市为较低效率城市。2004—2016 年 285 个地级以上城市技术效率分类情况，见表 13.4。

表 13.4　　　　　　2004 年—2016 年城市技术效率分类

年份	高效率城市	较高效率城市	中等效率城市	较低效率城市
2004	4 (1.4035)	3 (1.0526)	16 (5.6140)	262 (91.9298)
2005	4 (1.4035)	3 (1.0526)	19 (6.6667)	259 (90.8772)
2006	6 (2.1053)	2 (0.7018)	20 (7.0175)	257 (90.1754)
2007	4 (1.4035)	5 (1.7544)	18 (6.3158)	258 (90.5263)
2008	6 (2.1053)	2 (0.7018)	20 (7.0175)	257 (90.1754)
2009	6 (2.1053)	4 (1.4035)	27 (9.4737)	248 (87.0175)
2010	6 (2.1053)	4 (1.4035)	25 (8.7719)	250 (87.7193)
2011	5 (1.7544)	6 (2.1053)	19 (6.6667)	256 (89.8246)
2012	7 (2.4561)	4 (1.4035)	40 (14.0351)	234 (82.1053)
2013	6 (2.1053)	6 (2.1053)	38 (13.3333)	235 (82.4561)
2014	6 (2.1053)	3 (1.0526)	33 (11.5789)	243 (85.2632)
2015	6 (2.1053)	3 (1.0526)	33 (11.5789)	243 (85.2632)
2016	5 (1.7544)	11 (3.8596)	36 (12.6316)	233 (81.7544)

注：城市数量为个；括号中数值为相应城市分类占总城市数的比重，单位为百分比。
资料来源：笔者自行分析整理。

由城市技术效率的分类状况可知，2004—2016 年全国地级以上城市的技术效率普遍较低，突出表现为各年均有八成以上城市的技术效率值小于

0.6；高效率城市和较高效率城市占总城市数量的比重在 2016 年仅约 5.61%，其他年份不足 5%。

紧接着，在求得各地级以上城市技术效率的绝对值之后，采用如式（13-4）和式（13-5）所示的方法，对 2004—2016 年全国地级以上城市的技术进步和全要素生产率进行测算。各年份城市技术进步和全要素生产率的均值和标准差见表 13.5。具体地，在 2004—2016 年全国城市技术进步和城市全要素生产率均值和标准差呈稳步上升态势。这表明全国地级以上城市的技术进步和全要素生产率整体上得以提升，同时城市间的技术进步与全要素生产率的分异加大，需进一步使用计量经济模型分析城市规模与城市全要素生产率的关系。

表 13.5　各年份城市技术进步和城市全要素生产率的均值和标准差

年份	城市技术进步 均值	城市技术进步 标准差	城市全要素生产率 均值	城市全要素生产率 标准差
2004	0.0496	0.0499	0.0174	0.0184
2005	0.0496	0.0518	0.0182	0.0186
2006	0.0507	0.0539	0.0186	0.0191
2007	0.2263	0.1833	0.0888	0.0845
2008	0.2543	0.2075	0.0987	0.0913
2009	0.2853	0.2742	0.1129	0.1200
2010	0.3266	0.3198	0.1266	0.1295
2011	0.3752	0.3522	0.1455	0.1443
2012	0.4259	0.4316	0.1791	0.1674
2013	0.4691	0.5103	0.1928	0.1846
2014	0.5141	0.6173	0.1995	0.1981
2015	0.5289	0.6190	0.2057	0.2112
2016	0.5990	0.8600	0.2471	0.3617

资料来源：笔者自行分析整理。

三 城市规模与城市全要素生产率的模型构建

等量生产要素在不同规模城市集聚，所产生的生产率将存在差异，突出表现为城市规模越大，城市全要素生产率越高。那么，大城市化也就越能够带动经济增长。本章从此视角出发实证分析城市规模与城市全要素生产率的关系。因城市全要素生产率可拆分为城市技术效率与城市技术进步，故在此部分构建 Tobit 面板数据模型和普通面板数据模型，分别对城市规模与城市技术效率、城市技术进步、城市全要素生产率进行实证分析，以期全面论证城市规模与城市全要素生产率的关系。

（一）Tobit 面板数据模型构建与变量说明

在使用规模报酬可变模型测算城市的技术效率时，首先需要估计出城市的有效生产前沿面，然后再将各城市与此生产前沿面相比较，求得各城市的技术效率值。所以，全国地级以上城市的技术效率取值范围在 0 到 1 之间。一般地，只要城市存在产出，就不会存在城市技术效率值为零的情形，但每一年份都会出现城市效率值为 1 的情况。即对于技术效率最高的城市而言，技术效率被压缩在 1 这个点上了。此时，城市技术效率值的概率分布就转换为一个离散点与一个连续分布所组成的混合分布。在这种情况下，若使用普通最小二乘法进行模型的回归估计，无论是对整体样本，还是对去掉离散点后的子样本都难以得到一致性估计。此时，则需要考虑使用归并数据的 Tobit 面板数据模型进行分析。

城市规模与城市技术效率 Tobit 面板数据模型设定，如式（13 - 6）所示：

$$y_{it} = x_{it-1}\beta + z_{it-1}\delta + u_i + \varepsilon_{it} \qquad (13-6)$$

在式（13 - 6）中，下标 i 表示不同城市，t 表示不同年份。ε_{it} 为扰动项，u_i 为城市的个体效应。如果 $u_1 = u_2 = \cdots = u_n$，则可直接通过使用聚类稳健标准误，进行混合 Tobit 回归。更一般地，当个体效应存在时，若城市的个体效应 u_i 与解释变量和控制变量均不相关，则为随机效应模型；反之则为固定效应模型。然而，由于固定效应的 Tobit 模型无法找到个体效应 u_i 的充分统计量，故无法进行条件最大似然估计，故通常情况下仅回归分析随机效应的 Tobit 模型，并通过 LR 检验，进行混合回归和随机效应回归结果的取舍。特别说明的是，本书将解释变量和控制变量滞后一阶，明确前一期城市规模变动对于当期城市技术效率的影响，确保城市规模对于城市技术效率分析的准确性。

y_{it} 是 Tobit 面板数据模型中的被解释变量，即城市的技术效率值，使用数据包络分析方法中的规模报酬可变模型测算。

x_{it-1} 是 Tobit 面板数据模型中的解释变量，即城市规模。在此分别使用城区人口数、市辖区二、三产业产值、市辖区建成区面积，以及城市综合规模指数表征城市人口规模、城市经济规模、城市土地规模和城市综合规模，全面考察城市规模变动对于城市技术效率的影响。需要说明的是，城市综合规模的测算方法如式（13-7）所示：

$$Size_i = \theta_1 \ln(Pop_i) + \theta_2 \ln(Land_i) + \theta_3 \ln(GDP_i) \quad (13-7)$$

式（13-7）中，Pop_i、$Land_i$ 和 GDP_i 分别代表相应城市的城区人口数、市辖区建成区面积、市辖区二、三产业产值。θ_1、θ_2 和 θ_3 分别代表上述三个指标在测算城市综合规模时的权重。参照王振波等（2015）的研究，将三者分别赋值为 0.3571、0.3286 和 0.3143。该权重赋值是基于中国科学院、北京大学和北京师范大学等单位 30 位具有博士学位的专家打分所得出的，具有较高的科学性与权威性，使得本章测算出的城市综合规模更能够反映出各城市真实的规模状况。

z_{it-1} 是 Tobit 面板数据模型中的控制变量，以增加模型分析时的稳定性。具体包括城市的产业结构、政府干预程度、城市公共交通以及城市道路状况四个变量。城市产业结构使用市辖区第三产业产值与第二产业产值的比重表征；政府干预程度使用市辖区财政支出占市辖区国内生产总值的比重表征；城市公共交通使用万人公共汽车拥有量表征；城市道路使用市辖区人均道路面积表征。

（二）普通面板数据模型构建与变量说明

城市技术效率在 1 处出现右归并，是构建城市规模与城市技术效率

Tobit 面板数据模型的主要原因。使用式（13-4）和式（13-5）分别测算城市技术进步与城市全要素生产率，并不会出现被解释变量在某点的归并现象，是故建立普通面板数据模型即可用于分析城市规模对于城市技术进步和城市全要素生产率的影响。具体如式（13-8）所示：

$$y'_{it} = x_{it-1}\beta' + z_{it-1}\delta' + u_i + \varepsilon_{it} \qquad (13-8)$$

式（13-8）中，下标 i、t 分别表示不同城市和不同年份。$u_i + \varepsilon_{it}$ 为方程的复合扰动项。其中，u_i 表示城市的个体效应；ε_{it} 表示随城市与时间而变的扰动项。若 u_i 与某个解释变量和控制变量相关，则称之为固定效应模型，此时将通过模型转换消除 u_i 后获得一致估计量；若 u_i 与所有的解释变量和控制变量均不相关，则称之为随机效应模型。模型的回归分析结果究竟是选择随机效应模型还是固定效应模型，需通过豪斯曼检验的方法进行甄别。除此之外，可将面板数据看作截面数据进行混合回归。此时，可以通过 F 检验进行混合回归模型和固定效应模型估计结果的取舍；通过 LM 检验进行混合回归模型和随机效应模型估计结果的取舍。同样地，为明确城市规模变动对于城市技术进步与城市全要素生产率的影响，将模型中的解释变量和控制变量滞后一期。

y_{it} 为面板数据模型中的被解释变量。当将该模型用于分析城市规模与城市技术进步的关系时，被解释变量为城市技术进步值，计算方法如式（13-4）所示；当将该模型用于分析城市规模与城市全要素生产率的关系时，被解释变量为城市全要素生产率值，计算方法如式（13-5）所示。

x_{it-1} 和 z_{it-1} 为面板数据模型中的解释变量和控制变量，与 Tobit 模型中的变量选取相一致，在此不再赘述。

四 城市规模与城市全要素生产率的实证分析

（一）变量的描述性统计

无论是用于分析城市规模与城市技术效率的 Tobit 面板数据模型，还是用于分析城市规模与城市技术进步、城市全要素生产率的普通面板数据模型，均使用滞后一期的解释变量和控制变量对当期的被解释变量进行回归估计。故各模型中被解释变量的时间跨度为2004—2016年；相应地，解释变量和控制变量的时间跨度为2003—2015年，各变量的观测值为3705个。此外，对城市人口规模、城市经济规模和城市经济规模取对数，赋予城市规模变动对于城市技术效率、城市技术进步和城市全要素生产率影响的半弹性意义；城市综合规模按式（13-7）计算。各变量的描述性统计结果见表13.6。

表13.6　　　　　　　　变量的描述性统计结果

变量类型	变量名称		均值	标准差	最小值	最大值
被解释变量	城市技术效率	综合	0.4156	0.1696	0.1000	1.0000
		组间		0.1618	0.1180	1.0000
		组内		0.0516	-0.0226	0.9139
	城市技术进步	综合	0.3196	0.4606	0.0009	7.9449
		组间		0.2945	0.0138	2.3618
		组内		0.3546	-2.0335	7.6047
	城市全要素生产率	综合	0.1270	0.1788	0.0002	3.9725
		组间		0.1122	0.0074	0.8701
		组内		0.1393	-0.7083	3.7710
解释变量	城市人口规模	综合	4.0915	0.8896	1.6677	7.7939
		组间		0.8751	2.4216	7.5834
		组内		0.1677	2.2428	5.5052
	城市土地规模	综合	4.2534	0.8583	1.6094	8.1230
		组间		0.8095	2.2331	7.1439
		组内		0.2889	2.9226	8.5066
	城市经济规模	综合	5.3851	1.2896	1.5909	9.8403
		组间		1.2142	2.4185	9.3437
		组内		0.4400	4.2872	6.2269
	城市综合规模	综合	4.5513	0.9629	1.8770	8.1498
		组间		0.9344	2.3663	7.8633
		组内		0.2385	3.6054	6.0261

续表

变量类型	变量名称		均值	标准差	最小值	最大值
控制变量	城市产业结构	综合	0.9495	0.5524	0.0943	4.9444
		组间		0.4889	0.1799	3.6065
		组内		0.2588	-0.7430	3.3347
	城市政府干预程度	综合	14.2550	8.2803	1.5110	142.7781
		组间		6.2400	3.3946	64.8759
		组内		5.4546	-31.1805	92.1571
	城市道路	综合	1.8852	1.4860	0.0233	19.1918
		组间		1.1508	0.4016	9.0607
		组内		0.9424	-5.1342	13.8403
	城市公共交通	综合	10.1323	9.1539	0.6031	430.6236
		组间		4.9644	1.8980	39.1224
		组内		7.6960	-24.0658	401.6434

资料来源：笔者自行分析整理。

（二）城市规模与城市技术效率的回归结果分析

以城市人口规模、城市土地规模和城市经济规模作为解释变量的 Tobit 面板数据模型回归估计结果，如表 13.7 所示。将三者置于同一表格便于比较城市人口规模、城市土地规模和城市经济规模对于城市技术效率的半弹性。

表 13.7　　Tobit 面板数据模型的回归估计结果（一）

变量名称	解释变量：城市人口规模		解释变量：城市土地规模		解释变量：城市经济规模	
	混合回归	随机效应	混合回归	随机效应	混合回归	随机效应
城市规模	0.0431*** (0.0116)	0.0092* (0.0049)	0.0470*** (0.0111)	0.0277*** (0.0031)	0.0655*** (0.0064)	0.0590*** (0.0020)
城市产业结构	-0.0121 (0.0198)	0.0013 (0.0034)	-0.0102 (0.0201)	0.0002 (0.0034)	-0.0026 (0.0205)	-0.0039 (0.0031)
城市政府干预程度	-0.0037*** (0.0010)	0.0017*** (0.0002)	-0.0039*** (0.0010)	0.0013*** (0.0002)	-0.0026*** (0.0008)	-0.0004** (0.0002)
城市公共交通	0.0017 (0.0014)	0.0004*** (0.0001)	0.0012 (0.0011)	0.0002** (0.0001)	-0.0005 (0.0006)	-0.0003*** (0.0001)

续表

变量名称	解释变量：城市人口规模		解释变量：城市土地规模		解释变量：城市经济规模	
	混合回归	随机效应	混合回归	随机效应	混合回归	随机效应
城市道路	0.0115 (0.0082)	0.0038 *** (0.0010)	0.0100 (0.0079)	0.0030 *** (0.0010)	0.0133 * (0.0073)	0.0014 (0.0009)
常数项	0.2653 *** (0.0625)	0.3413 *** (0.0224)	0.2504 *** (0.0555)	0.2715 *** (0.0161)	0.0824 ** (0.0409)	0.1088 *** (0.0132)
F 统计值	9.29 (0.0000)	—	9.81 (0.0000)	—	23.97 (0.0000)	—
Wald chi2 统计值	—	158.60 (0.000)	—	236.49 (0.0000)	—	1030.33 (0.0000)
LR 检验	6854.83 (0.000)		6909.75 (0.000)		6887.61 (0.000)	

注：***、**、* 分别表示回归系数在 1%、5% 和 10% 的水平上是显著的；混合回归所在列回归系数括号内数值是其稳健标准误；随机效应所在列回归系数括号内数值是其标准误；F 统计值、Wald chi2 统计值和 LR 统计值括号内数值是其 P 值，"—"表示不存在相关数据。

资料来源：笔者自行分析整理。

分别使用城市人口规模、城市土地规模和城市经济规模衡量城市规模的回归估计结果具有以下相同点：首先，由混合回归模型中的 F 统计值及其 P 值显著性，以及随机效应模型中的 Wald chi2 统计值及其 P 值显著性可知，各模型的回归方程均是显著的，能够较好地反映出城市规模变动对于城市技术效率的影响。其次，城市规模变动对于城市技术效率的影响均显著为正，即城市规模扩大对于城市技术效率有正向的带动作用；混合回归模型估计得到的城市规模回归系数，明显大于随机效应模型估计得到的城市规模回归系数。最后，LR 检验的统计值在 1% 的水平上是显著的，强烈拒绝各城市不存在个体效应的原假设，即相应地使用随机效应模型的估计结果更能够准确反映城市规模变动对于城市技术效率的影响。

以城市人口规模、城市土地规模和城市经济规模作为解释变量的回归估计结果又具有以下显著不同：其一，城市人口规模变动对于城市技术效率回归系数的 P 值为 0.057，仅在 10% 的水平上是显著的，而城市土地规模和城市经济规模对于城市技术效率的回归系数均在 1% 的水平上显著。其二，以随机效应模型的回归估计结果为准，城市人口规模、城市土地规模和城市经济规模扩大，对于城市技术效率提升的作用依次变大。具体地，城市人口规模、城市土地规模和城市经济规模增加一倍，将分别致使城市技术效率提升0.0092个单位、0.0277个单位和0.0590个单位。

表13.8列示了使用城市综合规模作为解释变量的Tobit面板数据模型回归估计结果。城市综合规模是由城市人口规模、城市土地规模和城市经济规模三者共同决定的，将其再次与城市技术效率进行Tobit面板数据的回归分析可以检验模型的稳健性。

表13.8　　　　　Tobit面板数据模型的回归估计结果（二）

变量名称	混合回归	随机效应
城市综合规模	0.0169*** (0.0097)	0.0703*** (0.0037)
城市产业结构	－0.0094 (0.0205)	－0.0020 (0.0032)
城市政府干预程度	－0.0032*** (0.0009)	0.0005*** (0.0002)
城市公共交通	0.0007 (0.0009)	0.00003 (0.001)
城市道路	0.0125 (0.0078)	0.0020** (0.0009)
常数项	0.1584*** (0.0539)	0.0868*** (0.0183)
F统计值	13.84 (0.0000)	—
Wald chi2统计值	—	533.71 (0.0000)
LR检验	6942.63 (0.000)	

注：***和**分别表示回归系数在1%和5%的水平上是显著的；混合回归所在列回归系数括号内数值是其稳健标准误；随机效应所在列回归系数括号内数值是其标准误；F统计值、Wald chi2统计值和LR统计值括号内数值是其P值，"—"表示不存在相关数据。

资料来源：笔者自行分析整理。

具体地，使用城市综合规模衡量城市规模得到的混合回归方程和随机效应方程均在1%的水平上是显著的;在混合回归方程和随机效应方程中,城市综合规模对于城市技术效率的回归系数在1%的水平上显著为正;似然比(LR)检验结果表明各城市存在个体效应,应使用随机效应方程得到的估计结果进行分析,故以随机效应的估计结果为准,城市综合规模变动1个单位,将促使城市技术效率提升0.0703个单位。

(三) 城市规模与城市技术进步的回归结果分析

运用市辖区科学支出占市辖区第二、第三产业增加值的比重测算城市技术进步,并不会出现被解释变量的归并现象。所以,使用式(13-8)所示的普通面板数据模型即可进行城市规模变动与城市技术进步的实证分析。与Tobit面板数据模型不同,即便当城市存在个体效应,亦可找到城市异质性的充分统计量,进行固定效应的回归估计,故在此能够分别采用混合回归、随机效应和固定效应三种方法,考察城市规模对于城市技术进步的作用。之后,再通过相应的检验方法,进行回归分析结果的筛选。

当城市规模的衡量指标分别为城市人口规模、城市土地规模和城市经济规模时,面板数据模型的回归分析结果见表13.9。

城市人口规模、城市土地规模和城市经济规模作为解释变量的面板数据模型回归估计结果具有以下相同点:(1)无论是混合回归,还是固定效应和随机效应,各模型的回归方程所对应的F统计值和Wald chi2统计值均在1%的水平上是显著的,即本章构建的城市规模与城市技术进步的面板数据模型较为适宜。(2)城市规模的回归系数均在1%的水平上显著地大于零,反映出城市规模扩大能够正向作用于城市技术进步的提升;且城市规模的回归系数按照固定效应、随机效应和混合回归的顺序依次降低。(3)混合回归与固定效应选取的检验值、混合回归与随机效应选取的检验值,以及豪斯曼检验值均在1%的水平上显著,进而,都应以固定效应模型为准,进行城市规模与城市技术进步关系的分析。

以城市人口规模、城市土地规模和城市经济规模分别衡量城市规模的面板数据模型回归估计结果的不同点显著体现在:在以固定效应模型为基准的前提下,城市土地规模、城市经济规模和城市人口规模对于城市技术进步的作用由大变小。具体地,当城市土地规模增加1%时,城市技术进

第十三章　城镇化与大城市化促进经济增长的动因分析　　223

表13.9　面板数据模型的回归估计结果 [被解释变量：城市技术进步（一）]

变量名称	解释变量：城市人口规模				解释变量：城市土地规模				解释变量：城市经济规模		
	混合回归	固定效应	随机效应		混合回归	固定效应	随机效应		混合回归	固定效应	随机效应
城市规模	0.1071*** (0.0252)	0.3601*** (0.0341)	0.1649*** (0.0165)		0.1514*** (0.0254)	0.4210*** (0.0202)	0.2701*** (0.0143)		0.1019*** (0.0175)	0.3784*** (0.0141)	0.2141*** (0.0098)
产业结构	0.0025 (0.0463)	0.0867*** (0.0219)	0.0523*** (0.0185)		0.0058 (0.0451)	0.0716*** (0.0210)	0.0529*** (0.0181)		0.0208 (0.0470)	0.0546*** (0.0203)	0.0642*** (0.0180)
政府干预程度	0.0141*** (0.0029)	0.0170*** (0.0010)	0.0168*** (0.0010)		0.0143*** (0.0029)	0.0112*** (0.0011)	0.0141*** (0.0010)		0.0149*** (0.0031)	0.0038*** (0.0011)	0.0117*** (0.0010)
城市公共交通	0.0081 (0.0053)	0.0052*** (0.0008)	0.0054*** (0.0007)		0.0061 (0.0042)	0.0024*** (0.0007)	0.0032*** (0.0007)		0.0051 (0.0038)	0.0002 (0.0007)	0.0018** (0.0007)
城市道路	0.0179* (0.0100)	0.0087 (0.0061)	0.0138* (0.0057)		0.0165* (0.0084)	−0.0006 (0.0059)	0.0090 (0.0055)		0.0164** (0.0077)	−0.0045 (0.0057)	0.0086 (0.0055)
常数项	−0.4370*** (0.1270)	−1.5476*** (0.1404)	−0.7254*** (0.0749)		−0.6257*** (0.1153)	−1.7212*** (0.0829)	−1.1299*** (0.0646)		−0.5442*** (0.1082)	−1.8180*** (0.0698)	−1.0957*** (0.0564)
F统计值	8.52 (0.0000)	99.84 (0.0000)	—		15.06 (0.0000)	171.37 (0.0000)	—		16.29 (0.0000)	234.40 (0.0000)	—
Wald chi2 统计值	—	—	473.08 (0.0000)		—	—	760.39 (0.0000)		—	—	896.20
豪斯曼检验		65.08 (0.0000)				119.81 (0.0000)				240.74 (0.0000)	
混合回归与固定效应检验		8.63 (0.0000)				9.69 (0.0000)				11.37 (0.0000)	
混合回归与随机效应检验		2744.56 (0.0000)				2953.18 (0.0000)				3175.80 (0.0000)	

注：***、**、* 分别表示回归系数在1%、5%和10%的水平上是显著的；混合回归所在列回归系数括号内数值是其标准误，固定效应和随机效应所在列回归所在列回归系数括号内数值是其稳健标准误；F统计值、Wald chi2 统计值，以及混合回归、固定效应与随机效应判别的检验，其括号内的数值是各自对应的P值，"—"表示不存在相关数据。

资料来源：笔者自行分析整理。

步提升约 0.0042 个单位；当城市经济规模增加 1% 时，城市技术进步提升约 0.0038 个单位；当城市人口规模增加 1% 时，城市技术进步提升约 0.0036 个单位。

当使用城市综合规模反映城市规模时，城市规模作用于城市技术进步的回归分析结果，见表 13.10。具体地，当采用混合回归和固定效应的估计方式时，各回归方程的 F 统计值和解释变量的回归系数均在 1% 的水平上显著；当采用随机效应的估计方式时，回归方程的 Wald chi2 统计值和解释变量的回归系数同样在 1% 的水平上是显著的。这反映出使用城市综合规模作为解释变量也能够很好地估计出城市规模作用于城市技术进步的情况。通过混合回归与固定效应、混合回归与随机效应的检验值可知，强烈拒绝各城市不存在个体效应的原假设，应采用固定效应或随机效应的回归估计结果；接着，豪斯曼检验的统计值表明，城市个体效应与城市规模或控制变量具有相关性，固定效应与随机效应的估计结果应以固定效应为准。那么，城市综合规模变动一个单位，能够带动城市技术进步提升 0.6803 个单位。

表 13.10　面板数据模型的回归估计结果［被解释变量：城市技术进步（二）］

变量名称	混合回归	固定效应	随机效应
城市综合规模	0.1298 *** (0.0233)	0.6803 *** (0.0249)	0.2897 *** (0.0147)
产业结构	0.0096 (0.0456)	0.0562 *** (0.0202)	0.0577 *** (0.0182)
政府干预程度	0.0147 *** (0.0030)	0.0056 *** (0.0011)	0.0138 *** (0.0010)
城市公共交通	0.0062 (0.0043)	0.0013 * (0.0007)	0.0031 *** (0.0007)
城市道路	0.0182 ** (0.0085)	-0.0070 (0.0057)	0.0108 ** (0.0055)
常数项	-0.5877 *** (0.1170)	-0.2098 *** (0.1065)	-1.3025 *** (0.0704)

续表

变量名称	混合回归	固定效应	随机效应
F 统计值	13.90*** (0.0000)	240.70*** (0.0000)	—
Wald chi2 统计值	—	—	796.13*** (0.0000)
豪斯曼检验		341.19 (0.0000)	
混合回归与固定效应检验		11.65 (0.0000)	
混合回归与随机效应检验		2993.81 (0.0000)	

注：***、**和*分别表示回归系数在1%、5%和10%的水平上是显著的；混合回归所在列回归系数括号内数值是其稳健标准误；固定效应和随机效应所在列回归系数括号内数值是其标准误；F统计值、Wald chi2 统计值，以及结果检验判别值括号内的数值是各自对应的 P 值，"—"表示不存在相关数据。

资料来源：笔者自行分析整理。

（四）城市规模与城市全要素生产率的回归结果分析

实证分析城市规模与城市技术效率和城市技术进步关系的结果表明，城市规模的扩大有助于提升城市技术效率和城市技术进步。这已从侧面反映出城市规模扩大对城市全要素生产率具有积极意义。在此，将城市技术效率与城市技术进步的乘积看作城市全要素生产率的代理变量。进一步论证城市规模与城市全要素生产率的关系。

以城市人口规模、城市土地规模和城市经济规模为解释变量，以城市全要素生产率为被解释变量的面板数据模型的回归估计结果，见表13.11。

无论解释变量是城市人口规模、城市土地规模，还是城市经济规模，各混合回归和固定效应的 F 统计值均在1%的水平上显著；各随机效应的 Wald chi2 统计值也均在1%的水平上是显著的。各回归方程中解释变量的回归系数均在1%的水平上显著为正，且混合回归、随机效应和固定效应得到的解释变量回归系数由小及大。以上统计数值的显著性充分表明了使用城市规模作为解释变量能够较为适宜地反映出其对于城市全要素生产率的作用。

表 13.11 面板数据模型的回归估计结果 [被解释变量：城市全要素生产率（一）]

变量名称	解释变量：城市人口规模 混合回归	解释变量：城市人口规模 固定效应	解释变量：城市人口规模 随机效应	解释变量：城市土地规模 混合回归	解释变量：城市土地规模 固定效应	解释变量：城市土地规模 随机效应	解释变量：城市经济规模 混合回归	解释变量：城市经济规模 固定效应	解释变量：城市经济规模 随机效应
城市规模	0.0642*** (0.0130)	0.1350*** (0.0135)	0.0797*** (0.0060)	0.0790*** (0.0122)	0.1557*** (0.0080)	0.1098*** (0.0053)	0.0644*** (0.0079)	0.1591*** (0.0055)	0.0955*** (0.0035)
产业结构	-0.0056 (0.0129)	0.0293*** (0.0087)	0.0117* (0.0070)	-0.0031 (0.0129)	0.0238*** (0.0083)	0.0128* (0.0069)	0.0057 (0.0134)	0.0155** (0.0079)	0.0189*** (0.0067)
政府干预程度	0.0043*** (0.0010)	0.0064*** (0.0004)	0.0059*** (0.0004)	0.0042*** (0.0010)	0.0042*** (0.0004)	0.0048*** (0.0004)	0.0049*** (0.0011)	0.0008* (0.0004)	0.0039*** (0.0004)
城市公共交通	0.0037 (0.0024)	0.0022*** (0.0003)	0.0024*** (0.0003)	0.0027 (0.0019)	0.0011*** (0.0003)	0.0015*** (0.0003)	0.0018 (0.0014)	0.0001 (0.0003)	0.0007*** (0.0003)
城市道路	0.0104** (0.0050)	0.0067*** (0.0024)	0.0085*** (0.0022)	0.0088** (0.0042)	0.0033 (0.0023)	0.0063*** (0.0021)	0.0098*** (0.0034)	0.0009 (0.0022)	0.0064*** (0.0021)
常数项	-0.2490*** (0.0618)	-0.5790*** (0.0554)	-0.3346*** (0.0273)	-0.3102*** (0.0531)	-0.6358*** (0.0329)	-0.4486*** (0.0242)	-0.3316*** (0.0473)	-0.7588*** (0.0271)	-0.4801*** (0.0205)
F 统计值	8.43 (0.0000)	93.27 (0.0000)	—	15.64 (0.0000)	154.19 (0.0000)	—	22.39 (0.0000)	257.03 (0.0000)	—
Wald chi2 统计值	—	—	499.61 (0.0000)	—	—	775.87 (0.0000)	—	—	1118.07 (0.0000)
豪斯曼检验	64.27 (0.0000)			83.07 (0.0000)			217.21 (0.0000)		
混合回归与固定效应检验	7.03 (0.0000)			7.64 (0.0000)			8.63 (0.0000)		
混合回归与随机效应检验	1961.62 (0.0000)			2170.92 (0.0000)			2150.82 (0.0000)		

注：***、**和*分别表示回归系数在1%和5%的水平上是显著的；回归系数括号内数值是其稳健标准误；F统计值，Wald chi2 统计值，以及结果检验判别值各自对应的P值，回归系数括号内数值是各自对应的P值。固定效应和随机效应所在列回归系数括号内数值是各自对应的P值，"—"表示不存在相关数据。

资料来源：笔者自行分析整理。

混合回归、固定效应与随机效应回归估计结果选取的检验数据表明，城市间存在个体效应，且城市的个体效应与各回归方程的解释变量或控制变量具有相关性，故应以固定效应模型的回归估计结果为准进行分析。那么，当城市人口规模、城市土地规模和城市经济规模分别翻一番，城市的全要素生产率将对应提升 0.135 个、0.1557 个和 0.1591 个单位。

使用城市综合规模作为城市规模的代理变量的模型分析结果见表 13.12。具体地，混合回归和固定效应回归估计方程的 F 统计值分别为 16.00 和 240.11，两者均在 1% 的水平上显著；随机效应回归估计方程的 Wald chi2 统计值为 907.05，同样在 1% 的水平上是显著的。与此同时，城市综合规模对于城市全要素生产率的回归系数，按照混合回归、固定效应和随机效应排列分别为 0.0765、0.2709 和 0.1231，且这三个回归系数均在 1% 的水平上显著。进一步地，由混合回归、固定效应和随机效应估计结果检验判别值可知，应以固定效应模型的回归估计结果为准。那么，当城市综合规模扩大 1 个单位，城市全要素生产率能够提升 0.2709 个单位。

表 13.12　　面板数据模型的回归估计结果

[被解释变量：城市全要素生产率（二）]

变量名称	混合回归	固定效应	随机效应
城市综合规模	0.0765*** (0.0113)	0.2709*** (0.0098)	0.1231*** (0.0053)
产业结构	−0.0012 (0.0127)	0.0170** (0.0080)	0.0150** (0.0069)
政府干预程度	0.0047*** (0.0011)	0.0018*** (0.0004)	0.0048*** (0.0004)
城市公共交通	0.0026 (0.0018)	0.0006** (0.0003)	0.0014*** (0.0003)
城市道路	0.0105** (0.0041)	0.0003 (0.0022)	0.0074*** (0.0021)
常数项	−0.3324*** (0.0545)	−1.1551*** (0.0419)	−0.5436*** (0.0255)

续表

变量名称	混合回归	固定效应	随机效应
F 统计值	16.00*** (0.0000)	240.11*** (0.0000)	—
Wald chi2 统计值	—	—	907.05*** (0.0000)
豪斯曼检验		306.10 (0.0000)	
混合回归与固定效应检验		9.15 (0.0000)	
混合回归与随机效应检验		2114.60 (0.0000)	

注：***和**分别表示回归系数在1%和5%的水平上是显著的；混合回归所在列回归系数括号内数值是其稳健标准误；固定效应和随机效应所在列回归系数括号内数值是其标准误；F统计值、Wald chi2 统计值，以及结果检验判别值括号内的数值是各自对应的 P 值，"—"表示不存在相关数据。

资料来源：笔者自行分析整理。

综上所述，从城市人口规模、城市土地规模、城市经济规模，以及城市综合规模视角出发，均论证了城市规模对于城市全要素生产率的正向影响，突出表现为城市规模越大，城市的全要素生产率越高。这一结果与城市规模作用于城市技术效率和城市技术进步的估计结果相符合。由此，可以判定城市规模扩大能够在分别正向作用于城市技术效率和城市技术进步的同时，带动城市全要素生产率的提升。

五 本章结论

城镇化与大城市化通过影响生产要素的空间分布，改善生产要素的利用效率，继而促进国内生产总值持续增长。相较于城镇化促进经济增长的研究，大城市化带动经济增长的学术成果较少，故笔者借助城市规模与城市全要素生产率的分析，着重论述了大城市化对于经济增长的积极作用。

一方面，使用 Malmquist 指数法对 2003—2016 年全国 285 个地级以上城市的全要素生产率变动状况进行了测算。结果表明，在此期间除东莞市和绍兴市外，其他283个城市的全要素生产率均得以改善。由于此时正处于中国快速城镇化时期，各城市规模普遍扩大，反映出城市规模与城市全要素生产率的同向发展趋势。

另一方面，城市全要素生产率是对所有投入生产要素生产率的反映，可进一步拆分为城市技术效率和城市技术进步。进而采用数据包络分析法中的规模报酬可变模型和市辖区科学技术支出占市辖区第二、第三产业增加值的比重，测算城市技术效率和城市技术进步，并以二者的乘积表征城市全要素生产率。在此基础上，通过构建Tobit面板数据等模型，从城市的人口规模、城市土地规模、城市经济规模和城市综合规模四个视角，全面探讨了城市规模对于城市技术效率、城市技术进步和城市全要素生产率的影响。实证分析结果显示，无论采用何种指标表征城市规模，城市规模的扩大都将有助于城市技术效率、城市技术进步和城市全要素生产率的提升。因大城市化以城市规模的扩大以及大城市的不断涌现为特征，是故城市规模扩大带来了城市全要素生产率的提升，能够为大城市化促进经济增长提供佐证。

第十四章　经济增长、城镇化与大城市化动态关系研究

农业生产要素率先从农村集聚至中小城市的城镇化进程为大城市化发展起到了"蓄水池"和"中转站"的作用；同时，大城市通过其巨大的扩散效应和示范效应，在吸纳了部分农业生产要素直接融入大城市发展的同时，加快了中小城市农业生产要素的非农化进程。经济增长引起的居民消费结构变动，是带动城镇化与大城市化进程的主要动因；同时，城镇化与大城市化导致生产要素在城乡之间、各规模城市之间分布不同，也将通过全要素生产率的差异，显著作用于经济增长。由此可见，经济增长、城镇化与大城市化之间存在紧密的相互作用机制。本章基于此视角，一方面，补充论述经济增长、城镇化与大城市化发生的时序关系；另一方面，通过建立向量自回归模型，将经济增长、城镇化与大城市化置于同一框架，实证分析三者的动态关系。

一　经济增长、城镇化与大城市化的时序关系

经济增长、城镇化与大城市化三者之间的作用机制，前文已有详尽论述，这里不再赘述。本章着重对三者时间序列上的相互关系进行说明。

（一）城镇化与大城市化的时序关系

因城镇化与大城市化是导致生产要素在空间上发生位移的重要因素，首先将二者在时序上的互动关系说明如下：饶会林（2008）和王晓玲（2013）认为大城市化是在城镇化中期与前期阶段发生的。陶小马和陈旭

(2013) 更是明确指出大城市化是在城镇化率达到65%—70%之前,世界各国城镇化进程中的必然现象。大城市化现象的产生和发展主要出现在城镇化进程的中前期,主要基于以下两个因素:一是在城镇化发展的中前期,中小城市在基础设施与市场范围等方面无法与大城市相提并论,极化效应促使区域内劳动力和资本等生产要素首选向大城市集聚;二是大城市扩散效应的作用又受到中小城市发展条件的限制,难以在城镇化发展初期实现。是故,在城镇化发展早期,大城市的集聚效应大于扩散效应,会造成资本和劳动力等生产要素向大城市集聚,大城市化现象由此产生。

笔者在赞成上述观点的同时,认为大城市化现象在城市化后期也具有进一步完善的必然性。这是因为城镇化与大城市化进程究其根本是由经济增长推动的。具体地,经济增长表现为居民人均收入水平的提高,进而致使居民消费支出会由基本消费向非基本消费转变,居民消费结构由以生存资料为主向享受、发展资料为主转变。这些都迫使着企业生产所要求的市场范围越来越大,那么更多的企业只有在大城市投资设厂才有利可图,促使着农村和中小城市的生产要素进一步向大城市集聚。由此可见,大城市化进程并不会因为城镇化水平的提高而减弱与削减,大城市化进程会伴随城镇化发展的始终。

(二) 经济增长与城镇化、大城市化的时序关系

城镇化与大城市化均是促进生产要素集聚的重要因素,且二者具有紧密的互动关系,故将二者视为一体,便于分析经济增长与城镇化、大城市化的时序关系。经济增长与城镇化、大城市化时序关系,如图14.1所示。

在经济增长初期,由经济增长引起的消费结构变动,促使人口和企业首次大规模地由乡村向城市转移,劳动力和资本等生产要素向特定区域集聚的城镇化与大城市化进程由此拉开序幕。故此阶段,以经济增长带动城镇化与大城市化为主。

在经济增长中期,伴随着经济增长带来的消费结构持续升级,农业经济逐步向工业经济和服务业经济转变,人口和企业在城市集聚的总量也不断增加,城镇化与大城市化进程逐渐加快。与此同时,因城镇化与大城市化使得劳动力和资本等生产要素集聚,极大地改善了投入要素对于经济增

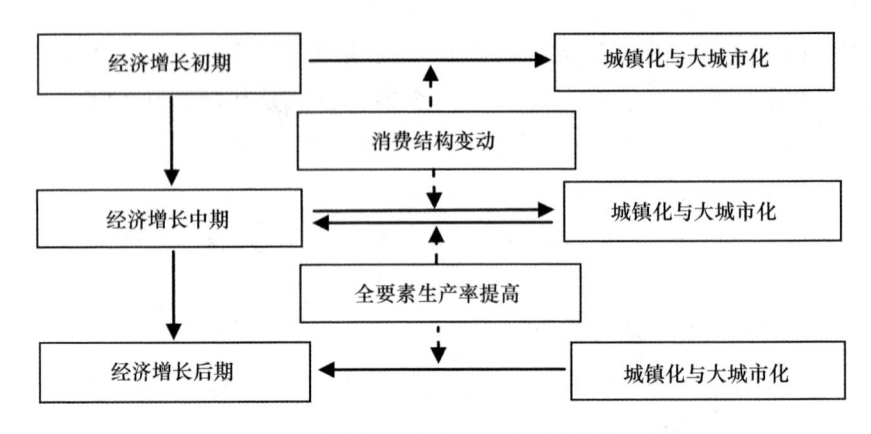

图14.1 经济增长、城镇化与大城市化作用机制

资料来源：笔者绘制。

长的基础性作用，为经济增长注入了活力。其中，农村和城市全要素生产率的差异是城镇化促进经济增长的动因，而城市规模间全要素生产率的差异则是大城市化能够正向作用于经济增长的基础。故此阶段，经济增长与城镇化、大城市化之间相互影响，共同发展。

在经济增长后期，经济增长引起的消费结构升级对于城镇化与大城市化进程的作用，将伴随着农业剩余人口向第二、第三产业转移的结束，而急速衰减。此阶段主要以城镇化与大城市化通过提升全要素生产率的方式，进一步拉动经济增长。故此阶段，以城镇化与大城市化促进经济增长为主。

二 向量自回归模型构建与变量说明

（一）向量自回归模型构建

目前，中国是世界上最大的发展中国家，仍处于经济增长的中期阶段，故经济增长、城镇化与大城市化之间存在紧密的相互作用机制。鉴于此，分析经济增长、城镇化与大城市化的互动关系，需考虑到三者之间的双向因果关系，避免回归估计的偏误。为此，本章通过构建经济增长、城镇化与大城市化之间的向量自回归模型进行实证分析。具体的模型设定如式（14-1）所示：

$$\begin{bmatrix} PGDP_t \\ UR_t \\ GUR_t \end{bmatrix} = \begin{bmatrix} Cons_{t1} \\ Cons_{t2} \\ Cons_{t3} \end{bmatrix} + \sum_{i=1}^{I} \begin{bmatrix} r_{11} & r_{12} & r_{13} \\ r_{21} & r_{22} & r_{23} \\ r_{31} & r_{32} & r_{33} \end{bmatrix} \begin{bmatrix} PGDP_{t-i} \\ UR_{t-i} \\ GUR_{t-i} \end{bmatrix} + \begin{bmatrix} \varepsilon_{t1} \\ \varepsilon_{t2} \\ \varepsilon_{t3} \end{bmatrix}$$

(14-1)

式（14-1）中，$PGDP$ 表示经济增长；UR 表示城镇化发展水平；GUR 表示大城市化发展水平；$PGDP_{t-i}$、UR_{t-i} 和 GUR_{t-i} 前的系数表示各滞后项对相应变量的影响程度；$Cons_{t1}$、$Cons_{t2}$ 和 $Cons_{t3}$ 表示常数项；i 表示滞后阶数；t 表示年份。式（14-1）所蕴含的经济学含义为经济增长、城镇化与大城市化三者均受到各自以及其他两个变量滞后期的影响。

使用向量自回归模型分析经济增长、城镇化与大城市化互动关系的前提是各变量在时间序列上不存在单位根，即经济增长、城镇化与大城市化的时间序列是平稳的。因此，在回归分析之前，首先需要对原序列进行单位根检验。若变量存在单位根，则需对变量进行一阶差分，之后对差分后的变量进行单位根检验；若一阶差分后的变量依旧存在单位根，则仍需对一阶差分后的变量继续差分，再次进行单位根检验；……以此类推，确保向量自回归模型分析时，各变量是平稳的。若变量之间的差分阶数不同，也常常需要以差分阶数最高的变量为准，对差分阶数较低的变量进行差分，确保变量差分阶数的一致性，以保证回归分析的准确性。但是这样一来，过多的差分又会导致样本阶数较低的变量失去较多信息；且对变量进行二阶差分之后，变量的经济学含义难以解释，故通常需要选取适宜的时间段进行分析。

向量自回归模型与向量误差修正模型的主要差别体现在两个方面：一是向量自回归模型中的向量之间不存在同阶平稳关系；二是即使向量间存在同阶平稳关系，也不存在协整关系，进而无法使用原序列进行回归分析。本章后面将通过单位根检验、协整关系检验等方法，论证使用向量自回归模型分析经济增长、城镇化与大城市化的互动关系更为适宜。

（二）变量选取说明

在此，经济增长（$PGDP$）使用人均国内生产总值表征；城镇化发展水平（UR）使用城镇化率表征；大城市化发展水平（GUR）使用大城市化率表征。人均国内生产总值和城市化率的数据来源于《中国城市统计年鉴》和《新中国六十年统计资料汇编》；大城市化率的数据来源于世界银行数据库。特别说明的是：其一，因人均国内生产总值受价格指数影响较大，在此以最初年份的价格指数为基期进行人均国内生产总值的平减。其二，由于人均国内生产总值单位为元，而城镇化率与大城市化率的单位为百分数，即人均国内生产总值与城镇化率、大城市化率的单位并不一致。在此，通过取对数的方式，在保证各变量单调性不变的前提下，减少不同量纲对于回归分析的影响。

三 经济增长、城镇化与大城市化互动关系的实证分析

(一) 单位根检验

1960 年是官方最早统计大城市化率的年份，可分别对 1998—2017 年、1992—2017 年、1978—2017 年以及 1960—2017 年四个时间段，进行经济增长、城镇化与大城市化的单位根检验，在此基础上选取适宜的时期分析三者的互动关系。各相应时期经济增长、城镇化与大城市化的单位根检验结果见表 14.1。其中，若原序列在 10% 的水平上拒绝单位根的原假设，则不再对该序列进行差分，以免丢失原序列过多的信息。

表 14.1　　　　　　　　ADF 单位根检验结果

时间	序列	$PGDP$	$D[PGDP]$	UR	$D[UR]$	GUR	$D[GUR]$
1998—2017 年	ADF 检验统计量	-1.951 (0.0350)	—	-3.674 (0.0011)	—	-0.812 (0.2147)	-11.101 (0.0000)
1992—2017 年	ADF 检验统计量	-0.483 (0.3172)	-2.112 (0.0237)	-2.379 (0.0135)	—	-2.539 (0.0095)	—
1978—2017 年	ADF 检验统计量	-0.515 (0.3050)	-4.090 (0.0001)	-0.694 (0.2461)	-2.058 (0.0237)	-1.571 (0.0625)	—
1960—2017 年	ADF 检验统计量	0.624 (0.7323)	-6.840 (0.0000)	1.336 (0.9063)	-5.987 (0.0000)	0.219 (0.5862)	1.668 (0.0507)

注：$D[\ ]$ 表示对括号内序列取一阶差分；括号内数值为 ADF 统计量的 P 值，"—"表示不存在相关数据。

资料来源：笔者自行分析整理。

1998—2017 年、1992—2017 年，以及 1978—2017 年各时期经济增长、城镇化与大城市化的序列均无法通过同阶差分保证各变量的平稳性。只有在 1960—2017 年，经济增长、城镇化与大城市化的一阶差分约在 5% 的水平上是显著的，即三个变量原序列的一阶差分是平稳的。故使用 1960—2017 年的数据能够较好地分析经济增长、城镇化与大城市化三者之间的关系。

（二）协整关系检验及向量自回归模型滞后阶数判定

笔者在第十一章构建向量误差修正模型时指出，当各变量同为一阶单整序列时，可进一步采用 Johansen 的检验方法，判断变量间的协整关系。若变量间存在协整关系，可使用原序列建立向量误差修正模型；若变量不存在协整关系，则需使用差分后的序列建立向量自回归模型。在此，对经济增长、城镇化与大城市化的协整关系进行检验。使用三个变量的原序列判定模型滞后阶数，具体结果见表 14.2。

表 14.2　　　　　模型滞后阶数的判定依据（原序列）

滞后阶数	LR	FPE	AIC	HQIC	SBIC
0	—	0.000012	−2.8424	−2.7995	−2.7309
1	680.1600	4.4e−11	−15.3360	−15.1645	−14.8899
2	132.3700	5.1e−12	−17.4940	−17.1938	−16.7133
3	41.6480	3.3e−12	−17.9402	−17.5113	−16.8250*
4	31.7380*	2.6e−12*	−18.1994*	−17.6419*	−16.7496
5	10.2580	3.1e−12	−18.0534	−17.3672	−16.2689

注：带有*的行表示模型最适宜的滞后阶数，"—"表示不存在相关数据。
资料来源：笔者自行分析整理。

似然比检验（LR）、前一期预测的均方误差（FPE）、AIC 准则和 HQIC 准则，均表明滞后 4 阶检验变量间是否存在协整关系最为适宜；而仅有 SBIC 准则表明进行变量间的协整检验应选取各变量滞后 3 阶的数据。在此选取原序列滞后 4 阶，进行经济增长、城镇化与大城市化协整关系的检验。各变量协整检验的结果见表 14.3。

表 14.3　　　　　　　　　Johansen 协整检验的结果

原假设下协整关系个数	迹统计量	5% 的临界值	最大特征值	5% 的临界值
$R=0$	53.1457	34.5500	27.7114	23.7800
$R=1$	25.4342	18.1700	20.44677	16.8700
$R=2$	4.9875	3.7400	4.9875	3.7400

无论假设经济增长、城镇化与大城市化间的协整关系数是 0、是 1，还是 2，其相应的迹统计量和最大特征值均大于各自 5% 的临界值，反映出当经济增长、城镇化与大城市化的滞后阶数为 4 时，三者之间不存在明确的协整关系。那么，也就无法满足构建向量误差修正模型的要求，故应使用向量自回归模型探究经济增长、城镇化与大城市化的互动关系。

各变量一阶差分后的模型滞后阶数判别依据见表 14.4。在此，以前一期预测的均方误差（FPE）、AIC 准则和 HQIC 准则的估计结果为准，滞后 2 阶进行向量自回归模型的回归分析。

表 14.4　　　　　模型滞后阶数的判定依据（一阶差分后）

滞后阶数	LR	FPE	AIC	HQIC	SBIC
0	—	9.5e-11	-14.5634	-14.5202	-14.4508
1	171.8200	4.9e-12	-17.5215	-17.3488	-17.0712*
2	31.9740	3.8e-12*	-17.7902*	-17.4881*	-17.0022
3	7.8986	4.6e-12	-17.5959	-17.1643	-16.4702
4	10.0710	5.5e-12	-17.4434	-16.8824	-15.9800
5	29.4540*	4.6e-12	-17.6637	-16.9732	-15.8626

注：带有 * 的行表示模型最适宜的滞后阶数，"—"表示不存在相关数据。

资料来源：笔者自行分析整理。

（三）向量自回归模型的结果分析

滞后两阶的向量自回归模型的估计结果如式（14-2）所示。其中，大城市化回归估计方程的拟合系数最高，达到 0.9561；经济增长回归估计方程的拟合系数次之，为 0.4294；城市化的回归估计方程的拟合系数最低，为 0.3602。就经济增长而言，当期经济增长主要受经济增长滞后一期、城镇化滞后一期、城镇化滞后二期，以及大城市化滞后一期的推动；而经济增长滞后二期和大城市化滞后二期则对当期经济增长有负向作用。就城镇化发展而言，经济增长滞后一期、经济增长滞后二期、城镇化滞后一期、大城市化滞后一期，以及大城市化滞后二期，均能够推动当期城镇化进程；滞后二期城镇化对于自身的发展存在负向影响。就大城市化进程而言，当期大城市化发展主要受经济增长滞后二期、城镇化滞后一期、大城市化滞后一期，以及大城市化滞后二期的正向作用；经济增长滞后一期和城市化滞后二期不利于当期大城市化发展。

$$\begin{bmatrix} PGDP_t \\ UR_t \\ GUR_t \end{bmatrix} = \begin{bmatrix} 0.0516 \\ 0.0069 \\ 0.0012 \end{bmatrix} + \begin{bmatrix} 0.4714 & 0.4085 & 1.4123 \\ 0.0294 & 0.1762 & 0.2103 \\ -0.0077 & 0.0315 & 1.3220 \end{bmatrix} \begin{bmatrix} PGDP_{t-1} \\ UR_{t-1} \\ GUR_{t-1} \end{bmatrix}$$

$$+ \begin{bmatrix} -0.4498 & 0.0096 & -0.9667 \\ 0.0169 & -0.1552 & 0.3630 \\ 0.0129 & -0.0688 & 0.3474 \end{bmatrix} \begin{bmatrix} PGDP_{t-2} \\ UR_{t-2} \\ GUR_{t-2} \end{bmatrix}$$

(14-2)

$$R^2 = (0.4294 \quad 0.3602 \quad 0.9561)$$

经济增长、城镇化与大城市化向量自回归模型的稳定性判别如图14.2所示。显然，所有特征值均落在单位圆内，故本章建立的向量自回归模型是稳定的，即使用该模型能够较好地反映经济增长、城镇化与大城市化三者之间的关系。

进一步地，通过变量间的正交化脉冲响应图分析经济增长、城镇化与大城市化的动态效应，见图14.3。第一行的三个小图均以大城市化为脉冲变量，分别以大城市化、经济增长和城镇化为响应变量。具体地，大城市化对于大城市化、经济增长和城镇化均具有明显的促进作用，且这种促进作用较为稳定。第二行的三个小图分别描绘了经济增长对大城市化、经济增长和城镇化的动态效应。经济增长起初对于城镇化的带动作用大于其对于大城市化的正向意义，但在后期对于大城市化与城镇化的作用几乎不存在；经济增长能够显著影响自身的发展，表现为它能够显著地促进后两期经济增长，之后这种促进作用急剧衰减，甚至转为负向影响，之后再次

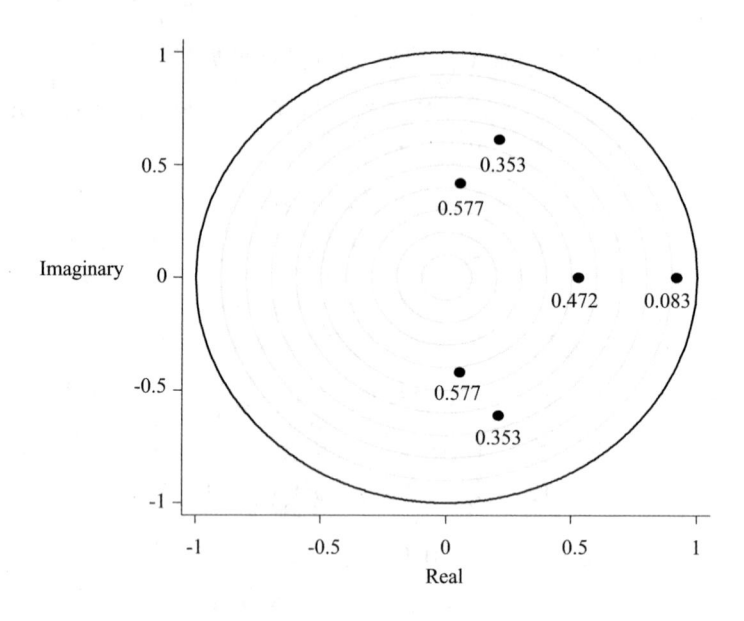

图 14.2　VAR 模型稳定性判别

资料来源：笔者绘制。

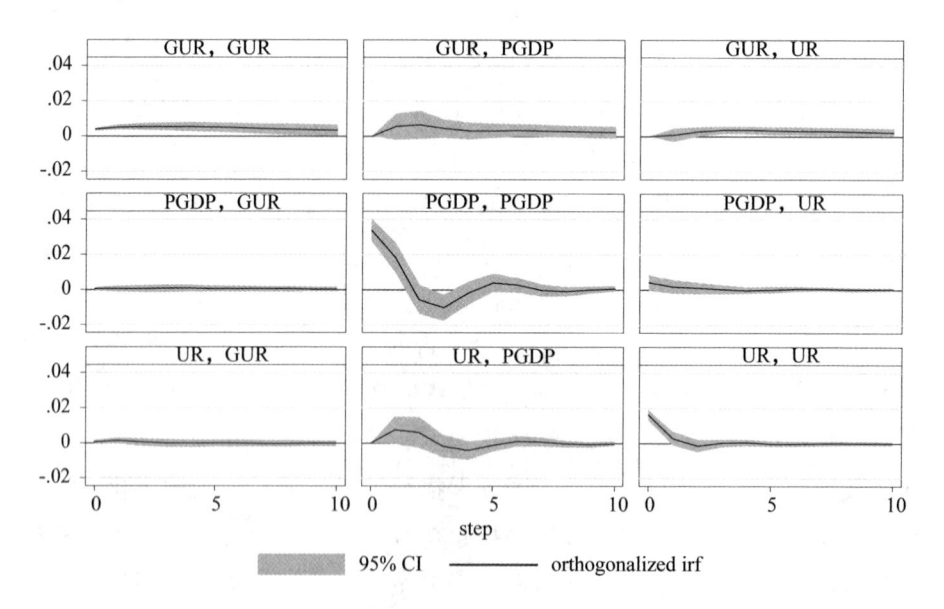

图 14.3　向量自回归模型的正交化脉冲响应

资料来源：笔者绘制。

上升，收敛于0。第三行的三个小图分别描绘了城镇化作为脉冲变量，大城市化、经济增长和城镇化为响应变量的情况。城镇化对于大城市化发展的积极意义较小；但其能够在前期促进经济增长，且这种正向作用逐步放大，之后对于经济增长的带动作用较低；城镇化同时能够带动初期城镇化的发展，但这种正向作用维持的时间并不长，之后趋近于零。

经济增长、城镇化与大城市化之间并没有呈现出完全的互促关系，与在向量自回归模型分析时选取的时间段有关，1960—2017年，尽管在最大程度上保证了各变量的平稳性，但回归分析的结果却无法充分反映社会主义市场经济体制建立之后，经济增长、城镇化与大城市化的动态关系。

具体地，经济增长促进城镇化与大城市化进程的作用较小，这主要受户籍制度的影响（R. Kojima，1995；孙文凯、白重恩、谢沛初，2011）。在"重工业，轻农业；重生产，轻生活"的思想指导下，中国于1957年提出《关于制止农村人口盲目外流的指示》[①]，中国开始实行严格的户籍管理制度，限制农村人口迁往城市，城镇化与大城市化进程受到阻碍。直至1992年，中国才彻底结束了户口与粮油挂钩的历史，逐步完善了有限开放的户籍管理制度，助益于中国城镇化与大城市化发展进程。即在户籍制度的限制下，经济增长对于城镇化与大城市化的带动作用并不明显。

城镇化对于大城市化发展的积极意义较弱，主要受到城镇化方针的影响，见第十一章。在2000年之前，限制大城市发展的战略使得城镇化对于大城市化的促进作用十分有限，2001年之后，放松了对于大城市发展的限制，中国的大城市化进程逐步加快。

四 本章结论

经济增长、城镇化与大城市化之间具有明显的自我循环机制。城镇化与大城市化相伴而生，共同发展，大城市化进程将贯穿于城镇化发展的始终。经济增长与城镇化、大城市化之间存在紧密的内在联系，表现为经济

---

① 法律家网：《关于制止农村人口盲目外流的指示》，http：//www.fae.cn/fg/detail508978.html。

增长引起的消费结构变动，首先作用于城镇化与大城市化进程。之后，城镇化与大城市化因生产要素集聚，提高全要素生产率，反向作用于经济增长，并次级强化经济增长对于城镇化与大城市化的带动作用。伴随着剩余农业生产要素非农化进程的结束，经济增长对于城镇化与大城市化的推动作用逐步衰减，将主要以城镇化与大城市化改善全要素生产率方式持续推动经济增长。

实证分析部分，采用1960—2017年的数据，构建经济增长、城镇化与大城市化之间的向量自回归模型，在消除双向因果关系的基础上，基本验证了经济增长、城镇化与大城市化之间的互促关系。

第十五章 主要研究结论

一 关于相关文献回顾

（1）梳理国内外相关文献，发现探讨经济增长与城镇化之间的作用机制及互动关系的论文较多，而将经济增长、城镇化与大城市化放在一个平台进行研究几乎是空白，探讨城镇化与大城市化之间互动关系的论文也几乎没有，说明笔者的研究具有一定的创新意义。

（2）当前关于城镇化的研究，多集中在生产要素由农村向城市集聚的总趋势，忽视了城镇化进程中的大城市化倾向，将大城市化纳入研究框架很有必要。

二 关于城镇化与大城市化的互动关系

城镇化与大城市化存在互动发展机制，即农业生产要素率先从农村集聚至中小城市的城镇化进程为大城市化发展起到了"蓄水池"和"中转站"的作用；同时，大城市通过其巨大的扩散效应和示范效应，在吸纳了部分农业生产要素直接融入大城市发展的同时，加快了中小城市农业生产要素的非农化进程。

三 关于经济增长带动城镇化与大城市化进程的机制

（1）经济增长能够通过消费结构变动，带动城镇化与大城市化发展。

（2）居民消费结构升级更加有利于大城市化发展。

四　关于城镇化与大城市化促进经济增长的动因

（1）城镇化与大城市化通过影响生产要素的空间分布，改善生产要素的利用效率，继而促进经济增长。

（2）城市规模扩大的过程，就是全要素生产率提升的过程，二者具有同向发展趋势。

（3）城市规模的扩大有助于城市技术效率、城市技术进步和城市全要素生产率的提升，为大城市化能够促进经济增长提供了佐证。

五　关于经济增长、城镇化与大城市化三者之间的动态关系

（1）经济增长、城镇化与大城市化之间具有明显的自我循环机制。城镇化与大城市化相伴而生，共同发展，大城市化进程将贯穿于城镇化发展的始终。

（2）经济增长与城镇化、大城市化之间存在紧密的内在联系，表现为经济增长引起的消费结构变动，首先作用于城镇化与大城市化进程。之后，城镇化与大城市化因生产要素集聚，提高全要素生产率，反向作用于经济增长，并次级强化经济增长对于城镇化与大城市化的带动作用。

（3）伴随着剩余农业生产要素非农化进程的结束，经济增长对于城镇化与大城市化的推动作用逐步衰减，将主要以城镇化与大城市化改善全要素生产率方式持续推动经济增长。

第四编 共享型城镇化理论研究及实践探索
——一个对大城市化研究的拓展

* 执笔人：赵蕊、任杲。

内容提要

大城市化对区域差距和城乡差距的影响是显而易见的。在大城市化背景下，实现区域和城乡协调发展，必须在坚定不移地推进城镇化战略的前提下，构建城镇化发展与共享发展共同推进的新机制。

本编将城镇化发展与共享发展放在一个平台进行研究，为城镇化理论研究提供了一个全新的视角，可以作为大城市化研究的拓展。

本编包含七章内容，即相关研究文献回顾、中国共享思想提出的历史脉络、中国城镇化进程中共享程度评价与分析、城镇化进程中实现共享的国外经验与国内实践、中国城镇化进程中共享机制的构建、中国城镇化进程中共享路径的探索、主要研究结论。

本编的研究思路是：通过相关研究文献回顾，发现前人研究的贡献与不足，确定本研究的切入点；通过梳理中国共享思想的历史脉络，对"共享"的概念和思想内涵进行界定，并以此为据，构建城镇化进程中共享程度评价指标体系；在研究方法上，采用因子分析法计算共享程度综合得分，采用相关分析法与回归分析法对城镇化水平和共享程度的关系进行测度，采用探索性空间数据分析法对地区层面的共享程度综合得分进行分析；对中国城镇化进程中共享程度分全国、地区和城乡三个层面进行评价；在对共享的国外经验与国内实践探索的基础上，提出构建城镇化进程中的共享机制和共享路径。

本编的主要研究结论是：城镇化发展是实现共享的基础，要实现高水平共享，必须坚定不移地推进城镇化进程。而在城镇化水平提高时，并不能自然而然地实现高水平共享，还需要构建系统的共享机制，选择差异化的共享路径。

第十六章 相关研究文献回顾

一 引言

大城市化对城乡差距和地区差距有显著影响。如果说城镇化，特别是大城市化追求的是效率，那么共享发展追求的就是公平。只讲效率，不讲公平，或者只讲公平，不讲效率，都不是中国特色社会主义应该追求的目标。如何兼顾效率和公平，也就是在顺应城镇化规律和大城市化规律以及提升全要素生产率的基础上，最大限度地保障公平，是各国城镇化实践都要回答的问题。中国在长期的社会主义建设实践中，在处理二者的关系上积累的丰富的经验和教训，可以为世界城镇化实践提供经典范例。

共享是人类追求的理想目标，其概念最早可以追溯到马克思主义理论中。虽然马克思主义理论中没有关于共享的专门论述，但其中蕴含了丰富的共享思想，这些思想为后人探索共享奠定了坚实的基础。在中国，共享一词最先出现在党的十五大报告中。党的十五大报告明确要求，保证国民经济持续快速健康发展，人民共享经济繁荣成果[1]。之后，共享不断出现在党中央的文件中。如党的十六大报告中提出要在经济发展的基础上，保证人民共享发展成果[2]；党的十七大报告中强调，要"做到发展为了人民、

---

[1] 中国共产党历次全国代表大会数据库：《江泽民在中国共产党第十五次全国代表大会上的报告》，http://cpc.people.com.cn/GB/64162/64168/64568/65445/4526287.html，1997年9月12日。

[2] 中国共产党历次全国代表大会数据库：《江泽民在中国共产党第十六次全国代表大会上的报告》，http://cpc.people.com.cn/GB/64162/64168/64569/65444/4429123.html，2002年11月8—14日。

发展依靠人民、发展成果由人民共享"①。至此，共享仅仅是作为经济社会发展的目标被提出，并没有完整、详细地被表述。

直至 2015 年 10 月，党的十八届五中全会提出了共享发展理念，其内涵主要有四个方面：全民共享、全面共享、共建共享、渐进共享。其中，全民共享旨在表明共享的主体是全体人民，即改革发展成果应由全体居民共同享有，而并非一部分人享有；全面共享旨在表明共享的内容，涵盖改革发展带来的经济、政治、文化、社会、生态等各方面建设成果，同时提出了要全面保障全体人民的合法权益；共建共享旨在表明共建的过程也即共享的过程，只有先共享过程，才能更好地共享成果，因此要最大限度地激发人民的创造力；渐进共享旨在表明共享并不是一蹴而就的，而是一个从低级到高级、从不均衡到均衡的过程，就算达到很高的水平还是会有所差别，因此在设计共享政策时要切合实际。

笔者研究的共享是城镇化进程中的共享，主要包括城镇化过程共享和城镇化成果共享两个方面。其中，城镇化过程共享是指全体城乡居民共同参与城镇化建设的过程，涵盖经济、政治、文化、社会、生态建设各个方面。实现城镇化过程共享，需确保全体城乡居民具有参与城镇化建设的权利，如劳动参与权、投资参与权以及决策参与权，等等。城镇化成果共享是指全体城乡居民共同享有城镇化建设的成果。有学者提出，城镇化成果共享包含经济和非经济两个维度。其中，城镇化成果共享在经济维度的主要表现是城乡差距缩小和国民收入合理分配，在非经济维度的主要表现是公共资源普惠性、公共服务均等化以及公共管理公正性等方面（于伟、吕晓、宋金平，2018）。笔者认为，城镇化成果有别于一般意义上的经济社会发展成果，它是因聚集发展带来的成果，包括由于产业聚集带来的生产效率提升和社会分工细化进而带来的就业机会，基础设施和基本公共服务密集投资带来的土地升值和高水平建设，科学技术、文化艺术人才聚集带来的科技创新和文化繁荣，以及污染治理和生态建设规模化带来的生态环境质量改善等。由此，城镇化成果共享表

---

① 中国共产党历次全国代表大会数据库：《胡锦涛在中国共产党第十七次全国代表大会上的报告》，http://cpc.people.com.cn/GB/64093/67507/6429844.html，2007 年 10 月 25 日。

现为国民收入分配结构合理、居民收入差距缩小，基础设施和基本公共服务均等化以及生态环境的共享。

二 城镇化进程中城乡和地区差距问题的相关研究

关于城镇化进程中的城乡和地区差距问题，国内外学者已进行过相关研究，研究内容主要是城镇化对城乡和地区差距的影响研究，具体包括收入差距、公共服务水平差距两个方面。

（一）城镇化对收入差距的影响

从现有文献来看，国内外学者就城镇化对收入差距影响的研究成果较多，但并未形成一致的结论，主要有以下三种观点。

（1）城镇（市）化对收入差距具有非线性影响

S. Kuznets（1955）提出经济增长与收入差距关系呈倒"U"形的假说。他认为，工业化和城镇化的过程就是经济增长的过程，在这个过程中收入差距会发生倒"U"形变化：在经济增长初期，收入差距将随着经济增长而逐渐扩大；在经济增长中期，收入差距无太大变化；在经济增长后期，收入差距将随着经济增长而逐渐缩小。之后，J. G. Williamson（1965）将这一假说应用到区域经济研究中，提出了经济发展与区域差距之间的倒"U"形关系；S. Robinson（1976）、J. E. Rauch（1991）等学者利用两部门模型从理论上证明了倒"U"形假说；L. Christian（2011）运用1980—2009年处于不同发展阶段的55个国家的面板数据实证检验了倒"U"形假说。

国内学者欧阳金琼、王雅鹏（2014）利用1982—2011年中国28个省的面板数据，通过引入城镇化影响城乡收入差距的整体效应、地区效应、时间效应三个模型，研究了城镇化影响城乡收入差距的年度差异与省级地区差异。结果表明，从时间进程来说，城镇化对城乡收入差距的作用有先缩小、后扩大、再缩小的三阶段变化规律；从地区差异来说，经济发达、城镇化水平高、农业劳动力丰富的地区随着城镇化的进一步加速，城乡收入差距扩大的趋势有可能得到缓解，对经济欠发达、城镇化水平低、农业劳动力稀缺的地区来说，城镇化有可能进一步扩大城乡收入差距。洪丽、尹康（2015）利用中国2000—2011年省际面板数据，研究城镇化对城乡收入差距的影响及地区差异。结果表明：城镇化的推进使中国城乡收入差距呈现先扩大后缩小的倒"U"形规律，拐点出现在城镇化率为46.07%的时候，约在2009年出现。同时，由于中国区域经济发展和城镇化进程的不平衡性，城镇化对城乡收入差距的影响存在显著的地区差异。

（2）城镇（市）化对收入差距具有负向影响

W. A. Lewis（1954）和 M. P. Todaro（1969）通过研究发现，在城镇化过程中，劳动力的流动能通过要素报酬的均等化缩小城乡收入差距。E. Robert 和 Jr. Lucas（1988）认为，城镇化能够促进人力资本外部性的充分发挥，从而能够缩小城乡收入差距。A. R. Khan 和 C. Riskin（2001）和 D. Verner（2005）也提出城镇化水平的提高有利于缩小城乡收入差距。

陆铭、陈钊（2004）基于1987—2001年省级面板数据，经过研究发现，城镇化对降低统计上的城乡收入差距有显著的作用。曾剑云等（2007）采用中国地级市层面的数据，运用非均衡综列数据分析方法，对中国1990—2003年城镇化因素对中国地区收入差距的影响进行了研究。结果表明，城镇化水平的提高可以显著地降低收入不平等程度。贺建清（2013）利用1997—2010年中国31个省份的面板数据，构建计量模型研究城镇化、工业化对城乡差距的影响。结果表明：城乡收入差距与城镇化之间存在长期均衡关系，无论是从收入还是消费支出角度、从全国层面还是区域层面（除东部地区外），城镇化都具有缩小城乡差距的作用，而在西部地区这种作用尤为突出。

（3）城镇（市）化对收入差距具有正向影响

王子敏（2011）通过利用2000—2008年的省级面板数据，建立空间面板计量模型，研究了城镇化对城乡收入差距的影响。结果发现，在报告期内城镇化拉大了城乡收入差距，城镇化每提高1个百分点，城乡居民收入差距就拉大0.39个百分点。刘维奇等（2013）先从理论上证明无论是市场主导的城镇化还是政府主导的城镇化，只要城乡人口转移是以城乡收入差距为内生动力的条件不变,城镇化始终会造成城乡收入差距的扩大,并且政府主导的城镇化会更加严重。然后运用中国 1978—2009 年的数据研究发现,城镇化确实加剧了中国的城乡收入差距。吴浜源、王亮(2014)利用中国 1990—2011 年的数据,对城镇化、工业化和城乡收入差距的动态关系进行了实证分析。格兰杰检验和协整方程估计结果表明,城镇化扩大了城乡收入差距。钱淑芳(2015)通过选用全国 1978—2013 年的相关统计数据,构建城镇化与城乡收入差距的 VAR 模型,利用 Johansen 协整检验与脉冲响应函数进行研究发现,城镇化对城乡收入差距呈正向影响关系。

(二) 城镇化对公共服务水平差距的影响

从现有文献来看,国内外学者就城镇化对公共服务水平差距影响的研究成果较少,并且也未形成一致的结论。

L. Michael (1984) 提出,政府政策具有城市偏向,因而城乡之间收入和公共服务的差距就会不断扩大。李平、陈萍 (2014) 根据相关的时间序列和面板数据进行回归分析,重点考察了城镇化和相关的财政支出政策对城乡公共服务差距的影响。结果表明,城镇化水平的提高有助于缩小城乡公共服务的差距。向国成、江鑫 (2016) 构建理论模型,提出城乡教育差距随着城镇化率的提高呈现倒"U"形变化趋势的假说,并基于 2000—2013 年中国省级面板数据,运用动态面板数据和系统广义矩估计方法验证了这一假说。

同时,一些学者就城镇化对公共服务均等化的影响进行了研究。邹文杰、蔡鹏鸿 (2015) 运用 Geweke 因果关系分解检验了 1992—2012 年中国城镇化对基础教育、医疗卫生、社会保障等公共服务均等化影响。结果表明,中国城镇化与不同领域公共服务均等化的因果关系存在很大差异:城镇化与基础教育均等化存在均衡关系,无论是长期还是短期城镇化与基础教育均等化双向因果关系显著;城镇化与医疗卫生均等化具有长期因果关系,但短期即时因果关系不显著;城镇化对社会保障均等化不存在长期和短期因果关系。叶俊 (2016) 基于现阶段中国基本医疗卫生服务在区域间、城乡间的差异化现实,通过建立模型,定量分析了城镇化建设对中部各省公共卫生均等化的影响。结果表明，城镇化建设提升了中部地区公共服务的均等化水平。也有学者通过研究得出了相反的结论。崔治文、韩清（2016）采用面板向量自回归的方法，建立一阶滞后PVAR模型，对中国8个区域2000—2012年基本公共服务均等化水平和城镇化水平之间的关系进行实证研究。结果表明，城镇化水平的提高导致了地区间基本公共服务均等化水平的降低。韩川（2016）利用2001—2013年城镇和农村的教育、医疗方面的样本数据进行计量分析发现，城镇化在一定程度上恶化了城乡公共服务均等化问题。同样地，学术界就城镇化对公共服务均等化的影响也未形成一致的结论。

三 城镇化进程中共享的相关研究

从现有文献来看，学术界对城镇化和共享的研究均较多，而对城镇化进程中的共享问题研究较少，已有研究成果主要涵盖城镇化进程中坚持共享发展的必要性、城镇化进程中的共享机制以及共享城镇化成果的路径等方面。

（一）城镇化进程中坚持共享发展的必要性

吴殿廷（2014）认为，中国城镇化的长期性、艰巨性和复杂性，要求我们必须从实际出发，遵循城镇化发展规律，积极稳妥地走出一条公平共享、集约高效、可持续的中国特色城镇化道路。牛文元（2017）提出，坚持共享发展是城镇化健康发展的必由之路。世界城镇化经验表明，能否让城乡人民共享发展成果是城镇化健康发展的关键。焦晓云、王金（2018）提出，为了让人民享有更多获得感和幸福感，必须共建共享城镇化发展成果，推进人的城镇化。从根本来看，人的城镇化就是要让农业转移人口与城市居民享有同等的"国民待遇"。积极推进人的城镇化，让农业转移人口共享现代化发展成果，有利于提高城镇化质量。

（二）城镇化进程中的共享机制

从现有文献来看，学术界关于城镇化进程中共享机制的系统研究并不多见。李穗浓（2015）构建了包括利益共享机制在内的乡村土地利用调控机制。他指出，利益共享机制包括公平分配、村民参与、协调机构建立等内容，有利于形成推动乡村建设的"原生动力"，是乡村土地利用调控的核心机制。宰金峰（2017）基于Z县的调查，对新型城镇化的利益共享机制进行了研究。他通过对新型城镇化利益共享机制构建过程中利益补偿机制、利益协调机制和利益共生机制的分析与研究，提出了优化新型城镇化中利益共享机制的政策建议，包括补偿形式、制度建设、产业发展等方面。

其他学者在研究城镇化相关机制时也有体现出共享的思想。如曹萍等（2016）在研究中国特色城镇化推进机制时提出，积极稳妥推进中国特色城镇化，必须立足制度创新和统筹协调，着力构建起集利益协调、包容发展、和谐共生、多元治理于一体的"四位一体"推进机制。杨叶忠（2012）基于苏浙沪的调查提出构建适合城镇化建设需求的农民主体参与机制，这种参与机制包含三大基本要素：一是多元的诉求表达渠道；二是有效的利益整合；三是可持续的民主监督。武玉敬（2013）在对城镇化进程中保障失地农民权益的机制研究时提出，保障失地农民权益，最根本的是进行制度创新，完善涉及失地农民利益的各种制度，最关键的是政府必须转变观念和行为。

（三）共享城镇化成果的路径

近年来，学术界就共享城镇化成果的路径进行了大量研究，形成了一批研究成果。总体来看，坚持走共享型城镇化道路，一是要不断缩小收入差距，度过反映收入差距与经济发展关系变化的"库兹涅茨拐点"；二是要提高各级城镇的综合承载力，加强交通、水电热气供应等市政基础设施和公共服务设施建设；三是全面推进教育、文化、医疗卫生、就业、社会保障等领域的改善，逐步实现公共服务均等化。一些共享城镇化成果路径的代表性研究成果见表16.1。

表 16.1　　　　　　　　共享城镇化成果路径的代表性研究成果

角度	代表观点	作者
土地制度	加快构建适应社会主义市场经济体制要求的现代农村集体土地产权制度；加快按照"尊重民意、惠及民生"的要求推进征地制度改革；加快按照"把监管和服务抓起来、把权利和责任放下去"的原则改进征地工作机制	严之尧（2012）
	在建立健全土地流转机制过程中，政府应尽快完成全国范围内的土地确权，建立综合性的土地流转服务体系，培育并完善土地流转市场，建立合理的土地流转收益分配机制，严密土地流转的动态监控机制、严格执行土地用途管制政策	张贤明等（2014）
社会保障	完善和规范被征地农民社会保障的具体措施包括：立足应保尽保，深入开展摸底调查工作，有效治理应保未保问题；大力推进基本生活保障转接城镇社会保障；大幅度提高基本生活保障和老年生活困难补助待遇标准；逐步提高被征地农民城镇居民医疗保险门诊和慢性病报销比例；加大对被征地农民就业、创业扶持，全面提高被征地农民就业质量	李放（2014）
	城镇化是"社会福利"的全民共享，或者说是让进城农民、农民工享受到真正的市民待遇。推进以人为核心的新型城镇化，重点是加快户籍制度改革，稳步推进城镇基本公共服务常住人口全覆盖，把进城落户农民真正纳入城镇住房和社会保障体系里来，把农村的养老保险、医疗保险与城镇社保体系衔接好，完善对被征地农民合理、规范、多元保障机制，提高城市土地利用率	刘英团（2015）
	着力维护农民工社会保障的措施主要包括：转变观念，树立共享发展理念；改革户籍制度，共享社会保障；完善相关法律法规，保障农民工的合法权益；守住底线，完善社会保障制度；增加服务供给，强化监督力度	卢红艳（2017）
住房保障	加强对农民工住房保障是践行共享发展理念的具体体现。杭州市加强对农民工住房保障的对策建议包括：切实增加供给总量、着力优化空间布局、建立健全保障机制、适度降低准入门槛、有效开展服务管理	陈彩娟（2017）
教育公平	农民工随迁子女共享教育公平发展的路径包括：一是完善教育发展体制，包括明确各级各地政府责任、建立城乡统一的户籍登记制度、完善教育专项转移支付制度、健全弱势群体补偿机制；二是健全教育管理体制，包括健全学籍信息管理系统、购买民办学校教育服务、构建年限标准制度、尝试推广教育券制度；三是社会合力进行救助，包括社会各类机构的援助与关爱和媒体监督与宣传；四是学校家庭加强重视，包括学校教育一视同仁和父母给予子女更多关爱	胡银元（2017）

资料来源：笔者自行整理。

四 已有研究述评

通过梳理相关文献可知，学术界对城镇化进程中城乡与地区差距问题和共享问题的研究为本研究提供了良好的研究基础，但从研究成果来看，依然存在一定的不足，主要表现在对城镇化与共享之间的关联关系依旧不太清晰，对城镇化进程中怎样实现共享的研究还不够系统、全面。基于已有研究，笔者对城镇化进程中的共享问题力图从以下四个方面进行深入、系统研究。

一是城镇化与共享的关系研究。研究城镇化进程中的共享问题首先需要厘清城镇化与共享的关系，只有这样，才能构建符合实际的城镇化共享机制和路径。而学术界尚未有学者对此进行过直接研究，只有一些学者就城镇化对城乡和地区差距的影响进行过研究，并且还未形成一致的观点。笔者将从理论和实证两个方面对城镇化与共享的关系进行系统分析。

二是城镇化进程中共享程度的评价。对城镇化共享程度评价不仅是实证分析城镇化和共享关系的基础，还是构建共享机制和路径的依据。从已有研究来看，学术界只有一些学者进行过共享发展的测度与评价研究，且并不完善。笔者将对城镇化进程中共享的程度进行全面、系统评价。

三是城镇化进程中共享机制的研究。从已有研究来看，学术界对共享机制的系统研究并不多见，一些学者只是在研究城镇化相关机制时体现出共享的思想。鉴于共享机制的重要性，笔者将对城镇化进程中的共享机制进行系统、深入研究。

四是城镇化进程中共享路径的研究。从已有研究来看，学术界对共享城镇化成果路径的研究较为详细全面，具有十分重要的现实意义和参考价值，但较为笼统，针对性较弱。中国人口众多、地域广阔，不同地区之间在城镇化进程和共享程度方面差异较大，因而共享城镇化成果的路径应有所差异。同时，前文提出城镇化进程中的共享指的是全体人民共同享有城镇化过程和城镇化成果两个方面。因此，笔者将对城镇化进程中的共享路径进行全面、细致探索。

第十七章　中国共享思想提出的历史脉络

"共享"最早可以追溯到马克思主义理论中。虽然马克思主义理论中没有关于"共享"的专门论述，但其中蕴含着丰富的共享思想。中华人民共和国成立以后，党和国家历届领导人在治国理政中对共享进行了不断探索。本章将系统梳理马克思理论中蕴含的共享思想以及毛泽东、邓小平、江泽民、胡锦涛、习近平等党和国家历届领导人关于共享的重要论述，以期为本编后续研究奠定坚实的思想基础。

一　马克思主义理论中的共享思想

从马克思主义经典著作中可以发现，虽然马克思恩格斯并没有对共享问题进行过专门的探讨，但在其诸多理论研究中却蕴含着丰富的共享思想，通过梳理可将其归纳为共享的基础、主体、内容、目标、实质、路径六个方面，这为当代中国实现共享发展提供了重要的理论基础和价值导向。

（一）共享的基础

马克思恩格斯认为，大力发展生产力是实现共享的物质基础。这是因为如果没有生产力的巨大增长和高度发展，那就只会有贫穷的普遍化；而在极端穷困的情况下，就必须重新开始争取必需品的斗争[①]。也就是说，

[①] 中共中央马克思恩格斯列宁斯大林著作编译局：《马克思恩格斯文集》（第一卷），人民出版社2009年版，第538页。

只有大力发展生产力,不断提高经济社会发展水平,才能实现共享;否则,只会导致普遍贫穷。在社会普遍贫穷的情况下,人们为了各自的生存将展开一系列斗争,从而不利于社会稳定,进而不利于实现共享。马克思恩格斯还认为,生产力的发展不仅能够为物质成果共享奠定基础,而且能够促进精神成果共享。正如他们所言,"通过社会生产,不仅可能保证一切社会成员有富足的和一天比一天充裕的物质生活,而且还可能保证他们的体力和智力获得充分的自由的发展和运用"①。也就是说,生产力越发展,人们的物质生活水平越高,人们的精神生活越丰富。因此,在他们来看,大力发展生产力是实现共享必需的物质基础。

同时,马克思恩格斯认为,共享的实现还需具备一定的制度基础,并且他们认为,共产主义制度是实现共享的制度基础。因为在资本主义制度下,资本家和工人之间根本不存在什么"自由""平等"的关系,而是剥削与被剥削、压迫与被压迫的关系(宋涛,1984)。由于工人长期受资本家的剥削与压迫,因而根本无法与资本家共享劳动成果。只有在自由和平等的关系下,才能实现共享。而"真正的自由和真正的平等只有在共产主义制度下才可能实现"②,这是因为在共产主义社会中,生产力高度发展、物质和精神成果极大丰富、所有人权利平等,这些为实现共享提供了条件。因此,只有通过无产阶级运动,推翻资本主义制度、建立共产主义制度,才能实现真正的自由与平等,从而才能实现共享。

(二)共享的主体

马克思恩格斯始终坚持无产阶级的所有斗争都是为了保证广大人民群众的根本利益,正如他们提出的"过去的一切运动都是少数人的或者为少数人谋利益的运动,无产阶级的运动是绝大多数人的、为绝大多数人谋利益的独立的运动"③。在他们来看,无产阶级革命运动的目的在于改变过去

---

① 中共中央马克思恩格斯列宁斯大林著作编译局:《马克思恩格斯选集》(第三卷),人民出版社1995年版,第757页。

② 中共中央马克思恩格斯列宁斯大林著作编译局:《马克思恩格斯全集》(第一卷),人民出版社1956年版,第582页。

③ 中共中央马克思恩格斯列宁斯大林著作编译局:《马克思恩格斯选集》(第一卷),人民出版社2012年版,第411页。

少数人剥削压迫多数人的历史，从而让广大劳动者共同享有劳动成果。同时，他们还提出了诸如"所有人共同享受大家创造出来的福利"① 这样的观点。由此可见，在马克思恩格斯设想的未来社会中，全体社会成员都能够享有社会发展的一切成果。此外，马克思主义唯物史观认为，人民是社会历史发展的实践主体与价值主体；人民群众是社会历史的创造者，同时也是社会历史发展的推动者。因此，社会发展的一切成果应由全体社会成员共同享有，即共享的主体是全体社会成员。

（三）共享的内容

马克思主义理论中蕴含了较多的共享内容。一是经济方面的共享，马克思恩格斯认为，当社会生产力发展到一定水平时，资产阶级将退出历史舞台，在无产阶级的联合下，"社会的每一成员不仅有可能参加社会财富的生产，而且有可能参加社会财富的分配和管理，并通过有计划地经营全部生产，使社会生产力及其成果不断增长，足以保证每个人的一切合理的需要在越来越大的程度上得到满足"②。在他们来看，通过无产阶级革命运动，全体社会成员都有可能参加社会财富的生产、分配以及管理，即共享社会财富。此外，随着社会生产力水平的不断提高，全体社会成员的其他合理需求都可以不断得到满足。二是政治方面的共享，马克思恩格斯提出，现代的平等要求"一切人，或至少是一个国家的一切公民，或一个社会的一切成员，都应当有平等的政治地位和社会地位"③，在他们来看，全体社会成员应拥有平等的政治地位和社会地位。只有拥有平等的政治和社会地位，才能公平地享有政治发展成果。三是文化方面的共享，马克思恩格斯指出，随着社会劳动分工日益精细，劳动生产效率将大大提高。在这种情况下，不仅全体社会成员的物质生活可以得到满足，而且"每个人都有充分的闲暇时间去获得历史上遗留下来的文化中一切真正有价值的东

---

① 中共中央马克思恩格斯列宁斯大林著作编译局：《马克思恩格斯选集》（第一卷），人民出版社 2012 年版，第 309 页。

② 中共中央马克思恩格斯列宁斯大林著作编译局：《马克思恩格斯文集》（第三卷），人民出版社 2009 年版，第 460 页。

③ 中共中央马克思恩格斯列宁斯大林著作编译局：《马克思恩格斯选集》（第三卷），人民出版社 2012 年版，第 480 页。

西；并且不仅是去获得，而且还要把这一切从统治阶级的独占品变成全社会的共同财富并加以进一步发展"①。也就是说，随着社会劳动分工程度不断加深，社会成员在获得充裕物质资料的同时，每个人也有时间和精力去追求精神文化生活。在这个过程中，历史遗留文化中所有真正有价值的东西被不断发掘，并且由原来统治阶级的独占品变为全社会共同的财富。四是生态方面的共享，马克思认为，"没有自然界，没有感性的外部世界，工人就什么也不能创造"②。在他来看，自然界对人类的生存与发展具有举足轻重的作用，人类的生产生活离不开自然界中的各种资源。为了实现可持续发展，劳动者在劳动活动中应爱护自然、保护自然，与自然和谐相处，即达到生态层面的共享。

（四）共享的目标

马克思恩格斯提出，未来的社会是"一个更高级的、以每个人的全面而自由的发展为基本原则的社会形式"③。这说明在未来社会中，全体社会成员的一切合理需求都将得到满足，每个社会成员都将获得自由而全面的发展。由此可见，"每个人自由而全面发展"是共享的目标所在。具体而言，第一，人的发展是自由的。正如马克思恩格斯强调，"代替那存在着各种阶级以及阶级对立的资产阶级旧社会的，将是一个以个人自由发展为一切人自由发展的条件的联合体"④，即在未来社会中，社会成员之间的发展是不受限制的，并且是互不排斥的，所以是自由的。第二，人的发展是全面的。马克思恩格斯指出，随着经济发展水平的提高，社会成员的物质生活水平不断提高，同时"他们的体力和智力获得充分的自由的发展和运用"⑤，也就是说，随着

---

① 中共中央马克思恩格斯列宁斯大林著作编译局：《马克思恩格斯文集》（第三卷），人民出版社 2009 年版，第 258 页。
② 中共中央马克思恩格斯列宁斯大林著作编译局：《马克思恩格斯选集》（第一卷），人民出版社 2012 年版，第 52 页。
③ 中共中央马克思恩格斯列宁斯大林著作编译局：《马克思恩格斯全集》（第二十三卷），人民出版社 1972 年版，第 649 页。
④ 中共中央马克思恩格斯列宁斯大林著作编译局：《马克思恩格斯选集》（第一卷），人民出版社 1995 年版，第 294 页。
⑤ 中共中央马克思恩格斯列宁斯大林著作编译局：《马克思恩格斯选集》（第三卷），人民出版社 1995 年版，第 757 页。

社会生产水平的提高，全体社会成员不仅在经济方面的物质需求可以得到满足，而且在政治、社会、文化等方面的非物质需求也可以得到满足，从而可以获得全面发展。

（五）共享的实质

习近平总书记曾经指出，共享发展注重的是解决社会公平正义问题，体现出共享的实质是公平正义。关于公平正义的问题，马克思曾经发问，"什么是'公平'的分配呢？难道资产者不是断定今天的分配是'公平'的吗？难道它事实上不是在现今的生产方式基础上唯一'公平'的分配吗？"[①] 由此可见，马克思一直将公平正义作为价值导向，并且对公平正义的认识也是经历了一个长期探索的过程。后来马克思恩格斯明确提出"真正的自由和平等只有在共产主义制度下"才可能实现的论断，并且"这样的制度是正义所要求的"[②]。因此，只有通过无产阶级运动，推翻资本主义制度、建立共产主义制度，为公平正义提供制度保障，才能实现真正意义上的共享。

（六）共享的路径

由于人类生存和发展的各种需要，民生问题从人类社会产生时就一直存在。共享发展的目的在于满足全体社会成员的物质和精神需要，从而实现每个人自由而全面的发展。因此，从根本上讲，解决民生问题是实现共享的基本途径。马克思认为，在资本主义社会中，民生问题不会得到真正解决。这是因为在资本主义制度下，虽然少数资本家的物质和精神需求得到了极大满足，但是由于工人阶级长期受资本家的剥削与压迫，致使他们的需求不得不停留在物质层面，没有能力也没有条件上升到精神层面[③]。也就是说，在资本主义制度下，工人阶级的物质和精神生活都处于极其贫

---

① 中共中央马克思恩格斯列宁斯大林著作编译局：《马克思恩格斯选集》（第三卷），人民出版社1972年版，第8页。

② 中共中央马克思恩格斯列宁斯大林著作编译局：《马克思恩格斯选集》（第二卷），人民出版社1995年版，第610页。

③ 郑忆石：《社会发展动力论：从马克思到西方马克思主义》，重庆出版社2012年版，第115—183页。

困的境地。因此，只有推翻资本主义制度、建立共产主义制度，才能为民生问题的真正解决创造条件，从而才能实现共享。同时，马克思提出，为了实现共享，还应建立社会保障制度。他认为，集体劳动所得的社会总产品，从中应该扣除"用来应付不幸事故、自然灾害等的后备基金或保险基金"①，用来保障社会成员的基本生活，以使他们具有基本生活的权利。由此可见，马克思主义理论中蕴含的共享路径主要有两个：一是解决民生问题；二是建立社会保障制度。

二 党和国家历届领导人关于共享的重要论述

（一）毛泽东思想中关于共享的重要论述

毛泽东思想是马克思主义中国化的第一个理论成果，虽然其中没有关于"共享"的直接论述，但诸如主张无产阶级领导的革命、主张人民应享有基本权利、主张平均分配土地以及主张共同富裕等重要论述体现了共享，对中国当时经济社会建设具有十分重要的指导意义。

1. 主张无产阶级领导的革命

毛泽东于1925年提出，"本人信仰共产主义，主张无产阶级的社会革命"②。他指出，只有通过无产阶级的社会革命，才能改变中国内忧外患交迫的局面；只有在社会主义社会中，全体社会成员才能得到真正的解放。但是，必须经过反帝反封建的民主革命的阶段，才能进入社会主义阶段③。而无论是无产阶级领导的新民主主义革命还是社会主义革命，都体现了共享。第一，革命由无产阶级领导，体现出共享的主体是广大人民群众；第二，新民主主义革命阶段反对帝国主义、封建主义和官僚资本主义的革命性质，体现出共享"每个人自由而全面发展"的目标及"公平正义"的实质；第三，社会主义革命阶段农业、手工业和私营工商业所有制的转变，

---

① 中共中央马克思恩格斯列宁斯大林著作编译局：《马克思恩格斯选集》（第三卷），人民出版社1972年版，第9页。
② 中共中央文献研究室：《毛泽东思想年编 一九二一——一九七五》，中央文献出版社2011年版，第6页。
③ 中共中央文献研究室：《毛泽东思想年编 一九二一——一九七五》，中央文献出版社2011年版，第249—252页。

有利于解放生产力,从而为共享提供物质基础。

2. 主张人民应享有基本权利

毛泽东认为,人民应享有基本权利。1922年,他在发表于《大公报》上的《更宜注意的问题》一文中强调,要注意劳工的生存权、劳动权和劳动全收权。其中,劳工的生存权是指,一个人在少年时期和老年时期无法工作的时候,应该都有获取食物的权利以维持基本生活;劳动权是指,一个人在十八岁以上六十岁以下有工作能力的时候,有要求工作的权利;劳动全收权是指,工人经过劳动创造的成果应该完全归工人自己所有[①]。随后,他于1940年提出,凡是年满十八岁的赞成抗日与民主的中国人,都有选举权和被选举权。并且指出,抗日统一战线政权应经过人民选举产生,并且应是民主集中制的组织形式。

3. 主张平均分配土地

早在1935年,毛泽东就提出"当斗争发展贫农中农要求平分富农土地时,党应赞助这一要求""在实行平分一切土地之区域,富农有与普通农民分得同样土地之权"[②]等观点,体现出平分土地的思想。1947年,他又指出,土地会议应采取彻底平分土地的方针,即将农村的土地,不论男女老少(除少数重要反动分子之外),在数量和质量上进行平均分配。同时,还要将地主与富农两阶级多余的粮食、耕牛、农具、房屋及其他财富适当地分配给缺乏这些财富的普通农民,使得地主、富农的土地财产与农民所得相当。彻底平分土地方针的提出,使得普通农民分得了土地,同时部分农民还获得了粮食、耕牛等财富。于是普通农民拥有了与地主、富农差不多的土地财产。

(二) 邓小平理论中关于共享的重要论述

邓小平理论继承和发展了马克思列宁主义与毛泽东思想,虽然其中没有关于"共享"的直接论述,但诸如"先富带动后富、最终实现共同富

[①] 中共中央文献研究室:《毛泽东思想年编 一九二一——一九七五》,中央文献出版社2011年版,第3页。

[②] 中共中央文献研究室:《毛泽东思想年编 一九二一——一九七五》,中央文献出版社2011年版,第92—93页。

裕"的观点、"两个大局"的战略构想以及关于社会主义根本原则和本质的论述中体现了共享，对当时中国社会主义建设具有十分重要的指导意义。

1. 提出"先富带动后富、最终实现共同富裕"的观点

1978年12月，邓小平在中央工作会议闭幕会上讲话时指出，在经济政策上，要允许一部分地区、一部分企业、一部分工人农民，由于辛勤努力而收入先多一些、生活先好起来，进而影响左邻右舍，带动其他地区、其他企业、其他工人农民向他们学习，以使整个国民经济不断地向前发展，使全国各族人民都能较快地富裕起来①。虽然允许一部分地区、企业、工人农民先富起来的做法可能暂时会扩大贫富差距，但最终是通过先富起来的地区、企业、工人农民带动其他还没富起来的地区、企业、工人农民，从而实现共同富裕的目标。

2. 提出社会主义的根本原则和本质

1985年3月，邓小平提出，必须始终坚持社会主义的两条根本原则：一个是公有制占主体，一个是共同富裕②。1992年2月，他又提出了社会主义的本质，即"解放生产力，发展生产力，消灭剥削，消除两极分化，最终达到共同富裕"。同时表示，走社会主义道路，就是要逐步实现共同富裕。邓小平提出的社会主义的两条根本原则与社会主义的本质体现了共建共享思想，即一方面包含了发展过程要由人民共建，另一方面包含了发展成果要由人民共享。他认为，实现共同富裕的方式是解放发展生产力，允许一部分地区、一部分人先富起来，然后通过先富帮后富，最终实现共同富裕。在这过程中，还要防止收入过分悬殊，防止出现两极分化。只有全体社会成员都享受到发展成果才能达到共同富裕。

3. 提出"两个大局"的战略构想

邓小平于1988年提出"两个大局"的战略构想，其内容主要包括：第一，沿海地区要加快对外开放，使这个拥有两亿人口的广大地带率先发

---

① 中共中央文献研究室：《邓小平年谱一九七五——一九九七》（上），中央文献出版社2004年版，第451页。

② 中共中央文献研究室：《邓小平年谱一九七五——一九九七》（下），中央文献出版社2004年版，第1033页。

展起来，以带动内地更好地发展；第二，当发展到一定程度的时候，沿海地区要拿出更多力量来帮助内地发展。至于怎样帮助，他认为，可以由沿海一个省包内地一个省或两个省，也不要一下子负担太重，开始时可以做些技术转让。

（三）"三个代表"重要思想中关于共享的重要论述

1. 提出"三个代表"重要思想

2000年2月，江泽民在广东省考察时首次对"三个代表"重要思想进行了比较全面的阐述，虽然其中没有关于共享的直接论述，但也体现了共享。第一，代表中国先进生产力的发展要求，意味着党的各项工作应体现不断解放和发展生产力的要求，即实现共享应具备一定的物质基础。第二，代表中国先进文化的前进方向，意味着党的各项工作应体现发展民族、科学、大众的社会主义文化的要求，不断提升全国人民的科学文化素质和思想道德素质，强调精神文化成果的共享。第三，代表中国最广大人民的根本利益，意味着党的各项工作应将广大人民群众的根本利益作为出发点和落脚点，鼓励人民群众发挥自身的积极、主动与创造性，包含了发展过程由全体人民共建、发展成果由全体人民共享。

2. 强调正确认识和处理地区差距和收入差距问题

实现共同富裕是社会主义的根本原则和本质特征。1995年9月，江泽民提出，要用历史的辩证的观点认识和处理地区差距问题。一方面，要认识到地区之间发展不平衡是一个长期的历史的现象，因而解决地区差距问题需要一个过程；另一方面，也要意识到正确处理地区差距问题有利于实现共同富裕，因而要高度重视并采取有效措施努力解决地区差距。另外，他指出，中国正处于社会主义初级阶段，社会成员之间存在一定程度的收入差距在所难免。但是，如果成员之间的收入差距悬殊且任其扩大，将会造成诸多方面的严重后果。因此，必须坚持"先富带动后富、最终实现共同富裕"的经济政策，即在大力发展经济、不断提高城乡居民收入的同时，注重调节收入分配，防止出现两极分化。从总体上看，正确认识和处理地区差距和收入差距问题体现出经济发展成果由全体人民共享。

(四) 科学发展观中关于共享的重要论述

科学发展观是同马克思列宁主义、毛泽东思想、邓小平理论和"三个代表"重要思想既一脉相承又与时俱进的科学理论，虽然其中没有关于"共享"的直接论述，但其中也体现了共享，对中国特色社会主义建设具有重要的指导意义。

1. "以人为本"中关于共享的论述

2004年3月，胡锦涛提出，坚持"以人为本"，并在此基础上提出"让发展的成果惠及全体人民"[①]的观点。这是中国经济体制转型与经济社会步入关键发展阶段、解决收入分配不公和利益矛盾突出等各种社会问题的迫切需求，也是构建社会主义和谐社会的必然要求。[②] 随后，他又多次对"以人为本"进行了更加详细、全面的阐述。从他多次的阐述中可知，"以人为本"体现了共享。其中，"让发展的成果惠及全体人民"的观点包含了发展成果要由全体人民共享，"实现人的全面发展"的观点体现出共享的目标，"尊重人民主体地位"的观点包含了共享的主体是全体人民，"发挥人民首创精神"包含了发展过程要由全体人民共建，"不断实现社会公平正义"包含了共享社会公平正义的实质。

2. "统筹兼顾"中关于共享的论述

胡锦涛提出的"统筹兼顾"主要包括统筹城乡发展和促进区域协调发展两个方面。关于统筹城乡发展，他提出，要按照统筹城乡发展的要求，通过调整农业结构等方式，不断提高农民收入，以尽快改变城乡居民收入差距持续扩大的态势。关于促进区域协调发展，他提出，要采取更加有力的政策措施，着力提高少数民族地区经济社会发展水平，以不断缩小民族之间的发展差距，促进区域协调发展，从而实现全国各族人民共同富裕的目标。[③] 随后，他又提出缩小区域发展差距的两条途径，一是注重基本公共服务均等化，二是引导生产要素跨区域合理流动。由此可见，胡锦涛提出的"统筹兼顾"，包含了发展成果要由全体人民共享的思想。通过采取

[①] 中共中央文献研究室：《科学发展观重要论述摘编》，中央文献出版社2008年版，第29页。
[②] 张琦等：《中国共享发展研究报告（2016）》，经济科学出版社2017年版，第12页。
[③] 中共中央文献研究室：《科学发展观重要论述摘编》，中央文献出版社2008年版，第50页。

措施不断缩小城乡、地区差距，促进全体人民共享发展成果。

（五）习近平新时代中国特色社会主义思想中关于共享的论述

党的十八届五中全会提出了共享发展理念，并对其进行了详细阐述。这是中国经济社会发展进入高质量发展阶段、解决城乡差距和地区差距等各种问题的迫切要求，也是新时代中国特色社会主义建设的必然要求。习近平新时代中国特色社会主义思想中关于共享的论述主要包括以下三个方面：

1. 以人民为中心

党的十八大以来，以习近平同志为核心的党中央提出了以人民为中心的发展思想。以人民为中心，就是要让改革发展成果更多更公平惠及全体人民，不断促进社会公平正义，不断促进人的全面发展、全体人民共同富裕。同时，在"中国梦"的相关论述中强调，人民是"中国梦"的主体，是"中国梦"的创造者和享有者。在"以人民为中心"的思想中，"让改革发展成果惠及全体人民"包含了发展成果要由全体人民共享，"促进社会公平正义"包含了共享公平正义的实质，"促进人的全面发展"体现出共享的目标，"人民是中国梦的主体"包含了共享的主体是全体中国人民，"人民是中国梦的创造者和享有者"包含了发展过程要由人民共建以及发展过程要由人民共享。

2. 保障和改善民生

习近平总书记提出的保障和改善民生主要包括优先发展教育事业、提高就业质量和人民收入水平、加强社会保障体系建设、推进基本公共服务均等化等内容。其中，关于优先发展教育事业，他提出坚定实施科教兴国战略、教育投入要向边疆和民族地区倾斜、大力发展乡村教育、逐步缩小城乡和区域数字差距等观点，并强调了发展职业教育的重要性。关于提高就业质量和人民收入水平，他提出要实施更加积极的就业政策、依靠产业带动、加强政府公共就业服务能力以及更好发挥市场的作用等观点。关于加强社会保障体系建设，他提出加快推进住房保障和供应体系建设、推进城乡要素平等交换和公共资源均衡配置、推进户籍制度改革以及深化公立医院改革等观点。关于推进基本公共服务均等化，他提出要通过不断提高经济发展水平为改善民生奠定基础的同时,也要大力推进基本公共服务均等化,以促进社会公平。

3. 打赢脱贫攻坚战

习近平高度重视扶贫脱贫工作,提出了"精准扶贫精准脱贫"并做出了一系列指示,如实施贫困地区扶贫脱贫机制创新,建立六个精准、五个路径和严格的贫困地区考核机制和制度(张琦等,2017)。并且他提出,打好扶贫攻坚战的关键在于民族地区,要深入实施精准扶贫和精准脱贫,决不能落下一个少数民族、一个地区,同时还要防止贫困现象代际传递情况的发生。"坚决打赢脱贫攻坚战"体现了共享。

三 本章结论

本章梳理了毛泽东、邓小平、江泽民、胡锦涛、习近平等党和国家历届领导人关于共享的重要论述,这些都是对马克思主义理论中蕴含的共享思想的实践与探索。

毛泽东认为,社会发展的主体是人民,因而主张无产阶级领导的革命。通过革命建立起来的社会主义制度,为实现共享提供了制度基础。同时,他主张平均分配土地,但这种"平均"并不是传统意义上的绝对平均,而是在承认差别基础上的相对平均。邓小平关于共享的重要论述主要体现在他提出的社会主义的根本原则和本质,一方面包含了发展过程要由人民共建,另一方面包含了发展成果要由人民共享。他认为实现共同富裕的方法是解放和发展生产力,支持一部分地区、一部分人先富起来的同时,通过先富帮后富,实现共同富裕的目标。江泽民关于共享的重要论述主要体现在他提出的"三个代表"重要思想,并且他强调要正确认识和处理地区差距和收入差距问题。党的十六大以来,科学发展观坚持"以人为本""统筹兼顾",这是中国经济社会发展步入关键阶段、解决收入分配问题和各种社会问题的迫切需求,也是构建社会主义和谐社会的必然要求,其中体现了共享。党的十八届五中全会提出了共享发展的理念,并且习近平强调共享注重的是社会公平正义。这是中国经济社会进入高质量发展阶段、解决城乡差距和地区差距等各种问题的迫切要求,也是新时代中国特色社会主义建设的必然要求。

笔者将共享发展理念纳入城镇化全过程中,一方面包含了城镇化过程要由人民共建,另一方面包含了城镇化成果要由人民共享。需要再次说明的是,笔者认为城镇化过程共享主要是指全体城乡居民具有参与城镇化建设的权利,如劳动参与权、投资参与权以及决策参与权等;城镇化成果共享涵盖经济和非经济两个层面,其中在经济层面表现为国民收入分配结构合理和居民收入差距缩小,在非经济层面表现为基础设施和基本公共服务均等化以及生态环境的共享。同时,在城镇化进程中实现共享是一个由低水平到高水平渐进的过程。

第十八章　中国城镇化进程中共享程度评价与分析

一　研究思路与研究方法

（一）研究思路

本章的研究思路是：第一，构建全国、地区、城乡三个层面城镇化进程中共享程度的评价指标体系，利用因子分析法计算共享程度综合得分。第二，利用相关分析法与回归分析法，对城镇化水平和共享程度的关系进行测度。第三，利用探索性空间数据分析法，对地区层面的共享程度综合得分进行分析（如图18.1所示）。需要说明的是，本章研究涉及的范围仅限中国大陆31个省市区，未包含香港、澳门、台湾。

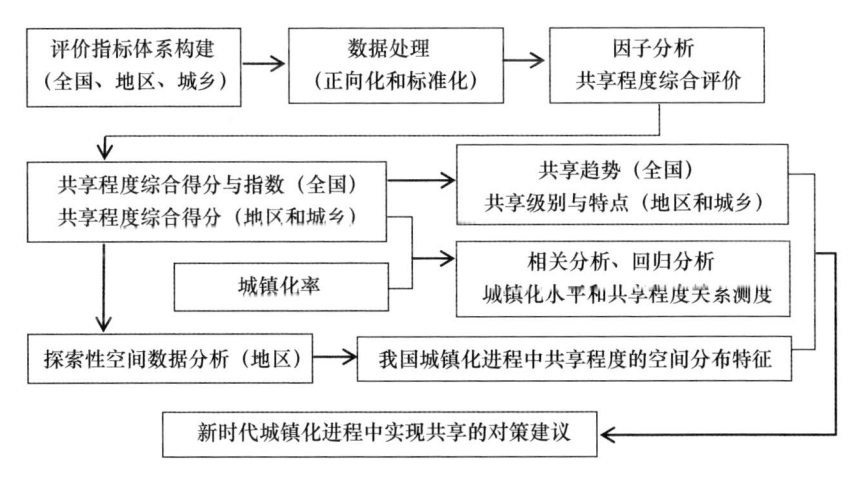

图18.1　本章研究思路

资料来源：笔者绘制。

(二) 研究方法

1. 因子分析法

因子分析是多元统计分析中较常用的一种降维方法,其基本思想是通过研究众多对象之间的内部依赖关系,寻求这些数据的基本结构,并用少数几个被称为公因子的不可观测变量来表示基本数据结构,这些公因子能够反映原来众多对象所代表的主要信息,因而有利于研究者达到简化数据结构、方便研究的目的(侯景新、尹卫红,2004)。因子分析根据研究对象的不同可分为 R 型和 Q 型因子分析,R 型因子分析研究变量(指标)之间的相关关系,Q 型因子分析研究样品之间的相关关系。本章将使用 R 型因子分析法对城镇化进程中共享程度进行评价与分析。主要有 4 个步骤,依次为:

(1) 判断经过处理后的指标值是否适合做因子分析

一般情况下,在因子分析之前,首先应检验变量之间是否相关,判断是否适合做因子分析。此步比较常用的检验方法是 KMO 和 Bartlett 的球形度检验。其中,KMO 检验主要用来检验变量之间的相关性,其统计量的取值在 0—1 之间,该值越接近于 1,说明变量之间的相关性越强,因子分析的效果越好。在实际情况中,KMO 统计量的取值大于 0.5 就表明适合做因子分析。Bartlett 的球形度检验主要用来检验指标的相关系数矩阵是否为单位阵,其原假设是相关系数矩阵为单位阵。若 Bartlett 的球形度检验统计量的观测值较大且对应的概率值小于给定的显著性水平(通常为 0.01),则拒绝原假设,说明适合做因子分析;否则,说明不适合做因子分析。

(2) 确定因子抽取个数

从已有研究来看,确定因子抽取个数使用最为广泛的方法是主成分分析法。主成分分析法的基本思想是通过将原始变量进行线性组合并求解各个主成分来实现变量降维,从而达到减少变量数目同时保留原始变量绝大部分信息的目标。其主要步骤有两个:一是计算变量的简单相关系数矩阵,二是求相关系数矩阵的特征值与对应的单位特征向量。通过上述步骤可以确定因子抽取个数 m,其标准主要有两个:一是根据特征值确定因子抽取个数,一般选取前 m 个特征值大于 1 的因子;二是根据主成分的累计方差贡献率(公式为:$\sum_{i=1}^{m} \lambda_i (\sum_{i=1}^{p} \lambda_i)^{-1}$,其中 λ_i 表示第 i 个特征值)确定因子抽取个数，通常选取 m 为满足累计方差贡献率大于 85% 的最小正整数。

（3）求解因子载荷矩阵

由前文可知，因子载荷矩阵是由公因子的系数构成的，其求解方法有很多种，其中主成分分析是较常用的一种方法。通常情况下，只选取前 m 个特征值及对应的单位特征向量计算得到包含 m 个公因子的因子载荷矩阵。求解因子载荷矩阵之后，如果因子载荷 a_{ij} 的绝对值在第 i 行多个列的取值均较大（通常大于 0.5），则说明公因子 F_i 可以同时解释许多变量的信息，而不能典型代表任何一个原始变量 x_i，此时 F_i 的含义是模糊不清的，需要通过因子旋转来解决这个问题。因子旋转的基本思想是通过正交或斜交旋转的方式改变因子空间的坐标轴，使因子载荷矩阵上每一列的元素尽可能地极化，从而有利于公因子含义的解释。一般情况下，使用最大方差法进行旋转。

（4）计算因子得分与综合评价得分

计算因子得分的主要方法有回归法、巴特利特法以及安德森—鲁宾法等，在实际应用中比较常见的是回归法。采用回归法计算因子得分系数矩阵，公因子就可以表示为原始变量的线性组合 $F_j = \beta_{j1}x_1 + \beta_{j2}x_2 + \cdots + \beta_{ji}x_i$，$j = 1, 2, \cdots, m$，进而依据处理后的指标值即可得到因子得分。在此基础上，可以计算综合评价得分。综合评价得分的计算公式为：

$$F = W_1F_1 + W_2F_2 + \cdots + W_mF_m \quad (18-1)$$

其中 F 为综合得分，W_i（$i = 1, 2, 3, \cdots, m$）为权重，其值等于各公因子的方差贡献率占累计方差贡献率的比重，F_i（$i = 1, 2, 3, \cdots, m$）为因子得分。为了更加直观地显示城镇化进程中共享程度的大小，从而便于比较与分析，参考已有研究（缪仁炳、徐朝晖，2002；冯科、郑娟尔、韦仕川、郑文娟、刘勇，2007；张乐勤、陈素平、陈保平、张勇，2014），本章拟将综合评价得分转换为百分制的形式，公式为：

$$F' = F_i / (F_{max} - F_{min}) \times 40 + 60 \quad (18-2)$$

其中 F' 为百分制的综合得分，F_{max}、F_{min} 分别表示转换前综合得分的最大值与最小值。

2. 相关分析与回归分析

（1）相关分析

相关分析是研究变量之间关系紧密度的一种统计方法，其显著特点之一是变量不分主次，被置于同等的地位。在统计分析中，常利用相关系数（r）定量地描述两个变量之间线性关系的紧密程度，其取值介于 -1 到 1 之间，当数值越接近于 -1 或 1 时，说明关系越紧密，当数值接近于 0 时，说明关系不紧密。对不同类型的变量，相关系数的计算公式不同。在相关分析中，常用的相关系数主要有 Pearson 简单相关系数、Spearman 等级相关系数和 Kendallτ 相关系数等（刘大海等，2008）。其中，Pearson 简单相关系数用来度量定距型变量间的线性相关关系，而后两种相关系数是用来度量定序型变量间的线性相关关系。本章将使用 Pearson 简单相关系数度量城镇化水平与共享程度之间的关系。

Pearson 相关系数计算公式为：

$$r = \frac{\sum_{i=1}^{n}(X_i - \bar{X})(Y_i - \bar{Y})}{\sqrt{\sum_{i=1}^{n}(X_i - \bar{X})^2}\sqrt{\sum_{i=1}^{n}(Y_i - \bar{Y})^2}} \qquad (18-3)$$

其中，n 为样本量，分别为两个变量的观测值和均值。对式（18-3）进行演变，即可得到简单相关系数，公式为：

$$r = \frac{1}{n}\sum_{i=1}^{n}\left(\frac{x_i - \bar{x}}{S_x}\right)\left(\frac{y_i - \bar{y}}{S_y}\right) \qquad (18-4)$$

r 的取值介于 -1 到 1 之间：当 $r = 0$ 时，表示不存在线性相关，但不意味着 x 与 y 无任何关系；当 $0 \leqslant |r| \leqslant 0.3$ 时，表示微弱相关；当 $0.3 < |r| \leqslant 0.5$ 时，表示低度相关；当 $0.5 < |r| \leqslant 0.8$ 时，表示显著相关；当 $0.8 < |r| < 1$ 时，表示高度相关；当 $|r| = 1$ 时，表示完全相关。通常情况下，使用 t 统计量作为 Pearson 简单相关系数的检验统计量，其服从自由度为 $n-2$ 的 t 分布。通过计算 t 检验统计量的观测值及对应的概率 p 值，来判断两变量之间关系的显著性。

（2）回归分析

回归分析是研究一个因变量与一个或多个自变量之间相关关系的一种

统计方法，目前进行的回归分析主要有线性回归、曲线估计和非线性回归。本章将用全国层面的共享指数与城镇化率进行回归分析，从而进一步分析城镇化水平与共享程度之间的关系。

回归分析的步骤主要有三个：第一，建立回归模型，根据相关分析结果和散点图判断因变量和自变量之间的关系，并表示成回归数学模型；第二，确定回归方程，利用统计方法确定因变量和自变量之间的关系表达式；第三，进行方程显著性检验，一是对回归方程进行检验，主要是 F 检验；二是对回归系数进行检验，主要通过 R^2 以及调整的 R^2 进行判断。

3. 探索性空间数据分析

探索性空间数据分析是一种具有识别功能的空间数据分析方法，该方法将统计学与现代图形计算技术结合起来，直观地展现了空间数据隐含的空间分布、空间模式以及空间相互作用等特点。探索性空间数据分析主要使用两类工具：第一类用来分析全局空间相关性，即空间数据在整个系统内表现出来的分布特征，一般用 Moran 指数 I、Geary 指数 C 测度；第二类用来分析局部空间相关性，即局部子系统所表现出的分布特征，一般用局部 Moran 指数或 LISA（local indicator spatial association）、Moran 散点图和 G 统计量测度（沈体雁、冯等田、孙铁山，2010）。在使用因子分析法对省际共享程度进行评价与分析的基础上，本章还将使用 Moran 指数 I 和局部 Moran 指数对其进行全局和局部的空间相关性分析，以获得中国城镇化进程中共享程度的空间分布特征。

（1）设定空间权重矩阵

在检验空间相关性时，需要定义空间单元的相互邻接关系。针对这一问题，空间计量经济学引入了空间权重矩阵的概念，用来反映空间单元的空间区域的邻近关系。

定义空间关系的方法主要有距离倒数（Inverse Distance）、固定距离（Fixed Distance）、K 个最近距离（K Nearest Neighbors）、仅有边界相邻（Contiguity Edges Only）、边界和顶点相邻（Contiguity Edges Corners）等，对于中国省份图层来说，一般选用"仅有边界相邻"方法（王庆喜、蒋烨、陈卓咏，2014）。而对于距离的计算方法，一般选用欧几里得距离（Euclidean）。

(2) 检验空间相关性

①全局空间相关性

全局空间相关性最早采用 Moran 指数 I 进行测度。Moran 指数 I 能够检验整个研究区域中相邻地区之间是正相关、负相关还是相互独立的，其计算公式为：

$$I = \frac{\sum_{i=1}^{n}\sum_{j \neq 1}^{n} w_{ij}(x_i - \bar{x})(x_j - \bar{x})}{S^2 \sum_{i=1}^{n}\sum_{j=1}^{n} w_{ij}} \qquad (18-5)$$

其中 n 为研究区域内地区总数（本章中 $n=31$），w_{ij} 为空间权重，x_i 和 x_j 为地区 i 和 j 的属性，$\bar{x}$ 为属性的平均值，S^2 为属性的方差。Moran 指数 I 的取值一般介于 -1 到 1 之间：大于 0 表示相邻地区之间正相关，即相邻地区相似，取值接近于 1 时说明相似的属性聚集在一起，即高值与高值相邻、低值与低值相邻；小于 0 表示相邻地区之间负相关，即相邻地区相异，取值接近于 -1 时说明相异的属性聚集在一起，即高值与低值相邻、低值与高值相邻；接近于 0 表示不存在空间自相关性。

②局部空间相关性检验

局部 Moran 指数或 LISA 用来检验局部地区是否存在相似或相异的观察值聚集在一起。地区 i 的局部 Moran 指数用来度量地区 i 和它相邻地区之间的关联程度，计算公式为：

$$I_i = \frac{(x_i - \bar{x})}{S^2} \sum_{j \neq i} w_{ij}(x_j - \bar{x}) \qquad (18-6)$$

其正值表示该地区和它相邻的地区属性相似，即高值与高值聚集在一起或低值与低值聚集在一起（"高—高"或"低—低"），负值表示该地区和它相邻的地区属性不相似，即低值与高值聚集在一起（"低—高"或"高—低"）。

二 评价指标体系的构建

（一）评价指标体系的构建原则与思路

1. 评价指标体系构建原则

构建评价指标体系是对共享程度进行评价的基础。为了保证评价指标能够客观、准确地反映城镇化进程中共享的特征，同时确保结果具有信服性，在构建共享程度评价指标体系时应遵循以下五个原则。

（1）全面性原则

城镇化进程中的共享主要是指城镇化过程共享和城镇化成果共享两个方面。全面性原则要求城镇化进程中共享程度的评价指标既能够反映城镇化过程的共享，又能够反映其成果的共享，从而力争使评价指标体系能够全面地评价城镇化进程中共享的程度。

（2）系统性原则

在共享城镇化过程和成果的过程中，各个要素之间是相互影响、相互作用、相互制约的，而不是单独存在的。系统性原则要求城镇化进程中共享程度的评价指标体系能够综合地反映各要素之间相互影响、作用、制约的方式等内容，因而评价指标体系应该是由多指标组成的、有一定层次结构的有机系统。

（3）科学性原则

科学性原则要求构建城镇化进程中共享程度的评价指标体系时应以科学思想为指导，基于已有研究成果，采取科学的方法和手段选取评价指标，从而使指标能够客观、真实地反映城镇化过程和成果共享的情况，同时确保指标数据具有可获得性以及评价体系具有可操作性。

（4）动态性原则

由于影响城镇化过程和成果共享程度的因素会随着时间及周围条件的变化而变化，因而要求评价指标应反映出评价目标的动态性特点，评价指标体系应合理地反映出这种动态性变化。

（5）针对性原则

针对性原则要求构建城镇化进程中共享程度的评价指标体系时应根据评价的对象、内容等选取具有针对性的评价指标，只有这样才能真实地反映出不同情境下城镇化进程中共享的程度，避免使用同一评价指标体系带来的诸多问题。

（二）评价指标体系构建思路

基于全面性、系统性、科学性、动态性、针对性等评价指标体系构建原则，构建共享程度评价指标体系时的思路是：

在构建城镇化进程中共享程度的评价指标体系时,既要考虑到城镇化过程的共享,也要考虑到城镇化成果的共享,因而需要将城镇化过程共享程度和城镇化成果共享程度结合起来。

考虑到目前城乡和区域差距加大的现状,除了要对城镇化共享程度进行总体上的评价之外,还要对地区、城乡之间共享程度进行评价。因此,本节将构建全国、地区与城乡三个层面的共享程度评价指标体系。

在构建全国与地区层面共享程度评价体系时,主要选择具有代表性的人均指标、比率指标,如人均全社会固定资产投资、城镇登记失业率等指标;在构建城乡层面共享程度评价体系时,主要选择具有代表性的"城乡比"指标,如城乡居民收入比、城乡用水普及率比等指标。

(三)评价指标体系的主要内容与指标选取说明

1. 全国层面

(1)评价指标体系的主要内容

基于共享的内涵和评价指标体系构建原则,为客观、准确地反映全国城镇化进程中共享的特征,本节初步构建了一个由城镇化过程共享和成果共享两方面相关指标组成的共享程度评价指标体系,共包括1个目标层、2个控制层和28个指标层(见表18.1)。

(2)评价指标选取说明

——关于城镇化过程共享

城镇化过程共享主要是指全体城乡居民共同参与城镇化建设的过程,涵盖城镇化建设的各个方面。多数情况下指的是人民具有参与城镇化建设的权利,如劳动参与权、投资参与权以及决策参与权,等等。基于城镇化过程共享的内涵,选择人均全社会城镇固定资产投资、非公有制经济投资占比、城镇登记失业率和全国人大代表中工人农民占比4个指标。其中,人均全社会城镇固定资产投资即在城镇建设中全社会固定资产投资额平摊到每个居民的数额,用来衡量城镇建设的共享程度。非公有制经济投资占比用来衡量社会居民的投资参与度,其值越大,说明投资参与度越高。城镇登记失业率用来衡量居民的劳动参与度,其值越小,说明劳动参与度越高。全国人大代表中工人农民占比用来衡量居民的决策参与度,其值越大,说明决策参与度越高。

第十八章 中国城镇化进程中共享程度评价与分析

表18.1 **城镇化进程中共享程度评价体系（全国层面）**

目标层	控制层	控制层	指标层	单位	指标类型
城镇化进程共享	城镇化过程共享		人均全社会城镇固定资产投资	元	+
			非公有制经济投资占比	%	+
			城镇登记失业率	%	-
			全国人大代表中工人农民占比	%	+
	城镇化成果共享	经济发展	居民收入占GDP比重	%	+
			人均教育财政支出	元	+
			人均医疗卫生财政支出	元	+
			全国居民基尼系数	—	-
			城镇居民收入的泰尔指数	—	-
			农村居民收入的泰尔指数	—	-
		基础设施	城市用水普及率	%	+
			城市燃气普及率	%	+
			每万人拥有公交车辆	标台	+
			人均拥有道路面积	平方米	+
			每万人拥有公厕	座	+
			电话普及率	部/百人	+
		公共服务	普通高校专任教师占比	%	+
			平均受教育年限	年	+
			人均拥有公共图书馆藏量	册/件	+
			每千人口执业（助理）医师数	人	+
			每千人口医疗卫生机构床位数	张	+
			基本养老保险参保率	%	+
			基本医疗保险参保率	%	+
			平均预期寿命	岁	+
		生态环境	人均公共绿地面积	平方米	+
			建成区绿化覆盖率	%	+
			森林覆盖率	%	+
			污水处理率	%	+

注："+"代表正向指标，"-"代表负向指标，"—"表示无单位。
资料来源：笔者自制。

——关于城镇化成果共享

城镇化成果共享涵盖经济和非经济两个层面,其中在经济层面表现为国民收入分配结构合理和居民收入差距缩小,在非经济层面表现为基础设施和基本公共服务均等化以及生态环境的共享。基于此,从经济发展、基础设施、公共服务、生态环境四个方面选择了24个指标。

经济发展共享,主要采用居民收入占GDP比重、全国居民基尼系数等6个指标进行衡量。具体来看,①居民收入占GDP比重可用居民人均可支配收入占人均GDP的比重表示。②人均教育财政支出即国家财政支出中用于教育的支出。③人均医疗卫生财政支出即国家财政支出中用于医疗卫生的支出。这3个指标的数值越大,说明国民收入分配越倾向于民生。④全国居民基尼系数用来衡量居民间收入差距,其值越小,说明居民间收入差距越小。⑤城镇居民收入的泰尔指数用来衡量城镇居民间收入的差异程度,其值越小,说明城镇居民间收入的差异程度越小。计算公式为:$T = (1/n) \sum_{i=1}^{n} (u_i/\bar{u})\ln(u_i/\bar{u})$,其中 u_i 和 $\bar{u}$ 分别表示省(自治区、直辖市)i 的城镇居民人均可支配收入和所有省(自治区、直辖市)城镇居民人均可支配收入的平均值,n 表示所有省(自治区、直辖市)的数量。⑥农村居民收入的泰尔指数用来衡量农村居民间收入的差异程度,其值越小,说明农村居民间收入的差异程度越小。计算公式为:$T = (1/n) \sum_{i=1}^{n} (r_i/\bar{r})\ln(r_i/\bar{r})$,其中 r_i 和 $\bar{r}$ 分别表示省(自治区、直辖市)i 的农村居民人均收入和所有省(自治区、直辖市)农村居民人均收入的平均值,n 表示所有省(自治区、直辖市)的数量。

基础设施共享,主要使用以下6个指标进行衡量:①城市用水普及率,是指城市用水人口(含暂住人口)占总人口的比重。其值越大,说明城市供水的普及面越广。②城市燃气普及率,是指城市使用燃气人口(含暂住人口)占总人口的比重。其值越大,说明城市燃气供应的普及面越广。③每万人拥有公交车辆,是衡量居民享有城市公共交通服务水平的指标。其值越大,说明居民享有公共交通服务的水平越高。④人均拥有道路面积,是衡量居民享有城市交通基础设施水平的指标。其值越大,说明居民享有交通基础设施的水平越高。⑤每万人拥有公厕,是衡量居民享有城市环境基础设施水平的指标。其值越大,说明居民享有环境基础设施的水平越高。⑥电话普及率,是衡量居民生活水平的指标。其值越大,说明居民的生活水平越高。

公共服务共享,主要通过教育、文化、医疗卫生、社会保障四个方面的8个指标进行衡量:①普通高校专任教师占比,指普通高校专任教师占教职工数的比重,是衡量居民享有教育服务水平的指标。其值越大,说明居民享有教育服务的水平越高。②平均受教育年限,指6岁及以上人口接受学历教育年数总和的平均值,是衡量教育整体水平的指标。其值越大,说明教育的整体水平越高。③人均拥有公共图书馆藏量,是衡量居民享有公共文化服务水平的指标。其值越大,说明居民享有公共文化服务的水平越高。④每千人口执业(助理)医师数,是衡量居民享有医疗卫生服务水平的指标。其值越大,说明居民享有医疗卫生服务的水平越高。⑤每千人口医疗卫生机构床位数,是衡量居民享有医疗卫生设施水平的指标。其值越大,说明居民享有医疗卫生设施的水平越高。⑥基本养老保险参保率,指实际参加基本养老保险的居民占应该参加基本养老保险的居民的比重。其值越大,说明基本养老保险的惠及面越广。⑦基本医疗保险参保率,指实际参加基本医疗保险的居民占应该参加基本医疗保险的居民的比重。其值越大,说明基本医疗保险的惠及面越广。⑧平均预期寿命,是衡量居民健康水平的指标,反映了居民生活质量的高低。其值越大,说明居民生活质量越高。通常情况下,社会经济条件和医疗卫生水平对居民的寿命具有重大影响。

生态环境共享,主要使用以下4个指标进行衡量:①人均公共绿地面积,指平摊到每个居民的公共绿地面积,是衡量居民生活水平和生活质量的指标。其值越大,说明居民享有的生活水平越高、生活质量越好。②建成区绿化覆盖率,是衡量城市建成区绿化水平的指标。其值越大,说明建成区绿化水平越高,居民享有的生活环境越好。③森林覆盖率,是衡量绿化程度的指标。其值越大,说明绿化程度越高。④污水处理率,是衡量污水处理能力的重要指标。其值越大,说明污水处理能力越强,居民享有的生产生活环境越好。

2. 地区层面

(1) 评价指标体系的主要内容

基于前文构建的全国层面评价指标体系,笔者初步构建了一个由城镇化过程共享和成果共享两方面相关指标组成的地区层面共享程度评价指标体系,共包括1个目标层、2个控制层和33个指标层(见表18.2)。

表18.2　　　城镇化进程中共享程度评价体系（地区层面）

目标层	控制层	指标层	单位	指标类型
城镇化进程共享	城镇化过程共享	全社会城镇固定资产投资占比	%	+
		非公有制经济投资占比	%	+
		城镇登记失业率	%	−
	城镇化成果共享	居民收入占地区生产总值比重	%	+
		人均教育财政支出	元	+
		人均科技财政支出	元	+
		人均文化财政支出	元	+
		人均社会保障财政支出	元	+
		人均医疗卫生财政支出	元	+
		人均住房保障财政支出	元	+
		城镇居民收入的泰尔指数	—	−
		农村居民收入的泰尔指数	—	−
		城市用水普及率	%	+
		城市燃气普及率	%	+
		每万人拥有公交车辆	标台	+
		人均拥有道路面积	平方米	+
		每万人拥有公厕	座	+
		电话普及率	部/百人	+
		互联网普及率	%	+
		普通高校专任教师占比	%	+
		平均受教育年限	年	+
		人均拥有公共图书馆藏量	册/件	+
		每千人口执业（助理）医师数	人	+
		每千人口医疗卫生机构床位数	张	+
		基本养老保险参保率	%	+
		城镇基本医疗保险参保率	%	+
		平均预期寿命	岁	+
		每千老年人口养老床位数	张	+
		人均公共绿地面积	平方米	+
		建成区绿化覆盖率	%	+
		森林覆盖率	%	+
		污水处理率	%	+
		生活垃圾无害化处理率	%	+

注："+"代表正向指标，"−"代表负向指标，"—"表示无单位。

资料来源：笔者自制。

(2) 评价指标选取说明

基于数据的可得性同时考虑到中国地域差异显著的现实，笔者构建的地区层面的评价指标体系与全面层面的评价指标体系稍有不同，具体如下。

——关于城镇化过程共享

在地区层面，主要选择全社会城镇固定资产投资占比、非公有制经济投资占比和城镇登记失业率3个指标作为衡量城镇化过程共享程度的指标。与全国层面的评价指标相比，由于数据资料限制，未选取"人大代表中工人农民占比"指标；同时在全社会城镇固定资产投资方面，选取"全社会城镇固定资产投资占比"指标，即全社会城镇固定资产占全社会固定资产的比重，以更好地衡量地区之间的共享程度。

——关于城镇化成果共享

在地区层面，衡量经济发展共享程度的指标共有9个，与全国层面的评价指标相比，基于数据的可得性①，增加了人均科技、文化、社会保障、住房保障财政支出4个指标，同样地，这些指标的数值越大，说明国民收入分配越倾向于民生；同时，由于数据资料限制，未选取"地区居民基尼系数"。衡量基础设施共享程度的指标共有7个，与全国层面的评价指标相比，增加了"互联网普及率"指标，该指标是衡量信息化发达程度的指标，其值越大，说明信息化越发达，接触互联网的居民越多。衡量基本公共服务共享程度的指标共有9个，与全国层面的评价指标相比，前8个基本无差异，主要是增加了"每千老年人口养老床位数"指标，用来衡量居民享有养老服务水平，其值越大，说明居民享有养老服务的水平越高。衡量生态环境共享程度的指标共有5个，与全国层面的评价指标相比，增加了"生活垃圾无害化处理率"指标，该指标用来衡量生活垃圾处理能力。其值越大，说明生活垃圾处理能力越强，居民享有的生活环境越好。

3. 城乡层面

(1) 评价指标体系的主要内容

基于共享内涵和评价指标体系构建原则，为客观、准确地反映中国城

---

① 说明：2007年统计年鉴中的财政支出项目被重新设置，包括一般公共服务、国防、教育等多个方面。

镇化进程中城乡之间共享的特征，本节初步构建了一个由城镇化过程共享和成果共享两方面相关指标组成的共享程度评价指标体系，共包括1个目标层、2个控制层和14个指标层（见表18.3）。

表18.3　　　　城镇化进程中共享程度评价体系（城乡层面）

目标层	控制层	指标层	
城镇化进程共享	城镇化过程共享	城乡人均固定资产投资比	
		城乡就业率之比	
	城镇化成果共享	经济发展	城乡居民人均可支配收入比
			城乡居民人均消费支出比
			城乡恩格尔系数比
			城乡居民每百户耐用品拥有量比
			城乡居民教育文化娱乐支出比
		基础设施	城乡自来水普及率之比
			城乡电视信号覆盖率之比
		公共服务	城乡小学专任教师比
			城乡每万人在校小学生比
			城乡每千人口职业（助理）医师比
			城乡每千人口医疗卫生机构床位比
			城乡居民最低生活保障平均标准比

注：所选指标类型均为适度指标，其值越接近于1，说明城乡共享程度越大。
资料来源：笔者自行整理。

（2）评价指标选取说明

——关于城镇化过程共享

受数据资料限制，城镇化过程共享程度主要通过城乡人均固定资产投资比和城乡就业率之比进行评价，这两个指标用来衡量城乡之间在发展机会和居民就业方面的差距，其值越接近于1，说明城乡之间在发展机会和居民就业方面差距越小，共享程度越大。

——关于城镇化成果共享

经济发展共享程度主要通过城乡居民人均可支配收入比、人均消费支出比、恩格尔系数比、每百户耐用消费品拥有量比、教育文化娱乐支出比5个指标进行评价，这些指标用来衡量城乡居民之间在收入、支出、生活水平方面的差距，其值越接近于1，说明城乡居民在收入、支出、生活水平方面差距越小，共享程度越大。基础设施共享程度主要通过城乡自来水普及率之比和城乡电视信号覆盖率之比进行评价，这两个指标用来衡量公共基础设施惠及面在城乡之间的差距，其值越接近于1，说明城乡居民共同享有公共基础设施的程度越大。公共服务共享程度主要通过城乡小学专任教师比、每万人在校小学生比、每千人口职业（助理）医师比、每千人口医疗卫生机构床位比、居民最低生活保障平均标准比5个指标进行评价，这些指标用来衡量城乡居民之间在教育、医疗卫生、社会保障等方面的差距，其值越接近于1，说明城乡居民在教育、医疗卫生、社会保障等方面差距越小，共享程度越大。

三 数据来源与数据处理

（一）数据来源

基于数据的可得性，本章主要使用1994—2017年全国的统计数据对城镇化进程中共享的程度进行总体评价，原始数据主要来源于《新中国六十年统计资料汇编》、2009—2018年中国统计年鉴以及相应年份各省份统计年鉴；利用2016年中国31个省级行政区的统计数据对城镇化进程中共享的程度进行省际比较，原始数据主要来源于2017年各省份统计年鉴、中国人口和就业统计年鉴、中国民政统计年鉴、中国教育统计年鉴、中国文化文物统计年鉴、中国卫生统计年鉴、中国城市建设统计年鉴、中国环境统计年鉴等资料；运用2016年江苏省、湖北省、内蒙古自治区3个省（自治区）共计34个地级市[①]的统计数据对城镇化进程中城乡共享的程度进行评价与分析，原始数据主要来源于2017年江苏省、湖北省、内蒙古自治区以及34个地级市统计年鉴，2016年34个地级市国民经济和社会发

---

① 基于数据的可得性，本节选择江苏省、湖北省、内蒙古自治区共计34个地级市进行分析，这三个省（自治区）分别位于中国东部、中部、西部地区，且城镇化水平在各自地区的地位相当，因而具有一定的代表性和可比性。

展统计公报、政府工作报告以及政府网站相关资料。

(二) 数据处理

对于获得的原始数据,其中一部分可直接作为评价指标的数值,另一部分需要经过计算方可作为评价指标的数值。对于个别缺失原始数据的评价指标值,主要通过趋势外推法、线性插值法等方法对其进行补充。

在评价分析之前,还须对评价指标值进行正向化和标准化处理。由前文可知,城镇化进程中共享程度评价体系中的指标可归为三种类型,分别是正向指标、负向指标以及适度指标。为了使指标同趋势化,一般是将负向指标和适度指标转化为正向指标,即指标正向化。对负向指标正向化的公式为:$x'_{ij} = \max\{x_{ij}\} - x_{ij}$;对适度指标正向化的公式为 $x'_{ij} = \max|x_{ij}-k| - |x_{ij}-k|$(叶宗裕,2003)。在对指标值进行正向化处理之后,还需要对其进行标准化处理,以消除量纲和数量级的影响。目前,使用最广泛的是 Zscores 标准化方法,公式为:$x'_{ij} = (x_{ij} - \bar{x}_j)/\sigma_j$,其中,$x'_{ij}$ 表示标准化之后的指标值,$\bar{x}_j$、σ_j 分别表示指标 j 的平均值和标准差。一般地,若 $\sigma_j = 0$,令 $x'_{ij} = 0$。经过标准化处理之后,指标值的均值为 0,标准差为 1,消除了量纲和数量级的影响。

四 评价过程与结果分析

(一) 全国层面城镇化进程中共享程度的评价与分析

1. 因子分析[①]

(1) 评价过程

——城镇化成果共享程度评价

由表 18.1 可知,城镇化成果共享主要包括经济发展共享、基础设施共享、公共服务共享以及生态环境共享四个方面,笔者首先对经济发展共享程度进行评价。在利用因子分析方法进行评价之前,先进行了 KMO 和 Bartlett

---

① 在利用因子分析方法对全国和省际层面城镇化进程中共享程度进行评价时,首先分别对城镇化成果共享程度和过程共享程度进行评价,然后再对城镇化共享程度进行总体评价。

第十八章 中国城镇化进程中共享程度评价与分析　　283

的球形度检验。结果显示 KMO 检验统计量的取值为 0.687（大于 0.5）；Bartlett 球形度检验的近似卡方为 185.550，在自由度为 15 的条件下，显著性水平为 0.000（小于 0.01），拒绝原假设（见表18.4）。从 KMO 和 Bartlett 的球形度检验结果可知，指标之间的相关性较强，适合做因子分析。

表 18.4　　　　　　　　　KMO 和 Bartlett 的检验

取样足够度的 Kaiser-Meyer-Olkin 度量		0.687
Bartlett 的球形度检验	近似卡方	185.550
	Df	15
	Sig.	0.000

资料来源：笔者自行整理。

接着使用主成分分析法确定因子提取个数，结果见表18.5。从表18.5中可以看出，依据特征值大于1或累计方差贡献率大于85%的标准提取公因子，可以提取2个公因子，他们的方差贡献率分别为54.022%、32.855%，累计方差贡献率达到86.877%，能够反映原始数据的绝大部分信息。

表 18.5　　　　因子的特征值、方差贡献率和累计方差贡献率

成分	初始特征值			提取平方和载入			旋转平方和载入		
	合计	方差的百分比(%)	累计百分比(%)	合计	方差的百分比(%)	累计百分比(%)	合计	方差的百分比(%)	累计百分比(%)
1	3.754	62.569	62.569	3.754	62.569	62.569	3.241	54.022	54.022
2	1.458	24.308	86.877	1.458	24.308	86.877	1.971	32.855	86.877
3	0.518	8.633	95.510						
4	0.201	3.357	98.867						
5	0.065	1.088	99.955						
6	0.003	0.045	100.000						

注：提取方法：主成分分析。
资料来源：笔者自行整理。

将公因子记为 F_1 和 F_2，因子载荷矩阵（旋转后）和得分系数矩阵如表 18.6 所示。

表 18.6　因子载荷矩阵（旋转后）和得分系数矩阵

	载荷矩阵（旋转后）		得分系数矩阵	
	F_1	F_2	F_1	F_2
Zscore（居民收入占 GDP 比重）	-0.385	0.817	0.004	0.417
Zscore（人均教育财政支出）	0.850	-0.458	0.226	-0.122
Zscore（人均医疗卫生财政支出）	0.856	-0.414	0.236	-0.095
Zscore（全国居民基尼系数）	0.084	0.959	0.198	0.582
Zscore（城镇居民收入的泰尔指数）	0.826	0.054	0.307	0.176
Zscore（农村居民收入的泰尔指数）	0.973	-0.024	0.346	0.156

资料来源：笔者自行整理。

由此可以得到公因子 F_1 和 F_2 的表达式：

F_1 = 0.004Zscore（居民收入占 GDP 比重）+ 0.226Zscore（人均教育财政支出）+ 0.236Zscore（人均医疗卫生财政支出）+ 0.198Zscore（全国居民基尼系数）+ 0.307Zscore（城镇居民收入的泰尔指数）+ 0.346Zscore（农村居民收入的泰尔指数）

F_2 = 0.417Zscore（居民收入占 GDP 比重）- 0.122Zscore（人均教育财政支出）- 0.095Zscore（人均医疗卫生财政支出）+ 0.582Zscore（全国居民基尼系数）+ 0.176Zscore（城镇居民收入的泰尔指数）+ 0.156Zscore（农村居民收入的泰尔指数）

在此基础上，可以得到公因子 F_1 和 F_2 的得分。根据公因子得分，利用综合得分计算公式 $F = (54.022F_1 + 32.855F_2)/86.877$ 可以得到经济发展共享程度的得分，同理可以得到基础设施共享、公共服务共享以及生态环境共享程度的得分，结果如表 18.7 所示。

表 18.7　　　　　　　　城镇化成果共享各方面得分

年份	经济发展共享	基础设施共享	公共服务共享	生态环境共享
1994	-0.0098	-1.6471	-1.18445	-1.5646
1995	-0.0665	-1.1696	-1.16956	-1.4552
1996	0.0360	-1.0532	-0.95289	-1.3805
1997	0.7630	-1.0707	-0.87943	-1.2601
1998	0.7817	-1.0965	-0.94261	-1.1659
1999	0.7375	-1.0656	-0.82450	-0.8592
2000	0.2656	-1.1360	-0.75625	-0.8034
2001	-0.7333	-0.5023	-0.63046	-0.7207
2002	-0.1097	-0.1313	-0.68035	-0.5833
2003	-1.4984	0.2086	-0.60246	-0.4352
2004	-0.6660	0.4086	-0.50593	-0.1868
2005	-0.9299	0.4830	-0.46874	-0.0617
2006	-1.0139	0.0734	-0.36536	0.1022
2007	-0.7039	0.4967	-0.15796	0.2184
2008	-0.6233	0.6892	-0.01345	0.4155
2009	-0.4534	0.8089	0.23648	0.7423
2010	-0.2911	0.6508	0.27269	0.8543
2011	-0.0799	0.7077	0.76216	0.9275
2012	0.2759	0.7142	1.05590	1.0086
2013	0.6947	0.7227	1.16378	1.1589
2014	0.9350	0.7114	1.29381	1.2174
2015	1.0950	0.6880	1.54689	1.2417
2016	1.0747	0.6922	1.71096	1.2886
2017	0.5201	0.8170	2.09171	1.3014

资料来源：笔者自行整理。

将各年经济发展共享、基础设施共享、公共服务共享以及生态环境共享四个方面的得分作为新的评价指标值，进行新一轮的因子分析，可以得到1994—2017年中国城镇化成果共享程度综合得分。具体过程如下：第一，由表18.8可知，KMO检验统计量的取值为0.596（大于0.5），Bartlett球形度检验的近似卡方为120.976，在自由度为6的条件下，显著性水平为0.000（小于0.01），满足的因子分析的基本条件；第二，根据公因子提取标准，共提取了两个公因子，其累计方差贡献率达到98.202%（见表18.9），能够反映原始指标的绝大部分信息；第三，由因子得分系数矩阵（见表18.10）可以得到公因子F_1和F_2的表达式：

$F_1 = -0.095Z\text{score}$（经济发展共享）$+0.393Z\text{score}$（基础设施共享）$+0.298Z\text{score}$（基础设施共享）$+0.360Z\text{score}$（基础设施共享）

$F_2 = 0.862Z\text{score}$（经济发展共享）$-0.274Z\text{score}$（基础设施共享）$+0.237Z\text{score}$（基础设施共享）$+0.001Z\text{score}$（基础设施共享）

表18.8　　　　　　　　　　KMO 和 Bartlett 的检验

取样足够度的 Kaiser-Meyer-Olkin 度量		0.596
Bartlett 的球形度检验	近似卡方	120.976
	Df	6
	Sig.	0.000

资料来源：笔者自行整理。

表18.9　　　因子的特征值、方差贡献率和累计方差贡献率

成分	初始特征值			提取平方和载入			旋转平方和载入		
	合计	方差的百分比（%）	累计百分比（%）	合计	方差的百分比（%）	累计百分比（%）	合计	方差的百分比（%）	累计百分比（%）
1	2.818	70.459	70.459	2.818	70.459	70.459	2.733	68.332	68.332
2	1.110	27.744	98.202	1.110	27.744	98.202	1.195	29.871	98.202
3	0.054	1.354	99.556						
4	0.018	0.444	100.000						

注：提取方法：主成分分析。

资料来源：笔者自行整理。

表 18.10　　　因子载荷矩阵（旋转后）和得分系数矩阵

	载荷矩阵（旋转后）		得分系数矩阵	
	F_1	F_2	F_1	F_2
Zscore（经济发展共享）	0.060	0.994	-0.095	0.862
Zscore（基础设施共享）	0.972	-0.181	0.393	-0.274
Zscore（公共服务共享）	0.903	0.394	0.298	0.237
Zscore（生态环境共享）	0.985	0.135	0.360	0.001

资料来源：笔者自行整理。

最后，由公式 $F = (68.332F_1 + 29.871F_2)/98.202$ 可以得到1994—2017年中国城镇化成果共享程度综合得分，并利用转换公式可得到百分制的综合得分（见表18.11）。

表 18.11　　　城镇化成果共享程度综合得分与百分制得分

年份	综合得分	百分制得分	年份	综合得分	百分制得分	年份	综合得分	百分制得分
1994	-1.0998	41.26	2002	-0.3958	53.26	2010	0.3598	66.13
1995	-0.9751	43.38	2003	-0.6335	49.21	2011	0.5847	69.96
1996	-0.8419	45.65	2004	-0.2748	55.32	2012	0.7844	73.37
1997	-0.5994	49.79	2005	-0.2872	55.11	2013	0.9669	76.48
1998	-0.5943	49.87	2006	-0.3327	54.33	2014	1.0800	78.40
1999	-0.4892	51.66	2007	-0.0661	58.87	2015	1.1946	80.36
2000	-0.5991	49.79	2008	0.0890	61.52	2016	1.2477	81.26
2001	-0.6683	48.61	2009	0.3138	65.35	2017	1.2364	81.07

资料来源：笔者自行整理。

——城镇化过程共享程度评价

同样地，利用因子分析法对衡量城镇化过程共享程度的4个指标（人均全社会城镇固定资产投资，非公有制经济投资占比，城镇登记失业率以及全国人大代表中工人农民占比）进行评价，可以得到城镇化过程共享程度综合得分，并利用转换公式可得到百分制的综合得分（见表18.12）。

表 18.12　城镇化过程共享程度综合得分与百分制得分

年份	综合得分	百分制得分	年份	综合得分	百分制得分	年份	综合得分	百分制得分
1994	-1.3590	39.95	2002	-0.6394	50.57	2010	1.0571	75.60
1995	-1.2320	41.82	2003	-0.4668	53.11	2011	0.9389	73.85
1996	-1.1001	43.77	2004	-0.4379	53.54	2012	1.0817	75.96
1997	-1.0791	44.08	2005	-0.3382	55.01	2013	0.9320	73.75
1998	-1.0947	43.85	2006	-0.0182	59.73	2014	1.1240	76.58
1999	-1.0988	43.79	2007	0.0584	60.86	2015	1.2292	78.14
2000	-1.1225	43.44	2008	0.8607	72.70	2016	1.2827	78.92
2001	-0.8677	47.20	2009	0.9373	73.83	2017	1.3523	79.95

资料来源：笔者自行整理。

——城镇化进程中共享程度总体评价

在对城镇化成果共享和过程共享程度进行评价的基础上，将城镇化成果共享和过程共享程度综合得分作为指标值，再次进行因子分析，可以得到1994—2017年全国城镇化共享程度综合得分，并利用转换公式可得到百分制的综合得分，结果见表18.13。

表 18.13　1994—2017 年全国城镇化共享程度综合得分与百分制得分

年份	综合得分	百分制得分	年份	综合得分	百分制得分	年份	综合得分	百分制得分
1994	-1.4238	40.60	2002	-0.5887	51.98	2010	0.7765	70.58
1995	-1.2761	42.61	2003	-0.6599	51.01	2011	0.8667	71.81
1996	-1.1203	44.74	2004	-0.4056	54.47	2012	1.0725	74.61
1997	-0.9476	47.09	2005	-0.3634	55.05	2013	1.1185	75.24
1998	-0.9522	47.03	2006	-0.2314	56.85	2014	1.2914	77.60
1999	-0.8840	47.95	2007	-0.0145	59.80	2015	1.4213	79.37
2000	-0.9695	46.79	2008	0.4960	66.76	2016	1.4839	80.22
2001	-0.8864	47.92	2009	0.6850	69.33	2017	1.5116	80.60

资料来源：笔者自行整理。

(2) 结果分析

为了便于分析 1994—2017 年全国层面城镇化进程中共享程度变动趋势，笔者以 1994 年的城镇化共享程度综合得分为基准，利用公式，计算评价期内的城镇化成果共享指数、过程共享指数和城镇化共享指数，结果如表 18.14、图 18.2 所示。

表 18.14　　　　　1994—2017 年全国城镇化成果共享指数、
过程共享指数和城镇化共享指数

年份	城镇化成果共享指数	城镇化过程共享指数	城镇化共享指数	年份	城镇化成果共享指数	城镇化过程共享指数	城镇化共享指数
1994	100	100	100	2006	131.68	149.51	140.02
1995	105.15	104.69	104.96	2007	142.69	152.34	147.30
1996	110.65	109.56	110.19	2008	149.10	181.97	164.43
1997	120.66	110.34	115.98	2009	158.38	184.80	170.78
1998	120.88	109.76	115.83	2010	160.28	189.22	173.85
1999	125.22	109.61	118.12	2011	169.57	184.86	176.88
2000	120.68	108.74	115.25	2012	177.81	190.13	183.79
2001	117.82	118.14	118.04	2013	185.35	184.60	185.33
2002	129.07	126.58	128.03	2014	190.02	191.69	191.13
2003	119.26	132.95	125.64	2015	194.76	195.58	195.49
2004	134.07	134.01	134.17	2016	196.95	197.55	197.59
2005	133.56	137.70	135.59	2017	196.48	200.12	198.52

资料来源：笔者自行整理。

从图 18.2 中可以看出，自 1994 年以来，全国城镇化成果共享指数、过程共享指数和城镇化共享指数总体上递增，且三者变动趋势基本保持一致，这说明 1994—2017 年，全国城镇化进程中共享程度呈现出上升的趋势。具体来看，从 2006 年开始，城镇化过程共享指数明显大于成果共享指数和城镇化共享指数，直至 2013 年，这种趋势才发生变化，这主要是由于政府制定并实施了一系列有关共享城镇化成果的政策措施，并且取得了较为显著的成效。

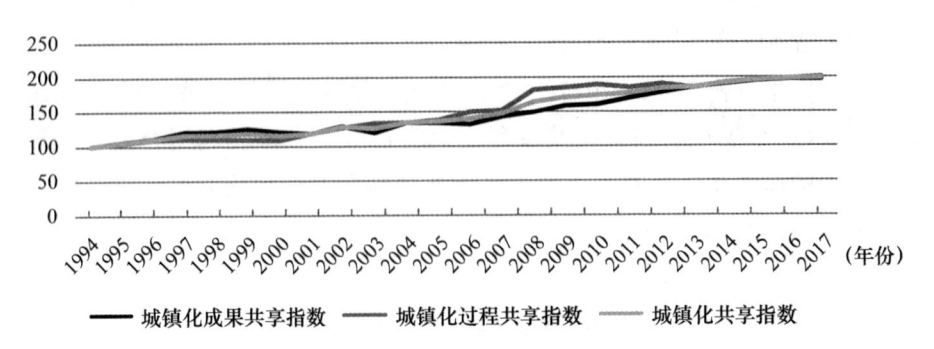

图 18.2　1994—2017 年三种共享指数趋势

资料来源：笔者自行绘制。

2. 相关分析与回归分析

（1）相关分析

在获得全国城镇化成果共享指数、过程共享指数和城镇化共享指数的基础上，可以分析其与城镇化率之间的关系。首先，从图 18.3 中可以较为直观地看出，1994—2017 年，三种共享指数与城镇化率的变动趋势基本一致，这说明在城镇化不断推进过程中，共享程度总体上呈现上升的趋势。

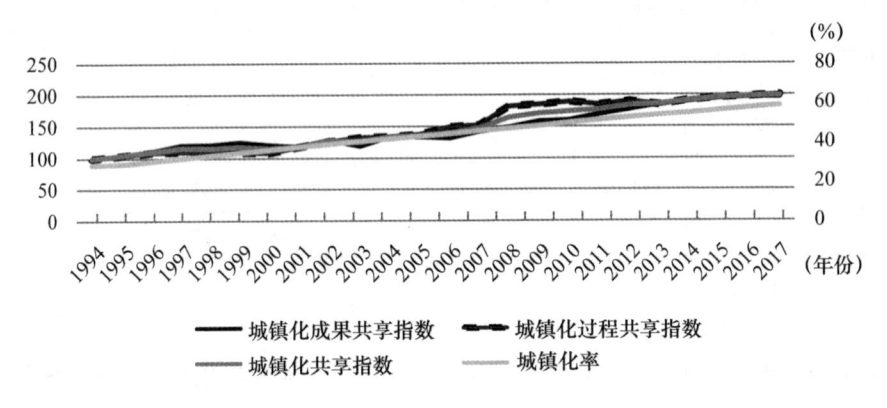

图 18.3　1994—2017 年全国城镇化率与三种共享指数趋势

资料来源：笔者自行绘制。

接着将 1994—2017 年全国城镇化成果共享指数、过程共享指数和城镇化共享指数与城镇化率作为变量，通过计算 Pearson 简单相关系数，可以得知三种共享指数与城镇化率之间的相关关系。从表 18.15 中可以看出，Pearson 相关系数 r 分别为 0.964、0.969 和 0.980（0.8＜r＜1），表明三种共享指数与城镇化率之间高度正相关，且在 0.01 的显著水平（双侧）下通过了检验。由此可见，1994—2017 年，全国城镇化共享程度与城镇化水平高度正相关。

表 18.15　　　　　城镇化共享指数与城镇化率相关性检验

		成果共享指数过程共享指数共享指数	城镇化率
成果共享指数过程共享指数共享指数	Pearson 相关性	1	0.964** 0.969** 0.980**
	显著性（双侧）		0.000
	N	24	24
城镇化率	Pearson 相关性	0.964** 0.969** 0.980**	1
	显著性（双侧）	0.000	
	N	24	24

注：** 表示在 0.01 水平（双侧）上显著相关。
资料来源：笔者自行整理。

（2）回归分析

由相关分析可知，全国城镇化成果共享指数、过程共享指数和城镇化共享指数与城镇化率存在高度正相关的关系，因而建立三种共享指数与城镇化率之间的回归模型具有一定的解释意义。由三种共享指数与城镇化率的散点图可知，用线性回归模型表示他们与城镇化率的关系是不妥的，因而需进行多种曲线回归模拟，以找寻拟合效果好的模型。通过借助 SPSS 统计软件模拟发现，二次曲线能够较全面地反映城镇化成果共享指数、城镇化共享指数与城镇化率之间的关系，复合曲线能够较全面地反映城镇化过程共享指数与城镇化率之间的关系。以城镇化率为自变量（X），三种共享指数为因变量（Y），分别建立模型，拟合结果如图 18.4 所示。

图 18.4 模型拟合结果①

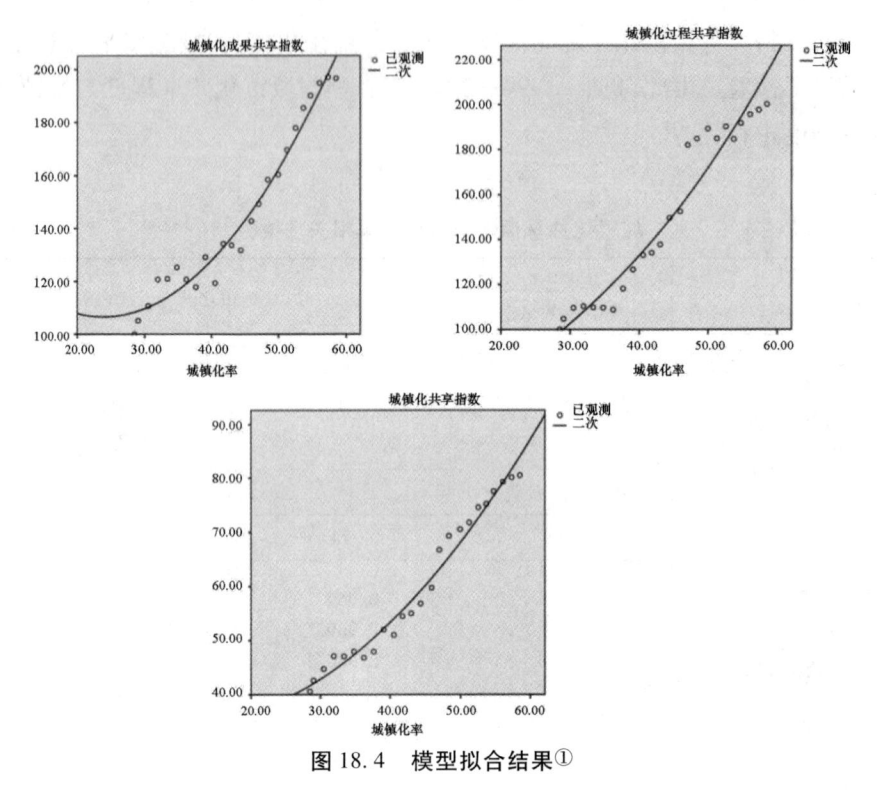

资料来源：笔者自行绘制。

同时，还可以得到城镇化成果共享指数与城镇化率的关系表达式：$Y = 153.523 - 3.918X + 0.082X^2$，且 $R^2 = 0.969$，调整后的 $R^2 = 0.966$，说明模型具有较高的拟合优度，同时 $F = 327.297$，$Sig. = 0.000 < 0.1$，说明城镇化率对城镇化成果共享指数的影响是显著的。城镇化过程共享指数与城镇化率的关系表达式为：$Y = 47.387 + 1.026^X$，且 $R^2 = 0.945$，调整后的 $R^2 = 0.943$，说明模型具有较高的拟合优度，同时 $F = 381.353$，$Sig. = 0.000 < 0.1$，说明城镇化率对城镇化过程共享指数的影响是显著的。城镇化共享指数与城镇化率的关系表达式为：

---

① 图中从左到右依次为城镇化成果共享指数与城镇化率的二次曲线、城镇化过程共享指数与城镇化率的二次曲线、城镇化共享指数与城镇化率的二次曲线。

$Y = 37.165 - 0.455X + 0.021X^2$，且 $R^2 = 0.976$，调整后的 $R^2 = 0.973$，说明模型具有较高的拟合优度，同时 F = 422.289，Sig. = 0.000 < 0.1，说明城镇化率对城镇化共享指数的影响是显著的。由此可见，城镇化发展对实现共享具有显著的影响，即随着城镇化发展水平不断提升，共享程度呈上升趋势，也就是说城镇化发展是实现共享的基础。

（二）城镇化进程中共享程度的省际评价

1. 因子分析

（1）因子分析过程

——城镇化成果共享程度评价

由表 18.2 可知，城镇化成果共享主要包括经济发展共享、基础设施共享、公共服务共享以及生态环境共享四个方面，笔者首先对经济发展共享程度进行评价。在利用因子分析方法进行评价之前，先进行了 KMO 和 Bartlett 的球形度检验。结果显示 KMO 检验统计量的取值为 0.773（大于 0.5）；Bartlett 球形度检验的近似卡方为 249.431，在自由度为 36 的条件下，显著性水平为 0.000（小于 0.01），拒绝原假设（见表 18.16）。从 KMO 和 Bartlett 的球形度检验结果可知，指标之间的相关性较强，适合做因子分析。

表 18.16　　　　　　　　KMO 和 Bartlett 的检验

取样足够度的 Kaiser-Meyer-Olkin 度量		0.773
Bartlett 的球形度检验	近似卡方	249.431
	Df	36
	Sig.	0.000

资料来源：笔者自行整理。

接着使用主成分分析法确定因子提取个数，结果见表 18.17。从表 18.17 中可以看出，依据特征值大于 1 的标准提取公因子，可以提取 3 个公因子，它们的方差贡献率分别为 50.933%、18.869%、14.239%，累计方差贡献率达到 84.04%，能够反映原始数据的绝大部分信息。

表 18.17　因子的特征值、方差贡献率和累计方差贡献率

成分	初始特征值 合计	初始特征值 方差的百分比（%）	初始特征值 累计百分比（%）	提取平方和载入 合计	提取平方和载入 方差的百分比（%）	提取平方和载入 累计百分比（%）	旋转平方和载入 合计	旋转平方和载入 方差的百分比（%）	旋转平方和载入 累计百分比（%）
1	4.938	54.862	54.862	4.938	54.862	54.862	4.584	50.933	50.933
2	1.594	17.709	72.570	1.594	17.709	72.570	1.698	18.869	69.802
3	1.032	11.470	84.040	1.032	11.470	84.040	1.281	14.239	84.040
4	0.842	9.358	93.398						
5	0.217	2.411	95.809						
6	0.155	1.721	97.530						
7	0.118	1.306	98.837						
8	0.060	0.668	99.505						
9	0.045	0.495	100.000						

注：提取方法：主成分分析。

资料来源：笔者自行整理。

将公因子记为 F_1、F_2 和 F_3，因子载荷矩阵（旋转后）和得分系数矩阵见表 18.18。

表 18.18　因子载荷矩阵（旋转后）和得分系数矩阵

	载荷矩阵（旋转后） F_1	载荷矩阵（旋转后） F_2	载荷矩阵（旋转后） F_3	得分系数矩阵 F_1	得分系数矩阵 F_2	得分系数矩阵 F_3
Zscore（居民收入占RDP比重）	-0.076	0.270	-0.743	0.142	0.185	-0.671
Zscore（人均教育财政支出）	0.920	-0.193	0.206	0.190	-0.043	0.023
Zscore（人均科技财政支出）	0.392	-0.706	0.268	-0.009	-0.411	0.194
Zscore（人均文化财政支出）	0.954	-0.115	0.128	0.221	0.011	-0.056
Zscore（人均社会保障财政支出）	0.922	0.034	0.061	0.238	0.103	-0.116
Zscore（人均医疗卫生财政支出）	0.947	-0.067	0.208	0.208	0.038	0.016
Zscore（人均住房保障财政支出）	0.939	-0.102	0.037	0.235	0.021	-0.137
Zscore（城镇居民收入的泰尔指数）	0.009	0.955	0.116	0.068	0.590	0.072
Zscore（农村居民收入的泰尔指数）	0.202	0.386	0.733	-0.046	0.234	0.617

资料来源：笔者自行整理。

第十八章 中国城镇化进程中共享程度评价与分析

由此可以得到公因子 F_1、F_2 和 F_3 的表达式：

F_1 = 0.142Zscore（居民收入占地区生产总值比重）+ 0.190Zscore（人均教育财政支出）- 0.009Zscore（人均科技财政支出）+ 0.221Zscore（人均文化财政支出）+ 0.238Zscore（人均社会保障财政支出）+ 0.208Zscore（人均医疗卫生财政支出）+ 0.235Zscore（人均住房保障财政支出）+ 0.068Zscore（城镇居民收入的泰尔指数）- 0.046Zscore（农村居民收入的泰尔指数）

F_2 = 0.185Zscore（居民收入占地区生产总值比重）- 0.043Zscore（人均教育财政支出）- 0.411Zscore（人均科技财政支出）+ 0.011Zscore（人均文化财政支出）+ 0.103Zscore（人均社会保障财政支出）+ 0.038Zscore（人均医疗卫生财政支出）+ 0.021Zscore（人均住房保障财政支出）+ 0.590Zscore（城镇居民收入的泰尔指数）+ 0.234Zscore（农村居民收入的泰尔指数）

F_3 = - 0.671Zscore（居民收入占地区生产总值比重）+ 0.023Zscore（人均教育财政支出）+ 0.194Zscore（人均科技财政支出）- 0.056Zscore（人均文化财政支出）- 0.116Zscore（人均社会保障财政支出）+ 0.016Zscore（人均医疗卫生财政支出）- 0.137Zscore（人均住房保障财政支出）+ 0.072Zscore（城镇居民收入的泰尔指数）+ 0.617Zscore（农村居民收入的泰尔指数）

在此基础上，可以得到公因子 F_1、F_2 和 F_3 的得分。根据公因子得分，利用综合得分计算公式 $F = (50.933F_1 + 18.869F_2 + 14.239F_3)/84.040$ 可以得到经济发展共享程度的得分，并利用转换公式可得到百分制的得分，同理可以得到基础设施共享、公共服务共享以及生态环境共享程度的得分与百分制的得分，结果见表18.19。

表18.19　　城镇化成果共享各方面得分与百分制得分

	经济发展共享		基础设施共享		公共服务共享		生态环境共享	
	得分	百分制得分	得分	百分制得分	得分	百分制得分	得分	百分制得分
北京	1.0551	72.10	1.6837	79.73	1.9207	82.95	0.8445	75.22

续表

	经济发展共享		基础设施共享		公共服务共享		生态环境共享	
	得分	百分制得分	得分	百分制得分	得分	百分制得分	得分	百分制得分
天津	0.3637	64.17	0.3519	64.12	0.5259	60.25	-0.5313	59.72
河北	-0.4284	55.09	0.1889	62.21	0.0110	60.01	0.2494	60.17
山西	-0.3002	56.56	-0.0706	59.17	-0.1983	59.87	-0.2191	59.85
内蒙古	0.1338	61.53	0.2255	62.64	0.4208	60.28	0.4917	60.33
辽宁	-0.2046	57.65	0.1746	62.05	0.3904	60.26	-0.2119	59.86
吉林	0.1094	61.25	-0.1861	57.82	0.2961	60.20	-0.3733	59.75
黑龙江	-0.4520	54.82	0.0738	60.86	0.0968	60.06	-0.5462	59.63
上海	0.5073	65.82	0.6523	67.64	1.5094	61.01	-0.3969	59.73
江苏	-0.7473	51.43	0.6514	67.63	0.4937	60.32	0.3525	60.24
浙江	-0.2251	57.42	0.8638	70.12	0.9237	60.61	0.5639	60.37
安徽	-0.4684	54.63	-0.3679	55.69	-0.6346	59.58	0.4445	60.29
福建	-0.3131	56.41	0.4287	65.02	-0.3542	59.76	0.6517	60.43
江西	-0.1035	58.81	-0.6706	52.14	-0.6471	59.57	0.5452	60.36
山东	-0.5997	53.12	0.1235	61.45	0.1902	60.13	0.5682	60.38
河南	-0.1561	58.21	-0.4508	54.72	-0.5117	59.66	-0.0578	59.96
湖北	-0.2157	57.53	-0.1167	58.63	0.1513	60.10	-0.0517	59.97
湖南	-0.8860	49.84	-0.2936	56.56	-0.1024	59.93	0.2776	60.19
广东	-1.1308	47.03	0.5238	66.14	-0.0039	60.00	0.7717	60.51
广西	-0.0790	59.09	-0.6537	52.34	-0.3209	59.79	0.1578	60.10
海南	0.4542	65.21	-0.0666	59.22	-0.2967	59.80	-0.1501	59.90
重庆	-0.1661	58.09	-0.1911	57.76	0.0992	60.07	0.6539	60.44
四川	-0.0856	59.02	-0.4088	55.21	0.0068	60.00	0.0332	60.02
贵州	0.0904	61.04	-0.6249	52.68	-0.6410	59.57	0.0849	60.06
云南	-0.1505	58.27	-0.4117	55.18	-1.0188	59.32	-0.0516	59.97
西藏	2.3565	87.03	-1.7298	39.73	-1.4274	59.04	-1.2188	59.19
陕西	0.0636	60.73	0.4601	65.39	-0.0868	59.94	0.1541	60.10
甘肃	-0.4196	55.19	-0.5567	53.48	-0.4804	59.68	-1.0955	59.27

续表

	经济发展共享		基础设施共享		公共服务共享		生态环境共享	
	得分	百分制得分	得分	百分制得分	得分	百分制得分	得分	百分制得分
青海	1.2771	74.65	0.1905	62.23	-0.3576	59.76	-1.3746	59.07
宁夏	0.4157	64.77	-0.0944	58.89	0.1469	60.10	0.3002	60.20
新疆	0.3047	63.50	0.3014	63.53	-0.1009	59.93	-0.8661	59.42

资料来源：笔者自行整理。

将各省份经济发展共享、基础设施共享、公共服务共享以及生态环境共享四个方面的得分作为新的评价指标值，进行新一轮的因子分析，可以得到2016年中国31个省级行政区城镇化成果共享综合评价得分。具体过程如下：第一，由表18.20可知，KMO检验统计量的取值为0.551（大于0.5），Bartlett球形度检验的近似卡方为47.602，在自由度为6的条件下，显著性水平为0.000（小于0.01），满足因子分析的基本条件；第二，根据公因子提取标准，共提取了两个公因子，其累计方差贡献率达到85.024%（见表18.21），能够反映原始指标的绝大部分信息；第三，由因子载荷矩阵（旋转后）和得分系数矩阵（见表18.22）可以得到公因子F_1和F_2的表达式：

$F_1 = 0.171$Zscore（经济发展共享）$+ 0.500$Zscore（基础设施共享）$+ 0.537$Zscore（基础设施共享）$+ 0.039$Zscore（基础设施共享）

$F_2 = -0.650$Zscore（经济发展共享）$- 0.023$Zscore（基础设施共享）$- 0.123$Zscore（基础设施共享）$+ 0.522$Zscore（基础设施共享）

表18.20　　　　　　　　　　KMO和Bartlett的检验

取样足够度的 Kaiser-Meyer-Olkin 度量		0.551
Bartlett 的球形度检验	近似卡方	47.602
	Df	6
	Sig.	0.000

资料来源：笔者自行整理。

表 18.21　　　因子的特征值、方差贡献率和累计方差贡献率

成分	初始特征值 合计	方差的百分比（%）	累计百分比（%）	提取平方和载入 合计	方差的百分比（%）	累计百分比（%）	旋转平方和载入 合计	方差的百分比（%）	累计百分比（%）
1	2.186	54.639	54.639	2.186	54.639	54.639	1.888	47.191	47.191
2	1.215	30.385	85.024	1.215	30.385	85.024	1.513	37.833	85.024
3	0.447	11.166	96.190						
4	0.152	3.810	100.000						

注：提取方法：主成分分析。

资料来源：笔者自行整理。

表 18.22　　　因子载荷矩阵（旋转后）和得分系数矩阵

	载荷矩阵（旋转后） F_1	载荷矩阵（旋转后） F_2	得分系数矩阵 F_1	得分系数矩阵 F_2
Zscore（经济发展共享）	0.033	-0.906	0.171	-0.650
Zscore（基础设施共享）	0.934	0.190	0.500	-0.023
Zscore（公共服务共享）	0.959	0.054	0.537	-0.123
Zscore（生态环境共享）	0.307	0.808	0.039	0.522

资料来源：笔者自行整理。

最后，由公式 $F = (47.191F_1 + 37.833F_2)/85.024$ 可以得到 2016 年中国各省份城镇化成果共享综合评价得分，并利用转换公式可得到百分制的综合得分，见表 18.23。

表 18.23　　　城镇化成果共享综合评价得分与百分制得分

省份	综合得分	百分制得分	省份	综合得分	百分制得分	省份	综合得分	百分制得分
北京	1.5125	75.06	安徽	-0.0674	59.33	四川	-0.1395	58.61
天津	0.0131	60.13	福建	0.4337	64.32	贵州	-0.5020	55.00
河北	0.3204	63.19	江西	-0.2684	57.33	云南	-0.5356	54.67
山西	-0.1121	58.88	山东	0.5453	65.43	西藏	-2.5044	35.06
内蒙古	0.4292	64.27	河南	-0.3677	56.34	陕西	0.2205	62.20
辽宁	0.1883	61.87	湖北	0.0440	60.44	甘肃	-0.7770	52.26

续表

省份	综合得分	百分制得分	省份	综合得分	百分制得分	省份	综合得分	百分制得分
吉林	-0.1675	58.33	湖南	0.2099	62.09	青海	-1.0143	49.90
黑龙江	-0.0376	59.63	广东	0.8940	68.90	宁夏	0.0218	60.22
上海	0.5243	65.22	广西	-0.3163	56.85	新疆	-0.3679	56.34
江苏	0.8401	68.37	海南	-0.3355	56.66			
浙江	1.0325	70.28	重庆	0.2838	62.83			

资料来源：笔者自行整理。

——城镇化过程共享程度评价

同样地，利用因子分析法对衡量城镇化过程共享程度的指标进行分析[①]，可以得到城镇化过程共享综合评价得分，并利用转换公式可得到百分制的综合得分（见表18.24）。

表18.24　　城镇化过程共享综合评价得分与百分制得分

省份	综合得分	百分制得分	省份	综合得分	百分制得分	省份	综合得分	百分制得分
北京	1.8586	83.82	安徽	-0.1936	57.52	四川	-0.3727	55.22
天津	0.7701	69.87	福建	0.0251	60.32	贵州	-0.0804	58.97
河北	-0.2876	56.31	江西	-0.4382	54.38	云南	-0.3464	55.56
山西	-0.6504	51.66	山东	-0.4185	54.64	西藏	1.7875	82.91
内蒙古	0.2498	63.20	河南	0.1641	62.10	陕西	0.1128	61.45
辽宁	-1.0834	46.11	湖北	0.2212	62.84	甘肃	0.6855	68.79
吉林	0.0838	61.07	湖南	-1.2624	43.82	青海	-0.1002	58.72
黑龙江	-0.3229	55.86	广东	0.7441	69.54	宁夏	-0.6433	51.76
上海	0.8273	70.60	广西	-0.9713	47.55	新疆	-0.5635	52.78
江苏	0.2484	63.18	海南	-0.2346	56.99			
浙江	-0.1905	57.56	重庆	0.3818	64.89			

资料来源：笔者自行整理。

---

① 为了便于研究，笔者在原有4个指标的基础上，增添了指标"全社会城镇住宅投资占比"，该指标表示全社会城镇住宅投资占全社会住宅投资的比重，对衡量城镇化进程中省份之间的共享程度具有比较重要的作用。

——城镇化进程中省际共享程度评价

在对城镇化成果共享和过程共享程度进行评价的基础上,将城镇化成果共享和过程共享综合评价得分作为指标值,利用熵值法①,可以得到2016年中国各省份城镇化共享程度综合得分,并利用转换公式可得到百分制的综合得分,结果见表18.25。

表18.25　2016年中国各省份城镇化共享程度综合得分与百分制得分

省份	综合得分	百分制得分	省份	综合得分	百分制得分	省份	综合得分	百分制得分
北京	1.6855	88.92	安徽	-0.1302	57.77	四川	-0.2554	55.62
天津	0.3912	66.71	福建	0.2294	63.94	贵州	-0.2893	55.04
河北	0.0141	60.24	江西	-0.3553	53.91	云南	-0.4447	52.37
山西	-0.3808	53.47	山东	0.0635	61.09	西藏	-0.3483	54.02
内蒙古	0.3397	65.83	河南	-0.1042	58.21	陕西	0.1648	62.83
辽宁	-0.4470	52.33	湖北	0.1303	62.24	甘肃	-0.0427	59.27
吉林	-0.0446	59.23	湖南	-0.5273	50.95	青海	-0.5536	50.50
黑龙江	-0.1804	56.90	广东	0.8148	73.98	宁夏	-0.3110	54.66
上海	0.6755	71.59	广西	-0.6460	48.92	新疆	-0.4653	52.02
江苏	0.5441	69.33	海南	-0.2848	55.11			
浙江	0.4181	67.17	重庆	0.3302	65.66			

资料来源:笔者自行整理。

(2) 结果分析

由评价结果可知,2016年中国城镇化共享程度存在显著的省际差异。在31个省级行政区中,共享程度最高的是北京,综合得分(百分制)达到了88.92,而共享程度最低的广西,综合得分仅为48.92,二者相差40分。依据各省份城镇化共享程度综合得分,31个省份可被划分②为三个级别:第一级别仅包含北京,共享程度较高;第二级别包含上海、广东等12

---

① 经检验因子分析法在此处不适用,故使用熵值法。
② 划分方法为自然间断点分级法。该方法是由Jenks提出的一种地图分级算法,他认为数据本身有断点,可利用数据这一特点进行分级。其算法原理是一个小聚类,聚类结束的条件是类间差异最大,类内差异最小。

个省（市），共享程度居中；第三级别包含吉林、河南等18个省份，共享程度较低。从分级情况来看，2016年只有北京处于共享程度较高水平的级别，而超过一半的省份处于共享程度较低水平的级别。共享程度较高或一般的省份大多属于东部沿海地区和中西部较为发达的地区，而共享程度较低水平的省份大多属于中西部较为落后的地区。由此可见，中国城镇化进程中共享的省际差异化发展态势明显，城镇化共享程度表现出了较强的空间差异性。

2. 相关分析

（1）中国各省（自治区、直辖市）城镇化水平

2016年，北京、天津、上海市的城镇化率超过80%，内蒙古、江苏等省份的城镇化率也已超过60%，而河南、贵州等省份的城镇化率不到50%，最低的西藏则不到30%（见表18.26）。依据城镇化率的大小，使用自然间断点分级法（Janks）可将中国31个省级行政区划分为三个级别，见表18.27。

表18.26　　　　2016年全国及31个省级行政区城镇化率

	城镇化率（%）		城镇化率（%）		城镇化率（%）		城镇化率（%）
全国	57.35	黑龙江	59.20	河南	48.50	贵州	44.15
北京	86.50	上海	87.90	湖北	58.10	云南	45.03
天津	82.93	江苏	67.72	湖南	52.75	西藏	29.56
河北	53.32	浙江	67.00	广东	69.20	陕西	55.34
山西	56.21	安徽	51.99	广西	48.08	甘肃	44.69
内蒙古	61.19	福建	63.60	海南	56.78	青海	51.63
辽宁	67.37	江西	53.10	重庆	62.60	宁夏	56.29
吉林	55.97	山东	59.02	四川	49.21	新疆	48.35

资料来源：《中国统计年鉴2017》。

表18.27　　　　中国31个省级行政区城镇化水平级别划分

类别	城镇化水平	省区
第一级别	较高	上海、北京、天津、广东、江苏、辽宁、浙江

续表

类别	城镇化水平	省区
第二级别	居中	福建、重庆、内蒙古、黑龙江、山东、湖北、海南、宁夏、山西、吉林、陕西、河北、江西、湖南、安徽、青海
第三级别	较低	四川、河南、新疆、广西、云南、甘肃、贵州、西藏

资料来源：笔者自行整理。

(2) 省际城镇化共享程度与城镇化水平的关系

将2016年中国31个省级行政区城镇化共享程度综合得分（百分制）与城镇化率作为变量，通过计算Pearson简单相关系数，可以得知二者之间的相关关系。从表18.28中可以看出，城镇化共享程度综合得分与城镇化率的Pearson简单相关系数 r 为 0.759（$0.5 < r < 0.8$），表明两者之间显著正相关，且在0.01的显著水平（双侧）下通过了检验。由此可见，2016年，中国省际城镇化共享程度与城镇化水平总体上显著正相关。

表18.28　城镇化共享程度综合得分（百分制）与城镇化率相关性检验

共享程度综合得分	Pearson 相关性	1	0.759**
	显著性（双侧）		0.000
	N	31	31
城镇化率	Pearson 相关性	0.759**	1
	显著性（双侧）	0.000	
	N	31	31

注：** 表示在0.01水平（双侧）上显著相关。

资料来源：笔者自行整理。

具体来看，省份之间在城镇化共享程度与城镇化水平的关系上具有差异性，即一些省份城镇化共享程度与城镇化水平处于同一级别，而另一些省份城镇化共享程度与城镇化水平却不在同一级别（见表18.29）。从表18.29中可知，北京的城镇化水平与共享程度均较高，福建、重庆等7个省份的城镇化水平与共享程度居中，四川、河南等8个省份的城镇化水平与共享程度均较低,这些省份城镇化进程与共享程度保持同步。而上海、天津等5个省份的城镇化水平较高,但共享程度居中,辽宁的城镇化水平较高,但共享程度却较低,黑龙江、海南等9个省份的城镇化水平居中,但共享程度较低。

表18.29　2016年各省份城镇化共享程度与城镇化水平的关系

		城镇化共享程度		
		较高	居中	较低
城镇化水平	较高	北京	上海、天津、广东、江苏、浙江	辽宁
	居中	—	福建、重庆、内蒙古、山东、湖北、陕西、河北	黑龙江、海南、宁夏、山西、吉林、江西、湖南、安徽、青海
	较低	—	—	四川、河南、新疆、广西、云南、甘肃、贵州、西藏

注:"—"表示缺失。

资料来源:笔者自行整理。

由此可见,城镇化发展有利于实现共享,想要实现高水平共享,必须坚定不移地推进城镇化进程。但在城镇化水平提高时,并不能自然而然地实现高水平共享,如辽宁(城镇化水平较高、共享程度较低),黑龙江、海南等9个省份(城镇化水平居中、共享程度较低)。因此为实现高水平共享,还需要构建相应的共享机制和推进路径。

3. 探索性空间数据分析

将前文通过分析所得的31个省级行政区城镇化共享程度综合得分(百分制)作为指标,利用探索性空间数据分析,可以获得中国城镇化进程中共享程度的空间分布特征。

(1) 全局空间相关性检验

在定义空间权重矩阵的基础上,可以得到城镇化共享程度综合得分(百分制)的Moran指数I,结果见表18.30。从表18.30中可以看到,Moran指数I为0.232806,且由Z得分和P值可知该结果通过了显著性检验。

这说明中国城镇化进程中共享程度在空间上呈现正相关关系，即 31 个省份之间存在着明显的学习、协同和网络效应，省份的共享发展将会带动区域的共享发展。

表 18.30　　　　　　　全局 Moran 指数 I 统计

Moran 指数 I	Z 得分	P 值
0.232806	2.390862	0.016809

资料来源：笔者自行整理。

（2）局部空间相关性检验

在检验全局空间相关性的基础上，可进一步检验局部空间相关性，根据检验结果可知，北京、天津和上海呈现显著"高—高"集聚，这是因为北京和天津地域相邻、存在空间上的相互集聚，上海周围江苏、浙江的城镇化共享程度均较高；广东呈现显著"高—低"集聚，这是因为广东自身的共享程度较高而周围地区（主要是江西、湖南和广西）的共享程度相对较低。除此之外，其他省份的空间集聚关系不显著。

（三）城镇化进程中城乡共享程度的评价

1. 因子分析

（1）评价过程

在对 2016 年东中西部地有代表性的江苏、湖北、内蒙古 3 个省（自治区）的 34 个地级市的所有指标值进行正向化和标准化处理的基础上，首先对处理后的指标值进行 KMO 和 Bartlett 的球形度检验。结果显示 KMO 检验统计量的取值为 0.607（大于 0.5）；Bartlett 球形度检验的近似卡方为 208.382，在自由度为 91 的条件下，显著性水平为 0.000（小于 0.01），拒绝原假设。从 KMO 和 Bartlett 的球形度检验结果可知，指标之间的相关性较强，适合做因子分析。

表 18.31　KMO 和 Bartlett 的检验

取样足够度的 Kaiser-Meyer-Olkin 度量		0.607
Bartlett 的球形度检验	近似卡方	208.382
	Df	91
	Sig.	0.000

资料来源：笔者自行整理。

接着采用主成分分析法确定因子提取个数，结果见表 18.32。从表 18.32 中可以看到，前 5 个因子的特征值大于 1，且累计方差贡献率达到 74.358%，能够较好地反映原有指标绝大部分信息。因此，提取前 5 个因子作为公因子。

表 18.32　因子的特征值、方差贡献率和累计方差贡献率

成分	初始特征值			提取平方和载入			旋转平方和载入		
	合计	方差的百分比（%）	累计百分比（%）	合计	方差的百分比（%）	累计百分比（%）	合计	方差的百分比（%）	累计百分比（%）
1	4.504	32.174	32.174	4.504	32.174	32.174	3.147	22.479	22.479
2	1.947	13.910	46.084	1.947	13.910	46.084	2.248	16.055	38.533
3	1.540	11.001	57.085	1.540	11.001	57.085	1.901	13.579	52.112
4	1.352	9.658	66.742	1.352	9.658	66.742	1.687	12.052	64.164
5	1.066	7.616	74.358	1.066	7.616	74.358	1.427	10.195	74.358
6	0.860	6.139	80.498						
7	0.741	5.289	85.787						
8	0.495	3.537	89.324						
9	0.448	3.202	92.527						
10	0.340	2.427	94.954						
11	0.300	2.146	97.100						
12	0.217	1.552	98.652						
13	0.117	0.838	99.489						
14	0.071	0.511	100.000						

注：提取方法为主成分分析点。

资料来源：笔者自行整理。

将公因子记为 Fi（i=1，2，3，4，5），在求得因子载荷矩阵和得分系数矩阵的基础上，可求得公因子的得分；依据公因子得分，利用综合评价得分计算式：F = （22.479F_1 + 16.055F_2 + 13.579F_3 + 12.052F_4 + 10.195F_5）/74.358 可以得到 2016 年江苏、湖北、内蒙古 3 个省（自治区）的 34 个地级市城镇化进程中城乡共享程度综合得分，在此基础上，利用转换公式，可以得到百分制的城乡共享程度综合得分，结果见表 18.33。

表 18.33　公因子得分与城乡共享程度综合得分与百分制得分

		公因子得分					综合得分	百分制得分
		F_1	F_2	F_3	F_4	F_5		
江苏	南京	1.4828	-0.3277	-0.9272	0.2491	0.9000	0.3720	69.44
	无锡	0.5404	-0.2428	-0.2756	1.6896	0.1526	0.3554	69.02
	徐州	-0.0816	0.2015	0.9028	0.4756	-0.3160	0.2175	65.52
	常州	0.5349	-0.3546	-0.3557	1.0333	0.0311	0.1919	64.87
	苏州	0.9634	0.6508	-0.4029	1.0820	0.5580	0.6100	75.48
	南通	0.3548	0.1322	-0.4873	1.1327	0.2524	0.2650	66.73
	连云港	0.5489	0.3097	-0.0030	0.5831	-0.9655	0.1944	64.93
	淮安	0.8244	-0.0065	0.1334	0.4986	0.5012	0.4217	70.70
	盐城	0.8057	0.9549	1.2556	-0.2570	-0.1663	0.6146	75.60
	扬州	0.4519	-0.1424	0.5068	1.5550	0.5207	0.5218	73.24
	镇江	0.3876	0.4403	0.5012	1.0324	-0.5988	0.3890	69.87
	泰州	0.7814	0.3346	-0.1907	0.8344	-0.1568	0.3874	69.83
	宿迁	0.7943	1.0672	0.4521	0.1882	0.1534	0.6046	75.34
湖北	武汉	-0.0193	0.6336	-0.4499	-0.7525	-0.7588	-0.1772	55.50
	黄石	-0.7102	-0.6255	0.3654	-0.2189	0.4278	-0.2598	53.41
	十堰	1.2610	-0.5451	-1.2386	-3.5961	0.7011	-0.4494	48.60
	宜昌	-0.4841	0.3709	0.9876	-1.4519	-0.9044	-0.2452	53.78
	襄阳	0.1146	-0.1241	1.0327	-0.4123	0.0652	0.1386	63.52
	鄂州	1.0415	0.3575	0.6970	0.1398	0.1660	0.5647	74.33

第十八章 中国城镇化进程中共享程度评价与分析　　307

续表

		公因子得分					综合得分	百分制得分
		F₁	F₂	F₃	F₄	F₅		
湖北	荆门	-0.6024	-0.0148	-1.3920	-0.2499	-1.7472	-0.7196	41.74
	孝感	0.7149	0.4734	-1.1551	-0.5001	-0.1512	0.0056	60.14
	荆州	-0.8522	-0.0889	0.3216	-0.6925	-2.8390	-0.7196	41.74
	黄冈	-0.6513	0.0295	-1.3463	-0.1768	-1.5726	-0.6807	42.73
	咸宁	0.5425	0.3055	-0.6205	-0.0541	0.4115	0.1643	64.17
	随州	-0.9138	-0.1373	0.3172	0.2060	-1.2226	-0.3822	50.30
内蒙古	呼和浩特	-3.6361	0.7113	0.0450	0.6456	1.3733	-0.6445	43.64
	包头	-1.4356	1.0543	-3.3472	0.2014	0.3583	-0.7359	41.32
	乌海	0.7678	0.8118	0.1902	-0.9683	1.1430	0.4419	71.21
	赤峰	-0.4942	0.4534	1.2492	-1.1140	0.6541	0.0857	62.17
	通辽	0.0137	-4.4448	0.0354	0.5800	-0.7773	-0.9616	35.60
	鄂尔多斯	-0.2777	-0.7426	0.4463	-1.2461	1.3036	-0.1860	55.28
	呼伦贝尔	-0.2868	-0.8477	1.5706	-0.4688	-0.4403	-0.1193	56.97
	巴彦淖尔	-1.2776	1.1459	1.6256	0.0802	0.5101	0.2410	66.12
	乌兰察布	-1.2033	-1.7935	-0.4436	-0.0475	2.4337	-0.5060	47.16

资料来源：笔者自行整理。

（2）结果分析

由评价结果可知，34个地级市的城乡共享程度总体上差异显著。共享程度最高的是盐城，百分制得分达到了75.60分，而共享程度最低的通辽，得分仅为35.60分，二者相差40分。与此同时，各市的城乡共享程度与其区位关系较大。在得分超过70分的7个城市中，除鄂州和乌海，其他5个城市均属于位于东部地区的江苏；而在得分不足60分的14个城市中，有8个城市属于位于中部地区的湖北，其他6个城市则属于位于西部地区的内蒙古。

分省份来看，各省内部城乡共享程度也存在一定差异。江苏共享程度最高的是盐城，百分制得分达到了75.60分，而共享程度最低的常州，综合得分为64.87分，二者相差10.73分；湖北共享程度最高的是鄂州，百分制得分达到了74.33，而共享程度最低的荆州、荆门市，百分制得分仅为41.74，二者相差32.59；内蒙古共享程度最高的是乌海，百分制得分达到了71.21，而共享程度最低的通辽，百分制得分仅为35.60，二者相差35.61。由上述三个得分差值可知，江苏城乡共享程度差距最小，湖北城乡共享程度差距居中，而内蒙古城乡共享程度差距最大。

由于这三个省份分别为中国东部地区、中部地区和西部地区的代表性省份，因而可以推断：（1）城乡共享程度在中国东部地区、中部地区、西部地区存在显著的差异，从总体上看东部地区城乡共享程度总体上高于中部地区、西部地区城乡共享程度；（2）中国东部地区内部城乡共享程度较高、中部地区内部城乡共享程度居中，西部地区内部城乡共享程度较低。

2. 相关分析

在获得城乡共享程度综合得分（百分制）的基础上，将2016年江苏、湖北、内蒙古3个省（自治区）的34个地级市的城乡共享程度综合得分与城镇化率作为变量，通过计算Pearson简单相关系数，可以得知城乡共享程度综合得分与城镇化率的相关关系。从表18.34中可知，共享程度综合得分与城镇化率的Pearson简单相关系数r为0.341（$0.3<r<0.5$），表明两者之间低度正相关，且在0.05的显著水平（双侧）下通过了检验，说明这34个地级市的城乡共享程度综合得分与城镇化率之间存在正相关关系。由此可以推断，中国城乡共享程度与城镇化水平呈现一定的正相关关系，城镇化发展有利于实现城乡共享发展。

表18.34　城乡共享程度综合得分（百分制）与城镇化率相关性检验

		综合得分	城镇化率
综合得分	Pearson 相关性	1	0.341*
	显著性（双侧）		0.048
	N	34	34
城镇化率	Pearson 相关性	0.341*	1
	显著性（双侧）	0.048	
	N	34	34

*在0.05水平（双侧）上显著相关

资料来源：笔者自行整理。

五 本章结论

本章主要是在评价城镇化共享程度的基础上，定量研究城镇化和共享之间的关系。首先概述了研究的主要思路和方法，接着构建了中国城镇化进程中共享程度的三个评价指标体系（分别是全国、地区和城乡层面），并依据1994—2017年全国的统计数据，采用因子分析法，通过测算城镇化共享指数对这一时期中国城镇化进程中共享的程度进行了评价，同时采用相关分析法和回归分析法对全国城镇化共享指数与城镇化率的关系进行了分析，依据2016年中国31个省（区、市）的统计数据，采用因子分析法、相关分析法和探索性空间数据分析，对省份之间的共享程度进行了评价与分析，依据江苏、湖北和内蒙古的34个地级市的统计数据，采用因子分析法和相关分析法对城乡之间的共享程度进行了评价与分析。主要得到以下结论。

第一，1994—2017年，全国城镇化共享程度总体上呈现上升的趋势。城镇化共享程度与城镇化水平呈现高度正相关关系；城镇化发展对实现共享具有显著的影响，即随着城镇化发展水平不断提升，共享程度呈上升趋势。

第二，2016年，中国城镇化进程中省际共享程度差异性显著，依据各省份城镇化共享程度综合评价得分（百分制），中国31个省（区、市）可被划分为共享程度较高、居中和较低三个级别；中国省际城镇化共享程度与城镇化水平总体上高度正相关，但具体来看省份之间在城镇化共享程度与城镇化水平的关系上具有差异性；中国城镇化进程中共享程度在空间上呈现正相关关系，即31个省（区、市）之间存在着明显的学习、协同和网络效应，省份的共享发展将会带动区域的共享发展，同时，北京、天津和上海呈现显著"高—高"集聚，广东呈现显著"高—低"集聚。

第三，2016年，江苏、湖北和内蒙古的34个地级市城乡共享程度差异性显著，且各市的城乡共享程度与其区位关系较大，东部地区城市的城乡共享程度总体上高于中西部地区城市的城乡共享程度；分省份来看，各省内部城乡共享程度也存在一定差异，且江苏城乡共享程度差距最小、湖北城乡共享程度差距居中、内蒙古内城乡共享程度差距最大。由于这三个省份分别为中国东部地区、中部地区和西部地区的代表性省份，因此可以推断，城乡共享程度在中国东部地区、中部地区、西部地区存在显著的差异，从总体上看东部地区城乡共享程度高于中部地区、西部地区城乡共享程度；东部地区内部城乡共享程度较高、中部地区内部共享程度居中，西部地区内部共享程度较低；同时，中国各地区城乡共享程度与城镇化水平具有一定的正相关关系。

从上述结论中可以得知，城镇化发展是实现共享的基础，要实现高水平共享，必须坚定不移地推进城镇化战略。而在城镇化水平提高时，并不能自然而然地实现高水平共享，如辽宁（城镇化水平较高、共享程度较低）等省份。因此，需要构建系统的共享机制，选择差异化的共享路径。

第十九章　城镇化进程中实现共享的国外经验与国内实践

英国、美国、日本等发达国家在城镇化快速发展和高度发展阶段，为实现高水平共享均构建了相关机制，值得借鉴；同时，自中华人民共和国成立以来，在推进城镇化的过程中，也就如何实现共享进行了实践探索。这些经验对新时代中国城镇化进程中全面实现共享具有非常重要的启示作用。

一　城镇化进程中实现共享的国外经验

英国的城镇化起步较早，目前处于高度发展阶段，城镇化率超过80%。与英国类似，美国的城镇化在经历起步和快速推进阶段之后，目前也处于高度发展阶段，城镇化率也超过了80%。同样地，日本的城镇化也处于高度发展阶段，城镇化率已经超过90%。这三个国家在城镇化快速发展和高度发展阶段，为实现共享构建的相关机制，特别是破解城乡二元结构、推进区域协调发展两大方面均进行了有益的探索。

（一）破解城乡二元结构

近代城乡关系的大规模变化始于英国。工业革命以后，在城镇化快速推进过程中，英国政府采取了多种做法，使得城乡关系由最初的分离与对立阶段转向融合阶段，最终基本实现了城乡一体化。20世纪20年代，美国步入高度城镇化阶段。这一阶段，人口和工业开始向城市郊区和小城镇转移。与此同时，美国政府出台了一系列政策措施统筹城乡发展。目前，基本实现了城乡一体化。日本在早期城镇化进程中出现了城乡差距扩大的问题,随着城镇化进程进一步推进,政府推行了多项政策以推动城乡一体化发展,到1997年日本城乡之间的差距基本消失,实现了城乡一体化。英国、美国、日本在破解城乡二元结构方面具有十分丰富的经验,主要包括促进劳动力自由流动平等就业、促进公共资源均衡配置、注重城乡统一规划布局以及重视农村发展等内容。

1. 促进劳动力自由流动平等就业

(1) 英国

在工业革命以后,英国城镇化进入快速发展阶段。为了促进劳动力在城乡之间自由流动和平等就业,政府相继出台了《贫民迁移法》(1795)、《贫民迁移法(修正案)》(1846)和《联盟负担法》(1865)等法律法规保障劳动者具有平等的就业权利与机会。其中,《贫民迁移法》《贫民迁移法(修正案)》中规定,在一个教区居住5年以上并且未领取救济金的人可以不再被遣返原籍;《联盟负担法》扩大了贫民的救助范围和居住地范围,彻底消除了限制人口迁移的法律制度障碍(薛庆根,2004)。在此基础上,政府出台了《济贫院检验法》等法律法规,旨在通过为农业人口提供救济补贴,解决人口流动造成的贫困问题;同时,出台了《租金上涨和抵押贷款法》等法律法规,以改善农业转移人口的生活环境。这些法律法规为农村劳动力的自由流动提供了基本保障。在出台法律法规的基础上,英国政府还通过普及义务教育、引导相关机构开展职业培训的方式为农村劳动力的自由流动提供支持。1870年,国会正式颁布了《初等教育法》,其中明确提出在全国各地普及义务教育,5—12岁的儿童必须接受义务教育。同时,政府出台了一系列政策措施引导相关机构开展农民职业培训:一是出台《产业培训法》(1964),肯定了开展农民职业培训的法律地位;二是在1981—1995年相继出台了5个关于农民职业培训的政策法规,为相关机构开展农民职业培训提供了保障;三是在1987年创立了"国家培训奖"(刘艳珍,2010),用来嘉奖在农民培训工作中表现优秀的机构。在一系列政策措施的指引下,每年约有1万名农民能够参加农民职业培训,同时还能得到补助。

(2) 美国

在城镇化快速发展阶段,为了促进劳动力在城乡之间自由流动,政府通过兴建大规模市政工程提供了大量就业岗位，并于 1934—1937 年修建了大量廉价住宅，用来出租给农民及外国移民，从而使农业转移人口在城市的生活得到了基本保证。

在城镇化高度发展阶段，美国通过出台法律法规保障劳动者具有平等的就业权利与机会。20 世纪 60 年代，政府相继制定并实施了《人力发展训练法》（1962）和《就业机会法》（1964）。其中，《人力发展训练法》提出，为促进农村劳动力就业，应制定并实施相关训练计划。同时，该法规定，年收入小于 1200 美元的农民家庭，其成员享有优先选择或被推荐接受训练的权利。《就业机会法》强调进行一体化的农村发展计划，包括政府援助兴建成人教育、就业服务、医疗服务设施等。同时该法提出为农村青年和妇女提供训练和受教育的机会，为低收入者提供贷款以及为农村失地者提供迁移费等内容。

（3）日本

自城镇化进入快速发展阶段，日本通过出台法律法规保障劳动者具有平等的就业权利与机会。政府于 1958 年出台了《职业训练法》，以指导农村劳动力参与公共职业训练；1985 年，政府颁布了《职业能力开发促进法》及其实施细则，以代替《职业训练法》。该法更加注重训练的长期化、广泛化和弹性化，其中长期化是指农村劳动力长期参与企业内部的发展训练，广泛化是指将训练范围扩大到各种职业能力开发活动，弹性化是指自主性地实施职业能力开发。同时，政府通过财政拨款、提供长期贷款的方式支持职业教育培训。

表 19.1　　　　　　促进劳动力自由流动平等就业的国外经验

国家	经验
英国	①出台《贫民迁移法》（1795）等法律法规保障劳动者享有平等的就业权利与机会；②普及义务教育、引导相关机构开展职业培训
美国	①通过兴建大规模市政工程以提供大量就业岗位，并修建大量廉价住宅；②通过制定并实施《人力发展训练法》（1962）等法律法规保障劳动者具有平等的就业权利与机会
日本	①出台《职业训练法》（1958）等法律法规保障劳动者具有平等的就业权利与机会；②通过财政拨款、提供长期贷款的方式支持职业教育培训

资料来源：笔者自行整理。

2. 促进城乡公共资源均衡配置

（1）英国

在城镇化进程中，英国大力推进城乡基础设施与公共服务均等化。一方面，通过不断加大农村基础设施建设资金投入力度，逐步缩小城乡在供水供电、公共交通、互联网络、垃圾污水处理等方面的差距。另一方面，通过不断加大农村教育、医疗等基本公共服务的投入，促使农村居民与城镇居民享受基本均等的公共服务。

（2）美国

在推进城镇化进程的同时，美国不断提升农村基础设施建设水平。20世纪30年代，政府成立了"农村电力管理局"，该单位主要承担农村电网的修建工作，经过多年的发展，现已形成了农村电力设施的全面覆盖。21世纪以来，针对农村基础设施老化的问题，政府通过财政拨款的方式资助农村社区公共设施、住宅和企业3类19个工程的建设。2006年，又开展了"乡村社区宽带网资助计划"，计划的主要内容是资助收入较低的社区置办宽带设备，成立活动中心，并无偿提供网络服务（刘恩东，2012）。同时，政府大力推进公路建设。1916年，政府通过了《资助道路建设法案》，以完善州际公路系统；各州也推出了巨额公路债券，以推动城市向周围郊区延伸。随后于1956年出台了《高速公路法》，在该法案的支持下，4.1万英里的州际高速公路得以修建，共得到财政拨款250亿美元。另外，通过发行公路基金、征收消费税等方式，加大公路建设资金的投入（李军国，2016）。随着公路建设水平的不断提高，陆路运输体系得以形成，在城乡一体化进程中发挥了重要作用。

（3）日本

日本在推进教育等公共服务均等化方面具有丰富的经验。为了保证每个适龄儿童享有受教育的条件和机会，政府采取了一系列措施来保护城乡适龄儿童合法的受教育权。一是建立完善的法律制度。1947年，政府出台了《教育基本法》，其中包括"教育机会均等"等原则性内容。1954年，政府颁布了专门针对偏远地区的《偏僻地区教育振兴法》（董凌波，2017），旨在提升偏远地区的教育水平。二是建立完善的财政保障制度。日本的教育投入由国家财政和地方财政共同承担，大约各承担50%。2005

年，国家财政负担一半办学经费的制度再次被重申，从而最大限度地确保了各级各类学校能够有充足的经费办学。三是采取教师流动制度，以最大限度地保障适龄儿童的受教育权。

表19.2　　　　　　　促进公共资源均衡配置的国外经验

国家	经验
英国	①加大农村基础设施建设资金投入力度；②加强农村教育、医疗等基本公共服务的投入
美国	①通过成立管理部门、财政拨款、开展"乡村社区宽带网资助计划"等方式不断提升农村基础设施建设水平；②通过出台《高速公路法》（1956）等法律为推进公路建设提供制度保障，同时通过发行公路基金、征收消费税等方式，加大公路建设资金的投入
日本	推进教育等公共服务均等化：①建立完善的法律制度；②建立完善的财政保障制度；③采取教师流动制度

资料来源：笔者自行整理。

3. 注重城乡统一规划布局

（1）英国

在城镇化高度发展阶段，英国政府制定了一系列城乡规划法律法规。1947年，政府出台了《1947年英国城镇和乡村规划法》，这是第一次在法律上对城镇和乡村进行统一规划布局。1952年，又出台了《城镇发展法》，该法旨在调整城市布局，大力发展中小城镇（周彦珍、李杨，2013）。2004年修订的《城乡规划法》，将先前的指导性规划上升为立法性规范（张计成，2007），增强了政府的宏观调控。如今，英国已建立了由中央、地区、地方三级构成的城镇规划管理体系，避免了城乡规划的盲目性。

（2）日本

在日本，城市和农村是作为一个整体由中央和地方政府统一规划与管理的，并且政府可根据实际需要进行相应的调整。同时，城市基础设施的建设尤其是商业和娱乐业设施建设不再限定在城市内，而是将周围农村地区也包括在内。目前，随着农村基础设施的不断完善，农村已基本融入城市，基本实现了城乡基础设施均等化。

表19.3　　　　　　　城乡统一规划布局的国外经验

国家	经验
英国	①出台《1947年英国城镇和乡村规划法》等一系列城乡规划法律法规；②建立由中央、地区、地方三级构成的城镇规划管理体系
日本	①中央和地方政府统一规划与管理城市和农村；②城市基础设施的建设不再限定在城市内，而是将周围农村地区也包括在内

资料来源：笔者自行整理。

4. 重视农村发展

（1）美国

在城镇化快速发展阶段，美国政府通过实施一系列政策措施大力建设农村，通过统筹城乡发展，逐步破解城乡二元结构。一是出台《宅地法》（1862），该法较大程度地满足了西部地区农民对土地的需求。二是不断加大对农民的各类直接经济补贴，并鼓励利用工业剩余反哺农业；同时积极推进农业现代化，实现规模化生产和集约化经营，并鼓励农业生产者发展非农产业，增加农业外兼收入。三是注重农业技术的进步，通过创立高等学校、拨款成立科研机构等方式构建先进的农业技术研究体系，以提高农业生产率。

（2）日本

在城镇化进程中，尽管日本一直在积极发展城镇，但对农村发展也提供了较大的支持。早在第二次世界大战之前，政府就制定并实施了以减轻税收负担为主的农业发展政策。第二次世界大战之后，日本进入城镇化快速发展阶段。针对农民收入少、生活水平低，农村基础设施落后等问题，政府提出了"新农村建设构想"（1956），其目的在于"在国家政策和财政支持下，最大限度发挥农民的自主性和创造性，在强化农业基本建设的基础上，推进农民合作，提高经营水平"（刘义强、李海金，2016）。为了提高政策的实施效果，日本政府建立了比较系统的法律法规支撑体系。例如1961年，政府出台了《农业基本法》，以改进农业结构、实现农业生产技术现代化，从而提高农村生产率，进而缩小城乡收入差距。1970年，政府颁布了《过疏地域对策特别措施法》，旨在引导人口较少的农村进行建设，建设内容主要包括产业培育、基础设施和公共服务建设。1973年，政府出台了《农村地区工业引进促进法》，旨在通过实施财政金融政策促使工业企业在农村地区落户，以加快农村地区的发展。1975年出台的《农业振兴地域法》指定了农业振兴的地域，并对农业振兴区域制定了综合建设计划，以推进农业产业化。20世纪80年代以来，政府又相继出台了《村落地域建设法》《食物、农业、农村基本法》等法律法规，以推动农村发展（李海金，2016）。

同时，日本政府实施了推动农业发展的一系列举措，主要包括三个方面：一是对农产品价格进行补贴。政府对山区低产田粮食生产给予专项补贴，补贴标准为20万日元/公顷，其中50%补给农户，50%补给社区，用于农田维护和劳动力培训。二是采取数量限制和高关税等"五道门槛"措施限制国外农产品进口，以提高农产品的自给率。三是提供农业保险以确保农民的利益不受损失。此外，日本农户自行组成了"中央—市—町村"三级的农协组织，以维护农户的利益（王汉民，2004）。

表19.4　　　　　　　　　　重视农村发展的国外经验

国家	经验
美国	①出台《宅地法》（1862），以满足西部地区农民对土地的需求；②不断加大对农民的各类直接经济补贴；③积极推进农业现代化，并鼓励农业生产者发展非农产业；④通过创立高等学校、拨款成立科研机构等方式构建先进的农业技术研究体系
日本	①提出"新农村建设构想"（1956）；②建立比较系统的法律法规支撑体系；③通过不断提高农业基础设施建设水平、对农产品价格进行补贴、限制国外农产品进口、提供农业保险等方式推动农业发展

资料来源：笔者自行整理。

（二）推进区域协调发展

由于奉行自由经济，英国在早期城镇化进程中区域发展并不均衡，20世纪早期，该国经济活动高度集中在英格兰东南部，而英格兰西北部、苏格兰、威尔士及北爱尔兰经济发展较为缓慢。为了促进区域协调发展，政府在城镇化高度发展时期出台了区域协调发展法律法规。同时实施了相关政策。如今，英国是全球区域协调发展水平最高、地区差距最小的国家之一（王萍、许文骏，2013）。

美国在城镇化进程中也遇到过区域经济发展不协调的问题。从1783年国家独立到20世纪30年代，东北部和中北部地区（合称北部）是全国大部分制造业和商业活动的集聚地，经济比较发达；而西部和南部地区主要向全国提供农产品和初级产品，经济相对落后。这种区域经济发展的不平衡不仅阻碍了城镇化水平的提高，而且造成了社会的不稳定。鉴于此，从20世纪30年代开始，美国政府制定并实施了一系列政策措施，并取得了明显的效果：从第二次世界大战开始，地区之间的差距不断缩小，到20世纪80年代初期基本实现了协调发展。80年代中期以来，地区之间的差距再次呈现扩大趋势，引起了政府的高度重视。

尽管日本的国土面积较小，但其城镇化进程中也曾存在较为严重的区域发展不平衡问题，其中最突出的是东京、大阪、名古屋三大经济圈等"过密地区"和距离这三大经济圈较远的"过疏地区"之间的差距。为了解决区域不平衡问题，日本政府也出台了一系列政策措施。

英国、美国、日本在推进区域协调发展方面积累了先进的经验。

1. 完善法律法规体系

（1）英国

1934年，英国政府出台了《特别区域法》，这是第一个区域指向的立法，该法将苏格兰中部、东北沿海、西卡伯兰和威尔士南部4个经济萧条衰退的地区列为特别区，并提出通过实行特殊的"保护"政策，促进这些地区经济复苏。第二次世界大战之后，政府出台了《工业布局法》（1945），该法将原来的特别区改为发展区，并扩大了援助地区的范围。1960年，政府在撤销《工业布局法》的基础上，出台了《地方就业法》，该法将原来的发展区改为165个小发展区，并且规定小发展区的划定标准为失业率超过4.5%，当失业率降至4%以下时，便取消发展区待遇。1966年出台的《工业发展法》又将165个小发展区扩大为5个大发展区，其面积约占国土面积的一半。1972年出台的《工业法》将援助范围从原来的制造业扩大到服务业（1973年起），对于迁往受援区的服务企业，按其就业人口给予固定补贴。这些法律法规的出台，为推进区域协调发展提供了制度基础。

（2）美国

1933年，美国国会通过了《麻梭浅滩与田纳西河流域开发法》，同时组建了"田纳西河流域管理局"，该单位主要承担田纳西河的综合开发工作。1961年，政府出台了《地区再开发法》，其中明确规定，实行区域再开发的目的是必须能够发展和扩大现有的或新的生产能力与资源，而不单单是把就业机会从一个州转到另外一个州。同时提出政府提供援助的主要标准是失业标准（王文锦，2001）。同年，政府设立了"地区再开发管理局"，主要负责对经济落后的地区进行援助。1965年，政府相继出台了《公共工程和经济开发法》《阿巴拉契亚区域开发法》等法律，并组建了阿巴拉契亚区域委员会及其他州际开发委员会，并且在"地区再开发管理局"的基础上组建了"经济开发署"，增强了对欠发达地区的援助。基于20世纪80年代中期地区差距的缓慢扩大，政府于1993年通过了《联邦受援区和受援社区法》，这是美国史上首个较为系统处理落后地区发展问题的法案。该法案规定，政府拨款25亿美元用于税收优惠、10亿元用于欠发达地区的各项援助，同时明确援助的目的在于帮助受援地区提升自我发展的能力、实现可持续发展，而不是依赖政府的援助（张冬霞，2013）。

（3）日本

1950年，日本政府出台了《国土综合开发法》，这是日本史上首部关于国土开发的法律。随后于1962年出台了《新产业城市建设法》，旨在鼓励工业企业向地方转移，从而振兴地方产业；并陆续颁布了《北海道开发法》（1950）、《东北地区开发促进法》（1951）、《冲绳振兴开发特别措施法》（1972）等专项法律。这些法律组成了较为完善的法律法规体系，为促进区域协调发展提供了指导。

自20世纪60年代以来，日本政府在全国范围内总共推行了5次《全国综合开发规划》。1962年，政府制定并推行了第一次《全国综合开发规划》，其目标定位为缩小地区差距，促进区域均衡发展。随后政府于1967年、1977年、1987年、1998年制定并推行了四次《全国综合开发规划》。

第五次规划提出形成"多轴型国土结构"的目标，通过形成四个国土轴，达到国土均衡发展的目的。

表 19.5　　　　　　　　区域协调发展立法的国外经验

国家	经验
英国	出台《特别区域法》（1934）、《工业布局法》（1945）等具有区域指向的法律法规
美国	①出台《地区再开发法》（1961）、《公共工程和经济开发法》（1965）等关于区域开发的法律法规；②设立"地区再开发管理局"、州际开发委员会等管理部门
日本	①出台《国土综合开发法》（1950）等关于国土开发的法律法规，形成较为完善的法律法规体系；②在全国范围内推行《全国综合开发规划》

资料来源：笔者自行整理。

2. 实施区域协调发展政策

（1）英国

英国是世界上最早明确实施区域政策的国家（吴强，2005），在城镇化高度发展的不同时期，政府实施的区域政策不同。这些政策的实施对推进区域协调发展产生了积极的影响。早在1928年，针对北部老工业区经济衰退问题，政府成立了工业迁移委员会，旨在通过财政援助，帮助失业者迁移到就业机会多的地区。这项政策由于受到20世纪30年代大危机的影响而未获得显著效果，但开创了西方国家实施区域援助政策的先河。随着《特别区域法》（1934）的出台，政府出资200万英镑改善了4个特别区的基础设施建设水平，并以投资补贴的形式鼓励企业迁到这些地区。第二次世界大战之后，政府通过采取诸多政策措施增加了新建立发展区的就业，如向企业贷款、提供投资补贴以及为企业提供基础服务等；同时规定新建企业必须取得工业开发许可证，这一举措限制了企业在经济发达地区的发展，从而为发展区创造了发展机会。这一系列政策措施的实施，使得迁到发展区的企业不断增加，地区失业差异有所减小。20世纪60年代，区域政策较为突出：一是政府于1963年增强了对发展区的援助措施，如对迁到发展区的企业放宽折扣、增设商业区等；二是在1967年将因煤矿关闭而受到影响的地区定为特别发展区，并为其提供了更多政策，如在工厂经营的前 3 年补助工资成本的 30%；三是于 1969 年将邻近发展区的地区定为新的中间地区，并对其提供一些援助措施，如 25% 的工厂建筑补贴等。1984 年，政府对区域政策进行了重大调整，将原来的三类受援区合并为两类，两类地区都可以得到选择性援助，即企业可以在资本补贴和就业补贴中选择补贴多的一项，同时发展区还可以获得自动的发展补贴。自动的发展补贴于 1988 年被取消，结余的资金用于选择性援助。此外，对发展区的小企业（就业人员小于 25 人）给予区域企业补贴。20 世纪 80 年代末 90 年代初，政府意识到产生区域问题的根源在于经济的低效率，于是实施区域政策强调落后地区的自我发展，将区域增长的动力从外部投资转向内生发展。一是将中小企业作为落后地区发展的基础；二是注重落后地区的技术创新。

（2）美国

为了支持欠发达地区发展，美国政府制定并出台了一系列财政金融政策。一是对农民进行补贴。在《农业调整法》（1933）的指导下，政府对种植玉米、小麦等 6 种农产品的农民进行了补贴。据统计，到 20 世纪 70 年代初，政府对农民的价格补贴已达到 1000 亿美元，其中大部分落在了西部和南部农场主的手中。二是建立财政转移支付制度。第二次世界大战之后，政府主要采取财政转移支付的方式对落后地区进行支援，以统筹各地区基本公共服务。三是采取差异化的税收政策。从 20 世纪 30 年代开始，政府对原有的税收政策进行了逐步调整，基于不同地区的经济发展水平实行了差别化的税制，即对经济发达的地区多征税，然后将多征部分转移支付给欠发达地区；而对欠发达地区则少征税，以支持其经济社会发展。同时，联邦政府还通过扩大州与地方政府税收豁免权等方式支持欠发达地区发展。四是通过出台贷款优惠政策，引导私人和外资企业在欠发达地区进行投资。据了解，优惠贷款的金额最多可达土地、厂房以及机器和设备总成本的 65%，期限最长可达 25 年（张冬霞，2013）。同时，为发放贷款的金融机构提供信贷保险。

（3）日本

为了解决区域不平衡问题，日本政府制定并出台了一系列财政金融政策。财政转移支付是日本缩小地区差距的一项重要政策手段,其目的在于确保全国所有地区的政府均有能力为当地居民提供一定标准的公共产品和服务,主要有国家让与税、国库支出金和国家下拨税3种(衣保中、任莉,2003)。其中,国家让与税指的是国家与地方共享某些税收,国家支出金是指由国库向地方支出财政资金而不要求偿还的,国家下拨税指的是中央政府将某些税收的一部分拨给地方,用来弥补地方政府财政收入的不足。与此同时,日本政府还通过实施投融资的政策,以达到促进地区均衡发展的目标。地方政府筹集资金主要来自政府投资性贷款和公营金融库,此外还包括发行公团和公库债。据统计,地方政府通过投资性贷款、发行公团和公库债筹集的资金已占到中央政府一般预算支出的90%左右。另外,中央政府还建立了地区开发金融制度以振兴地区的产业,通过设立一些金融机构专门为落后地区的企业提供优惠贷款,如北海道开发金融公库。

表 19.6　　　　　　　　　　　　**区域政策的国外经验**

国家	经验
英国	①通过财政援助,帮助失业者迁移到就业机会多的地区;②改善经济萧条衰退区的基础设施建设水平,并以投资补贴的形式鼓励企业迁向这些地区;③通过向企业贷款、提供投资补贴以及为企业提供基础服务等方式增加新建立发展区的就业,并通过对迁到发展区的企业放宽折扣、增设商业区等方式增强对发展区的援助;④推行选择性援助政策,受援区的企业可以在资本补贴和就业补贴中选择补贴多的一项;⑤通过将中小企业作为落后地区发展的基础、提升落后地区的技术创新水平的方式将区域增长的动力从外部投资转向内生发展
美国	①对欠发达地区的农民进行补贴;②建立财政转移支付制度,统筹各地区基本公共服务;③实行差别化的税制,并通过扩大州与地方政府税收豁免权等方式支持欠发达地区发展;④出台贷款优惠政策,引导私人和外资企业在欠发达地区进行投资
日本	①实行财政转移支付制度,让全国所有地区的政府均有能力为当地居民提供一定标准的公共产品和服务;②通过实施投融资的政策,促进地区均衡发展;③建立地区开发金融制度以振兴地区的产业

资料来源:笔者自行整理。

二　城镇化进程中实现共享的国内实践

中华人民共和国成立以来,中国在城镇化推进过程中积极探索实现全民共享的机制与路径。通过多年的实践探索，积累了丰富的经验和教训，对新时代城镇化进程中全面推进共享发展具有极大的启发价值。

（一）城镇化波动阶段（1949—1978 年）对实现共享的初步探索

1949—1978 年，受国家政策的影响，中国城镇化发展波浪起伏，从总体上看，城镇化进程较为缓慢。这一时期，中国对实现共享进行了初步探索。

1. 推进工业化建设与"三大改造"

1953 年，中国实施了第一个五年计划，其主要任务之一是开展以苏联帮助中国设计的 156 个建设项目为中心的工业建设，这意味着社会主义经济建设的开始，因而产生了对劳动力的大量需求，许多农村劳动力在国家的号召下积极进城参与国家工业建设。随着工业化的发展，中国城镇化进程得到了稳步推进。到 1956 年"一五"计划提前完成之时，城镇人口由中华人民共和国成立之初的 5765 万人增加到 9185 万人，城镇化率由 10.64% 提高到 14.62%。与此同时，城乡的差距并不大，这是因为基于当时的国情，城市和农村的生产力发展水平都不高，而且那个时期城乡之间的关系是平等的，农村劳动力在向城市迁移的同时，自然获得了市民的身份。"一五"计划的另一个主要任务是推进对农业、手工业以及资本主义工商业的社会主义改造，即"三大改造"，以完成到社会主义的过渡。截至 1956 年年底，中国基本上完成了对生产资料私有制的社会主义改造，标志着生产资料公有制占绝对优势的社会主义经济制度基本建立起来。在当时的条件下，实行公有制有利于全体人民共同参与经济建设，并且社会主义经济制度的建立为实现共享奠定了制度基础。

2. 发动"大跃进"及人民公社化运动

由于"一五"计划的提前完成，国家于 1958 年发动了追求工农业生产和建设高速度的"大跃进"运动，其初衷是为了尽快改变中国"一穷二白"的局面，使人民过上幸福的生活。在"大跃进"运动的影响下，一大批工业项目盲目开工，全国城镇化迅速推进，人口由 1958 年的 10721 万人增加到 1960 年的城镇 13073 万人，城镇化率由 16.25% 提高到 19.75%，然而却超出了国民经济的承受能力。同时，受"大跃进"运动的影响，农村地区掀起了人民公社化运动的热潮。在当时，人民公社化运动被认为是推动农业集体组织过渡到共产主义的最好形式，其具有"一大二公"的特点，即规模大、生产资料公有化程度高，同时实行偏向于平均分配的分配制度。由于人民公社化运动带有平均主义色彩，因而抑制了农民的积极性，使农村生产力受到破坏。总之，"大跃进"运动脱离了工农业生产力发展水平，违背了自然、经济、社会发展的客观规律，并且倾向于平均，因而形成了低效率的共享。

3. 推动"逆城镇化"

在"大跃进"运动之后，国家对国民经济进行了调整，停缓了一大批工业建设项目；精简了城市职工，动员1958年以来参加工作的来自农村的职工返乡，并基于户籍制度对农民向城市的迁移进行了严格限制。同时，国家提高了设镇标准，减少了市、镇数量。1963年，全国共有城市（地级市和县级市）175个，比1961年减少了31个；城镇人口由1961年的12707万人减少到11646万人，城镇化率由19.29%降低至16.84%，出现了"逆城镇化"的现象。在当时的条件下，"逆城镇化"下的人口逆向流动在短期内有利于减轻国家负担，但不符合经济社会发展的客观规律，不利于生产力水平的提高和经济的发展，从而不利于实现共享。1964—1965年，在"八字方针"的指引下，中国经济发展水平在一定程度上得到了恢复，但在"左"倾思想的影响下，城市个体经济和第三产业的发展受限，从而使得城镇化进程未呈现明显加快的趋势，1965年全国城镇化率仅达到17.98%。从总体上看，1961—1965年，在国家政策和"左"倾思想的影响下，中国城镇化处于调整阶段，同时城乡二元结构日益明显，从而不利于实现共享。

4. 开展"文化大革命"

从1966年开始，中国开展了"文化大革命"。在"文化大革命"的影响下，国家经济发展受阻，城镇化处于停滞阶段，1966—1978年，虽然全国城镇人口由13313万人增加至17245万人，但城镇化率一直在17.5%左右徘徊。同时，农村也实行了"车马归队、劳力归田"，"敲钟出工"的半军事化管理，体现出平均主义的思想。而在此期间，根据毛主席指示开展的"知识青年上山下乡"运动，其目的在于缩小社会主义条件下各阶层在经济、政治、文化等方面的差距，从而实现消灭"三大差别"的目标。由此可见，1966—1978年，在城镇化处于停滞阶段的同时，中国对共享的追求仍然是受平均主义思想的影响。同时，城乡二元经济结构进一步加剧。

表 19.7　城镇化波动阶段（1949—1978 年）中国对实现共享的初步探索

时间	实践探索	影响
1953—1956 年	开展工业化建设，并号召农村劳动力参与建设	有助于城乡劳动力共同参与城镇化建设
	推进对生产资料私有制的社会主义改造，建立生产资料公有制占绝对优势的社会主义经济制度	有利于全体人民共同参与经济建设，为实现共享提供了制度保障
1958—1960 年	在"大跃进"的影响下，农村地区开展了以"一大二公"为特点的人民公社化运动	抑制了农民的积极性，使农村生产力受到破坏，从而形成了低水平的共享
1966—1978 年	"文化大革命"时期，农村实行体现平均主义思想的半军事化管理	抑制了农民的积极性，不利于农业生产水平的提高，形成了低水平的共享
	开展"知识青年上山下乡"运动	有利于缩小各阶层之间的差距

资料来源：笔者自行整理。

1949—1978 年，中国处于计划经济时期。这一时期，中国城镇化发展波浪起伏、水平较低，实现共享的物质基础较为薄弱；社会主义经济制度的建立为实现共享提供了制度保障。同时，在农村地区开展的人民公社化运动及实行的半军事化管理，体现出当时实现的"共享"是低水平的。此外，虽然"知识青年上山下乡"运动的开展在一定程度上缩小了各阶层之间的差距，但是由于中国城乡二元结构的形成并日益加剧，在很大程度上扩大了城乡差距。

（二）城镇化稳步推进阶段（1979—1995 年）对实现共享的实践探索

在改革开放之前，受国家政策变动的影响，全国城镇化发展波浪起伏，城镇化进程缓慢且水平较低，与此同时，在平均主义思想的影响下，对共享的追求侧重公平、忽视效率，从而造成了国内普遍贫穷的局面。面对此现状，党中央意识到，平均主义思想的盛行势必会对社会生产力造成极大破坏，从而导致共同贫穷；社会主义社会要保证社会成员物质、文化生活水平的逐步提高，以实现共同富裕。因此，党的十一届三中全会做出了实行"对内改革对外开放"的重大决策，以促进中国经济发展水平的提高与效率的提升。

1. 改革开放初期（1979—1991年）

（1）实行经济体制改革

中国对内实行的经济体制改革首先在农村展开。家庭联产承包责任制作为农村经济体制改革的第一步，突破了"一大二公""大锅饭"的旧体制。随着农村经济体制改革的推行，农民的生产积极性被调动起来，农村的生产力不断被解放，从而提高了农业发展效率。在此基础上，农村的乡镇企业迅速崛起，新兴的小城镇也迅速发展起来，有利于城镇化进程的推进和经济发展水平的进一步提升。与此同时，城市改革也在逐步推行。国家提出"控制大城市规模，合理发展中等城市，积极发展小城市"等方针政策和放宽建制市镇的标准，有助于全体人民共享城镇化过程和成果。

（2）实行对外开放

在邓小平"鼓励一部分人、一部分地区先富起来"的指示下，中国在东部沿海地区实行了对外开放。1980年，国家批准深圳、珠海、汕头、厦门为经济特区，通过实行以市场调节为主、在对外经济活动中更加开放的政策，找到一条尽快提高经济发展水平的新路。1984年，国家正式确定开放天津、大连、上海等14个沿海城市，以促进这些沿海城市通过充分利用自身优势和国家优惠政策实现率先发展。在国家政策的支持下，这些地区经济迅速发展、效率明显提升，城镇化进程也快速推进。

这一时期，改革开放一方面提高了经济社会发展效率，另一方面在一定程度上阻止了城乡二元结构的进一步加剧，从而有助于实现较高水平的共享。据统计，1979—1991年，全国城镇化率由18.96%提高到26.94%，年均提高约0.67个百分点；人均GDP由423元提高到1912元；城乡居民收入分别由405元、160.2元提高到1700.6元、708.6元，城乡居民收入差距指数①由2.53降低至2.40。

---

① 这里笔者以城乡居民收入差距指数衡量共享的程度，用城镇居民人均可支配收入和农村居民人均纯收入之比表示。

2. 改革开放深化阶段（1992—1995年）

改革开放初期的十多年，中国通过打破"平均主义"，实现了向追求效率的转变。全国城镇化进程得到了稳步推进，经济发展水平得到了显著提高，国内普遍贫穷的局面得到了一定改善。但由于中国人口基数大、底子薄，还有很大一部分地区仍然没有脱离贫困。因此，在改革开放深化阶段，仍需大力发展生产力，不断提升效率，同时也要兼顾公平。

邓小平南方谈话和党的十四大召开之后，中国逐步确立了市场经济体制。随着市场经济体制的不断完善和改革开放的全面推行，中国城镇化进程进一步推进，经济发展水平进一步提高。在这过程中，也体现出对共享的追求。一是逐步改革分配制度。1992年，党的十四大报告中提出了"按劳分配为主体，其他分配方式为补充"的分配制度，以兼顾效率与公平。随后，党的十四届三中全会又提出，"建立以按劳分配为主体，效率优先、兼顾公平"的收入分配制度。这个时期的分配制度将效率放在首位，同时兼顾公平。二是进一步加强扶贫开发工作。为了解决农村贫困问题，国家于20世纪80年代开始开展扶贫开发工作，到90年代，全国农村贫困人口已降至8000万人。为了进一步解决农村贫困问题，从而缩小东西部发展

表19.8　　　　　　　　城镇化稳步推进阶段（1979—1995年）
中国对实现共享的实践探索

时间	实践探索	影响
1979—1995年	相继实行农村与城市的经济体制改革	提升了经济社会发展效率，对破除城乡二元结构的机制进行了初步探索，有助于实现较高水平的共享
	实行对外开放的决策：设立深圳等4个经济特区，开放天津等14个沿海城市	
	逐步改革分配制度：党的十四届三中全会确立了"效率优先、兼顾公平"的收入分配制度	有助于缩小城乡和地区差距，从而实现较高水平的共享
	进一步加强了扶贫开发工作：制定并发布了"八七扶贫攻坚计划"	
	基于地区差距问题，提出坚持区域协调发展的政策方针	

资料来源：笔者自行整理。

差距，国务院于 1994 年制定并发布了"八七扶贫攻坚计划"，旨在力争用 7 年左右的时间，基本解决 8000 万农村贫困人口的温饱问题。在这个计划的指导下，中国各级政府以"效率优先、兼顾公平"为原则，进一步加强了扶贫开发工作。三是基于中国经济发展过程中出现的地区差距问题，党的十四届五中全会提出了"坚持区域经济协调发展，逐步缩小地区发展差距"的方针。

1979—1995 年，随着改革开放的不断深入，中国城镇化进程稳步推进、城镇化水平不断提高，全国城镇化率由 18.96% 提高到 29.04%，年均提高 0.63 个百分点。同时，经济发展效率不断提高、发展水平不断提升，国内生产总值由 4062.6 亿元提升至 58478 亿元，人均 GDP 由 423 元提高到 5091 元。这为实现较高水平共享提供了一定的基础。在此过程中，国家也为实现共享进行了实践探索，如开展"八七扶贫攻坚计划"等，但城乡居民收入差距指数总体上仍呈现递增趋势（见图 19.1）。可能是因为这一时期的城镇化水平仍然相对较低，所以无法为实现共享提供更好的基础。虽然国家对破解城乡二元结构的机制进行了初步探索，但由于计划经济时期形成的城乡二元结构问题较为严重，因而对较高水平共享的实现产生了较大影响。

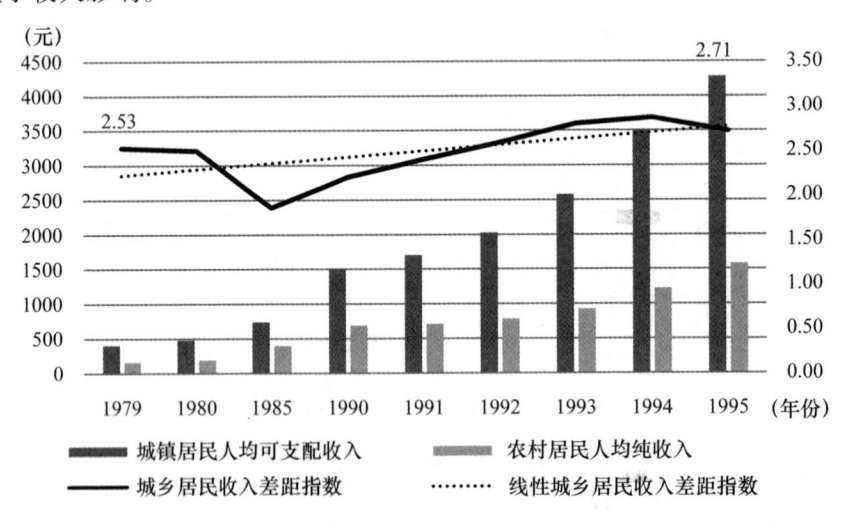

图 19.1　1979—1995 年中国城乡居民人均收入与城乡居民收入差距指数

资料来源：《中国统计年鉴 2017》《新中国六十年统计资料汇编》。

（三）城镇化快速推进阶段（1996年至今）对实现共享的深入实践

1. 国家层面

1996年以来，随着改革开放的进一步深入，中国城镇化进程快速推进、城镇化水平显著提高。1996—2017年，全国城镇化率由30.48%提高到58.52%，年均提高约1.34个百分点，远高于前两个阶段的推进速度。这一时期，"共享"一词被正式提出，尤其是在党的十八届五中全会上，"共享"发展理念被提出。

"九五"期间，中国城镇化进程保持了较快的推进速度，城镇化率平均每年提高约1.44个百分点。随着城镇化进程的快速推进，中国经济迅速发展、效率明显提升，人民生活水平也显著提高。为了使人民共同享有改革发展成果，党的十五大报告首次明确要求"保证人民共享经济繁荣成果"，并提出要坚持"效率优先、兼顾公平"的分配原则，以通过规范收入分配，遏制收入差距扩大的趋势，从而使收入差距趋于合理。同时，基于西部地区与东部沿海地区之间的差距，党的十五届四中全会明确提出要实施西部大开发战略，以缩小地区差距、促进区域协调发展。从实际情况来看，这一时期全国城镇化共享程度总体上呈上升趋势，城镇化共享指数由1996年的110.19上升到2000年的115.25[①]。

"十五"期间，党中央再次强调保证人民共享发展成果。针对经济发展过程中的城乡发展差距问题，在"八七攻坚计划"目标基本实现的基础上，党中央出台了两份指导中国农村扶贫开发的政策纲要，以推动农村贫困地区进一步发展。同时，为了遏制中西部地区与东部沿海地区差距扩大的趋势，党中央在实施西部大开发战略的基础上，相继出台了东北振兴战略和中部崛起计划，至此形成了比较完善的区域发展战略体系，对缩小地区差距、促进区域协调发展具有重要的指导意义。此外，党的十六大报告提出了"初次分配注重效率、再分配注重公平"的分配原则。这一时期，城镇化快速推进的势头稍微放缓，全国城镇化率平均每年提高约1.33个百分点，低于"九五"时期的水平。而全国城镇化共享程度总体上仍呈上

---

① 数据来自第十八章实证分析的结果，下同。

升趋势，城镇化共享指数由 2001 年的 118.04 上升到 2005 年的 135.59。这很大程度上是政府实施的一系列政策、战略发挥了作用。

"十一五"期间，在全国城镇化进程迅速推进（城镇化率平均每年提高约 1.40 个百分点）的同时，党的十七大报告明确提出发展成果由人民共享，并提出"初次分配和再分配都要处理好效率与公平的关系，再分配更加注重公平"。这一时期，随着农村贫困地区、欠发达地区经济发展水平的不断提高，城乡、地区差距扩大的趋势得到了遏制，全国城镇化共享程度呈上升趋势，城镇化共享指数由 2006 年的 140.02 提高到 2010 年的 173.85。

"十二五"时期，针对中国经济发展过程中出现的收入差距、城乡区域公共服务水平差距等问题，共享发展理论被提出，并且强调要以共享发展理念引领新型城镇化建设。党中央也通过推进户籍制度改革、促进基本公共服务均等化等措施，不断提升城镇化建设质量。2011—2017 年，中国城镇化快速推进势头有所放缓，全国城镇化率平均每年提高约 1.21 个百分点。同时，为了进一步加快贫困地区发展，习近平总书记于 2013 年提出了"精准扶贫"的概念，国家随之制定并实施了精准扶贫的工作方案，并于 2016 年出台了"十三五"期间的扶贫攻坚计划。为了进一步促进区域协调发展，在实施"西部大开发"等战略的基础上，2014 年召开的中央经济会议中提出要重点实施长江经济带等三大战略，党的十九大报告明确提出加大力度支持"老、少、边、穷"地区的发展。同时，党的十九大报告还提出了实施乡村振兴战略，以逐步实现全体人民共同富裕。在一系列政策、战略的支持下，全国城镇化共享程度不断上升，共享水平大幅度提高。

表 19.9　　城镇化快速推进阶段（1996 年至今）关于实现共享的主要方略

序号	方略	作用
1	区域协调发展战略	缩小地区之间的差距，促进区域协调发展，从而实现共享
2	扶贫开发政策	推动（农村）贫困地区进一步发展，促进共同富裕
3	乡村振兴战略	着力推动农村发展，逐步实现全体人民共同富裕

资料来源：笔者自行整理。

（1）区域协调发展战略

多年来，中国区域协调发展战略形成并不断完善，对缩小地区差距具有重要的意义。习近平总书记在党的十九大报告中明确提出了实施区域协调发展战略的要求，以实现基础设施通达程度均衡化、基本公共服务均等化以及人民生活水平均等化的目标，从而实现共享发展。主要内容有：一是大力支持"老、少、边、穷"地区的发展。主要通过完善财政转移支付机制，加大对"老、少、边、穷"地区的转移支付力度，支持这些地区的进一步发展。二是深入实施"西部大开发"等四大战略。关于"西部大开发"，主要通过加大政府支持和财政转移支付力度，加强交通等基础设施和生态文明建设，推进资源型产业转型，改善教育、医疗等公共服务水平等方式，提升西部地区自身发展能力。关于"东北振兴"，主要通过产业结构调整与深入市场化改革，振兴东北等老工业基地。具体内容包括：发展现代农业和高新技术产业、推进资源型城市转型发展、构建补偿与援助机制、深化国有企业改革、加强交通等基础设施等。关于"中部崛起"，充分发挥中部地区的区位和资源优势，通过大力推进城镇化建设和产业发展促进中部崛起。具体内容包括：加快发展现代农业和高新技术产业、积极推进优势产业结构调整、大力支持煤炭基地建设、建立并完善交通网络体系等。关于"东部率先发展"，主要是要求东部地区率先提升自主创新能力、以创新驱动发展，从而率先实现产业结构优化升级，并带动中西部地区发展。同时，不断提高对外开放水平，逐步提升国际竞争力。三是积极推进"京津冀协同发展"等战略。关于"京津冀协同发展"，主要以疏解北京非首都功能为中心，促进京津冀地区实现合作共赢。关于"长江经济带"，主要以"共抓大保护、不搞大开发"为原则，将长江经济带沿岸的生态环境建设放在首位。四是构建更加有效的区域协调发展机制。主要包括区域战略统筹、市场一体化发展、区域合作与互助、区际利益补偿、基本公共服务均等化、区域政策调控、区域发展保障等机制。

（2）扶贫开发政策

为了支持贫困地区的发展，中国近年来相继制定并实施了一系列扶贫开发政策，主要有对口帮扶、农村扶贫开发、精准扶贫等。关于对口帮扶，早在1996年，国家就制定了对口帮扶的政策，其中明确要求北京等9

个东部沿海省市和大连等4个计划单列市积极开展对内蒙古等10个省区的帮扶，通过资金支援、产业合作、人才技术交流等方式，帮助西部贫困地区脱贫，以实现东西部协调发展。经过多年实践，中国东部对口帮扶西部取得了一定成效。为了进一步支持西部贫困地区发展，国务院于2013年出台了关于对口帮扶贵州的指导意见，旨在通过深入推进扶贫开发攻坚等四项措施，促进贵州这个贫困问题最严重的省份发展。2016年，习近平总书记在东西部协作扶贫座谈会上提出，新时期对口帮扶工作应遵守"完善对结、深化帮扶"等四点要求。同年，为了加强东西部扶贫协作，中央出台了相关指导意见，其中明确了开展产业合作等五大任务。关于农村扶贫开发，2000年年底，国家"八七攻坚计划"中的目标基本实现，为了推动农村贫困地区进一步发展，党中央又相继出台了2001—2010年和2011—2020年的扶贫开发纲要，2011—2020年的纲要提出了专项、行业、社会等扶贫举措。关于精准扶贫，2013年，习近平总书记在湖南考察时提出了"精准扶贫"的概念，并强调扶贫应因地制宜。随后，中央相继制定并实施了一系列方案，有力地推动了精准扶贫工作的开展。2015年，习近平总书记在贵州考察时强调，扶贫开发重在"精准"；同年，他在扶贫开发工作会议上提出，坚决打赢脱贫攻坚战。2017年，党的十九大再次强调坚决打赢脱贫攻坚战，并提出坚持精准扶贫与脱贫的原则。为了促进脱贫攻坚，2018年，党中央出台了关于脱贫攻坚的三年行动计划，其中包括支持深度贫困地区脱贫攻坚、加强精准帮扶举措、改善贫困地区基础设施等方面的内容。

(3) 乡村振兴战略

乡村振兴是实现城乡共享发展的重要途径。2017年，习近平总书记在党的十九大报告中提出了实施乡村振兴的战略。随后，党中央于2018年年初制定了相关的法规，其中阐释了实施乡村振兴战略对于实现共同富裕的重大意义，明确了到2020年、2035年和2050年的目标与任务，并从构建现代农业体系、推动生态环境治理与保护、提升乡风文明、构建现代乡村治理体制、提高民生保障水平、摆脱贫困、完善制度建设、培育乡村人力资本及拓宽投融资渠道等方面提出了具体要求。在此基础上，2018年9月，《乡村振兴战略规划（2018—2022年）》印发，对各地区推进乡村振兴具有重要的指导意义。

2. 地方层面

近年来，地方政府积极响应国家的号召，大力实施扶贫开发政策和乡村振兴战略，一些地区积累了先进的经验，其中那些可推广和复制的经验，对中国其他地区具有重要的借鉴意义。

（1）实施扶贫开发政策

①开展对口帮扶

1996年，党中央制定了对口帮扶的政策，其中要求福建对口帮扶宁夏。福建、宁夏积极响应国家号召，随即开展了对口帮扶工作。20多年来，闽宁两省区将对口帮扶工作作为一项重要的任务，不断进行实践与探索。经过长期实践探索，逐步形成了对口帮扶的"闽宁模式"，有力地促进了宁夏经济社会的发展和人民生活水平的提高。2017年，宁夏人均GDP达到了50765元，约是1996年的12.93倍；城镇居民人均可支配收入和农村人均纯收入分别为29472.3元、10737.9元，约是1996年的8.16倍、7.58倍。其主要经验包括：

第一，坚持联席推进。闽宁两省区充分发挥党领导的政治优势，创建了党政联席会议制度，以保证新举措的制定及其效果。联席会议每年召开一次，会上主要总结过去一年帮扶的经验、研究帮扶过程中产生的问题、制定新一年的帮扶举措，并督促协商成果落地。第二，坚持结对帮扶。在对口帮扶中，闽宁两省区实行了"市县结对帮扶"的措施，福建三十多个县（市、区）轮番对宁夏的九个县（区）进行帮扶。在结对帮扶中，两省区通过加大对贫困群众就业技能培训并持续开展劳务输出，引导他们主动脱贫。同时，福建还对宁夏的基础设施和公共服务设施进行了援建。总之，通过"一对一"精准帮扶，有利于促进宁夏实现精准脱贫。第三、坚持产业带动。福建依靠宁夏具有的劳动力、土地等资源优势，推进部分传统产业向宁夏进行迁移，并与宁夏合作培育新兴产业。同时，还帮助宁夏发展特色种植、养殖业，同时大力推进"菌草技术"扶贫项目的落地。而宁夏也主动融入"一带一路"建设，积极与福建展开全方位的合作。第四，坚持互学互助。在对口帮扶中，福建多次选派干部、教师、医生等到宁夏帮助工作，宁夏也多次选派干部到福建挂职培训。通过挂职锻炼，有力地推动了扶贫脱贫进程。第五，坚持社会参与。闽宁两省区通过建立激励机制的方式，引导社会团体、民间组织等通过捐款、投资等方式积极参与对口帮扶工作，从而形成帮扶合力，有效地促进了宁夏贫困地区的发展。

②实施精准扶贫

作为中国贫困问题最严重的省份，党的十八大以来，贵州按照"精准扶贫"的要求，大力实施了"大扶贫战略行动"，并取得了显著的成效。2013—2017年，全省共有464.68万农村贫困人口脱贫，贫困发生率由21.3%降低至7.75%。经过几年的实践探索，该省逐步积累了脱贫攻坚的"贵州经验"，主要包括：

第一，坚持精准识别。在开展扶贫工作之前，首先通过"四看识真贫工作法"精准识别贫困对象。一是查看贫困对象的住房条件；二是查看贫困对象的耕地拥有量及其收成情况，同时查看生产生活条件；三是查看贫困对象的劳动能力；四是查看贫困对象的文化程度。第二，坚持方法创新。近年来，贵州积极实践"互联网＋"的模式，通过"扶贫云"将相关指标合成脱贫指数，并将其划分为三个等级：60分以下的是贫困户，60—80分的是已达到脱贫标准但很容易返贫的农户，80分以上的是稳定脱贫的农户。以此作为辅助识别贫困户的标准，同时也是精准施策的重要依据。同时，贵州在扶贫过程中注重增强贫困地区、贫困对象的内生动力。通过"产业扶贫"，不断提高贫困地区的自我发展能力，从而推动贫困地区实现可持续发展。第三，实行易地搬迁。贵州通过大力实施易地扶贫搬迁政策，帮助山区的贫困户逐步走向城镇，加快了贫困户实现脱贫的进程。据统计，2017年全省实施易地扶贫搬迁76.3万人。此外，贵州还采取了相关政策措施为扶贫工作"兜底"，如出台了《贵州省大扶贫条例》、实行了易地扶贫搬迁"1＋6"政策措施等。

（2）实施乡村振兴战略

①推进农村集体产权制度改革

多年来，随着城镇化进程快速推进，城市规模不断扩大、城镇化水平不断提高，但与此同时，农民利益不平衡、不协调问题也日益凸显。对此，上海市闵行区于20世纪90年代开始探索农村集体经济组织产权制度改革。截至2017年年底，全区累计完成了142个村的集体经济组织产权制度改革，占应改总量的99%；2个镇（虹桥与七宝）的集体经济组织改革也已经完成。总共成立了138个新型集体经济组织，使得30多万成员变身为股民，拥有的集体资产股份超过86亿元（央广网，2018）。在改革过程中，最重要的是坚持"一村一策"原则、"输血"和"造血"并举以及村民参与管理的管理模式。

第一，坚持"一村一策"原则。由于每个村的资产、人员等情况不同，闵行区在进行农村集体经济组织产权制度改革时，坚持"一村一策"的原则。"一村一策"，即根据村民的愿望决定集体资产的改革模式，并根据每个村的实际确定改革方案和实施细则，成立能够促进村民持续增收的现代化股份企业。在改革过程中，从评估到处置村级组织集体资产，村民代表大会都具有绝对的权威，从而能够有效地保障农民（特别是失地农民）的权益。按照"一村一策"原则，莘庄工业区于2009年成立了中国首个社区股份合作社。工业区首先对村级集体经济进行改制，在清产核资的基础上，将集体资产量化到集体经济组织全体成员，依据组织成员从事农业生产的年限（"农龄"）设置股权，参照上海市有关撤制村、队时处置集体资产的政策确定股权量化的范围和对象，并制定了具体的公正、合理的办法。在此基础上，组建成立了"上海市莘庄工业区社区股份合作社"。股份合作社的设立，离不开工业区公共财政的大力支持，管委会根据情况安排了1.5亿元的财政资金。股份合作社成立之初，共有7057位农民入股，入股率为72%，入股股金达1.1168亿元。

第二，坚持"输血"和"造血"并举。在成立新的集体组织基础上，为了使入股的农民能够享受分红，闵行始终坚持"输血"和"造血"并举，即在对农村进一步完善托底保障、鼓励结对帮扶的同时，通过构建农民长效增收机制，不断提高农村集体经济的可持续发展能力。2008年，闵行区出台了一些关于促进经济薄弱村发展的政策，旨在从经济补差、结对帮扶入手，提升薄弱村自我发展的能力。这种"输血"模式取得了一定成果，为日后全方位构建"造血"机制奠定了基础。2012年，制定了关于构建农民长效增收机制的政策，标志着帮扶模式由"输血"为主向"造血"为主转变。

第三,坚持村民参与管理的管理模式。经过改革,村民参与集体资产管理,从而形成了集体经济自主经营、村委会民主决策的新型管理和运行机制,原来由少数村干部掌握和支配集体资产、监督缺位的状况也有所改变。此外,闵行区利用改革的契机,建立了"四金"收入保障制度,保障每位集体经济组织成员同时拥有薪金(或养老金)、股金、租金和社保金。

②推进农村建设

陕西省汉中市西乡县位于陕西省南部,虽然属于经济相对不发达的地区,城镇化水平也相对较低,但为了推进城乡共享发展,近年来该县加快推进农村建设,并将社区建设作为农村建设的有效载体。在社区建设过程中,该县总结出了注重科学规划、突出均衡发展、坚持以人为本等经验(程兴忠、刘春生、胡长斌,2016),这些经验具有十分重要的借鉴意义。

第一,注重科学规划。县政府在制定并出台关于社区建设的政策性文件的基础上,通过实地调研,构建了社区建设的总体框架:对于以农业为主,居住比较分散的地区,按照"美丽乡村"的标准进行建造;对于以第二、第三产业为主、居住比较集中的地区,则按照"新型农村社区"的标准进行建造。

第二,突出均衡发展。在社区建设过程中,首先需要解决资金问题。县政府科学地整合了各类项目资金用于社区建设。如解决农户居住分散问题的资金来源于移民搬迁资金,公共服务设施的建设资金来源于产业配套、基础设施建设资金等资金。在此基础上,县政府根据不同社区的特点,遵循"区别对待、协调推进"的原则进行社区建设。

第三,坚持以人为本。在新型社区建设过程中,西乡县始终坚持以人为本,将满足农村群众的需求作为重要内容。一是使用"四议两公开"工作方法,在社区建设的每一环均广泛征求村民的意见,同时,处理好社区建筑、道路、广场、院落和绿地之间的关系。二是使用网格化管理方法,构建了基层管理的新模式。并突出建设"八室两栏两院一场"社区服务站,"一站式"统一集中办理各种服务事项,完善教育、医疗、社保等服务机制,从根本上改善农村群众的生产生活方式。三是通过挨家挨户确定就业和产业项目,确保每一户居民均有稳定的收入来源,从而促进社区的可持续发展。

③推动农业转移人口融入城市

多年来，随着城镇化进程不断推进，越来越多的农业人口和劳动力向城镇和各级城市转移，为了让这些农业转移人口融入城市生活，享受城镇化的成果，推动农业转移人口市民化已经成为各地工作的重要内容。江西省九江市近年来不断推出相关新政策、新举措，主要包括建立失地农民的医疗和养老保障体系、建立新市民的住房保障体系以及解决失地农民就业和其子女入学问题等内容。

第一，建立失地农民的医疗和养老保障体系。为了让失地农民医有所保，从2008年起，九江市失地农民可参加新农合医疗保险。现如今，九江城乡居民基本医疗保险实行"并轨"，覆盖了除城镇职工医保应参保人员以外的其他所有城乡居民。新的城乡居民基本医疗保险政策中包含了实施家庭账户门诊保障、提高住院医疗总体待遇等内容，这在很大程度上提高了失地农民的医疗保障水平。而为了让失地农民老有所养，作为试点的庐山区于2009年制定并实施《失地农民基本养老保险试点方案》。当前该区实施的政策是，失地农民初次参保补缴的费用由个人与政府分别承担50%（江慧等，2010）。第二，建立新市民的住房保障体系。近年来，随着城镇化进程快速推进，拆迁农民的安置工作越来越重要。为了保证拆迁的农民有房可住，九江市高标准建设安置小区并妥善还房。同时，辖区内学校、超市、菜市场等配套设施也同步建设，以使拆迁农民无后顾之忧。而为了解决农民工住房问题，2009年以来，武宁县根据各级政府出台的关于保障性住房建设的政策，并按照廉租房建设的相关要求，在工业园区内建设了一批"新市民"公寓楼。九江市以"武宁模式"为范本，积极推动了"新市民"公寓的建设。第三，解决失地农民就业和其子女入学问题。为了解决失地农民就业问题，市、县两级人社部门构建了失地农民利益保障机制，以帮助农民就业。同时，通过制定并实施优惠贷款等政策，引导失地农民自主创业。而为了解决失地农民子女入学问题，九江市根据失地农民的不同情况，出台了相应的解决措施。例如，对于搬离原住所的失地农民，其子女可按新住房地址就近入学。

总之，自1996年以来，随着改革开放的进一步深入，中国城镇化快速推进，国家从中央和地方两个层面全力推进共享发展，取得了明显成效，为探索城镇化进程中的共享发展提供了中国方案。

三 本章结论

（1）英国、美国、日本三个国家在城镇化快速发展阶段和发展高度发展阶段为实现共享构建了相关机制，主要涉及破解城乡二元结构和推进区域协调发展两方面。由于注重城乡之间、地区之间发展机会与发展成果的共享，在城镇化水平提高的同时，居民的生活水平也得到了显著提高，因而城乡之间、地区之间的差距较小，有利于同时实现城镇化和共享发展双重目标，值得中国学习借鉴。

（2）计划经济时期中国追求的共享是低水平的，因为只考虑了公平而忽视了效率。在这种情况下，城镇化水平很低，社会生产力发展水平也很低，因而无法向居民提供丰裕的物质资料，从而使得每个人只能追求基本的物质生活，而没有条件追求高层次的精神生活，因此居民的生活水平普遍都很低。并且对居民采取普遍统一的管理模式，使得每个人参与共建活动的积极性、主动性和创造性大大降低，个人的能力不能很好地得到展现与发挥，这在很大程度上抑制了城镇化进程的推进，从而不利于经济社会发展水平的提升。这一时期形成的城乡二元结构，对共享的实现产生了一定的负面影响。总之，只讲公平，不讲效率，只能实现低水平的城镇化和低水平的共享。

（3）改革开放以后，特别是实行社会主义市场经济体制以来，"效率优先，兼顾公平"的政策导向使中国城镇化水平显著提高，共享指数也同步提高。但是，由于长久以来存在的城乡二元结构根深蒂固，地区和城乡发展差距依然巨大，中国在共享发展方面还有很大的潜力可挖。近些年，中国在推进城镇化进程的同时，为追求高水平的共享，制定并实施了一系列促进共享发展的方略，如区域协调发展战略、扶贫开发政策、乡村振兴战略以及财政转移支付、对口帮扶等，地方政府积极落实这些方略并且一些地区还积累了可推广和复制的经验，值得认真总结。

（4）城镇化发展是实现共享的基础，但城镇化水平提高时，并不能自然而然地实现高水平共享，还需要构建系统的共享机制。为实现更高水平的共享，今后应坚定不移地推进城镇化战略，着力破除城乡二元结构，大力推进区域协调发展以及积极实施具有中国特色的共享方略，构建系统的城镇化共享机制。同时，基于中国城镇化和共享水平的地区差异，还要探索差异化的城镇化共享路径，即因地制宜、分类施策。

第二十章　中国城镇化进程中共享机制的构建

一　推进城镇化建设的相关机制

城镇化建设是实现共享的基础。为了实现更高水平的共享，应立足中国基本国情和已有城镇化建设基础，同时考虑城乡和区域差距加大、社会矛盾日益凸显的现实，建立健全城镇化推进机制。主要包括城镇发展质量提升机制、推进农业转移人口市民化的机制以及农民利益补偿机制等。

（一）城镇发展质量提升机制

当前中国已进入城镇化建设速度和质量并重阶段，今后应逐步转变城镇发展方式，着力提高城镇综合承载力，建立健全城镇发展质量提升机制。

第一，大力提升产业支撑能力。一方面，全面调整优化产业结构。对于大城市，应着重发展高新技术产业和生活性服务业，逐步将生产性服务业和制造业向周边中小城市和城镇转移，从而形成以服务经济为中心的产业结构；对于中小城市，应主动承接大城市的产业转移，着力推进先进制造业和生产性服务业集聚发展，不断提升发展效率；而对于小城镇，应主动融入周边城市，充分利用区域优势和资源优势发展特色产业。另一方面，大力提升创新能力。一是将企业作为创新的主体，通过出台相关政策支持和引导企业开展技术研发和科技成果转让，不断提升其创新能力；二是充分整合创新资源，如科技、教育、人才等，实现各类资源的有效融合，如大力推动高校、科研院所等与企业进行合作；三是积极营造鼓励创新的良好环境,如建立健全投融资体系,为创新提供资金支持。

第二,着力改善基本公共服务。一是大力发展公共交通,构建以公共交通为主的出行系统,不断提升公共交通的发车频率和覆盖率。二是不断提高市政基础设施水平。如加强供水设施改造与水源保护,保障供水安全;加强电网改造与升级,提高供电的安全性与稳定性;完善地下排水管网建设,提升应对极端天气的能力;加强污水和生活垃圾处理设施建设,提高无害化处理能力。三是逐步完善公共服务设施。根据常住人口的规模与分布,统筹布局学校、医院、文体场所等公共设施。

第三,以城市群为主体构建大中小城市和小城镇协调发展的格局。作为城镇化高度发展的国家,英国、美国、日本在这方面具有先进的经验,中国应充分借鉴他们的经验,构建协调发展的城镇化格局。一是逐步打破行政区划的界限,大力推动城市群内部城市之间开展全方位深度合作。二是加快完善城市群轨道交通、高速公路、高速铁路等交通基础设施的建设,促使产业、人口形成梯度推进的格局。三是加快发展中小城市和城镇。一方面,强化中小城市和城镇与大城市之间产业分工与合作,逐步将大城市的一些政府部门或其下属机构迁移到其周边的中小城市和城镇,并且鼓励高校、科研院所等向周边中小城市和城镇迁移;另一方面,不断提升中小城市和城镇的市政基础设施和基本公共服务设施建设水平,引导优质资源向其配置。

(二) 推进农业转移人口市民化的机制

在城镇化进程中,为了加快消除农业转移人口融入城市面临的多重障碍,应建立健全农业转移人口市民化机制。

第一,建立健全落户制度。一是健全北京、上海等大城市的积分落户制度,从而为普通劳动者提供落户的机会;二是全面放开中小城市和建制镇的落户限制,并逐步简化落户程序。这样一方面有利于经济效率的提升,另一方面有利于实现基本公共服务均等化。

第二,推进城乡基本公共服务均等化。一是不断完善教育体系,确保随迁子女基本都能在城镇公办的中小学接受九年义务教育;二是积极开展农业转移人口职业技能培训,提升就业能力;三是将农业转移人口纳入城镇医疗和卫生服务体系，并为其提供基本的服务；四是把已落户城镇的农业转移人口之前的农村医疗和养老保险按规定接入城镇社保体系，并做好相关工作；五是将已落户的农业转移人口纳入城镇住房保障体系，满足符合条件的人群的基本住房需求。此外，还应通过逐步扩大城镇基本公共服务的覆盖面，确保未在城镇落户的农业转移人口基本上能与城镇居民享受同等的公共服务。

第三，提升农业转移人口社会参与度。一是着力提高各级人民代表、政协委员中农民工的比例，积极引导农业转移人口加入党组织，促进参政议政；二是鼓励发展"非公"经济，不断提高农业转移人口的经济参与度；三是通过科普教育等方式，鼓励农业转移人口参与社区建设与管理。

第四，优化财政转移支付制度。中央和地方政府应按照不同时点、不同区域农业转移人口的规模和市民化成本等，动态调整财政转移支付的规模和结构。对于东部发达地区，中央应引导其依托自有财力不断加大财政支持力度，为农业转移人口提供与城镇户籍人口同等的基本公共服务。

（三）农民利益补偿机制

1. 农民土地承包权退出补偿机制

在中国，农村土地属于农村集体经济组织所有，凡是农村集体经济组织的成员均可无偿承包土地，并且承包的土地可以依法、有偿进行流转。在此制度下，承包土地的农民不仅可以享受作为农村集体组织成员的权益，而且在土地流转时也可以得到相应的补偿。若进城务工的农民放弃土地却得不到合理补偿的同时又失去农村集体组织成员的资格，他们将会选择继续占有土地。这样一来，农村的土地得不到有效利用，而且在一定程度上也阻碍了城镇化进程。因此，应积极探索构建农民退出土地承包权的补偿机制。

第一，设立合理的补偿标准。对于退出土地承包权的农民，应给予合理的补偿，使其自愿退出土地，从而积极参与城镇化建设。具体的补偿标准可以通过评估土地的市场价值一次性支付或定期支付土地租金，还可以按照土地增值收益的一定比例进行确定。

第二，多渠道筹措补偿资金。为了支付农民自愿退出土地的补偿金，应从多种渠道筹措补偿资金。一是政府可制定相关政策并建立专项资金，对自愿退出土地的农民进行奖励和补贴，从而激励农民退出土地；二是农村集体经济组织可将收回的土地出租给规模经营者，用收取的土地租金支付自愿退出土地农民的补偿金，同时还可以通过成立公司、合作社等新型集体经济组织，按照农民所持股份对土地收益进行分配；三是政府可借鉴日本的先进经验，引导农民自发成立农协组织，专门收购、经营土地，将经营土地所得的收益用来支付退出土地农民的补偿金。同时，政府应向土地规模经营者、新型集体经济组织以及农协组织提供优惠贷款等方面的支持。

第三，建立健全监督保障机制。为了保证退出土地的农民得到科学、合理的补偿，政府应制定并出台配套的法律法规，通过法律手段规范和约束相关主体的行为；同时，设置监督管理部门，对农民退出土地的整个过程进行监督。

2. 农民宅基地使用权退出补偿机制

为了促进农民自愿退出宅基地使用权，避免因强制要求农民退出宅基地而引发的一系列社会问题，政府应构建农民自愿退出宅基地使用权的补偿机制。在构建补偿机制时，主要从以下三个方面进行考虑。

第一，设立专项补偿资金。为了鼓励农民自愿退出宅基地，政府应制定配套政策并设立专项资金，对自愿退出宅基地的农民进行补偿。专项资金主要来源于政府财政收入，各地政府也可以鼓励民间资本加入，以保证专项补偿资金的充足。

第二，设置多元化的补偿方式。为了充分尊重农民的意愿，在对自愿退出宅基地的农民进行补偿时可采取多元化的方式。针对已在城镇就业安家或即将在城镇就业安家的农民，可按照相关标准给予一次性资金补偿，具体标准可根据宅基地的区位等因素进行设定；对于不愿意接受一次性资金补偿的农民，可与农村集体经济组织进行协商将退出的宅基地全部量化折股，参与现代股份企业的经营，同时每年依据持有的股份享受收益和分红。针对因拆迁而退出宅基地的农民，可实行住房补偿。其中，对于居住在农村的农民，可为其提供新修建的同等面积的楼房作为补偿；对于"城中村"、城市郊区的农民，可为其将宅基地置换为同等面积的商品房。

第三，建立健全监督保障机制。为了保证退出宅基地的农民得到科学、合理的补偿，政府应制定并出台配套的法律法规，通过法律手段规范和约束相关主体的行为；同时，可设置专门的管理部门，一是负责对农民退出的宅基地进行收回、置换等工作，二是负责运作专项补偿资金，以确保专项资金落实到位，三是对农民退出宅基地的整个过程进行监督。

二 破除城乡二元结构的相关机制

破除城乡二元结构是实现城乡共享发展的关键。改革开放以来，中国就破除城乡二元结构进行了一系列实践探索，今后应在此基础上，建立健全破除城乡二元结构的相关机制，包括促进要素自由流动的市场化机制、促进公共资源均衡配置的机制、城乡合作机制、城乡生态补偿机制以及促进乡村振兴的相关机制，等等。

（一）要素自由流动的市场化机制

为了促进城乡要素自由流动，今后应不断深化市场化改革，建立健全城乡人口、土地、资本、科技等要素自由流动的市场化机制。

第一，建立健全城乡人口合理流动的机制。一是建立健全落户制度，打破阻碍劳动力自由流动的户籍壁垒，推动城乡人口合理流动。二是建立统一规范的就业市场，使劳动者具有平等的就业权利与机会。三是逐步推进城乡统一的社会保障制度。

第二，探索建立城乡土地流转的市场化机制。一是在农村土地确权的基础上，尝试对农村土地产权进行改革，组建能够促进农民可持续增收的现代股份制企业。二是有条件的地区可将农村土地"集中"起来进行规模化经营，发展现代农业，不断提升土地的利用效率。三是全面推行城乡建设用地增减挂钩政策，逐步实现土地最优配置。同时，还应设立土地流转管理机构，以促进土地在城乡之间实现合理流动。

第三，建立城乡资本自由流动的机制。一是在加大财政支出向农村倾斜的同时，不断提高财政资金的使用效率，并通过税收优惠等方式引导城市资本流入农村地区。二是建立健全农村信用体系，不断完善农村投融资机制，吸引城市资金进入农村。

第四，建立城乡科技资源自由扩散的机制。一是引导高校、科研院所与农村的企业展开合作，促进科研成果的转化。二是设立专项资金，扶持和培育一批科技型企业。三是提高农村互联网的覆盖率，促进创新要素在城乡之间自由流动。

（二）公共资源均衡配置的机制

为了使全体城乡居民能够共享城镇化成果，在城镇化进程中应推进公共服务均等化，促进城乡公共资源均衡配置，主要包括教育、医疗卫生、住房、社会保障等方面。

第一，大力推进义务教育均衡化发展。自2011年全面普及义务教育以来，中国每个适龄儿童都拥有了受教育的条件和机会，但由于城乡之间、地区之间在办学条件等方面存在差异，教育不均衡发展现象日益凸显，这将对中国经济社会发展造成不利影响。为了解决此问题，应大力推进义务教育均衡化发展，努力改善农村和偏远地区中小学的办学条件，不断提升他们的教学质量。一是完善教育经费保障机制。综合考虑经济社会发展情况，不断加大教育经费的投入，同时加大教育经费向农村和偏远地区倾斜的力度。二是完善教师保障机制。中国可借鉴日本的经验，不断完善教师保障机制。首先，出台一系列优惠政策吸引更多的人才到农村和偏远地区任教，不断提高农村和偏远地区教师队伍的专业水平；其次，深入推进教师工资改革，大力提升农村和偏远地区教师的工资待遇；最后，定期为农村和偏远地区的教师进行专业培训，逐步改善其教学水平。三是加强农村和偏远地区中小学互联网建设，从而使教师可以获得先进的教学资源。学生可以获得优质的学习资源，进而缩小与城市和发达地区的教育差距。在改善农村和偏远地区中小学办学条件的同时，还应着力保障新市民子女接受义务教育的权利。首先，各级政府应将新市民子女教育纳入城市教育发展规划，并按新市民子女的数量拨付专门的教育经费用于公办学校建设，保障新市民子女在公办学校接受义务教育的权利。其次，各级教育部门应积极推进新市民子女入学工作，协调相关部门共同制定新市民子女入学程序，确保新市民子女能够按时入学。再次，各个公办学校应将新市民子女与当地学生一视同仁，保障新市民子女能够享受到公平的待遇。最后，各级教育部门做好监督审查工作，确保新市民子女能够平等地接受义务教育。

第二，深入推进医疗卫生均衡化发展。一是完善医疗卫生经费保障机制。综合考虑经济社会发展情况，不断加大医疗卫生的投入，同时不断提高医疗卫生经费向农村和偏远地区倾斜的力度，以确保医疗卫生机构能够有充足的经费开展工作。二是完善医生保障机制。首先，出台一系列优惠政策吸引更多的人才到农村和偏远地区工作，不断提高农村和偏远地区医生队伍的专业水平；其次，深入推进医生工资改革，大力提升农村和偏远地区医生的工资待遇；最后，大力支持农村和偏远地区的医疗机构建立远程医疗服务平台，使其能够同步学习国内外先进的医疗技术。三是全面推动城乡居民基本医疗保险"并轨"，着力构建覆盖亿万城乡居民的医保体系，使城乡居民能够更加公平地享受医保权益。

第三，逐步完善住房保障机制。目前，中国已初步形成了以廉租房、经济适用房、棚户区改造房等实物保障为主，区别不同收入水平的住房保障体系。随着城镇化进程快速推进和住房领域矛盾日益凸显，应逐步完善住房保障机制。一是因地制宜确定保障性住房的规模和结构。随着城镇化进程不断推进，中国已形成大中小城市完备的城市体系，不同规模城市的居民在年龄结构、就业结构及收入结构等方面差异较大，因此各地应因地制宜确定保障性住房的规模和结构，从而使城市低收入者、新市民等群体拥有住房保障。二是全面推进公租房和廉租房"并轨"运行。从2014年开始，中国一些省（区、市）陆续推进公租房和廉租房"并轨"运行。公租房和廉租房的"并轨"运行，能够给城市低收入者、新市民等群体带来更大的便利。因此，应全面推进公租房和廉租房"并轨"运行。三是逐步探索共有产权房制度。近年来，随着城镇化快速发展，住房供需矛盾日益凸显，而新市民的住房问题更加明显。为此，部分省（区、市）推广了共有产权房以缓解供需矛盾。今后应进一步开展试点，探索建立共有产权房制度。四是完善投融资机制。保障性住房建设是一个长期的工程，需要大量的资金。近年来，中央财政不断加大资金投入力度，地方政府也通过多种方式不断增加保障性住房建设资金。但总的来看，持续稳定的资金投入机制尚未形成。因此，各省（区、市）应逐步完善保障住房投融资机制，通过税收优惠、贷款优惠等方式引导社会资金参与保障性住房建设。

第四，逐步完善社会保障机制。一是完善城乡居民养老保险制度。2014年，国务院决定建立全国统一的城乡居民养老保险制度，以调节收入分配、促进城乡协调发展。经过几年的实践，城乡居民养老保险"并轨"成效显著。今后，应继续完善城乡居民养老保险制度。一方面，不断加大财政资金的投入力度，并且通过多种渠道筹措资金，减轻贫困人口的负担。另一方面，通过电视、网络等媒体或直接进村入户的方式不断加大宣传力度，吸引城乡居民自愿参保。同时，探索构建养老基金长效运行的机制。二是完善最低生活保障制度。目前，中国一些城市如北京、上海、南京等已经实现城乡低保标准"并轨"，今后其他城市也应逐步实现城乡低保标准"并轨"，以缩小城乡差距。同时，中央应加大对欠发达地区的资金支持力度，以减轻欠发达地区政府的压力。地方政府应设立专门的监管部门对低保资金的去向进行监管，以保证低保资金合法高效使用。

（三）城乡合作机制

多年以来，中国城乡居民收入、基本公共服务、基础设施等方面存在着较大差距。为了统筹城乡发展，应充分利用城镇在人才、技术、资本、管理等方面的优势和农村在自然资源、劳动力、优惠政策等方面的优势，通过合作的方式实现联动发展，从而缩小城乡差距。主要合作有：

第一，经济领域的合作。一是城镇地区可帮助农村地区引进资源型、劳动密集型等产业的项目，以促进当地发展经济。二是城镇地区可通过资金援助、技术支持等方式帮助农村地区建设工业园区，并引导企业在工业园区集聚发展；对于那些不适宜建立工业园区的农村，可采取异地建立工业园区的方式。

第二，教育领域的合作。一方面，构建城乡教育干部交流机制。通过选派城镇中小学中高层干部到农村挂职和选拔农村中小学中高层干部到城镇参加培训，加强城乡教育干部之间的学习与交流。另一方面，选派城镇中小学教师到农村进行支教，并将其作为工作考核的重要内容。

第三，医疗领域的合作。政府应鼓励城镇医院兼并农村卫生院（所）

并设立分院，城镇医院应定期选派骨干医生到农村分院坐诊并为原农村卫生院（所）的卫生人员进行培训，同时选拔农村卫生人员到城镇医院参加进修，以不断提高其业务水平。

第四，交通、水利、电力等基础设施领域的合作。如城镇地区应通过调整、增加公共交通线路的方式，不断提升农村公交通达率，从而为城乡在经济等领域的合作奠定基础。

（四）城乡生态补偿机制

目前，北京、上海等地相继出台了城乡生态补偿的相关政策措施，并取得了不错的效果。在此基础上，各省份应建立健全城乡生态补偿机制。一是完善城乡生态补偿财政转移支付制度。为了确保城乡生态补偿能够长效运行，各级政府应根据自身财力水平，进一步完善财政转移支付制度。在加强对生态保护区等特殊区域的财政转移支付力度的同时，不断扩大生态补偿财政转移支付范围，主要包括生态农业、绿色加工业、生态旅游业等。二是设立城乡生态补偿专项资金。各级政府在完善财政转移支付制度的基础上，还应设立专项资金，主要用来支持生态修复工程建设以及提供一些奖励与补贴。生态补偿专项资金的来源除了财政补助资金之外，政府还可以引导社会资金加入。三是建立健全监督保障机制。为了推进生态补偿工作，省级环保部门应牵头成立生态补偿部门，以指导生态补偿工作的开展。市县级政府应在生态补偿部门的领导下，积极推进本区域内生态补偿工作。同时，设立专门的监督部门，对生态补偿工作进行监督。此外，不断加大电视、网络等媒体的舆论监督力度，鼓励全社会积极参与监督生态补偿工作。

（五）促进乡村振兴的机制

1. 产业支撑能力提升机制

第一，着力提高农业发展水平。一是大力推进农业技术研究，促进农产品提质增效；二是大力推动农产品深加工，通过延长产业链条，提高经济发展效益；三是采用"互联网＋"的模式，构建农产品的销售平台。

第二，大力推动农业与第二、第三产业融合发展。充分利用区位、资源等优势，大力推动产业融合发展，逐步提升产业竞争力，打造独具特色的品牌。同时，通过多种渠道进行宣传推广。

第三，大力推动绿色发展。一是大力研究并推广节水节肥节药技术，不断提高水资源、肥料及农药的利用率；二是大力推进生态农业，推动废弃物无害化处理和资源化利用；三是积极推行"农牧结合"，促进农业和畜牧业协调发展。

第四，积极落实质量兴农战略。在促进农产品提质增效的同时，建立健全监管管理体系，保证农产品的质量和安全。

2. 农民合作互助机制

早在中华人民共和国成立初期，党中央就陆续颁布了关于农业生产互助合作和发展农业生产合作社的决议，以引导农村开展互助合作运动。在当时的条件下，重点发展了农业生产合作社。如今，在新修改的农村土地承包法的契机下，应按照"政府引导、社会参与、多元创办、市场运作"的思路，大力发展各种类型的农村新型合作组织，重点发展农民专业合作社和现代化股份企业，以推动农业现代化发展，从而提高农村经济发展水平。

第一，高质量发展农民专业合作社。一是政府应引导农民将土地承包权、宅基地使用权、实物等各种要素作价出资办社，引导达到一定标准的合作社依靠土地、资本、技术、品牌等要素，通过兼并重组等方式组建较大规模的联合社，以发挥集聚效应和规模效应。二是政府应支持合作社带领农户发展家庭农场，以推进农业规模化经营；鼓励有条件的合作社大力发展休闲农业，以推进一二三产业融合发展；引导合作社与农业龙头企业进行合作，以实现合作共赢。三是政府应针对合作社成员定期开展专业合作社法、专业合作社登记管理条例等内容的培训，以规范合作社设立和运行。四是政府应加大资金、税收、土地、项目、人才、技术等方面的扶持力度，并对合作社进行分类管理，同时注重监督指导。

第二，积极组建现代化股份企业。按照农民的意愿，通过存量折股等方式将村集体资产量化折股给组织集体成员，然后组建现代股份制企业。作为现代股份制企业的股东，农民可以按照自己所持股份享受收益和分红。为了确保农民能够持续增收，政府应该坚持"输血"和"造血"并举，在加大资金、税收方面扶持力度的同时，还应加大政策、项目等方面的倾斜力度。在这过程中，为了更加有效地保障农民的权益，应积极探索村委会民主决策的新型管理和运行机制，改变原来监督缺位的状况。

第三，在发展各种类型的农村新型合作组织的过程中，政府还应引导农民自发成立具有非营利性质的组织，主要负责监督新型合作组织的设立和运行，以维护农民的利益，同时助推农民实现可持续增收。

3. 生态环境修复与保护机制

第一，深入推进退耕还林工程。通过发放补助的形式引导农民退耕还林，不断扩大退耕还林的规模。在农民退耕后，确保其享有林木所有权；并鼓励退耕农民在条件适宜的退耕地发展经济林，同时鼓励其与新型林业经营者进行合作，不断提高收入水平。

第二，加强采煤沉陷区、水土流失区、荒漠化地区等灾损区的治理，并采用先进技术逐步恢复其原有的林草植被。同时，严格限制生态保护区等特殊区域矿产资源的开发与利用。

第三，逐步完善水治理机制。主要通过积极推行河长制，构建系统、完善的河长责任体系，逐步提高水污染治理、水生态修复等水平。同时，大力推广"互联网+"的模式，实现对居民饮用水的智能化管理。

第四，加强土壤的污染治理和保护。一是根据土壤被污染的程度将其划为不同的类型，并对不同类型的土壤采取不同的治理措施；二是对未利用的土壤采取严格的保护措施，以预防被污染。

4. 农村文化建设机制

第一，加强文化遗产的保护与传承。一是系统开展文化遗产资源的普查工作，建立健全保护名录；二是对文化遗产进行分类，并对不同种类的文化遗产采取不同的保护与传承措施；三是对于非物质文化遗产，一方面加大"非遗"传承人的培训工作，另一方面采用"互联网+"的模式对"非遗"进行宣传与推广。

第二，大力推进文化产业发展。一是深入挖掘农村文化的内涵，促进文化资源优势转变为产品优势；二是着力打造文化创意精品，发展具有特色的文化创意产业；三是积极推进文化产业与农业、旅游业融合发展，助力实现共赢发展；四是通过加大在电视、报纸等传统媒体以及微信、微博等互联网新媒体的广告投放量，不断加大宣传力度。

第三，不断丰富农民文化生活。一是逐步提高图书室等公共文化设施建设水平，不断满足农民的需求；二是逐步推进广播电视设备的改造和升级，实现农村地区广播电视全覆盖；三是积极组织开展形式多样的群众性文体活动，丰富农民的精神生活。

5. 农村民生保障机制

第一，大力发展农村教育。一是大力支持普惠性民办幼儿园建设，逐步完善以公办和普惠性民办为主的学前教育服务体系；二是积极实施国家义务教育相关政策，不断提升义务教育水平；三是通过提高农村教师待遇等方式，确保农村师资水平。

第二，逐步提高农村医疗卫生水平。通过完善农村地区医疗卫生服务体系建设，逐步提高医疗卫生水平。一是大力推进农村卫生院（所、室）达标建设，不断提高医疗卫生服务水平；二是建立健全农村卫生人员培训制度，逐步提高农村卫生人员业务水平；三是适当提高农村卫生人员的待遇水平。

第三，完善农村社会保障服务体系。一是健全城乡统一的居民医疗保险和养老保险体系，不断提高农村居民的医保报销比例和养老待遇；二是改造升级农村养老服务设施，全方位推进养老服务体系建设。

三 促进区域协调发展的机制

在城镇化进程中，为了促进区域协调发展从而实现共享发展，应建立健全促进区域协调发展的机制，主要包括促进区域要素自由流动的机制、区际利益补偿机制、区域合作机制以及区域生态补偿机制，等等。

（一）区域要素自由流动机制

区域要素自由流动指的是劳动力、资本、技术、信息等要素在区域内部和区域之间的自由流动。为了促进区域要素自由流动，应逐步打破行政区划的界限，建立全国统一的市场。一是全面推行全国统一的市场准入负面清单制度，使各类市场主体具有同等的市场准入条件。二是逐步优化营商环境，尤其是中西部地区的营商环境，不断提升市场活力。三是全力消除妨碍统一市场的种种做法，营造公平竞争的市场环境。

(二) 区际利益补偿机制

基于中国地区差距较大，在城镇化过程中应因地制宜构建区际利益补偿机制。主要包括：

第一，构建粮食主产区与主销区利益补偿机制。一方面，中央应加大对粮食主产区的转移支付力度，用于提高农田基础设施建设水平、提升农户种粮技术等方面，以提高粮食生产能力，降低农户种粮成本。另一方面，粮食主销区应通过资金补偿，在主产区建立粮食生产基地、产业园区以及为主产区提供人才、资金、技术支持等方式对主产区进行补偿。其中，资金补偿的额度可根据粮食主产区与主销区的人口与播种面积进行确定。

第二，健全资源输出地与输入地利益补偿机制。中央在加大对资源输出地支持力度的同时，应引导资源输入地通过共建园区、产业合作、"飞地经济"等多种方式帮助输出地发展接续替代产业，从而实现共享发展。其中，虽然"飞地经济"是资源输出地与输入地之间的一种合作发展方式，但其本质上更是一种资源输入地对输出地发展机会的补偿方式。通过"飞地经济"，资源输出地可以通过"飞地项目"得到补偿性的发展机会，从而提升经济社会发展水平。

(三) 区域合作机制

由前文分析可知，中国城镇化进程中共享程度在空间上呈现正相关关系，即31个省份之间存在着明显的学习、协同和网络效应，省份的共享发展将会带动区域的共享发展。因此，应深入推进省际区域合作，不断提升合作水平。对于发达地区，应大力推进省份之间深度合作，逐步形成优势互补、联动发展的局面，从而最大限度地发挥辐射带动作用。对于欠发达地区，应大力推进与发达地区的合作。通过借助承接产业转移示范区等平台，推进欠发达与发达地区共建园区，以带动欠发达地区发展经济。一是坚持规划先行的理念，构建规划引导机制。依据交界地区各城市的发展现状并结合他们各自的规划，制定区域整体发展规划，明确各城市的功能与作用。二是打破行政区划的界限，促进产业分工与合作。为了避免产业雷同，省际交界地区的各城市应发挥比较优势，推动产业差异化发展。同时，以产业链为纽带，深化产业之间的合作并形成联动发展。三是着力解决"断头路"等问题，尽快实现交通基础设施共建共享。目前，中国省际交界地区普遍存在"断头路"问题，这在很大程度上阻碍了城市之间的交流与合作。对此，应协商制定并出台"断头路"打通规划，指导区域内"断头路"的顺利打通。同时，对于重要的对外通道，区域内各城市应共同定线、共同修建、最终共同享用。四是从整体利益出发，加强生态环境保护与治理。通过构建环境联防联治机制，促进省际交界地区实现成本共担、利益共享。

（四）区域生态补偿机制

目前，中国大多数省份已制定并出台了省内或省际的横向生态补偿相关政策措施。为了进一步完善横向生态补偿机制，应大力推行多样化的生态补偿方式，坚持"输血"与"造血"并举，即除资金补偿外，还应推行对口协作、产业转移、共建园区等多种补偿方式。比如，南水北调工程的受水区和供水区之间可以展开对口协作。受水区产业基础好，经济发展水平高，供水区资源禀赋优势明显但经济发展水平不足，两者可在生态环保等方面展开合作，同时受水区可在产业发展等方面对供水区提供支持。关于产业转移，在国家主体功能区规划背景下，中国部分地区或流域因承担生态屏障功能而无法承接产业转移，从而失去了发展经济的机会。鉴于此，可通过建立"配额制"模式，使承担产业转移区域中的部分地区或流域通过转让配额获得补偿，而获得配额的地区或流域通过发展经济来提供补偿金。共建园区即借助发达地区的发展经验和优势，带动欠发达地区发展经济，从而缩小地区之间的发展差距，其中最为普遍的是共建产业园区。

四　具有中国特色的共享机制

为了更好地实现共享，在城镇化进程中，应利用中国独特的政治优势和制度优势，建立健全具有中国特色的共享机制，如对口帮扶机制、脱贫攻坚机制等。

（一）对口帮扶机制

建立健全具有中国特色的对口帮扶机制，有利于全体人民共享城镇化的全过程。城镇化进程中的对口帮扶机制主要包括城乡对口帮扶机制和区域对口帮扶机制。

1. 城乡对口帮扶机制

早在1996年，党中央就制定并出台了对口帮扶的政策，当时的政策旨在促进东部沿海省市对口帮扶西部贫困省区。如今，基于城镇化进程中的城乡差距，也应建立健全城乡对口帮扶机制，帮扶的形式主要有城郊结对、街镇结对、村企结对等，帮扶的内容主要涉及产业、教育、医疗以及基础设施等多个方面。

在产业帮扶方面，城市政府应在资金、技术、人才等方面给予支持，促进农业规模化经营，提升农业发展水平。同时，充分利用农村地区的资源优势，推动农业与第二、第三产业融合发展。

在教育帮扶方面，城市各级各类学校应在政府的引导下，积极参与对口帮扶工作。一是对农村学校基础设施建设提质提供资金支持；二是定期为农村学校的学生提供图书和文具等学习用品；三是定期选派中层以上干部到农村学校挂职、选派骨干教师交流教学经验，以帮助农村学校不断提升学校管理、教学教研等方面的水平。

在医疗帮扶方面，严格按照卫生部等部门联合出台的《城乡医院对口支援工作管理办法（试行）》，建立健全"重点托管"对口帮扶机制。"重点托管"即城市医院在对农村卫生院（所）进行综合评估后，按照其实际需求，派遣相关专业人员进行帮扶。帮扶的内容主要包括：一是选派中层以上干部和骨干医生组成医疗团队，在医院管理、医疗技术等方面进行定期的扶持；二是帮助农村卫生院（所）建立远程医疗服务平台，使其同步学习国内外先进的医疗技术；三是对农村卫生院（所）的医护人员进行专业化培训。

在基础设施帮扶方面，包括农业基础设施，农村交通、供水、供电等基础设施以及公共服务设施建设等的帮扶也可以有所作为。

2. 区域对口帮扶机制

国家对口帮扶政策制定及实施以来，中国东西部地区对口帮扶工作成效显著。今后应进一步健全对口帮扶机制，深入开展东部与西部地区之间的对口帮扶工作。第一，以产业帮扶为重点，全方位开展对口帮扶工作。关于产业帮扶，应在原有产业园区的基础上，大力提升产业园区建设水平。一方面，以"积极推进精准对口帮扶"为原则，充分利用东部地区发展优势和西部地区资源优势，逐步推进园区产业转型升级，从而提升对口帮扶质量。另一方面，不断加大资金投入力度。一是以财政资金为基础，逐步引入社会资本参与园区建设；二是对积极吸纳贫困人口就业的企业给予资金奖励；三是对园区的重点产业项目实行贷款、税收等方面的优惠。此外，还应逐步完善园区及周边地区的基础设施建设，不断提高生产与生活环境，从而为招商引资创造更加有利的条件。第二，进一步改善对口帮扶的监督考核机制，从而更有效地促进对口帮扶工作的展开。帮扶双方应通过协商设立专门的监督考核部门，对对口帮扶工作进行监督，同时开展科学的考核工作，并将考核结果作为干部提拔的重要依据。

（二）脱贫攻坚机制

为了加快贫困地区尤其是农村贫困地区实现脱贫的进程，在城镇化进程中，应建立健全脱贫攻坚机制。

第一，大力发展特色农业。一是中央和各级政府不断加大财政转移支付力度，支持农村贫困地区开发特色农产品，同时制定特色农业扶贫项目。二是地方政府逐步扩大农村贫困地区的招商引资力度，为贫困地区引进扶贫企业，同时通过贷款贴息等方式引导扶贫企业与特色农业扶贫项目进行对接。三是不断加强特色农业技术支持。通过支持农村贫困地区引进新技术并组织专家进行技术指导的方式，提高贫困地区的农技水平。四是推进特色农产品产销对接。大力支持农村贫困地区发展电子商务，助推特色农产品对外销售；同时，积极引导贫困地区开展"农超对接"，助推特色农产品产销一体化。

第二，积极发展乡村旅游。鼓励农村贫困地区充分利用当地自然和人文旅游资源，通过发展旅游业助力脱贫。一是根据贫困地区的实际情况，科学编制关于发展乡村旅游助力脱贫的规划，并实现与其他规划的合理对接。二是开发休闲度假区等独具特色的旅游产品，推动旅游业与特色农业融合发展。三是改善旅游基础设施和公共服务建设水平。例如通过推进旅游公路的建设，不断提高旅游景区的通达性；通过开展"厕所"革命，大力提升旅游形象。四是加强招商引资力度。通过旅游商品博览会、旅游项目招标会等平台，不断加强农村贫困地区的招商引资力度。

第三，着力提高基础设施建设水平。关于水利设施，一是改善贫困地区农田水利建设水平，提高农业生产能力；二是按照农村饮用水安全标准对农村饮水安全工程进行严格把关；三是充分调动社会力量参与农村贫困地区水土保持建设。关于电力设施，一是不断加大财政转移支付力度，推进电网的改造和升级，逐步实现农村贫困地区电网全覆盖。二是充分利用国家关于光伏扶贫的相关政策，大力推广光伏扶贫项目。关于交通基础设施，主要是加快推进农村贫困地区"四好农村路"建设，为贫困群众的生产生活提供保障。

第四，大力发展教育、卫生等公共事业。关于教育，一是不断扩大教育资源规模，并对其进行优化，逐步提高农村贫困地区学前教育和义务教育发展水平；二是健全各级各类学生资助制度，优先将建档立卡的贫困家庭学生列入资助范围，以实现"精准"资助。关于医疗卫生，一是改善农村贫困地区卫生院（室）的基础设施，不断提高其服务水平；二是构建覆盖贫困地区的远程医疗服务平台，实现医疗资源共享；三是开展贫困地区卫生人员综合培训计划，不断提升其业务水平。

第五，深入实施"以工代赈"政策。一是科学、合理地规划以工代赈工程的布局和投资，着力提升农村贫困地区基础设施建设水平，同时增加贫困户的收入。二是把以工代赈投入到农民专业合作社等新型合作组织或产业扶贫项目中，拓宽贫困户的收入来源。三是加强对以工代赈工程的监督和管理，通过实时跟踪工程进展和资金使用情况，及时解决工程建设过程中出现的问题，促进以工代赈工程的顺利进行，助推贫困户增收脱贫。

第六，扎实推进易地扶贫搬迁。对于生产生活条件极差的贫困地区，应积极推进易地扶贫搬迁。一是严格按照易地扶贫搬迁标准对贫困户进行精准识别，同时对搬迁的贫困户进行建档立卡，从而保证政策的有效实施。二是综合多方面因素合理选择集中安置区的地址，防止出现再次搬迁。三是建立搬迁贫困户收入增长的长效机制。通过扶持搬迁后续产业发展，并对搬迁的贫困户成员进行职业培训，确保其收入长效增长。四是大力推进搬迁贫困户原有住房拆除、土地复垦工作。在这过程中，要妥善保护历史文物古迹，同时充分利用贫困地区城乡建设用地增减挂钩节余指标异地交易的政策。

此外，还要逐步完善社会保障制度，充分发挥社会保险、社会救助在农村贫困地区脱贫中的重要作用。

五 相关保障机制

为了使全体城乡居民能够共享城镇化成果，在城镇化进程中还应建立健全相关保障机制，主要包括收入保障机制和法律保障机制。

（一）收入保障机制

收入保障主要包括三方面的内容：一是限制过高收入；二是保障适度收入；三是维持最低生活水平收入。近年来，随着中国城镇化进程快速推进，居民生活水平不断提高，但分配问题较为突出，城乡、地区之间的收入差距较大。较大的收入差距在一定程度上抵消了城镇化给居民带来的好处，并由此引发一系列社会矛盾。因此，应建立健全居民收入保障机制，主要包括：

第一，基于经济增长的收入保障。随着城镇化进程的进一步推进，中国经济增长稳中有进。为了使全体居民共享城镇化发展成果，应坚持居民收入同步增长，逐步完善居民工资正常增长的机制。

第二，基于产业结构调整的收入保障。随着产业结构的不断调整，各行业对劳动者技能的要求越来越高，一些劳动者尤其是来自农村、贫困地区的劳动者拥有的技能越来越不适应环境的变化，而学习新技能也需要一定的时间，因此这些劳动者将面临失业危机。为了保障这些劳动者的基本权利（如生存权、发展权等），政府应对他们提供适当补贴，同时积极推行终身职业技能培训制度,大力提升劳动者的职业技能和适应职业变化的能力。另外,在中国城镇化进程中,民营企业逐步兴起并发展壮大。民营企业的发展对于促进经济增长、带动居民就业意义重大。政府应通过营造良好的营商环境,出台税收优惠、贷款优惠政策等方式支持民营企业的发展,从而提高企业家和劳动者的收入水平。

第三,基于城乡居民养老保险制度实施的收入保障。近年来,城乡居民养老保险制度的制定与实施,对缩小城乡差距起了重要作用。为了进一步缩小城乡差距,化解社会矛盾,应不断完善城乡居民养老保险制度。一是继续加大财政转移支付力度,逐步提高养老金待遇,并建立健全养老金待遇正常增长的机制;二是出台相关的政策措施,为养老基金的保值增值创造更多的渠道。同时,进一步加强宣传力度,不断提高居民参保的积极性。

(二) 法律保障机制

从英国、美国、日本的经验来看,实现高水平的共享离不开法律法规的保驾护航。在依法治国的背景下,中国可借鉴国外先进的经验,着力完善法律保障机制,在推进城镇化进程的同时,不断提升共享水平。一是建立并完善相关法律法规体系,着力解决法律不系统、不全面、不配套,权责不清,执行不力,监督不力等问题。二是充分利用电视、网络等媒体的作用,加大法律法规宣传力度;同时通过开展培训等方式加大法律知识的普及力度,尤其加强对新市民的法律教育,切实保障他们的合法权益。

第二十一章 中国城镇化进程中共享路径的探索

本章将在前几章研究的基础上，对中国城镇化进程中的共享路径进行探索。由于中国城镇化水平和共享程度存在显著的地区差异，因而在构建城镇化共享路径时应因地制宜、分类施策，并充分尊重城镇化与共享之间的正相关关系。

一 城镇化水平较高省份的共享路径

通常情况下，城镇化水平较高的省份，共享水平也相对较高，这类省份今后应积极承担国家责任，大力实施对口支援和对口帮扶的相关政策，助力实现共享发展。由第十八章实证研究结果可知，城镇化水平较高的7个省份共享程度存在差别，其中，北京的共享程度较高，上海、天津、广东、江苏、浙江的共享程度居中，而辽宁的共享程度较低。

(一) 城镇化和共享程度均较高的省份

北京是城镇化水平和共享程度均较高的城市，作为首都，今后应不断提升城市包容性，继续深入实施对口支援和帮扶政策。

第一，不断提升城市包容性。一是完善积分落户制度，引导外来人口在城市发展新区落户，同时，合理地规划郊区住宅区的分布，科学地选择商品房、竞限房、共有产权房、公共租赁房的地址，并提高住宅区配套基础设施和公共服务设施的建设质量。二是在现有交通网络体系的基础上，提高公路、轨道交通网的密度，尤其是城市发展新区交通路网的密度，同时根据实际情况合理增加公共交通运营车辆，尤其是城市发展新区轨道交通的运营车辆，不断提高公共交通的覆盖率和发车频率，逐步缓解交通压力。三是依托自有财力不断加大对教育、医疗、社保等基本公共服务的投入力度，为外来人口提供与本市户籍人口同等的基本公共服务。

第二，深入实施对口支援和帮扶政策。在1996年国家出台的对口帮扶政策中，明确要求北京对口帮扶内蒙古，经过20多年的实践，内蒙古脱贫成效显著。近年来，国家又相继提出了对口支援新疆和田、西藏拉萨、青海玉树、湖北巴东以及对口帮扶河北等安排。今后北京应加大对口支援和帮扶力度，加快受帮扶地区实现脱贫的进程。一是不断加大财政转移支付力度，并且严格向深度贫困地区倾斜；二是依托科技、人才等优势，帮助贫困地区发展劳动密集型的特色产业，吸纳贫困人口就业；三是利用帮扶资金，积极开展教育医疗的精准扶贫，同时大力改善环境；四是继续选派干部到受援地区进行挂职锻炼，并积极开展结对帮扶。

（二）城镇化水平较高共享程度居中的省份

上海、天津、广东、江苏、浙江属于城镇化水平较高共享程度居中的省（市），这些省（市）均位于中国东部沿海地区，经济发展水平较高，今后应在进一步提升本地共享水平的同时，力所能及实施对口支援和帮扶政策。

1. 进一步提升本地共享水平

上海生态环境共享程度相对较低，今后应加大力度改善环境，逐步提高生态环境共享程度。一是加强生活垃圾处理设施建设，提高垃圾资源化利用水平；二是大力推动污水处理厂进行"提标改造"，提升污水处理能力；三是加大城市绿道、公园、绿地、林地等生态空间建设力度。

天津的生态环境共享程度也相对较低，今后应着力提升环境质量，一是全面开展生活垃圾分类，建设生活垃圾无害化处理设施；二是加快污水处理厂"提标改造"和配套管网建设；三是大力实施生态修复工程。同时，天津应充分利用自身区位优势，加强与北京联动发展。

广东的城镇化水平仅次于北京，在中国31个省份中处于相对领先地位，但经济发展和公共服务的共享程度相对较低，今后也应依托自有财力，不断加大对教育、科技、文化、医疗卫生、社会保障、住房保障等方面的支持力度，同时采取多项措施推动公共服务水平的提升。第一，大力发展教育事业。一是加强公办幼儿园和普惠性民办幼儿园与农村中小学校建设；二是优化高校布局，同时不断提升其入学率；三是提升职业教育发展水平。第二，着力提升医疗卫生服务水平。一是加快建设高水平医院，提升医疗设施水平；二是加大医生培养力度，提升医生职业素质。第三，完善社会保障体系。一是大力推进城乡医保一体化改革，完善老年人医疗养老相结合的服务体系；二是落实国家相关政策，逐步提高城乡居民养老保险待遇。

江苏经济发展共享程度相对较低，生态环境共享程度也不高，今后一方面从创业、就业、救助等方面入手，大力提升居民收入，促使全体人民共享城镇化建设成果。另一方面，积极推进生态文明建设。一是加强污染源的管理与控制，提升污染物收集、处理能力；二是大力推动能源清洁化、垃圾资源化；三是着力推进长江两岸绿化和生态修复工程。

浙江经济发展共享程度居全国中上水平，城镇化水平也较高，今后一方面推进城镇化过程共享，一是积极落实就业政策，不断提升就业率；二是充分利用民营经济发展优势，积极探索以民营经济促进共享发展的机制。另一方面，作为经济发达的省份，应逐步提高财政对教育、医疗等公共服务的支持力度，促进公共服务水平的提升。

2. 力所能及实施对口支援和帮扶政策

对上海来说，今后应充分利用自身优势，大力开展对口支援新疆、西藏，对口帮扶云南。一是充分利用上海的技术、人才等优势和受援地区的劳动力等资源优势，助力实现合作共赢；二是依托教育、医疗卫生等资源优势，以产业项目为载体，提升受援地区的教育、医疗卫生水平。

对天津来说，今后应坚持精准扶贫、结对帮扶，大力对口支援新疆、西藏、青海，对口帮扶甘肃、河北。一是加大产业、科技、金融、基础设施方面的帮扶力度；二是加大民生保障方面的资金支持，三是积极引导本市各类组织、个人等参与支援帮扶，同时举办相关的公益活动。

对广东来说，今后应加强对口支援新疆、西藏以及四川甘孜，对口帮扶广西。一是在本省设立农民工服务站，为来自受援地区的农民工提供服务；二是对受援地区的干部进行定期培训，同时为农民工就业搭建平台。

对江苏来说，今后应全力对口支援西藏、新疆、青海，对口帮扶青海、陕西、贵州。一是因地制宜发展产业，促进资源互补；二是加大智力帮扶的力度，增强受援地区的内生动力。

对浙江来说，今后应坚持精准扶贫，加强对口支援西藏、新疆，对口帮扶四川、贵州等省区，同时总结可推广和复制的先进经验，为其他省份提供借鉴。

（三）城镇化水平较高共享程度较低的省份

从第十八章实证研究结果来看，辽宁属于城镇化水平较高共享程度较低的省份。2016年，该省城镇化率达到67.37%，超过全国平均水平（57.35%）约10个百分点，但城镇化共享程度在全国31个省份中排名靠后，今后应在大力实施东北振兴战略基础上，不断提升共享水平。

第一，完善市场机制，促进国企改革和民营企业发展。促进国企改革，一是坚持"政企分开"等原则，使企业真正成为市场主体；二是建立健全法人治理结构；三是着力解决国企历史遗留问题。促进民营企业发展，制定并出台支持民营企业发展的政策措施，重点解决民营企业发展过程中的困难；逐步放宽市场准入，支持民营企业参与基础设施项目建设；规范民营企业家行为，并对其合法财产进行保护。

第二，深化与北京、上海、江苏的对口合作。一是推动辽宁与京沪苏在优势产业、新型产业等领域进行合作；二是推动辽宁与京沪苏建设产业园区等合作平台；三是大力开展干部人才挂职培训。

第三，加快推进精准脱贫进程。一是加大产业、就业、健康等方面的扶贫力度；二是不断加大对残疾人等特殊贫困群体的帮扶力度。

第四，全面落实"乡村振兴"战略。一是通过建设特色农产品生产基地、采用"互联网+"模式发展电子商务、推动农产品深加工业等方式推动农业高质量发展；二是通过加强生活垃圾、污水处理水平，开展"厕所革命"等方式改善农村生态环境；三是推动第一二三产业融合发展，加快农村发展。

第五，着力保障和改善民生。教育方面，一是加大普惠性民办幼儿园支持力度；二是大力推动义务教育优质资源均衡配置；三是积极支持高校"双一流"建设。文化方面，一是加大公共文化设施的投入力度，丰富居民的文化生活；二是逐步推进广播电视设备的改造和升级，实现农村地区广播电视全覆盖；三是通过多种途径加强文化遗产的保护与传承。医疗卫生方面，一是推进乡镇卫生院（所、室）达标建设；二是采用"互联网+"模式，建立健全远程医疗服务体系；三是完善老年人医疗养老相结合的服务体系。社会保障方面，一是提高退休人口养老金标准和城乡居民养老保险待遇；二是推进城乡居民医疗保险一体化，并逐步提高医保待遇。

第六，加强生态文明建设。一是深入实施三北防护林等生态修复工程；二是健全城乡之间、区域之间生态补偿机制，城乡之间，可通过完善财政转移支付制度、设立专项资金等方式进行补偿；区域之间，可通过对口协作等方式进行补偿。

二　城镇化水平居中省份的共享路径

由第十八章研究可知，依据城镇化率，全国共有16个省份被划分到第二级别，这些省份城镇化水平在全国处于居中的位置，其中福建等7个省份共享程度居中，黑龙江等9个省份共享程度较低。为了在城镇化进程中实现更高水平的共享，从总体上看，这些省份应有序推进城镇化建设，同时采取积极措施促使省域内城乡和地区之间实现共享发展。

（一）进一步推进城镇化建设

1. 着力推进农业转移人口市民化

推进农业转移人口市民化是推进城镇化高质量建设的重要手段。近年来，国家相继出台了一系列促进农业转移人口市民化的政策措施，各地也积极响应，但从目前情况来看，农业转移人口市民化进程较为缓慢。今后应基于现有的城镇化基础，着力推进农业转移人口市民化。

第一，全面放开外来人口的落户限制。2019年，国家发改委发布的《关于培育现代化都市圈的指导意见》再次提出了"放开放宽除个别超大城市外的城市落户限制",福建、黑龙江等16个省份应在原有落户政策的基础上,逐步在所有城市全面放开落户限制,同时对外来人口办理落户的流程进行简化,方便外来人口尤其是来自农村的人口落户。

第二,深化农村产权制度改革。借鉴东部沿海地区省份的先进经验,发挥市场在农村资源配置中的积极作用,推动农村产权制度改革。

第三,着力促进农村转移人口就业。一是建立并完善农业转移人口终身培训制度,不断提升农村劳动力的职业素质和职业技能;二是建立健全城乡统一的就业体系,创造统一、公平的劳动力市场;三是通过提供补助等方式,积极引导符合条件的农业转移人口在城市创业。

第四,依托中央财政转移支付资金和自有财力,加大对城市基本公共服务的投入力度,不断扩大基本公共服务的覆盖面,促使农业转移人口和城市居民享受同等的公共服务。

2. 不断提高产业支撑能力

产业发展能够为城镇化建设提供支撑,而城镇化建设又能为产业发展聚集要素和资源。因此,在城镇化进程中,应积极推动产业发展,不断提高产业支撑能力,同时充分发挥城市群、都市圈在城镇化建设中的积极作用。

第一,积极推动产业发展。对于福建、山东两个东部沿海省份,应合理利用区位优势,坚持创新发展理念,通过培育现代农业、改造传统产业和发展高新产业与现代服务业的方式,全面调整优化产业结构。对于其他省份,应全面落实"西部大开发"等国家战略,同时通过承接东部地区产业转移的方式,大力推动当地产业发展。特别地,对于内蒙古等受援省份,应大力支持产业援助项目建设,不断提升其产业发展水平。

第二,充分发挥城市群、都市圈的积极作用。城市群是推进城镇化的主体形态,而都市圈又是城市群内部的一种空间形态。为了促进产业发展,应充分发挥城市群、都市圈在城镇化建设中的积极作用。一是大力支持城市群、都市圈内部中心城市的建设,促使其带动城市群、都市圈发展;二是积极引导中心城市构建以现代服务业为中心的产业格局、中小城市主动承接中心城市的产业转移,加强城市群、都市圈内部城市之间的分工与协作;三是着力打破城市群、都市圈内部城市之间的行政壁垒,促使要素在城市之间自由合理流动；四是对城市群、都市圈内部交通等基础设施进行统一规划与建设，促使实现基础设施一体化。

3. 注重自然环境和人文环境的保护

2013年召开的中央城镇化会议要求，推进城镇化要坚持生态文明、传承文化。坚持生态文明，即在城镇化进程中坚持绿色发展，最大限度地减少对自然环境的破坏，同时注重节约资源；传承文化，即在城镇化建设中深入挖掘传统文化内涵，建设具有特色的城镇，同时避免"大拆大建"。福建、黑龙江等16个省份应大力推进生态文明建设，同时积极保护和传承当地特色文化。

大力推进生态文明建设，需把生态文明理念纳入城镇化全过程中。一是在城镇建设和发展中，最大限度地减少对大自然的破坏，同时加强对自然保护区的保护，并着力推进长江沿岸生态修复、内蒙古林草资源保护等工程。二是在城镇建设过程中，注重节约集约利用水、土地等资源，不断提高资源利用率。积极保护和传承当地特色文化，需充分利用各地传统文化的优势，深入挖掘传统文化的内涵，建设独具特色的城镇。同时，加强对当地文化遗产的保护与传承。

（二）着力实现区域内共享发展

为了提高共享水平，福建、黑龙江等16个省份在有序推动城镇化建设的同时，还应通过大力实施精准扶贫、积极推进结对帮扶等举措，促使省域内城乡和地区之间实现共享发展。

1. 大力实施精准扶贫

自2013年习近平总书记提出"精准扶贫"以来，各地积极进行实践与探索，部分地区如贵州已经积累了大量的经验。福建、黑龙江等省份应在借鉴"贵州经验"的基础上，因户因人施策，大力实施精准扶贫。主要举措包括：

第一，对于无劳动能力的贫困户，可通过财政转移支付为他们"兜底"，在农村地区，还可通过建立新型集体经济组织，以分红的方式对他们进行帮扶。

第二，对于劳动能力较弱的贫困户，应引导他们将土地经营权、扶贫资金等入股农业合作社或现代化股份企业，从而通过分红实现脱贫。

第三，对于具有一定劳动能力的贫困户，应大力推进产业扶贫。一是利用扶贫资金大力发展现代农业和特色养殖业，不断提高贫困户劳动收入；二是通过建立劳动密集型产业为贫困户提供就业机会，从而助力实现脱贫。

第四，对于具有一定劳动能力、一定文化程度的贫困户，应加大对他们的技能培训力度，支持他们通过创业实现脱贫。此外，对于具有一技之长但自身发展能力不足的贫困户，可通过资金扶持、技术指导等方式，帮助他们实现脱贫。

2. 积极推进结对帮扶

结对帮扶作为扶贫的一种手段，对于实现共享发展意义重大。针对省域内发展不平衡的实际，福建、黑龙江等省份应积极推进地级市之间开展结对帮扶，将经济强市与经济弱市结为帮扶对子，助力实现合作共赢。

一是由省级政府统筹规划本省的结对帮扶行动。各省级政府应根据辖区内各市（盟、区）的实际情况，确定结对帮扶的形式（一对一、多对一等）和具体的名单，并明确帮扶目标和主体责任。同时，通过财政转移支付或设立专项资金的方式大力支持地级市之间开展结对帮扶。此外，省级政府可设置专门的监督管理机构，督促帮扶主体责任的落实和帮扶目标的实现。

二是结为帮扶对子的地级市应全面落实相关政策，以实现帮扶目标。首先，帮扶双方应依托各自的资源优势和产业发展基础，确定具体的产业帮扶项目，同时通过共建园区的方式为产业转移和集聚发展搭建平台。其次，经济强市应积极引导本地高校、科研院所等与受援地相关单位进行结对，通过科研项目落地转化、人才培养等方式，支持受援地发展。再次，帮扶双方还应通过干部人才挂职培训的方式，为受援地培养更多的干部人才。最后，经济强市还应依托上级财政转移支付和自有财力，支持受援地的基础设施建设，同时引导本地社会组织、企业、个人等参与结对帮扶。

此外，内蒙古、陕西、青海、宁夏是国家在1996年确定的对口帮扶受援地区，这些地区应积极落实东部沿海地区的帮扶举措，并逐步将帮扶资金和项目向深度贫困地区倾斜。

三 城镇化水平较低省份的共享路径

由第十八章研究可知,四川、河南等8个省份城镇化水平较低,共享程度也较低。为了在城镇化进程中实现更高水平的共享,这些省份应积极推进劳务输出,同时接受相对发达省份的援助,分享他们改革发展的成果,以实现共享发展。这在一定程度上也有助于推进本地的城镇化进程。

(一) 积极推进劳务输出

积极推进劳务输出,主要是通过建立劳务输出工作机制、开展"订单式"培训、宣传动员等方式,满足东部发达省份的劳务需求。

第一,建立劳务输出工作机制。一是对当地的劳动力进行统计,并建立实名制档案;二是将当地的干部或居民代表作为联络员,主要帮助东部地区发达省份的企业、劳务中介组织开展劳务信息对接和输送组织工作,政府可对联络员进行一定的补贴;三是通过政策优惠、资金支持等方式,鼓励劳务中介组织积极参与劳务输出工作。

第二,开展"订单式"培训。主要是根据东部地区发达省份企业的需求,培训紧缺的专业人员,这样不仅能够缓解劳动力供需矛盾,还能拓宽当地劳动力的就业渠道,从而提升劳动力收入水平。

第三,开展宣传动员活动。一是通过电视、广播、报刊等媒介大力宣传劳务输出工作;二是定期召开劳务输出宣传动员大会;三是及时发布劳务信息,帮助当地劳动力就业。

(二) 接受相对发达省份的援助

对四川来说,今后应主动与浙江、广东等省份对接,充分利用本地劳动力、旅游等资源优势,结合东部地区经济发达等优势,着力增强贫困地区的内生发展动力,积极培养教育、医疗等方面的人才。一是大力推动特色产业建设。如在原有茶产业基础上,大力推动茶产业与康养、旅游等产业融合发展;深入挖掘彝族等少数民族文化内涵,培育发展特色文化产业。二是加强与东部地区在教育、科技、医疗等领域的合作,培育一批

"留得住"的人才队伍。三是通过易地搬迁等方式着力解决贫困户的住房问题，同时着力改善基础设施和公共服务设施条件。

河南是中国的粮食主产区之一，今后应深化与北京、天津等7个粮食主销区之间的合作，促使实现农民可持续增收。一是依托本地的资源优势和粮食主销区的市场优势，通过与其共建生产基地、园区等方式，大力提升种粮户劳动收入同时满足主销区的粮食需求。二是充分利用粮食主销区的技术、人才优势，通过选派种粮户接受技术指导、参加技术培训等方式，推动粮食生产能力和质量不断提升。

改革开放以来，在国家政策和资金策支持下，一些内地省份大力实施援疆项目，助推新疆发展。2010年召开的新疆经济工作会议确定了北京等19个省份的援疆任务，以进一步推动新疆发展。在19个省份的支援下，新疆经济得到快速发展。今后新疆更应充分利用自身的优势和19个省份各自的比较优势，着力推动对口援疆。例如和田地区拥有较为丰富的矿产、光能等资源，且具有种植瓜果的天然优势，而北京在资金、技术、市场等方面具有优势，并将支援和田的重点放在发展产业和促进就业上。因此，和田应在北京的支援下，建立健全就业服务体系，为当地居民尤其是贫困户搭建良好的就业平台；同时鼓励当地居民积极参加瓜果种植技术培训、接受技术指导，通过发展壮大瓜果种植业，实现农民收入可持续增长。

广西自1996年起接受广东的援助，20多年来扶贫协作效果显著。今后，广西应利用地缘优势，主动与广东对接，着力提升发展水平。一是加大人才交流力度。主要包括：定期选派干部人才到广东进行挂职锻炼，以学习先进的管理理念；引导当地企业家到广东相关企业进行参观学习，以学习先进的生产技术与方法；定期安排专业技术人员到广东接受专业培训，以提升技术人员专业水平，从而提升当地的内生发展动力。二是加大对深度贫困地区的扶贫力度。对于广东提供的援助资金，应不断向深度贫困地区倾斜，用于改善深度贫困区的生产生活条件。三是与广东合作开展农村劳动力就业创业培训，并引导有劳动能力的贫困户成员参加培训，同时鼓励他们赴广东工作。

云南自1996年开始接受上海的援助，如今，上海与云南的帮扶合作已由最开始的单向帮扶拓展为双向互动,由最开始的政府之间的援助拓展为社会各界广泛参与。今后云南应深化与上海的对接合作,助力共同发展。一是大力实施精准扶贫战略。在上海现有帮扶的基础上,大力推进云南贫困地区与上海各区结为帮扶对子,积极开展结对帮扶。二是充分利用上海巨大的市场优势,采用"农超对接"等方式不断扩大云南鲜花、茶叶等高原特色农产品的市场。三是鼓励云南各级各类学校与上海的学校进行深层次的交流与合作,同时选派各类专业人才定期赴沪参加培训。

甘肃自1996年起接受天津的援助,其中"消费扶贫"是重要的手段之一。今后,应深化与天津的对接合作,助力实现脱贫。一是大力发展特色产业。例如利用丰富的中药材资源,深入发展中药材产业;同时依托自身旅游资源优势,结合天津资金、人才、市场等方面的优势,科学规划发展旅游业并逐步拓展旅游产业链。二是大力推动电商发展。在天津的支援下,积极推进"互联网+",大力发展电子商务,为甘肃苹果、食用菌等农副产品的销售提供平台。三是着力推进生态环境的治理与保护。

贵州是中国贫困问题最严重的省份,多年来受江苏、浙江等省份的帮扶。今后应将这些省份的帮扶资金主要用在易地搬迁安置点的学校、医院等基本公共服务设施上,使异地搬迁居民基本上可以与城镇居民享受同等的公共服务,从而更好地融入城镇。同时,在产业、教育等领域积极与江苏、浙江等省份进行对接。教育方面,积极组织各级教师骨干到江苏、浙江等省份的结对学校进行交流与培训,学习先进的教育管理理念和方法,并融入本地教学中。产业方面,在江苏、浙江等省份的帮扶下,大力发展中药材等产业,逐步实现规模化发展。

关于西藏,自1994年国家出台对口支援西藏的决策以来,北京等17个省份依托各自的优势并结合受援地区的需要,实施了大批援助项目,这些项目的落地对西藏的发展起到了重要作用。今后,西藏应将援助的项目、资金等逐步向基层和深度贫困地区倾斜,助力实现共享发展。

第二十二章 主要研究结论

一 关于相关文献回顾

（1）大城市化对城乡差距和地区差距有显著影响。如果说城镇化，特别是大城市化追求的是效率，那么共享发展追求的就是公平。只讲效率，不讲公平，或者只讲公平，不讲效率，都不是中国特色社会主义应该追求的目标。如何兼顾效率和公平，也就是在顺应城镇化规律和大城市化规律以及提升全要素生产率的基础上，最大限度地保障公平，是各国城镇化实践都要回答的问题。中国在长期的社会主义建设实践中，在处理二者关系上积累的丰富的经验和教训，可以为世界城镇化实践提供经典范例。

（2）学术界对城镇化进程中城乡与地区差距问题和共享问题的研究为本研究提供了良好的基础，但从研究成果来看，对城镇化与共享的关联关系、城镇化进程中怎样实现共享等问题还缺乏清晰的逻辑关系和合乎情理的答案，深入研究该问题是对大城市化研究的拓展。

二 关于中国共享思想的起源与发展

（1）共享是中国共产党在长期革命斗争和治国理政实践中高度凝练的思想结晶，其思想最早闪烁于马克思恩格斯的经典理论著作中，历经毛泽东、邓小平、江泽民、胡锦涛、习近平等党和国家领导人的阐释和理论总结，成为中国特色社会主义建设的价值取向，对当前中国推进城镇化有极强的理论指导意义。

（2）共享理念应该被纳入城镇化全过程中，其核心要义是：城镇化过程要由人民共建，城镇化成果要由人民共享。在城镇化进程中实现共享是一个由低水平到高水平渐进的过程。

三　关于城镇化进程中共享程度评价结果

（1）伴随城镇化进程的推进，全国城镇化共享程度总体上呈现上升的趋势，即城镇化共享程度与城镇化水平呈现高度正相关关系，城镇化发展对实现共享具有显著的影响。

（2）省份城镇化共享程度与城镇化水平总体上高度正相关，但省份共享程度差异性显著，同时省份之间在共享程度上存在空间正相关关系，说明省份之间存在着明显的学习、协同和网络效应，省份的共享发展能够带动区域的共享发展。

（3）城乡共享程度差异性显著，东部地区城乡共享程度高于中部地区、西部地区城乡共享程度；东部地区内部城乡共享程度较高、中部地区内部共享程度居中，而西部地区内部共享程度较低；同时，各地区城乡共享程度与城镇化水平具有一定的正相关关系。

（4）城镇化发展是实现共享的基础，要实现高水平共享，必须坚定不移地推进城镇化进程。而在城镇化水平提高时，并不能自然而然地实现高水平共享，还需要构建系统的共享机制，选择差异化的共享路径。

四　关于城镇化进程中实现共享的国内外探索

（1）英国、美国、日本三个国家在城镇化快速推进阶段和城镇化高度发展阶段为实现共享构建了相关机制，主要涉及破解城乡二元结构和推进区域协调发展两方面。由于注重城乡之间、地区之间发展机会与发展成果的共享，在城镇化水平提高的同时，居民的生活水平也得到了显著提高，因而城乡之间、地区之间的差距较小，有利于同时实现城镇化和共享发展双重目标，值得中国学习借鉴。

（2）历经计划经济时期和市场经济时期，中国在处理城镇化的"效率"追求和共享的"公平"追求这一对关系上几经调整，既有成功的经验，也有失败的教训。实践证明，只讲公平，不讲效率，只能实现低水平的城镇化和低水平的共享；只讲效率，不讲公平，不符合社会主义的本质属性。

（3）近些年来，中国在推进城镇化进程的同时，为追求高水平的共享，制定并实施了一系列促进共享发展的方略，如区域协调发展战略、扶贫开发政策、乡村振兴战略以及财政转移支付、对口帮扶等，为探索城镇化进程中实现共享提供了中国方案。

五　关于城镇化进程中共享机制构建问题

借鉴国际经验，吸取历史教训，中国在城镇化进程中应该构建城镇发展质量提升机制、推进农业转移人口市民化机制、农民利益补偿机制、要素自由流动的市场化机制、公共资源均衡配置的机制、城乡合作机制、城乡生态补偿机制、促进乡村振兴的机制、区际利益补偿机制、区域合作机制、区域生态补偿机制、对口帮扶机制、脱贫攻坚机制、收入保障机制、法律保障机制等，以确保城镇化和共享发展同步推进。

六　关于城镇化进程中共享的分类施策问题

（1）因省际共享程度和城乡共享程度存在显著差异性，因此在构建城镇化共享路径时应因地制宜、分类施策。

（2）城镇化水平和共享程度均较高的省份，应不断提升城市包容性，积极创建包容性城市；同时深入实施对口支援和帮扶政策，主动承担国家责任；城镇化水平较高共享程度居中的省份，应在进一步提升本地共享水平的同时，力所能及实施对口支援和帮扶政策；城镇化水平较高共享程度较低的省份，应切实改善民生，不断提升共享水平；城镇化水平居中的省份，应有序推进城镇化建设，同时采取积极措施促使省域内城乡和地区之间实现共享发展；城镇化水平较低省份，应积极推进劳务输出，同时接受相对发达省份的援助，分享他们改革发展的成果，以实现共享发展。

第五编[*] 应对大城市化挑战的策略

---

[*] 执笔人：宋迎昌。

内容提要

　　大城市化与城镇化相伴而生，是城镇化的必然趋势。大城市化虽然能够带来效率的提升，但也会带来一系列问题，这是世界各国在大城市化实践中都会遇到的，因此应对大城市化挑战是世界各国面临的共同话题。

　　本编包含两章内容，即应对大城市化挑战的总体思路和应对大城市化挑战的若干对策建议。前者较为详尽地论述了大城市化带来的资源环境承载压力、低层级居民点收缩、基础设施与基本公共服务错配、行政管理体制配置、区域差距和城乡差距扩大等挑战，提出了应对大城市化挑战的基本思路以及需要着重解决的相关重大问题；后者收录了笔者近几年撰写的与本书主题相关的四篇决策咨询报告，即《特大城市限制人口数量的做法不可取》《加强对超大城市的综合治理》《新时代要全面推进城市减贫工作》《聚焦农民，积极应对农村收缩问题》，希望与读者分享。

第二十三章　应对大城市化挑战的总体思路

一　大城市化带来的挑战

既然城镇化进程中大城市化是必然趋势，是不以人的意志为转移的客观规律，那么大城市化道路就是世界各国的共同选择，不管是主动选择，还是被动选择。只要经济发展、城镇化向前推进，最终都会走上这条道路，只不过在耗时长短上有差异。主动迎接大城市化时代的到来，比如日本，耗时短；极力避免大城市化时代的到来，比如英国，耗时长。

大城市化虽然能够带来效率的提升，但也会带来一系列问题，这是世界各国在大城市化实践中都会遇到的，因此应对大城市化挑战是世界各国面临的共同话题。

（一）大城市化对大城市资源环境承载能力的挑战

任何城市都有一个资源环境承载能力的问题，超过资源环境承载能力，城市的聚集成本会急剧上升，甚至会影响城市安全。大城市基于其庞大的人口规模，资源环境承载能力往往接近极限，诸如能源、水资源、土地资源供应紧缺，住房短缺，交通拥堵，环境污染，教育医疗资源供需矛盾突出等"城市病"比中小城市发生的概率更大。虽然直观认为城市规模越大，城市病越严重，但这是一个误判。一些学者研究表明，城市规模与城市病之间没有必然的联系，城市规模只是城市病发生的一个影响因素，而不是全部，城市规划、产业结构、能源资源供应能力、城市管理水平等都是城市病发生的相关因素。因此，以城市人口规模判定城市病发生概率是站不住脚的；以控制人口规模的手段去解决城市病是难以奏效的。

大城市化的表现形式是农业转移人口和城市（镇）梯度转移人口不断向大城市聚集，加剧了人均占有资源本来就不足的大城市的资源争夺，进而对大城市的资源环境承载能力带来严重挑战，这是世界各国普遍遇到的棘手问题。解决这个问题，世界各国有不同的方案。

（二）大城市化对低层级居民点收缩带来的挑战

城镇化初期，推动大城市化的主体是农业转移人口；随着城镇化不断发展，推动大城市化的主体变成了低层级居民点人口向大城市的梯度转移，由此必然导致低层级居民点的逐步收缩。这种收缩是一种长期趋势，不仅会造成低层级居民点人口的逐步流失，还会造成低层级居民点人口的不断老化，对低层级居民点的城市规划、社区建设、经济发展、社会保障、基础设施与基本公共服务的需求将产生深刻影响，这也是世界各国普遍会遇到的问题，没有例外。

（三）大城市化对基础设施与基本公共服务错配的影响

基础设施与基本公共服务，由于其投资巨大、回收期长，对私人投资缺乏吸引力。由各级政府承担职责，行使基础设施与基本公共服务投资与管理的职责，是世界各国的主要做法。基础设施与基本公共服务的投资与运营，也要讲究效率，不能成为消耗公共资源的"无底洞"，否则会损失居民社会福利。加之，基础设施与基本公共服务具有区域性和难以移动性，一旦形成固定资产，就很难调整。因此，合理配置基础设施与基本公共服务是各级政府必须严肃认真对待的事情，不能马虎，更不能任性。

大城市化的表现形式是人口跨地区的大规模流动，由此会引起基础设施与基本公共服务需求的极大变动，大城市变得极度稀缺，而中小城市和小城镇以及农村地区会呈现"过剩"状态，这对政府配置基础设施与基本公共服务的效率提出了更高的要求。一旦失误，会导致社会财富的极大浪费。这也是世界各国遇到的普遍问题，相比西方发达资本主义国家，中国由于政府承担的责任更多，这方面的挑战可能更大。

(四) 大城市化对行政管理体制的挑战

行政管理体制是基于人口分布设置的，一旦配置完成，就容易形成"路径依赖"。因而从行管理体制稳定的角度而言，人口最好不流动，这也是中国多年实行户籍管理制度的初衷。

大城市化的表现形式是人口跨地区的大规模流动，必然导致人口地区分布结构的剧烈变动，对以往行政管理体制配置提出严峻挑战：一是行政区管理人口规模大小不一，大城市一个区管理的人口规模比中小城市总的人口规模还多，但行政资源配置明显不够，而且随着大城市化发展，这个问题越来越严重；相反，人口流失严重的中小城市、小城镇和农村地区，行政资源配置明显过剩，而且随着大城市化发展，过剩的程度会越来越严重。二是跨行政管理协调的任务在大城市地区越来越突出。大城市地区人口流动频繁，跨行政区的交通流、信息流、资金流等造成的跨行政区冲突不断出现，这给传统行政管理体制提出极大挑战。

如何在人口跨地区流动的大格局下行使有效的行政管理，也是世界各国面临的普遍问题，考验着世界各国的治国理政能力。

(五) 大城市化对区域差距和城乡差距的影响

与大城市化对应的是，经济增长的活力只出现在一些大城市地区，多数地区因人口流失而出现经济增速下降、经济停滞甚至经济衰退现象，这种因大城市的率先发展而导致的区域不平衡发展现象在大城市化的初期表现得特别明显。只有当大城市化发展到中高级阶段，在都市区和城市群地区，才有可能出现区域和城乡相对均衡发展的局面。因此，大城市化对区域差距和城乡差距的影响是显而易见的，这也是世界各国普遍遇到的问题。不同的国家，在解决这个问题方面有不同的认识，会采取不同的方案。

二 应对大城市化挑战的基本思路

各国在应对大城市化挑战方面有不同的认识，有不同的方案，但归纳起来，不外乎以下几种选择：一种是顺应大城市化趋势和规律，在对人口流动不设限制的条件下寻找以上问题的解决答案；另一种是逆大城市化趋势和规律，在严格限制人口流动中寻找以上问题的解决答案；还有一种是介于二者之间，限制人口流动仅限于局部时段和局部地区，在人口流动有局部限制的条件下寻找以上问题的解决答案。

（一）人口自由流动条件下的解决方案

对人口自由流动不设限制，完全接受市场调节。当大城市的聚集效应显现，劳动工资普遍上涨时，允许低工资收入者自由地从中小城市、小城镇和农村地区迁入大城市，同时大城市政府为他们提供基本公共服务和社会保障。而当大城市的聚集效应下降时，劳动者为获得更高报酬而选择离开大城市。大城市的人口规模完全受市场调节，当资源环境承载能力接近极限时，因聚集而导致的城市资源环境成本上升和城市安全保障成本上升等将通过价格上涨信号反馈给城市居民，城市居民经过成本收益比较做出去留决策。这种模式因为政府基本不干预，而且政府投资受到严格约束，大城市化带来的低层级居民点收缩、基础设施与基本公共服务错配、行政管理体制挑战、区域差距和城乡差距的影响等问题完全可以通过市场机制进行矫正，不需要牺牲公共福利，可以为社会公众所接受。这种模式耗时长，许多矛盾和冲突经过长时期磨合缓慢消失，不会引起社会的剧烈动荡。这种模式一般为成熟市场经济国家所采用，如美国、加拿大、澳大利亚、日本等。

（二）严格限制人口流动条件下的解决方案

因过分看重大城市人口聚集带来的种种弊端，对大城市化持否定态度，严格限制人口向大城市迁移。其结果是：①大城市的资源环境承载能力的约束明显弱化；②低层级居民点收缩程度明显减小；③基础设施与基本公共服务错配的影响趋于下降；④行政管理体制重回旧轨；⑤区域差距和城乡差距趋于缩小。表面看，大城市化带来的挑战得到一一化解，但是这种模式牺牲的是效率，也就是靠牺牲效率去换取公平。计划经济时期的中国和工党执政时期的英国是这种模式的代表，比如中国依靠户籍制度限制人口向大城市迁移,英国则以"新城运动"的方式在规划、用地、劳动用工、住房配置、税收等方面通过经济、法律等手段对人口从大城市向小城市、小城镇转移提供支持。因为牺牲效率,这种模式难以为继,中国开启改革开放大门允许农民进城务工经商、英国20世纪90年代重新重视大城市更新改造和发展,标志着这种模式的终结。

(三) 人口流动有限制条件下的解决方案

这种模式介于上述两种模式之间,既没有实现人口完全自由流动,也没有对人口向大城市聚集完全"说不",而是对人口向大城市聚集设置了一定的限制条件,依此手段来平缓人口向大城市聚集的势头,把大城市化带来的挑战靠延长时间去缓慢消化,不至于引起社会的剧烈动荡。这种模式有效率损失,但比第二种模式的效率高,是一种不得已而为之的"次优选择"。与第一种模式相比,这种模式没有否定大城市化趋势和规律,但又不具备第一种模式"成熟的市场机制环境",政府对经济活动的干预较多,价格信号往往失真,靠价格信号引导人口聚集与扩散并不现实,政府对大城市化进行适当干预是必要的。如果政府不干预,那么大城市化带来的挑战很可能短时期演变为严重的社会动荡,结果不堪设想。这种模式的效率比第一种模式的效率要低,大城市化的延续时间也要比第一种模式要长。与第二种模式相比,这种模式的积极意义显而易见。第二种模式因为否定大城市化规律,它的效率无从谈起。当前中国采取的就是第三种模式,对人口向大城市聚集设定了一定的门槛,但门槛越来越低,比如《国家新型城镇化规划(2014—2020年)》提出实施差别化落户政策,即"以合法稳定就业和合法稳定住所(含租赁)等为前置条件,全面放开建制镇和小城市落户限制,有序放开城区人口50万—100万的城市落户限制,合理放开城区人口100万—300万的大城市落户限制,合理确定城区人口300万—500万的大城市落户条件,严格控制城区人口500万以上的特大城市人口规模。大中城市可设置参加城镇社会保险年限的要求,但最高年限不得超过5年。特大城市可采取积分制等方式设置阶梯式落户通道调控落户规模和节奏"。国家发展改革委关于印发《2019年新型城镇化建设重点任务》的通知对落户条件进一步放宽,提出"继续加大户籍制度改革力度，在此前城区常住人口 100 万以下的中小城市和小城镇已陆续取消落户限制的基础上，城区常住人口 100 万—300 万的 II 型大城市要全面取消落户限制；城区常住人口 300 万—500 万的 I 型大城市要全面放开放宽落户条件，并全面取消重点群体落户限制。超大特大城市要调整完善积分落户政策，大幅增加落户规模、精简积分项目，确保社保缴纳年限和居住年限分数占主要比例"。第三种模式适合中国国情和当前经济社会发展阶段，选择该模式对当前的中国来说是合理的。但该模式只能是一种临时过渡模式，一旦条件成熟，就应该坚定不移地向第一种模式靠拢。

三　需要着重解决的相关重大问题

（一）政府调控抓两头，一头抓"大城市增长管理"，一头抓中小城市、小城镇和农村地区"收缩管理"

大城市化导致城市规模等级结构呈"金字塔形—橄榄形—倒金字塔形"不断演进，由此必然会带来大城市规模膨胀和中小城市、小城镇和农村地区的收缩现象，这种变化对政府管理提出的挑战是：一部分地区处于扩张期，另一部分地区处于收缩期。这种高度分化的管理要求对当前各级政府都在抓"增长管理"显得极度不适应：一是对大城市的"增长管理"落后于现实，因为大城市的增长幅度远远超过传统想象；二是对中小城市、小城镇和农村地区的"增长管理"明显与现实背离，一个人口不断流失的地区，基础设施和基本公共服务的投入还在不断增加，其闲置的风险在不断加大。

这种情况说明，政府管理首先要转变观念，变一元性质的"增长管理"为二元性质的"增长管理"与"收缩管理"；其次是做好顶层设计，将国土空间划分为"增长管理区"和"收缩管理区"，并分别出台两套政策体系，指导这两类地区进行规划建设和推进国民经济社会发展。

（二）在人口大城市化背景下重新构建基础设施及基本公共服务配置机制

在传统体制下，基础设施及基本公共服务配置的依据是户籍人口的数量及其空间分布,采取的方式是按行政等级的高低进行有序配置,这种配置模式较多地考虑了"公平",对"效率"的把握严重不足。

在人口大城市化背景下,常住人口的数量及其空间分布与户籍人口的数量及其空间分布严重背离,以户籍人口为依据的基础设施及基本公共服务配置失去了合理性。在这种背景下,重新构建以常住人口为依据的"基础设施及基本公共服务配置机制"就显得尤为必要。怎样统筹解决好人口不断流入地区的大城市的基础设施及基本公共服务配置的"增量"和人口不断流失地区的中小城市、小城镇和农村地区的"减量",并创新工作方式方法,让中小城市、小城镇和农村地区的居民享受到与大城市地区居民基本均等的公共服务是国家顶层制度设计需要考虑的事情。

(三) 着力提升大城市治理能力

大城市化给大城市治理能力提出了更高的要求。大城市病与大城市人口规模有一定的关联性,但不能将大城市病的全部责任都推卸给城市人口规模,进而采取极端方式限制大城市人口规模增长。治理大城市病的根本出路在于提升大城市的治理能力。

大城市的治理能力体现在方方面面,诸如是否有清晰的发展战略,是否有一个科学的规划建设方案,城市居民是否安居乐业,营商环境是否让企业家满意,不同阶层、不同地域、不同民族的居民是否能够和谐共处,城市安全是否得到切实保障,等等。这些方面的治理能力体现了一个城市的经济繁荣程度、社会包容程度和环境宜居程度,是现代城市文明的标志。

提升大城市的治理能力一靠体制,二靠科技,三靠城市居民的文明素质。

(四) 继续深化行政管理体制改革

行政管理体制一旦成型,就具有"路径依赖"性质,调整起来不仅难度大,而且成本高,甚至会引起社会动荡。大城市化引起人口空间分布剧烈变动,将推动行政管理体制进行变革。

一是人口流入地的大城市、都市区和城市群地区。对这类地区,目前的城市行政建制基本适应大城市的行政管理需要,而对新出现的城市空间形态——都市区和城市群,还没有相应的行政建制去匹配。比如,都市区有时会跨越多个行政区,甚至超出大城市的行政地域范围,以大城市的行政建制去管理都市区显然难以胜任,更不用说去管理地域范围更广的城市群了。目前在都市区和城市群层面的行政建制缺失应该引起人们的重视,建议国家在城市行政建制设置的基础上,增设"都"这一层级,对大城市化发展到中高级阶段的都市区行使有效的管理,目前准入门槛可暂定城区人口 500 万以上,也就是说,城区人口 500 万以上的城市可单独设立"都",同时辅以必要的行政区划调整,确保对都市区行使统一管理;对城市群地区,鉴于其牵涉的城市数量众多,调整行政区划不仅难度大,而且成本高,建议国家给城市群地区各城市政府更多的发展自主权,并鼓励设立跨城市的协调组织,全力推进"同城化管理",而不在调整行政区划上做文章。

二是人口流出地区的中小城市、小城镇和农村地区。这类地区,处于都市区和城市群地区之外,未来将处于收缩状态,现有行政建制将面临人口不断流失并不断老化的窘境,大规模撤并村乡建制,兴建农民集中安置区,是未来需要考虑的事情。充分尊重农民意愿,确保农民土地财产权益,引导农民走向城镇化道路,是行政区划调整需要同步推进的改革措施。

(五) 精准编制区域发展战略规划

现有区域发展战略规划较少考虑人口流动带来的影响。大城市化带来人口空间分布的大调整,大城市不仅人口数量多,而且年龄结构轻,取得较高的薪酬待遇是人口向大城市聚集的理由,因此围绕青壮年人口的就业、住房、交通、环境、教育、医疗等需求应该是大城市编制区域发展战略规划优先考虑的事项;相反,在人口流出的中小城市、小城镇和农村地区,不仅人口数量在逐步减少,而且年龄结构也在老化,中老年人口将成为主体居民,这类居民在大城市缺乏就业竞争能力,再加上有乡土情结以及在家乡还有不动产没有处置。这类居民关注的不再是劳动就业报酬待遇的高低,而是医疗和养老服务,编制这类地区的区域发展战略规划就应该针对这部分人群的现实需求,切实体现出与大城市区域发展战略规划的差异性。

第二十四章 应对大城市化挑战的若干对策建议

本章收录了笔者近几年撰写的与本书主题相关的决策咨询报告,具体如下。

一 特大城市限制人口数量的做法不可取

最近几年国内掀起了一股特大城市限制人口数量的潮流,采取的手段五花八门,包括落户限制,制定严格的子女入学资格审核制度、限购住房政策、限购私人小汽车政策、限制低端劳动密集型产业准入政策、减少新增建设用地供应政策等,而且效果还不错,2016年上海出现了人口负增长,北京则出现了人口个位数增长;2017年,上海和北京都比上年减少2万人;2018年北京比上年减少17万人,上海增加6万人;北京2019年比上年再减少0.6万人,上海再增加4万人,调控政策似乎见到了效果。然而,其弊端也不容小视,具体理由如下。

(一) 长期以来中国对特大城市的战略地位和作用缺乏足够的认知

特大城市是中国城镇化进程中涌现出来的排头兵,它们不仅是巨额社会财富的创造地,而且是高素质人力资本的集聚地和现代化先进文化的诞生地,对中国现代化发展起到了十分重要的作用。

1. 特大城市率先发展是区域经济发展的普遍规律

区域经济发展理论告诉我们,区域经济均衡发展是不可能出现的,区域不均衡发展是常态。特大城市由于其巨大的聚集效益,必然成为区域经济率先发展的火车头，带动整个区域经济发展。中国的特大城市，历经改革开放40多年的积淀，是从众多城市中涌现出来的"优秀生"，其率先发展符合区域经济发展规律，绝对不是人为选择的结果。

2. 以人口承载力测算特大城市人口发展极限的说法科学性不足

当前许多特大城市以水土资源约束为依据测算人口承载力，并以此为依据制定限制人口发展的政策，表面看有一定的科学依据，实则是一个伪命题，因为制约特大城市人口发展的所谓水土资源因素都可以通过经济、技术手段予以解决，比如提高水价、调整用水结构、提高循环用水比例、限制耗水产业发展、远距离调水、海水淡化、提高建筑物高度和密度、开发利用地下空间等，只不过提高要素聚集的成本罢了。只要聚集收益可以抵消聚集成本，特大城市人口发展就有充足的理由。

3. 特大城市是新兴产业孕育的摇篮

新兴产业应该具备理念新、运营模式和盈利模式新、盈利能力强等特征。特大城市鉴于其在科技创新、商业模式创新以及资本运营、人力资本积累和人口规模需求等方面的巨大优势，往往成为新兴产业孕育的摇篮。当技术标准规范和商业模式成型后，新兴产业可以不断被复制并扩散到中小城市和周边地区，带动区域经济发展。可以说，特大城市是区域经济增长的发动机。如果发动机熄火了，区域经济发展的动能就消失了。正是特大城市的存在，才使得新兴产业不断涌现，并像波浪似的一波一波地推向中小城市和周边地区，促进区域经济转型升级。

4. 特大城市具有自我完善的功能，"城市病"要不了命

特大城市的"城市病"主要表现为交通拥堵、环境污染、房价飞涨、教育医疗资源紧缺等，许多地方为此而开出的药方是"控制特大城市人口数量"，似乎控制住人口数量就可以治愈"大城市病"，实则不然。"大城市病"的确与人口数量有关，人口越多，"大城市病"可能越严重。但犹如吃饭和生病的关系，我们明知"病从口入"，但不会绝食，只能梳理消化系统，完善新陈代谢功能，这才是强身健体之道。因害怕"大城市病"而限制特大城市人口数量的做法实则是"绝食"，"大城市病"可能消退了，但特大城市也可能衰落了。事实上，"大城市病"的发生发展有自己的独特规律，当"大城市病"严重限制特大城市发展时，特大城市内部就

会迸发出一股离心的力量，促使人口和产业从特大城市中心区向周边地区扩散，从而形成都市区。这是特大城市具备的自我完善功能，以都市区化解"大城市病"是世界各国通行的办法。我们没有必要因噎废食，为治理"大城市病"而要了特大城市的"命"。

（二）特大城市限制人口数量的弊端不容小看

当前许多地方只看到限制特大城市人口数量的积极作用，对掩盖其后的消极后果重视不够。

1. 特大城市限制人口数量有中断中国城镇化进程的风险

城镇化是现代化必经的发展阶段，世界上没有一个国家不经过城镇化而实现了现代化。城镇化具有明显的阶段性规律：城镇化初期，大城市化与城镇化相伴而生。经过一段时间，大城市化的速度更快，表现为大城市率先发展。这个阶段只有极少数城市有幸发展为大城市；城镇化中后期，大城市化逐渐主导城镇化进程，都市区化开始"登场"，个别大城市有幸转型为都市区；城镇化后期表现为城市群化，或者城市群率先发展，只有极少数都市区首尾相连而形成城市群。2019年中国城镇化率超过60%，正处于城镇化的中后期，都市区发展即将开启，将特大城市转型为都市区是这个阶段的主要任务。特大城市限制人口数量，实则是限制了都市区的形成和发展，阻碍了城镇化的正常推进，从而使中国城镇化进程牢牢锁定在中期阶段，中国城镇化大有夭折的风险。

2. 特大城市限制人口数量将使中国承担更高的分散化成本

特大城市之所以在众多城市的竞争中脱颖而出并发展成特大城市，是因为其具备更高的聚集效益。正是这种更高的聚集效益的存在，才使得中国的资源配置效率不断优化，大大节约了现代化的成本。伴随改革开放40多年的发展成就，中国特大城市数量不断增多，规模不断扩大，正是中国享受特大城市发展红利的客观写照。无疑，特大城市限制人口数量，将降低中国资源配置效率，由此而承担聚集度不高而引致的分散化发展成本，大大提高国民经济社会发展的运行成本，并降低中国产品在国际市场上的竞争能力。

3. 特大城市限制人口数量将使中国经济转型升级困难重重

中国经济要顺利实现转型升级，必须源源不断地涌现出新兴产业，并不断地淘汰落后产能，从而不断优化中国的产业结构，解决困扰多年的低端产业多、能耗多、占地多、污染重等突出现实问题。而解决这些问题的钥匙就掌握在特大城市手里。特大城市由于其具备的巨大优势，往往是新兴产业孕育的摇篮。特大城市限制人口数量，将使特大城市无法海选出最优秀的人才以及为其提供专门配套服务的专业团队，从而扼杀创新能力，并导致新兴产业发展坍塌。中小城市鉴于其对高端人才的吸引力不足，无法承担新兴产业发展的重任。将新兴产业发展的希望寄托在中小城市是不现实的。因此，盲目地限制特大城市人口数量将使中国经济转型升级困难重重。

4. 特大城市限制人口数量将使中国特大城市人口结构恶化

城镇化进程中，各级城市之间的竞争不仅仅体现在经济层面，还体现在人口层面。那些对人口有极强吸引力的城市最终在竞争中胜出，并发展成为特大城市。人口不断地向特大城市聚集，不仅为特大城市提供了高素质的劳动力，而且优化了特大城市的人口结构，延缓了特大城市的人口老龄化进程，使特大城市长时间保持人口活力。特大城市限制人口数量，将外来青壮年劳动力排斥在外，既不利于改善人口文化结构，也不利于改善人口年龄结构，从而对特大城市自身发展产生不利影响。

5. 特大城市限制人口数量将使中国城乡对立愈发严重

改革开放 40 多年的成就，不仅体现在经济发展成果上，还体现在城乡劳动力自由流动上。农民工流入城市，在为城市发展做出贡献的同时，提高了自身收入，分享了城镇化红利。特大城市作为农民工的重要吸纳地，不仅为农民工提供了栖息和就业的场所，还为农民工提供了文化融入和身份认同的场所，对提高整个中华民族的人口素质有显著的正效益。特大城市限制人口数量，影响最显著的就是农民工。长此以往，难免滋生负面心理，改革开放 40 多年好不容易建立起来的城乡融合发展关系有可能破裂，重新回到城乡对立的状态，社会文明程度将大大降低。

（三）若干对策建议

1. 重新审视特大城市限制人口数量的做法

当前许多特大城市为应对日益严重的"大城市病"，以人口承载力趋于极限为依据，制定出台了严格的人口限制政策。这些政策具备以下特点：一是多管齐下，重拳出击。内容涉及户籍迁移、就业、子女就学、购房、购车等；二是突发性。出台前没有经过充分的科学论证及征求利益相关者的意见。三是以行政手段为主，鲜有法律和经济手段。

以突发性行政手段重拳出击，短期看有一定效果，但对特大城市和中国全局的消极影响不容忽视。为此，在国家层面应该对各地制定的特大城市限制人口数量的做法进行审视，对政策执行的正面和负面效应进行全面评估，对其中出现的偏差进行纠正，确保中国改革、发展、稳定的大局。

2. 以都市区建设作为减缓"大城市病"的主要手段

广泛借鉴国际先进经验，以都市区建设作为突破口减缓"大城市病"。为此提出三点建议：一是搞好都市区规划。选择那些深受"大城市病"困扰的特大城市作为试点，率先开展都市区规划。从规划上保障特大城市中心区控制发展，积极推进特大城市周边地区开发；二是加强特大城市周边交通设施建设，构建半小时、一小时交通圈；三是强化政府职责，推进特大城市周边地区综合开发，扭转只见房地产开发，不见教育、医疗等基本公共服务配套的片面做法。

3. 以城乡融合发展理念积极推进特大城市外来常住人口融入

特大城市不仅承担着自身发展的职责，还承担着中华民族伟大复兴的历史重任。为此，提出三点建议：一是以城乡融合发展理念，平等对待原住民和外来人，切实消除政策歧视；二是全面开放户籍限制，对有固定居住场所和稳定职业的外来常住人口准予落户，使其公平地享受市民化待遇；三是将特大城市人口总量调控政策转变为人口布局优化调控政策，以经济和法律手段为主，行政手段为辅，研究制定特大城市中心区人口聚集成本提升和鼓励人口郊区化的一揽子调控政策。

二　加强对超大城市的综合治理

（一）新时代加强对超大城市综合治理的意义重大

所谓超大城市，是指那些规模巨大、建筑密集、人口众多、功能突出，并在国家和地区经济社会发展事务中扮演引领角色的城市。这类城市数量不多，但处于国家城市等级体系的顶端，是国家参与全球经济竞争的主力军。2014年国务院印发《关于调整城市规模划分标准的通知》，明确城区常住人口1000万以上的城市为超大城市。按照这个标准，中国目前的超大城市虽然屈指可数，只有北京、上海、天津、重庆、广州、深圳、武汉七个城市，但在中国国民经济中的地位十分重要，2016年常住人口12875万人，占全国总人口的9.3%；地区生产总值为140427亿元，占全国的18.9%。

超大城市区别于一般城市的显著特点是：①经济地位重要，地区生产总值一般1万亿元以上。②创新能力突出，高素质劳动力众多，是科技创新、商业模式创新以及新兴产业孕育的摇篮。③资源环境承载能力薄弱，是资源高强度利用、污染高强度排放、生态环境承载力趋于极限的地区。④大城市病严重，城市治理面临的问题艰巨复杂。

超大城市是一个涵盖人口、产业、环保、交通、能源、资源、空间、市政设施、社保、公共服务等领域的复杂巨系统，这个巨系统的正常运转有赖于各子系统的相互协作和协同运行，超大城市的治理就是解决各子系统的协同运行问题。鉴于这个系统的复杂性，依靠传统经验和拍脑袋决策，实施"头疼医头、脚疼医脚"式的单一治理模式和简单粗暴式的行政命令无助于解决超大城市内部各子系统的协同运行问题。如果治理目标不科学，治理思路混乱，治理路径和治理措施错误，那么由此所引起的连锁反应和不良后果与代价也是中国无法承受的。

习近平总书记多次强调要加强国家治理体系建设，提高治理能力的现代化水平。鉴于超大城市是国家治理体系的重要组成部分，而且在中国区域经济发展中的地位十分突出，那么新时代从战略高度上加强对其综合治理就显得意义尤为突出。

（二）加强对超大城市治理应该坚持的准则

超大城市治理具有战略性、复杂性、艰巨性和长期性，加强对其治理应该牢牢把握以下准则：一是科学治理。要重视学习和借鉴先进国家和地区超大城市治理经验，认真把握超大城市发展规律，广泛应用大数据、云计算等现代科技手段，对超大城市发展问题进行科学梳理、跟踪调查、综合研判、智慧决策，科学制定超大城市治理方案。二是战略治理。超大城市要有明确的发展战略，并制定发展战略规划，明确战略目标、战略重点和发展路径，为城市治理提供清晰的科学蓝图。三是过程治理。超大城市治理不仅要关注终极目标，还要重视对发展路径的全过程治理，总结其中的治理经验和教训，确保治理过程不跑偏，不出现大的差错。四是综合治理。超大城市系统结构复杂，各子系统之间有极强的关联关系。如果割裂这种关联关系，只关注某一方面的治理，是不会有好的治理效果的。以系统思维审视各子系统之间的关联关系，实行综合治理，是超大城市治理必须具备的理念。五是空间治理。超大城市许多问题源于空间结构不合理，单中心的空间结构解决不了人口聚集与资源环境承载能力、基础设施与基本公共服务承载能力的矛盾，规划建设新城、新区、副中心，构建多中心的空间结构是国际通行做法，因此空间治理是超大城市治理的重要内容。要划定城市增长边界，在新城、新区、副中心建设过程中按照职住平衡理念同步推进人口、产业、基础设施、基本公共服务配套，实现产城融合发展，并注意吸取英国、日本、韩国等国家新城建设的经验和教训。六是长效治理。超大城市治理不是短期行为，而是长期任务。要注重长效机制建设，短期治理目标要和长期治理目标相衔接，切忌一任领导一个规划、一个治理思路。城市治理确定的战略目标要长期不懈地坚持下去，不要半途而废，更不要反向操作。

（三）加强对超大城市治理的对策建议

1. 科学确定超大城市治理目标

超大城市治理目标的确定不能局限于自身的发展，而应放在全球和国家战略的高度进行考量。怎样巩固其在全球和国家的战略地位，最大限度地发挥其在经济社会发展方面的引领作用，是确定超大城市治理目标需要思考的问题。提升超大城市在全球和国家经济社会发展中的竞争力和影响力，并增强超大城市的可持续发展能力和区域带动能力是所有超大城市应该矢志不移追求的共同治理目标。在这个共同目标下，各超大城市可以根据自己的实际情况和功能定位，制定具有差别性的个性化治理目标。这里要特别避免以下四种倾向：

一是治理目标太随意，存在主观盲目性。超大城市治理目标的确定要经过多学科、多层次、多领域、多部门、多地区、多角度、多技术等方面的反复论证，对利益相关者的意见要足够重视。切忌主观决策，盲目决策，不计成本决策，不顾后果决策。

二是治理目标太高，不切实际。超大城市治理目标的确定，既要考虑长远的战略性，也要考虑近期的现实性，长远目标和近期目标要相结合，理想目标和现实目标要相兼顾。切忌高不可攀，无法实现。

三是治理目标太虚，没有操作性。超大城市治理目标的确定，既要考虑定性目标，又要考虑定量目标，定性目标要与定量目标相结合，确保目标可控、可测、可评。切忌虚无缥缈，导向不明。

四是治理目标太散，缺乏协同性。超大城市治理目标的确定，要充分考虑各子系统之间复杂互动的关联关系，要讲究"聚焦"和"协同"，避免目标之间相互冲突，按下葫芦浮起瓢。

2. 系统梳理超大城市治理问题

超大城市治理要有忧患意识和问题意识，首先要善于发现问题。问题往往隐藏在超大城市发展过程中的各个环节和各个方面，有的是显性的，人民群众可以切身感受到的，容易被发现；有的是隐性的，人民群众暂时感觉不到，需要经过数据分析和科学研究才能发现。因此，既要重视民意，多倾听居民的意见和建议，也要重视科学研究，发挥专家咨询作用。其次要善于汇总问题。哪些问题是主要问题，哪些问题是次要问题；哪些问题是关联问题，哪些问题是独立问题；哪些问题是长远问题，哪些问题是近期问题；哪些问题是战略问题，哪些问题是具体问题；哪些问题是普遍问题，哪些问题是特殊问题；哪些问题是全局问题，哪些问题是局部问题，是必须弄清楚的。在此基础上，对全部问题进行汇总，确立优先等级和优先次序。最后要善于解决问题。在梳理问题的基础上，要经过多方案比较论证，提出解决超大城市治理问题的具体方案，供政府决策参考。

3. 强制编制超大城市治理方案

超大城市治理的过程就是立目标、找问题、补短板的过程，这个过程不应该"头疼医头、脚疼医脚"，而应该以编制科学的治理方案为依据。当前各个超大城市都有自己的城市规划，但是鲜有自己的治理方案。建议国家明确提出超大城市要编制城市治理方案的强制要求，具体内容应该包括治理目标、治理问题、治理思路、治理路径、治理领域、治理任务、治理举措、治理评估机制等。没有治理方案的，暂时冻结其重大政策调整、重大项目立项审批、重大项目供地、重大项目融资、新区（新城）开发、行政区划调整等有可能影响超大城市治理效果的具体事项，确保超大城市治理科学有序推进。

4. 努力促进超大城市治理形成合力

超大城市治理内容甚广，地区和部门利益关系错综复杂，各种版本的规划、各种思路的政策、各个层级的政府审批常常各谋其事，各自为政，各行其是，缺乏在全市平台上的系统整合，难以形成整体合力。要下决心对各种规划和政策进行系统清理，对不同层级政府的职能定位和审批权限进行整合，构建起职责明确、边界清晰的责任清单和权力清单，确保超大城市治理"心往一处想、劲往一处使"。

5. 定期评估超大城市治理效果

超大城市治理效果如何，不应该不闻不问。要切实重视对超大城市治理的效果进行科学客观公正的评价，并对治理的利弊得失和进一步完善的方向给出决策建议，以此作为倒逼超大城市治理不断反省和不断完善的具体手段。一是构建超大城市治理效果定期评估机制，确保评估活动不折不扣地如期进行；二是积极引入第三方评估机构进行科学评估，以此向社会彰显评估的科学性和公信力，避免政府一言堂。

三 新时代要全面推进城市减贫工作

（一）城市贫困问题日益凸显

1. 党和政府历来高度重视扶贫工作

消除贫困、改善民生、逐步实现共同富裕，是中国特色社会主义的本质要求，也是中国共产党的重要历史使命。中华人民共和国成立以来，党带领全国人民持续向贫困宣战，特别是改革开放以来，实施了大规模扶贫开发行动，使7亿多农村贫困人口成功脱贫，为全面建成小康社会打下了坚实的基础。党的十八大以来，扶贫开发工作被纳入"四个全面"战略布局，并被作为实现第一个百年奋斗目标的重点工作，摆在更加突出的位置。党的十九大报告提出"深入开展脱贫攻坚，保证全体人民在共建共享发展中有更多获得感，不断促进人的全面发展、全体人民共同富裕"。为确保到2020年中国现行标准下农村贫困人口实现脱贫，党领导全国人民正在砥砺前行，以实际行动践行党的十九大报告提出的郑重承诺。

2. 城市贫困正在成为扶贫攻坚的新战场

（1）城市贫困问题一直被忽略

由于城乡差距的客观存在，中国城市居民收入明显高于农村居民收入。以国家统一划定的贫困线标准衡量，中国绝大多数贫困人口在农村地区，因而将农村地区作为减贫攻坚的主战场有一定的合理性。然而，城市居民的生活成本大大高于农村居民，用收入一把尺子将农村居民与城市居民放在一起衡量，又有明显的不合理性。就此而言，城市贫困明显被忽略了。加之，中国没有全国法定的城市贫困线划分标准，全国究竟有多少真实的城市贫困人口谁也说不清楚。

（2）城市贫困人口数量正在不断扩大

城市贫困人口一般包括下岗失业人员、低技能劳动者、因病致贫人员等，这个群体在户籍城市人口中的占比并不大。但是，城市化正在源源不断地将农村人口转变为城市人口。农村人口减少相对减轻了农村贫困程度，但增加了城市贫困人口的来源。可以说，城市化改变了贫困人口的空间分布格局，城市日益成为贫困人口新的聚集地。由于户籍制度的原因，进城的农业转移人口在就业、住房、子女教育、医保、低保认定等方面难以享受到与城市户籍居民一样的市民化待遇。就此而言，城市贫困人口的增量还在不断扩大。

（3）城市贫困具有特殊性

城市贫困不同于农村贫困，具有多维性、复杂性和集中性。首先，城市贫困涉及多维贫困，单一的收入贫困不足以解释城市贫困的全貌。其次，城市贫困具有复杂性，不仅体现在界定人群和认定标准的复杂性，而且体现在减贫目标、减贫方式和减贫手段等的复杂性。最后，城市贫困具有集中性，有利于政府集中扶贫，节约扶贫成本。

新时代，面对日益凸显的城市贫困现象，中国在基本完成农村扶贫攻坚任务的基础上，应该适时将城市贫困列为扶贫攻坚的新战场。

（二）新时代城市减贫的基本方略

针对城市贫困的特殊性，新时代城市减贫应该坚持的基本准则是：城市常住人口全覆盖，夯实流入地城市政府职责，深化城市减贫机制建设。

1. 城市常住人口全覆盖

城市常住人口包括两大部分，一部分是有城市户籍的当地城市居民，另一部分是没有城市户籍的外来人口，其中很大部分为外来农业转移人口。以户籍界定城市贫困人口，将很大一部分外来人口排除在外，是不合适的。让全体人民共享改革开放成果，实现共同富裕，不让一个人成为全面建成小康社会的掉队者，是新时代中国特色社会主义建设的基本理念。城市贫困人口界定要做到城市常住人口全覆盖。

2. 夯实流入地城市政府职责

城市政府的服务对象包括两部分人群，一部分是有城市户籍的当地城市居民，另一部分是没有城市户籍的外来人口。各级城市政府对前者都有较为完善的公共服务供给，对后者则设置了较多的公共服务供给限制条件，比如纳税、社保要求等。能够享受到与当地城市户籍居民家庭同等公共服务的外来人口数量并不多。许多农业转移人口，在其户籍所在地就其收入而言高于国家贫困线划分标准，不属于农村贫困人口；但在城市，由于没有城市户籍，尽管收入低于当地低保水平，但享受不了当地城市低保待遇。这部分人群目前的处境最为尴尬，既不属于"农村贫困人口"，也不属于"城市贫困人口"，"两头不沾边"。鉴于其长时期居住生活在城市，流入地城市政府应该主动承担职责，切实肩负起外来人口脱贫攻坚的任务。

3. 深化城市减贫机制建设

新时代要构建起城市减贫的新机制。一是全面普查城市贫困人口，建立涵盖本地城市户籍和外来无当地城市户籍的城市贫困人口档案，并纳入地方城市减贫日常管理；二是各城市要编制城市减贫规划，夯实政府职责，确保规划任务完成；三是将城市减贫纳入城市政府目标考核，并作为城市政府主要领导职务升迁和离任审计的依据。

（三）新时代城市减贫的具体对策建议

新时代要贯彻落实习近平中国特色社会主义思想，从战略高度重视城市减贫工作，多措并举，凝聚攻坚合力，确保城市减贫工作落到实处。

1. 构建多维贫困指数，全面科学客观评估城市贫困人口数量

城市贫困不仅体现在收入方面，还体现在居住、教育、医疗、环境、文化等方方面面。以单一维度的收入指标来评价城市贫困并不全面，需要引入多维贫困指数来界定城市贫困人口。为此，建议国家从全局出发构建一个全面科学客观评价城市贫困程度的多维贫困指数，作为界定城市贫困人群的依据。并根据实际情况变化，适时修订评价指数。最终形成一个透明度高、可核查，并掌握在政府手里的城市贫困人口数据库，作为各级政府城市减贫工作的依据。

2. 修订完善城乡规划法，确保城市贫困人口生存发展空间

按照现行城乡规划法，城市空间被划定为两类空间：一类是公共空间，包括行政办公、军事用地、基本公共服务、基础设施、生态保护等空间，其目的是保护公共利益，用地一般采取行政划拨方式，免费使用；另一类是私人空间，包括居住、产业等空间，目的是追求经济利益，用地一般采取竞价方式，有偿使用。城乡规划法对城市空间的划分没有充分考虑城市贫困人群的特殊需求，导致实践中屡屡出现"马路占道经营""流动商贩""黑摩的""群租房"等城市管理"老大难"问题。反思这些问题产生的根源，恰恰是城市没有给予贫困人群足够的包容和关怀，在规划上没有给贫困人口划定生存发展空间。相反，一些城市在旧城改造和新区建设中，大拆大建，把容纳城市贫困人口生存发展的"城中村""城边村""棚户区"简单一拆了之，城市贫困人口的生存发展空间被不断压缩。为确保城市贫困人口有足够的生存发展空间，建议国家修订城乡规划法，除了保留公共空间和私人空间外，还应新增第三空间，即"城市贫困人口空间"，在规划用地上要予以保障。具体用地比例可参照各个城市贫困人口比例自行设定，用地方式应采取行政划拨，免费使用。用地性质应涵盖城市贫困人口居住的"廉租房"、城市贫困人口就业的"便民市场""社区服务站"等非正规就业场所。目前各个城市兴建的"廉租房"只覆盖户籍

城市人口，应覆盖全部常住人口。

3. 研究制定城市减贫的一揽子扶持政策

城市减贫是一项系统工程，从贫困人口认定、资格审核、动态追踪，到贫困人口援助的一系列政策，包括住房、就业、劳动技能培训、社保、子女教育、医疗、城市文化融入、身份认同等，再到退出贫困人口行列，需要进行全过程动态化管理。为此，建议国家有关部门尽早开展相关研究，对城市减贫涉及的每一个环节的援助政策进行比较论证，最终形成城市减贫的一揽子扶持政策，供国家决策参考。

四 聚焦农民，积极应对农村收缩问题

（一）农村收缩是客观事实

农村收缩是既成事实。作为中国全面建成小康社会最薄弱的环节，最近几年农村收缩问题引起了各级政府、新闻媒体和学术界的高度关注。统计数据分析和一些学者的调研成果显示，农村收缩已是不争的事实。

1. 农村人口和行政村数量在减少

2005年中国农村常住人口为7.45亿人，到2015年为6.03亿人，十年间共减少1.42亿人，平均每年减少1420万人；与此同时，行政村数量也在不断减少。2005年中国尚有行政村62.9万个，2015年只有55.5万个，十年间减少7.4万个，平均每年减少7400个；与此相对应，村庄人口规模也在降低，2005年平均每个行政村有人口1185人，2015年降低到1087人。

2. 农村人口老龄化日趋严重

作为农民工的流出地，农村人口老龄化更加严重。2011年中国农村常住人口中，60岁及以上人口占比为19.03%，分别比全国平均水平和全国城市平均水平高出5.29个百分点和10.32个百分点；到2015年提高到23.51%，分别比全国和城市高出7.41个百分点和13.21个百分点，老龄化越来越严重。

3. 耕地撂荒现象比较突出

农村人口减少和青壮年流失的直接结果是耕地撂荒。由于从事农业生

产比较收益低和农村劳动力缺乏,一些地方出现大面积耕地撂荒现象。据一些学者调查研究估计:东部省份耕地撂荒比例为3%—5%;中部省份为8%—10%;西部省区为15%—18%,一些偏远农村甚至达到60%—90%。

4. 教育医疗服务陷入衰落

农村人口流失致使农村教育医疗服务达不到人口规模需求而陷入衰落。2000年全国平均每2个行政村可以有1所小学,2014年降低到平均每5个行政村才能有1所小学,但是小学毕业生人数没有增加,只有不到40人,说明学校合并是不得已而为之,即使合并也没有扩大办学规模。对此状况,教师和学生都不满意。农村医疗也存在同样问题,村医对收入不满意,农民对村医的业务素质不认可。

5. 社会保障水平低下

新农保政策设计的初衷是国家、集体、个人共同筹资解决农民的养老问题,在经济发达省份和地区,多元化筹资不是问题,因而取得了皆大欢喜的结果。但在经济欠发达省区,由于政府补贴、集体补助和个人缴费能力不足,新农保严重依赖国家投入,最终沦为"鸡肋",农民养老很大程度上还要依赖子女赡养。越是贫困落后的地区,农民养老越成问题。一些农村老人在绝望中选择自杀,这既是个体的悲剧,也是社会的悲剧。

6. 集体经济衰落严重

农村集体经济曾经风光一时,但由于种种原因如今已陷入衰落。全国半数以上农村没有集体经营收益,1/4的农村集体经营收益在5万元以下。其直接后果是,农村公共服务能力下降,村容村貌破败,农田水利设施年久失修,农民集体福利消失等。

综上所述,农村居民和行政村数量在减少,人口老化在加重,耕地撂荒突出,教育医疗服务陷入衰落,社会保障水平低下,集体经济近乎瘫痪,农村真的收缩了。

(二) 对农村收缩不必过分担忧

1. 农村收缩是客观规律

人口流失是农村收缩的主因,工业化和城镇化是农村人口流失的诱因,农村和城市的比较收益差是农村人口流失的动力。除非我们能够消除工农差别和城乡差别，否则农村人口流失的趋势是不可逆转的。既然工业化和城镇化是现代化不可逾越的阶段，那么工业化和城镇化造成的城乡比较收益差就有客观存在的理由，农民向城市聚集就是必然趋势，农村因人口流失而陷入收缩状态就是必然结果，这是不以人的意志为转移的客观规律。

2. 农村收缩是世界普遍现象

农村收缩不是中国独有的现象，全世界都存在。早期发达国家在工业化和城镇化进程中也遇到同样的问题，只不过靠长期发展缓慢消化，最终实现城乡一体化发展。发展中国家，诸如拉美国家和印度等，农村收缩更多表现为世人关注的大城市贫民窟问题，实际上贫民窟的贫民多来自破落的农村，他们宁愿留在贫民窟，也不愿意回到农村，这是农民的理性选择。中国的"地下室""工棚""群租房""群租院""群租楼"等容纳了不少来自农村的低收入人群。说明在城镇化规律面前，农村收缩在世界上是普遍现象。

3. 农村收缩对改善生态环境有一定的好处

农村收缩带来的不全是负能量，由此而引起的生态环境改善是实实在在的正能量。农村收缩，人口流失，从事农村生产活动的人数大大减少，土地荒芜和耕地撂荒给大自然带来了难得的休养生息的机会。农民主动弃耕，政府不需要花一分钱，就实现了退耕还林还草的目的。特别是中西部山区和老少边穷地区，本身就是大江大河的发源地、水源涵养地或者生态脆弱地，农民主动弃耕，恢复自然，十分有利于水土保持和水质改善，从而再现秀美山川的景象。农村收缩带来的生态环境改善具有长期性，中国将长期享受由此带来的生态环境效益。

4. 农村收缩不会危及中国粮食安全

农民主动弃耕，藏粮于地，并没有减少中国可耕地数量，而是以另外一种战略储备形式（藏粮于地）保障中国耕地生产潜力，实现粮食安全目标。更重要的是，中国借此机会可以卸下"藏粮于库"的巨额财政补贴负担。况且，中国当前已经度过粮食短缺年代，提高农产品质量是当前首要目标。农民弃耕导致的农村生态环境质量改善对提高农产品质量有显著意义。解决粮食安全问题，不能再依靠传统农业，不能比拼播种面积。农业生产现代化是粮食安全的根本保证。农村收缩是传统农业收缩的写照，不会影响现代农业发展，不会危及粮食安全。

（三）应对农村收缩需要新思路

农村收缩是正常现象，不必过分担忧。农村收缩是客观规律，是不可避免的，我们要理性看待。在农村收缩面前，我们应该采取什么样的行动，就成了我们需要慎重思考的问题。

1. 农业、农村、农民是三个不同的问题

当前社会上主流观点是将"三农"问题捆绑考虑，认为农业、农村、农民是相互关联的，不可分割的，应该予以同等重视，统筹解决。从封闭思维角度来看，的确如此。然而从开放思维角度来看，三者之间没有必然的关联性。没有任何制度和政策强制农民只能祖祖辈辈做农民，只能住在农村，只能从事农业生产。剥夺了农民的自由选择权，是对农民的最大歧视。

"农业""农村""农民"是三个不同问题，将"三农"问题分开考虑，各找各的出路，是必需的。未来，产生于传统农业文明时代的村庄多数要消亡。现代农业生产很可能与当代农民无关，经过工业化和城镇化洗礼的新型农民，有可能来自城里人，也有可能来自农民工二代、甚至三代子女，他们将是未来现代农业生产的主力军。农民问题是"三农"问题的核心，解决"三农"问题应该聚焦于农民问题。

2. 应对农村收缩有三种不同的思路

针对农村收缩，当前有三种不同的思路可供选择：

其一是放任自流，即任由农村收缩下去，不采取任何干预措施。好处是政府财政负担小，坏处是至今无力走出收缩农村的"老弱病残幼"可能陷入生存绝境，而且政府提出的全面建成小康社会的郑重承诺也无法兑现。

其二是大规模干预，即政府通过大规模转移支付，同步支持农业、农村、农民，重现农村生机，吸引农民回流。这样做的成功条件是政府财政投入足够多，城乡差别和工农差别消除，实际上这种"逆城镇化规律"干预成功的可能性比较小，因为我们不可能把几十万村庄都变成城市。

其三是有限干预，即政府通过部分转移支付，精准扶持滞留在收缩农村的"老弱病残幼"，为他们的生存"兜底"，把农业和农村建设留给社会，让市场去解决。这样做的好处是政府财政负担不大，顺应城镇化规律，有利于全面建成小康社会目标的实现，而且为社会资本进入农业和农村建设留下空间；不好之处是长期的路径依赖造就的"既得利益者"可能会阻挠该方案的实施。

笔者认为，农村收缩的直接受害者是至今仍然滞留在农村的"老弱病残幼"，他们没有能力在城市谋生，他们的生存状况应该得到各级政府的关注。因此，笔者赞同第三种思路。

（四）相关对策建议

应对农村收缩的政策着力点是农民，在遵从城镇化规律、顺应大城市化发展趋势的前提下，要围绕农民的出路寻找对策。

1. 对农村收缩带来的深远影响要有预案

农村收缩将给中国国民经济和社会发展带来全方位的深远影响：一是对空间发展格局的影响。遵循农村人口流动轨迹，我们发现东部发达地区和大都市是农民工的重要吸纳地，未来二三十年中国城镇化进入成熟阶段以前，农村人口将继续向东部发达地区和大都市聚集，中西部地区人口将进一步减少，都市区和城市群将进一步发展，这与中国大力推进城市群发展战略是高度契合的，这种空间发展格局是符合中国城镇化规律的，国家政策要与这种趋势相适应。二是农村地区将出现大量"空心村"，甚至"无人村"。现在还有"老弱病残幼"居住的村庄很可能是最后一批村庄，着眼于留住农民的新农村和农村新社区建设要慎之又慎。三是对基层政权建设的影响。农村收缩，农村青壮年流失，"空心村"的出现，必然造成村庄的消失，尽管这一过程需要二三十年时间，需要目前仍然坚守在农村的"老弱病残"过世后才能最终完成。许多没有人口聚集能力的乡镇也摆脱不了同样的命运。对这种趋势，我们要有预见性。未来，基层政权的落脚点很可能是县城镇，为此我们要未雨绸缪，提前做好规划建设和制度建设安排。

2. 整合涉农资金投入，变"三农"补贴为农民直补

农民是弱势群体，政府援助农民应该讲究方式方法，应该注重援助效

率。当前,各级政府和社会组织对"三农"投入不可谓不重视,从化肥种子补贴、农业用电补贴、种粮补贴、粮食收购保护价设定、新农村建设补贴、教育医疗卫生补贴到小农信贷补贴等面面俱到,但是提高农业生产效率的效果似乎并不明显,主要农产品价格国内外倒挂现象依然存在,外出打工的农民长期留住农村的愿望并不强烈。

建议在不增加投入总量的前提下,改变投入结构,将"三农"补贴直接转化为农民直补,对农民技能培训、其子女的义务教育、农民医保、养老保险、社会救助、在城里购房等进行直补。

3. 创新大都市人口调控政策,给农民安身立命之所

以大都市人口承载力为依据制定限制人口聚集的政策科学依据不足。大都市之所以兴旺发达,离不开外来人口聚集的贡献。大都市的人口问题不是数量问题,而是布局问题。应该限制的是中心区的人口数量,而不是全市域的人口数量。相反,大都市郊区还有很大发展空间,也是应该鼓励人口聚集的地方。按行政区边界设置人口数量控制目标很不科学,应该设置为中心区人口控制目标,放开大都市边缘区人口控制,给在大都市谋生的农村人口以安身立命之所。

4. 把县城镇和地级市市区打造成农民就地城镇化的转移基地

相比于农村和小城镇,县城镇和地级市市区具备吸纳农村人口就地转移的条件。笔者观察到,许多外出打工的农民选择在县城购房,让子女在县城接受比农村更好的教育,让父母在身边照料子女。一些社会办学机构瞄准商机,在县城开办学校吸引农民子女就学。这种情况说明,县城镇还是具备一定吸引力的。个别经济条件较好的农民,直接在地级市市区安家落户。这给我们的启示是,政府应该顺势而为,把县城镇和地级市市区打造成农民就地城镇化的转移基地,加大教育、医疗、养老、文化设施投入,鼓励农民在县城镇和地级市市区购房落户。政府扶贫,也不应该局限在农村一家一户分散扶贫,而应该将农村五保户[①]和空巢老人集中到县城镇统一扶贫,这样更有效率。

[①] 指农村中既无劳动能力,又无经济来源的老、弱、孤、残的农民,其生活由集体供养,实行保吃、保穿、保住、保医、保葬(孤儿保教),简称"五保"。享受五保待遇的家庭叫五保户。

5. 有序开展村庄整理工作

对接近消亡的村庄进行整理，对有历史文化保护价值的村庄予以保护，对没有历史文化保护价值的村庄予以复垦，其中没有耕作条件或者耕作价值的村庄夷平后恢复自然。同时，对即将消亡的村庄逐步取消其行政村建制。

结束语　未来研究问题展望

本书从大城市化理论、大城市化实证、大城市化机理、大城市化拓展、应对大城市化挑战策略五个方面对大城市化进行了较为系统的研究，填补了国内学术界对该领域的研究空白。由于笔者研究水平有限，研究时间较短，对大城市化研究涉及的许多理论问题的理解还不到位，实证数据掌握得也不全面，研究结论可能还需要进一步论证。为此，衷心希望本书能够引起更多的学术界同人关注，也热切期盼能够看到更多学者围绕该问题的后续研究成果问世。

未来本书还有一些未竟的研究问题需要下一步展开研究。

一是大城市化"四阶段"理论假说的计量经济模型论证。本书提出的大城市化"四阶段"理论假说是一种基于统计数据分析的经验判断，缺乏严密的计量经济模型论证，离真正的大城市化阶段理论还有一定的距离，需要进一步深入研究。

二是大城市化各个阶段转换的拐点测算。本书提出的大城市化各个阶段转换的拐点是基于一些代表性国家数据分析的经验判断，也缺乏严密的计量经济模型论证，因而所提出的拐点还需要拿出更有说服力的实证数据分析论证。

三是大城市化背景下基础设施与基本公共服务配置机制与效率研究。在大城市化背景下，人口的空间分布是动态变化的，基础设施与基本公共服务配置怎样适应人口空间分布的动态变化，需要构建什么样的体制机制，怎样评价其效率，这些问题都需要进一步研究。

四是大城市化背景下中国行政区划调整的战略方向和实施方案。大城市化背景下，城市规模等级结构将沿"金字塔形—橄榄形—倒金字塔形"

演进，中国行政区划格局应该与此相适应，未来行政区划怎样调整，新的城市建制设立的标准和条件是什么，村乡建制撤并的条件是什么，跨行政区协调组织的行政法律地位和功能定位是什么，这些问题都需要进一步深入研究。

五是城乡二元制度的破除路径。改革开放前30年形成的城乡二元制度，经过改革开放40多年的实践探索，也没有完全破除，说明城乡二元制度的残留还遗存在现行体制机制中。本书研究认为，城乡差距和地区差距扩大的"罪魁祸首"不是大城市化，而是城乡二元制度。城乡二元制度还有哪些残存，残存在什么领域和层面，怎样破除城乡二元制度，取代城乡二元制度的新制度是什么，这些问题可以作为大城市化研究的拓展内容继续进行深入研究。

六是大城市化与经济全球化的关系。经济全球化带来了全球产业的大分工和经济的大协作，对大城市化发展起到了明显的助推作用。新冠肺炎疫情后，世界经济有可能进入"逆全球化"或者"有限全球化"的新时代，经济全球化对大城市化发展的推动作用有可能减弱，大城市化的发展进程有可能趋缓，大城市化驱动的都市区和城市群的发展动力有可能弱化，都市圈城市群发展战略推进面临的挑战有可能加大。这个判断是否正确，需要进行后续跟踪研究。

附录　本书作者近些年对大城市化相关研究论文一览

宋迎昌：《中国城镇密集区发展特征研究——兼论京津冀地区的小城镇发展》，《江苏城市规划》2005 年第 4 期。

宋迎昌：《国外都市经济圈发展的启示和借鉴》，《前线》2005 年第 11 期。

宋迎昌：《发达国家城镇化的经验与启示》，《中国报道》2013 年第 3 期。

宋迎昌、裴雪姣：《特大城市人口调控的国际经验》，《人民论坛》2013 年第 6 期。

宋迎昌：《特大城市治理刍议》，《城市》2014 年第 8 期。

宋迎昌：《"大城市病"治理刍议》，《城市》2015 年第 2 期。

宋迎昌、王建武、倪艳亭：《建立城乡统一的建设用地市场研究——基于北京若干案例的调查分析》，《杭州师范大学学报》（社会科学版）2015 年第 2 期。

宋迎昌、倪艳亭：《我国城市群一体化发展测度研究》，《杭州师范大学学报》（社会科学版）2015 年第 5 期。

宋迎昌：《"十三五"时期的特大城市治理》，《中国经济报告》2016 年第 1 期。

宋迎昌：《京津冀协同发展相关研究文献综述》，《城市》2016 年第 2 期。

宋迎昌：《城市化大潮下的农村真的衰落了吗?》，《城市与环境研究》2016 年第 3 期。

宋迎昌：《治理"大城市病"需要新思维》，《中国党政干部论坛》2016年第7期。

宋迎昌：《京津冀协同发展进程中的政府作用》，《城市》2016年第10期。

宋迎昌：《京津冀协同发展的回顾与展望——兼论习近平总书记京津冀协同发展战略思想》，《城市与环境研究》2017年第2期。

任杲、宋迎昌：《城乡一体化研究文献综述》，《城市》2017年第11期。

赵蕊：《北京常住人口空间分布变动与对策研究》，《北京社会科学》2018年第1期。

任杲、宋迎昌：《20国集团国家大城市发展的比较研究》，《城市》2018年第2期。

宋迎昌：《城乡一体化的推进路径》，《城市》2018年第4期。

翟文、宋迎昌：《加拿大魁北克省的农村创新发展》，《中国党政干部论坛》2018年第4期。

任杲、宋迎昌：《经济增长、城市化与大城市化——发达国家的发展实践及对中国的启示》，《经济体制改革》2018年第5期。

任杲、宋迎昌：《中国城市化动力机制与阶段性研究——基于产业发展与户籍制度变迁的视角》，《兰州学刊》2018年第6期。

宋迎昌：《中国城市群发展的四个关键词》，《人民论坛》2018年第9期。

任杲：《城市规模差异与就业影响因素研究——基于劳动力个体特征的视角》，《理论月刊》2018年第12期。

宋迎昌：《城乡融合发展的基本方略》，《国家治理》2018年第14期。

宋迎昌：《协调发展格局下的城镇化战略》，《国家治理》2018年第19期。

任杲、宋迎昌、蒋金星：《改革开放40年中国城市化进程研究》，《宁夏社会科学》2019年第1期。

宋迎昌：《城乡融合发展的路径选择与政策思路——基于文献研究的视角》，《杭州师范大学学报》（社会科学版）2019年第1期。

任杲、宋迎昌：《中国城市化与大城市化的动态作用机制研究——基于向量误差修正模型的实证分析》，《城市发展研究》2019年第2期。

温佳楠、宋迎昌：《基于知识图谱的国内外城市收缩研究进展及启示》，《城市与环境研究》2019年第2期。

温佳楠、宋迎昌、任杲：《中国城市收缩状况评估——基于地级及以上城市市辖区数据的测算》，《城市问题》2019年第9期。

任杲、宋迎昌：《经济增长、大城市化与环境污染——基于结构方程模型的实证分析》，《城市》2019年第12期。

温佳楠、宋迎昌：《城市收缩对城市生产率的影响》，《现代经济探讨》2020年第4期。

参考文献

陈启杰、曹泽州、孟慧霞等：《中国后工业社会消费结构研究》，上海财经大学出版社 2011 年版。

陈强：《高级计量经济学及 Stata 应用》（第二版），高等教育出版社 2014 年版。

陈燕武：《消费经济学——基于经济计量学视角》，社会科学文献出版社 2008 年版。

董利民：《城市经济学》，清华大学出版社 2011 年版。

高珮义：《中外城市化比较研究》，南开大学出版社 1992 年版。

侯景新、尹卫红：《区域经济分析方法》，商务印书馆 2004 年版。

简新华、何志扬、黄锟：《中国城镇化与特色城镇化道路》，山东人民出版社 2010 年版。

李学鑫：《分工、专业化与城市群经济》，科学出版社 2011 年版。

林白鹏、张圣平、臧旭恒等：《中国消费结构与产业结构关联研究》，中国财政经济出版社 1993 年版。

刘大海等：《SPSS 15.0 统计分析从入门到精通》，清华大学出版社 2008 年版。

刘明富：《城市经济管理辞典》，四川省社会科学院出版社 1988 年版。

马占新：《数据包络分析模型与方法》，科学出版社 2010 年版。

牛文元：《"五大发展理念"与新型城镇化之路研究报告》，科学出版社 2017 年版。

饶会林：《现代城市经济学概论》，上海交通大学出版社 2008 年版。

沈体雁、冯等田、孙铁山：《空间计量经济学》，北京大学出版社 2010

年版。

宋涛:《政治经济学教程》,红旗出版社 1984 年版。

苏振兴、饶会林:《现代城市经济学概论》,上海交通大学出版社 2008 年版。

王庆喜、蒋烨、陈卓咏:《区域经济研究实用方法》,经济科学出版社 2014 年版。

温忠麟、刘红云、侯杰泰:《调节效应和中介效应分析》,教育科学出版社 2012 年版。

吴殿廷:《中国新型城镇化战略及其推进策略》,东南大学出版社 2014 年版。

谢文蕙、邓卫:《城市经济学》,清华大学出版社 1996 年版。

许学强、周一星、宁越敏:《城市地理学》,高等教育出版社 2013 年版。

杨小凯、黄有光:《专业化与经济组织———一种新兴古典微观经济学框架》,张玉纲译,经济科学出版社 1999 年版。

杨小凯、张永生:《新兴古典经济学与超边际分析》,社会科学文献出版社 2003 年版。

尹世杰、蔡德荣:《消费经济学原理》(修订版),经济科学出版社 2000 年版。

尹世杰:《消费经济学》,高等教育出版社 2003 年版。

张琦等:《中国共享发展研究报告(2016)》,经济科学出版社 2017 年版。

中国社会科学院研究生院城乡建设经济系:《城市经济学》,经济科学出版社 1999 年版。

周一星:《城市地理学》,商务印书馆 2012 年版。

朱铁臻:《城市现代化研究》,红旗出版社 2002 年版。

安虎森、邹璇:《最优城市规模选择与农产品贸易成本》,《财经研究》2008 年第 7 期。

蔡继明、高宏、刘媛:《城市化路径选择:大城市优先还是小城镇优先》,《河北学刊》2017 年第 6 期。

蔡继明、王成伟、周炳林:《我国城市化战略选择与定量分析》,《当代经济研究》2012 年第 12 期。

蔡之兵、满舰远:《中国超大城市带动区域经济增长的效应研究》,《上海经济研究》2016 年第 11 期。

蔡之兵、张可云:《中国城市规模体系与城市发展战略》,《经济理论与经济管理》2015 年第 8 期。

曹萍、龚勤林:《论中国特色城镇化道路及其推进机制》,《四川大学学报》(哲学社会科学版) 2016 年第 6 期。

陈彩娟:《共享发展理念下农民工的住房保障思考——以杭州为例》,《未来与发展》2017 年第 9 期。

陈关聚:《西部中心城市经济增长技术效率变化及其影响因素》,《城市问题》2013 年第 2 期。

陈明华、张晓萌、仲崇阳、刘玉鑫:《长江经济带全要素生产率增长的地区差异及影响因素》,《经济社会体制比较》2018 年第 2 期。

陈旭、陶小马:《城市最优规模与劳动力实际工资率关系研究——基于新经济地理学的视角》,《财贸研究》2013 年第 3 期。

陈彦光、周一星:《城市化 Logistic 过程的阶段划分及其空间解释——对 Northam 曲线的修正与发展》,《经济地理》2005 年第 6 期。

崔治文、韩清:《基本公共服务均等化水平与城镇化互动关系研究》,《华中农业大学学报》(社会科学版) 2016 年第 2 期。

戴永安、张曙霄:《城市经济效率演进的人口城市化中介机制研究》,《中国人口科学》2010 年第 6 期。

戴志敏、罗燕:《产业结构升级、城镇化水平与经济增长——来自中部地区的经验证据》,《工业技术经济》2016 年第 6 期。

邓智团、樊豪斌:《中国城市人口规模分布规律研究》,《中国人口科学》2016 年第 4 期。

丁成日:《城市空间结构理论——单中心城市静态模型》,《城市发展研究》2006 年第 4 期。

丁从明、梁甄桥、常乐:《城市规模分布与区域经济增长——来自中国的证据》,《世界经济文汇》2015 年第 5 期。

董凌波:《日本城镇化进程中的教育变革及启示》,《当代经济管理》2017 年第 4 期。

段辉:《对"S型曲线"城市化理论的再讨论》,《技术经济与管理研究》2015年第10期。

段小梅:《我国控制大城市的方针及措施评析》,《重庆商学院学报》2000年第5期。

范国兵:《一种估计Logistic模型参数的方法及应用实例》,《经济数学》2010年第1期。

方杰、张敏强:《中介效应的点估计和区间估计:乘积分布法、非参数Bootstrap和MCMC法》,《心理学报》2012年第10期。

冯科、郑娟尔、韦仕川、郑文娟、刘勇:《GIS和PSR框架下城市土地集约利用空间差异的实证研究——以浙江省为例》,《经济地理》2007年第5期。

冯年华:《理性看待我国大城市的发展》,《现代城市研究》1999年第6期。

高玲玲:《中心城市与区域经济增长:理论与实证》,《经济问题探索》2015年第1期。

高霞:《河南省城市综合效率差异特征研究》,《地域研究与开发》2010年第2期。

顾朝林、孙樱:《中国大城市发展的新动向——城市郊区化》,《规划师》1998年第2期。

郭郡郡、刘玉成、刘玉萍:《城镇化、大城市化与碳排放——基于跨国数据的实证分析》,《城市问题》2013年第2期。

韩川:《城镇化与城乡公共服务均等化关系研究》,《经济问题探索》2016年第7期。

何爱国:《大城市化:中国现代化的应然选择》,《理论与现代化》2011年第1期。

何兴刚:《中国大城市城市化潜力等级划分》,《人口学刊》1992年第6期。

贺建清:《城镇化、工业化与城乡收入差距的实证分析》,《广东财经大学学报》2013年第4期。

洪丽、尹康:《中国城镇化与城乡收入差距的"倒U型"拐点测度——基于东、中、西部地区省际面板数据的实证研究》，《统计与信息论坛》2015年第9期。

胡兆量：《大城市的超前发展及其对策》，《北京大学学报》（哲学社会科学版）1986年第5期。

胡兆量：《大城市发展规律探讨》，《城市问题》1984年第3期。

胡兆量：《我国大城市发展内在机制探索》，《城市问题》1987年第2期。

黄建富：《我国城市化进程中的大城市滞后及相关对策思路》，《上海经济研究》2004年第4期。

黄向梅、夏海勇：《人口城市化与经济增长、产业结构间的动态关系——以江苏省为例》，《城市问题》2012年第5期。

霍海燕：《论大城市发展的问题、挑战与对策》，《城市发展研究》2000年第6期。

蒋涛、沈正平：《聚集经济与最优城市规模探讨》，《人文地理》2007年第6期。

焦晓云、王金：《共享发展理念下我国推进人的城镇化的理论逻辑》，《当代经济管理》2018年第3期。

焦张义：《房价，生态环境质量与最优城市规模》，《南方经济》2012年第10期。

康继军、吴鹏、傅蕴英：《经济转型视角下城镇化与经济增长互动关系研究》，《重庆大学学报》（社会科学版）2015年第1期。

柯善咨、赵曜：《产业结构、城市规模与中国城市生产率》，《经济研究》2014年第4期。

李放：《优化社会保障政策 共享城镇化发展成果》，《唯实》2014年第7期。

李海金：《城镇化进程中的基层治理：日本的经验与启示》，《社会科学战线》2016年第7期。

李健、李澎：《东北三省城市生产效率及其影响因素分析——基于三要素投入随机前沿分析方法的研究》，《经济经纬》2018年第1期。

李军国：《美国城镇化发展的经验与启示》，《党政视野》2016年第2期。

李平、陈萍：《城市化、财政支出与城乡公共服务差距》，《财经问题研究》2014 年第 9 期。

李新光、胡日东、张永起：《经济增长对城市化发展的门槛效应分析——基于金融发展视角的实证》，《华东经济管理》2015 年第 4 期。

李妍、薛俭：《中国城镇化水平与经济增长区域差异分析》，《城市问题》2015 年第 1 期。

刘爱梅、杨德才：《城市规模、资源配置与经济增长》，《当代经济科学》2011 年第 1 期。

刘华军、张权、杨骞：《城镇化、空间溢出与区域经济增长——基于空间回归模型偏微分方法及中国的实证》，《农业技术经济》2014 年第 10 期。

刘维奇、韩媛媛：《城市化与城乡收入差距——基于中国数据的理论与经验研究》，《山西财经大学学报》2013 年第 5 期。

刘晓明、刘小勇、董建功：《城市化、空间溢出与经济增长——基于空间 Durbin 面板模型的实证研究》，《经济问题》2017 年第 4 期。

刘学华、张学良、李鲁：《中国城市体系规模结构：特征事实与经验阐释》，《财经研究》2015 年第 11 期。

刘艳珍：《国外农村剩余劳动力转移培训的立法研究》，《继续教育研究》2010 年第 7 期。

刘义强、李海金：《从现代国家治理看日本的城镇化进程》，《人民论坛·学术前沿》2016 年第 8 期。

卢红艳：《共享发展理念下城镇化进程中农民工社会保障问题》，《天水行政学院学报》2017 年第 2 期。

陆铭、陈钊：《城市化、城市倾向的经济政策与城乡收入差距》，《经济研究》2004 年第 6 期。

蒙荫莉：《中国城市化进程的 S 型曲线研究》，《改革与战略》2004 年第 2 期。

缪仁炳、徐朝晖：《信息能力国际比较的主成分分析法》，《数理统计与管理》2002 年第 3 期。

欧阳金琼、王雅鹏：《城镇化对缩小城乡收入差距的影响》，《城市问题》2014 年第 6 期。

潘春跃：《我国城市化战略取向研究——兼论自贡市大城市化的目标定位》，《企业经济》2011 年第 3 期。

钱淑芳：《我国城市化对城乡收入差距与经济增长的影响研究》，《工业技术经济》2015 年第 5 期。

任杲：《城市规模差异与就业影响因素研究——基于劳动力个体特征的视角》，《理论月刊》2018 年第 12 期。

任杲、宋迎昌：《20 国集团国家大城市发展的比较研究》，《城市》2018 年第 2 期。

任杲、宋迎昌：《经济增长、城市化与大城市化——发达国家发展实践及对中国的启示》，《经济体制改革》2018 年第 5 期。

任杲、宋迎昌：《中国城市化动力机制与阶段性研究——基于产业发展与户籍制度变迁的视角》，《兰州学刊》2018 年第 6 期。

任杲、宋迎昌：《中国城市化与大城市化的动态作用机制研究——基于向量误差修正模型的实证分析》，《城市发展研究》2019 年第 2 期。

沈体雁、劳昕：《国外城市规模分布研究进展及理论前瞻——基于齐普夫定律的分析》，《世界经济文汇》2012 年第 5 期。

沈小玲：《安徽城镇居民信息消费结构变化的实证分析——基于面板 ELES 模型》，《科技经济市场》2013 年第 9 期。

苏振兴：《谨防城市化的消极后果——兼论拉美国家城市化的教训及启示》，《中国党政干部论坛》2006 年第 6 期。

孙淑清：《世界大城人口迅速增长》，《人口与经济》1985 年第 1 期。

孙文凯、白重恩、谢沛初：《户籍制度改革对中国农村劳动力流动的影响》，《经济研究》2011 年第 1 期。

孙文凯：《城市化与经济增长关系分析——兼评中国特色》，《经济理论与经济管理》2011 年第 4 期。

孙祥栋、郑艳婷、张亮亮：《基于集聚经济规律的城市规模问题研究》，《中国人口·资源与环境》2015 年第 3 期。

唐为：《中国城市规模分布体系过于扁平化吗？》，《世界经济文汇》2016 年第 1 期。

陶小马、陈旭：《再论我国大城市化的现实意义、发展目标和应对策略》，

《城市规划学刊》2013年第6期。

田超:《一城独大与省域经济增长的关系——以27个省、自治区为例》,《城市问题》2016年第9期。

万庆、吴传清:《六大视角下最优城市规模研究进展与展望》,《区域经济评论》2017年第1期。

王放:《发达国家的城市化历程对中国的启示》,《西北人口》2004年第3期。

王桂信:《"大城市病"的破解良方》,《人民论坛》2010年第32期。

王汉民:《现代化的日本农业、农村、农民》,《河南农业科学》2004年第8期。

王家庭、郭帅:《生态环境约束对城市化的影响:基于最佳城市规模模型的理论研究》,《学习与实践》2011年第1期。

王立新:《经济增长、产业结构与城镇化——基于省级面板数据的实证研究》,《财经论丛》2014年第4期

王萍、许文骏:《从伯恩茅斯看英国区域均衡发展》,《群众》2013年第7期。

王嗣均:《城市效率差异对我国未来城镇化的影响》,《经济地理》1994年第1期。

王贤彬、吴子谦:《城市群中心城市驱动外围城市经济增长》,《产业经济评论》2018年第5期。

王小鲁、夏小林:《优化城市规模 推动经济增长》,《经济研究》1999年第1期。

王晓玲:《世界大城市化规律及发展趋势》,《城市发展研究》2013年第5期。

王旭:《"逆城市化论"质疑》,《史学理论研究》2002年第2期。

王雅莉:《京津冀大城市化区域的协同性与发展对策》,《城市》2014年第10期。

王业强、魏后凯:《大城市效率锁定与中国城镇化路径选择》,《中国人口科学》2018年第2期。

王艺明、陈晨、高思航:《中国城市全要素生产率估算与分析:2000—

2013》，《经济问题》2016年第8期。

王振波、方创琳、胡瑞山：《中国城市规模体系及其空间格局Zipf-PLE模型的评价》，《地球信息科学学报》2015年第6期。

王子敏：《我国城市化与城乡收入差距关系再检验》，《经济地理》2011年第8期。

魏后凯：《中国城市行政等级与规模增长》，《城市与环境研究》2014年第1期。

温忠麟、叶宝娟：《中介效应分析：方法和模型发展》，《心理科学进展》2014年第5期。

温忠麟、张雷、侯杰泰、刘红云：《中介效应检验程序及其应用》，《心理学报》2004年第5期。

吴浜源、王亮：《城镇化、工业化与城乡收入差距——基于我国1990—2011年数据的实证分析》，《经济问题探索》2014年第5期。

武玉敬：《城镇化进程中失地农民权益缺失与保障机制研究》，《华北水利水电大学学报》（社会科学版）2013年第2期。

向国成、江鑫：《城乡教育差距与城市化之间的倒U形关系：理论及实证分析》，《当代财经》2016年第8期。

谢小平、王贤彬：《城市规模分布演进与经济增长》，《南方经济》2012年第6期。

许抄军、罗能生、吕渭济：《基于资源消耗的中国城市规模研究》，《经济学家》2008年第4期。

薛庆根：《英国农村劳动力转移及对中国的启示》，《生产力研究》2004年第4期。

闫怡然、李和平、刘兆德：《中国城市经济效率的时空分异及其影响因素研究》，《城市发展研究》2017年第9期。

杨叶忠：《农民的城镇化意愿及其主体参与机制建构：苏浙沪调查》，《重庆社会科学》2012年第2期。

杨智恒、杨雪儿：《城市化进程与服务业发展对经济拉动作用的实证分析》，《城市发展研究》2012年第4期。

叶俊：《城镇化建设对省域基本医疗卫生服务均等化的影响——以中部六

省数据为例》,《中南财经政法大学学报》2016 年第 1 期。

叶宗裕:《关于多指标综合评价中指标正向化和无量纲化方法的选择》,《统计科学与实践》2003 年第 4 期。

衣保中、任莉:《论日本的区域经济政策及其特色》,《现代日本经济》2003 年第 5 期。

于弘文:《我国人口普查中城镇人口统计口径探讨》,《人口与经济》2002 年第 6 期。

于伟、吕晓、宋金平:《山东省城镇化包容性发展的时空格局》,《地理研究》2018 年第 2 期。

余华义:《城市化、大城市化与中国地方政府规模的变动》,《经济研究》2015 年第 10 期。

余吉祥、周光霞、段玉彬:《中国城市规模分布的演进趋势研究——基于全国人口普查数据》,《人口与经济》2013 年第 2 期。

原新、唐晓平:《都市圈化:一种新型的中国城市化战略》,《中国人口·资源与环境》2006 年第 4 期。

曾剑云、刘海云、张鸿武:《中国地区收入差距中的城市化因素分析——基于非均衡综列数据分析》,《工业技术经济》2007 年第 12 期。

张冬霞:《美国区域协调发展的政策分析》,《广东经济》2013 年第 6 期。

张慧芳、艾天霞:《城镇居民收入增长与信息消费结构演变——基于省级面板数据的实证研究》,《经济问题探索》2016 年第 12 期。

张计成:《英国城乡的发展经验及启示》,《城市问题》2007 年第 1 期。

张军涛、刘建国:《城市效率及其溢出效应——以东北三省 34 个地级市为例》,《经济地理》2011 年第 4 期。

张乐勤、陈素平、陈保平、张勇:《城镇化与土地集约利用耦合协调度测度——以安徽省为例》,《城市问题》2014 年第 2 期。

张黎娜:《服务业发展提升城市集聚力的门槛效应研究——35 个大中城市的经验分析》,《经济评论》2015 年第 2 期。

张明斗:《城市化水平与经济增长的内生性研究》,《宏观经济研究》2013 年第 10 期。

张贤明、杨博:《发展成果共享视域下土地流转的约束条件与政府责任》,

《湖北社会科学》2014年第6期。

章日光：《从大城市到都市区——全球化时代中国城市规划的挑战与机遇》，《城市规划》2003年第5期。

赵文哲、边彩云、董丽霞：《城镇化、城市房价与农村流动人口户籍迁移》，《财经问题研究》2018年第6期。

郑春荣、夏晓文：《德国的再城市化》，《城市问题》2013年第9期。

郑卫：《城市化进程空间周期理论质疑》，《城市发展研究》2010年第10期。

郑鑫：《城镇化对中国经济增长的贡献及其实现途径》，《中国农村经济》2014年第6期。

中国经济增长与宏观稳定课题组：《城市化、产业效率与经济增长》，《经济研究》2009年第10期。

周慧：《城镇化、空间溢出与经济增长——基于我国中部地区地级市面板数据的经验证据》，《上海经济研究》2016年第2期。

周彦珍、李杨：《英国、法国、德国城镇化发展模式》，《世界农业》2013年第12期。

周一星、孟延春：《中国大城市的郊区化趋势》，《城市规划会刊》1998年第3期。

周一星、田帅：《以"五普"数据为基础对我国分省城市化水平数据修补》，《统计研究》2016年第1期。

邹文杰、蔡鹏鸿：《我国城镇化对公共服务均等化的提升效应研究——以重庆户籍人口为例》，《现代财经（天津财经大学学报）》2015年第5期。

胡银元：《共享发展理念下农民工随迁子女教育公平的路径探析》，硕士学位论文，四川师范大学，2017年。

李穗浓：《基于城镇化视角的乡村土地利用效益评价及调控机制研究》，博士学位论文，中国地质大学（北京），2015年。

王文锦：《中国区域协调发展研究》，博士学位论文，中共中央党校，2001年。

王垚：《政府"偏爱"、行政等级与中国城市发展》，博士学位论文，对外经济贸易大学，2015年。

吴强：《基于政府行为视角的区域经济协调发展研究》，博士学位论文，南京航空航天大学，2005年。

杨金刚：《城市规模对技术创新能力的影响研究——以长三角城市群为例》，硕士学位论文，重庆工商大学，2017年。

宰金峰：《新型城镇化中利益共享机制构建研究》，硕士学位论文，河南大学，2017年。

程兴忠、刘春生、胡长斌：《西乡社区建设让更多群众共享城镇化成果》，《汉中日报》2016年11月19日第1版。

江慧等：《让新市民共享城市化成果》，《九江日报》2010年8月11日第3版。

刘恩东：《美国如何推进城镇化建设》，《学习时报》2012年12月17日第2版。

刘英团：《共享发展成果是新型城镇化的出发点和落脚点》，《现代物流报》2015年11月8日第2版。

陆铭：《大城市化比小城镇化更能扩大内需》，《中国证券报》2010年3月10日第A04版。

严之尧：《让农民共享城镇化发展成果》，《中国国土资源报》2012年8月6日第7版。

Adams, J. J., *Urbanization, Long-Run Growth, and the Demographic Transition*, Florida: Working Papers from University of Florida, 1001, 2017.

Ades, A. F. & E. L. Glaeser, "Trade and Circuses: Explaining Urban Giants", *Quarterly Journal of Economics*, Vol. 110, No. 1, 1995.

Alonso, W., "Location and landuse: toward a general theory of land rent", *Economic Geography*, Vol. 42, No. 3, 1964.

Andrews, R. B., "Mechanics of the Urban Economic Base: The Problem of Terminology", *Land Economics*, Vol. 29, No. 3, 1953.

Arouri, M. E. H., A. B. Youssef and C. Nguyen-Viet, et al., *Effects of Urbanization on Economic Growth and Human Capital Formation in Africa*, PGDA Working Papers, No. 119, 2014.

Au, C. C. & J. V. Henderson, "Are Chinese Cities Too Small?", *Review of*

Economic Studies, Vol. 73, No. 3, 2006.

Baldwin, R. E. and P. Martin, "Agglomeration and Regional Growth", *Handbook of Regional & Urban Economics*, Vol. 4, No. 4, 2003.

Banker, R. D., A. Charnes and W. W. Cooper, "Some Models for Estimating Technical and Scale Inefficiencies in Data Envelopment Analysis", *Management Science*, Vol. 30, No. 9, 1984.

Baron, R. M. and D. A. Kenny, "The Moderator-Mediator Variable Distinction in Social Psychological Research: Conceptual, Strategic, and Statistical Considerations", *Journal of Personality and Social Psychology*, Vol. 51, No. 6, 1986.

Bertinelli, L. and D. Black, "Urbanization and growth", *Journal of Urban Economics*, Vol. 56, No. 1, 2004.

Björkgren, K., *The Impact of Economic Centres on City Level Growth in China-A Panel Data Analysis of Urban Economic Growth*, Lund: Lund University, 2016.

Black, D. &V. Henderson, "Urban evolution in the USA", *Journal of Economic Geography*, Vol. 3, No. 4, 2003.

Bloom, D. E., D. Canning & G. Fink, "Urbanization and the Wealth of Nations", *Science*, Vol. 319, No. 5864, 2008.

Brückner, M., "Economic Growth, Size of the Agricultural Sector, and Urbanization in Africa", *Journal of Urban Economics*, Vol. 71, No. 1, 2011.

Brülhart, M. and F. Sbergami, "Agglomeration and growth: Cross-country evidence", *Journal of Urban Economics*, Vol. 65, No. 1, 2009.

Camagni, R., R. Capello and A. Caragliu, "One or infinite optimal city sizes? In search of an equilibrium size for cities", *The Annals of Regional Science*, Vol. 51, No. 2, 2013.

Capello, R. and R. Camagni, "Beyond optimal city size: an evaluation of alternative urban growth patterns", *Urban Studies*, Vol. 37, No. 9, 2000.

Capello, R., "Urban rent and urban dynamics: The determinants of urban development in Italy", *The Annals of Regional Science*, Vol. 36, No. 4, 2002.

Christian, L., "Spatial inequality and development — Is there an inverted-U relationship?", *Journal of Development Economics*, Vol. 106, 2011.

Cuberes, D., "Sequential city growth: Empirical evidence", *Journal of Urban Economics*, Vol. 69, No. 2, 2011.

Daniels, P. W., "Producer Services Research in the United Kingdom", *The Professional Geographer*, Vol. 47, No. 1, 1995.

Desmet, K. and E. Rossi-Hansberg, *Analyzing Urban Systems: Have Mega-Cities Become Too Large?*, Word Bank Policy Research Working Paper No. 6872, 2013.

Dobkins, L. H. and Y. M. Ioannides, *Dynamic Evolution of the U. S. City Size Distribution*, Discussion Papers, 1999.

Duranton, G. & D. Puga, "From Sectoral to Functional Urban Specialization", *Journal of Urban Economics*, Vol. 57, No. 2, 2005.

Duranton, G. & D. Puga, "Micro-foundations of urban agglomeration economies", *Handbook of regional and urban economics*, Vol. 4, 2004.

Eaton, J. and Z. Eckstein, "Cities and growth: Theory and evidence from France and Japan", *Social Science Electronic Publishing*, Vol. 27, No. 4, 1994.

Edwards, J. R. & L. S. Lambert, "Methods for Integrating Moderation and Mediation: A General Analytical Framework Using Moderated Path Analysis", *Psychological Methods*, Vol. 12, No. 1, 2007.

Farahmand, S., "Relationship between Economic Growth, Urban Concentration and Trade: Evidence from the Asia-Pacific", *International Economic Studies*, Vol. 36, No. 1, 2010.

Florida, R., C. Mellander and T. Gulden, *Global Metropolis: The Role of Cities and Metropolitan Areas in the Global Economy*, Martin Prosperity Research Working Paper, MPIWP-002, 2009.

Forsund, F. R. & L. Hjalmarsson, "On the Measurement of Productive Efficiency", *The Swedish Journal of Economics*, Vol. 76, No. 2, 1974.

Fothergill, S. and D. Houston, "Are Big Cities Really the Motor of UK Regional Economic Growth?", *Cambridge Journal of Regions, Economy & Society*,

Vol. 9, No. 2, 2016.

Färe, R., S. Grosskopf and M. Norris, "Productivity Growth, Technical Progress, and Efficiency Change in Industrialized Countries: Reply", *The American Economic Review*, Vol. 87, No. 5, 1997.

Frick, S. A. and A. Rodríguez-Pose, "Average City size and Economic Growth", *Cambridge Journal of Regions, Economy & Society*, Vol. 9, No. 2, 2016.

Frick, S. A. and A. Rodríguez-Pose, "Big or Small Cities? On City Size and Economic Growth", *Growth & Change*, Vol. 49, No. 1, 2018.

Frick, S. A. and A. Rodríguez-Pose, "Change in Urban Concentration and Economic Growth", *World Development*, Vol. 105, No. 3, 2018.

Gollin, D., R. Jedwab&D. Vollrath, "Urbanization with and without Industrialization", *Journal of Economic Growth*, Vol. 21, No. 1, 2016.

González-Val, R., "The Evolution of U. S. City Size Distribution from a Long-term Perspective (1900 – 2000)", *Journal of Regional Science*, Vol. 50, No. 5, 2010.

Grajeda, M. R. and W. W. C. Yactayo, "Trade openness and city size with taste heterogeneity", *Spatial Economic Analysis*, Vol. 5, No. 3, 2010.

Gupta, S. P., J. P. Hutton and G. Britain, "Economies of scale in local government services", *Research Studies*, Vol. 3, 1968.

Haltmaier, J., "Measuring Technical Change", *The Economic Journal*, Vol. 94, No. 376, 1984.

Harris, C. D., "The Market as s Factor in the Localization of Industry in the United States", *Annals of the Association of American Geographers*, Vol. 44, No. 4, 1954.

Henderson, J. V. and A. J. Venables, "The dynamics of city formation", *Rev Econ Dyn*, Vol. 12, No. 2, 2009.

Henderson, J. V., "Cities and Development", *Journal of Regional Science*, Vol. 50, No. 1, 2010.

Henderson, J. V., "The Urbanization Process and Economic Growth: The So-What Question", *Journal of Economic Growth*, Vol. 8, No. 1, 2003.

Hossain, M. S., "Panel Estimation for CO_2 Emissions, Energy Consumption, Economic Growth, Trade Openness and Urbanization of Newly Industrialized Countries", *Energy Policy*, Vol. 39, No. 11, 2011.

Jolly, C. L., "Four Theories of Population Change and the Environment", *Population & Environment*, Vol. 16, No. 1, 1994.

Judd, C. M. & D. A. Kenny, "Process Analysis: Estimating Mediation in Treatment Evaluations", *Evaluation Review*, Vol. 5, No. 5, 1981.

Khan, A. R. & C. Riskin, *Inequality and Poverty in China: In the Age of Globalization*, OUP Catalogue, 2001.

Kim, E., G. Hewings & K. M. Nam, "Optimal Urban Population Size: National vs Local Economic Efficiency", *Urban Studies*, Vol. 51, No. 2, 2014.

Kojima, R., "Urbanization in China", *The Developing Economies*, Vol. 33, No. 2, 1995.

Krugman, P. and R. L. Elizondo, "Trade policy and the Third World metropolis", *Journal of Development Economics*, Vol. 49, No. 1, 2000.

Kuznets, S., "Economic Growth and Income Inequality", *American Economic Review*, Vol. 45, 1955.

Lewis W. A., "Economic Development with Unlimited Supplies of Labour", *Manchester School*, Vol. 22, 1954.

Liddle, B. & G. Messinis, "Which Comes First-Urbanization or Economic Growth? Evidence from Heterogeneous Panel Causality Tests", *Applied Economics Letters*, Vol. 22, No. 5, 2015.

Liddle, B., "The Energy, Economic Growth, Urbanization Nexus across Development: Evidence from Heterogeneous Panel Estimates Robust to Cross-Sectional Dependence", *Energy Journal*, Vol. 34, No. 2, 2013.

Lluch, C., "The Extended Linear Expenditure System", *European Economic Review*, Vol. 4, No. 1, 1973.

Luckstead, J. & S. Devadoss, "A Comparison of City Size Distributions for China and India from 1950 to 2010", *Economics Letters*, Vol. 124, No. 2, 2014.

Luckstead, J. & S. Devadoss, "Do the World's Largest Cities Follow Zipf's and Gibrat's Laws?", *Economics Letters*, Vol. 125, No. 2, 2014.

Mackinnon, D. P., G. Warsi & J. H. Dwyer, "A Simulation Study of Mediated Effect Measures", *Multivariate Behavioral Research*, Vol. 30, No. 1, 1995.

Michael, L., "Urban bias revisited", *Journal of Development Studies*, Vol. 20, 1984.

Mishra, V., R. Smyth and S. Sharma, "The Energy-GDP Nexus: Evidence from a Panel of Pacific Island Countries", *Resource & Energy Economics*, Vol. 31, No. 3, 2009.

Moomaw, R. L. and A. M. Shatter, "Urbanization and Economic Development: A Bias toward Large Cities?", *Journal of Urban Economics*, Vol. 40, No. 1, 1996.

Overman, H. G. and Y. M. Ioannides, "Cross-sectional evolution of the U. S. city size distribution", *Journal of Urban Economics*, Vol. 49, No. 3, 2001.

Palivos, T. and P. Wang, "Spatial agglomeration and endogenous growth", *Regional Science and Urban Economics*, Vol. 26, No. 6, 1996.

Quigley, J. M., "Urban Diversity and Economic Growth", *The Journal of Economic Perspectives*, Vol. 12, No. 2, 1998.

Rauch, J. E., "Economic Development, Urban Underemployment, and Income Inequality", *Nber Working Papers*, Vol. 26, 1991.

Richardson, H. W., "Optimality in City Size, Systems of Cities and Urban Policy: A Sceptic's View", *Urban studies*, Vol. 9, No. 1, 1972.

Robert, E. & Jr. Lucas, "On the mechanics of economic development", *Journal of Monetary Economics*, Vol. 22, 1988.

Robinson, S., "A Note on the U Hypothesis Relating Income Inequality and Economic Development", *American Economic Review*, Vol. 66, 1976.

Rosen, K. T. and M. Resnick, "The Size Distribution of Cities: An Examination of the Pareto Law and Primacy", *Journal of Urban Economics*, Vol. 8, No. 2, 1980.

Rostam, K. M., F. M. Jali and M. E. Toriman, "Impacts of Globalization on Economic Change and Metropolitan Growth in Malaysia: Some Regional Implications", *Social Sciences*, Vol. 5, No. 4, 2010.

Shahbaz, M. and H. H. Lean, "Does Financial Development Increase Energy Consumption? The Role of Industrialization and Urbanization in Tunisia", *Energy Policy*, Vol. 40, No. 1, 2012.

Sharma, S., "Persistence and stability in city growth", *Journal of Urban Economics*, Vol. 53, No. 2, 2003.

Todaro, M. P., "A Model of Labor Migration and Urban Unemployment in Less Developed Countries", *American Economic Review*, Vol. 59, 1969.

Val, R. G., "The evolution of U. S. city size distribution from a long-Term perspective (1900 - 2000)", *Journal of Regional Science*, Vol. 50, No. 5, 2010.

Verner, D., *Poverty in Rural and Semi-urban Mexico During* 1992 - 2002, Policy Research Working Paper, 2005.

Vicente, R., P. Venerir and Ramos, *Income Inequality, Urban Size and Economic Growth in OECD Regions*, OECD Regional Development Working Papers, 2073 - 7009, 2014.

Williamson, J. G., *Migration and urbanization*, United Nations, 1988.

Williamson, J. G., "Regional Inequality and the Process of National Development: A Description of the Patterns", *Economic Development & Cultural Change*, Vol. 13, 1965.

Yang, X. and R. Robert, "An Equilibrium Model Endogenizing the Emergence of a Dual Structure between the Urban and Rural Sectors", *Journal of Urban Economics*, Vol. 35, No. 3, 1994.

Zheng, X. P., "Measuring Optimal Population Distribution by Agglomeration Economies and Diseconomies: A Case Study of Tokyo", *Urban Studies*, Vol. 35, No. 1, 1998.